國家古籍整理出版專項經費資助項目

清代河南、山東等省商人會館碑刻資料選輯

許檀 編

天津古籍出版社
天津出版傳媒集團

圖書在版編目（ＣＩＰ）數據

清代河南、山東等省商人會館碑刻資料選輯／許檀編．－ 天津：天津古籍出版社，2013.4
ISBN 978-7-5528-0127-9

Ⅰ．①清… Ⅱ．①許… Ⅲ．①商會－商業史－史料－中國－清代 Ⅳ．①F729.49

中國版本圖書館CIP數據核字(2013)第065068號

清代河南、山東等省商人會館碑刻資料選輯

許檀／編

出版人／張瑋

*

天津古籍出版社出版

（天津市西康路35號 郵編300051）

http://www.tjabc.net

三河市國源印刷廠印刷

全國新華書店發行

開本 787×1092 毫米 1/16 印張 38.75 插頁 4 字數 710 千字

2013 年 12 月第 1 版 2013 年 12 月第 1 次印刷

ISBN 978-7-5528-0127-9

定 價：160.00元

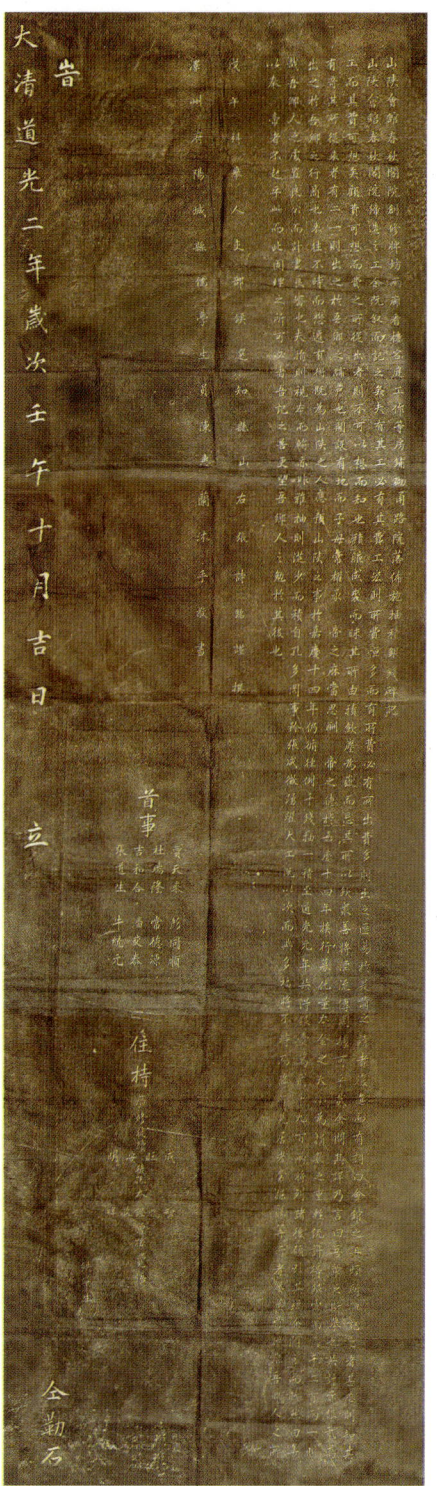

拓片（一）

拓片（二）

開封山陝甘會館牌坊

賒旗山陝會館琉璃照壁

賒旗山陝會館懸鑒樓

賒旗山陝會館考察

周口山陝會館大殿

周口三岔河口

周口三岔河口舊碼頭遺迹（現已無存）

在周口抄碑

洛陽山陝會館襄陵幫捐款碑

聊城山陝會館山門

在聊城抄碑

聊城山陝會館碑廊

荊子關考察

在北舞渡拍碑

祁州藥王廟考察

雁門關城樓

雁門關北上商路

雁門關上的碑群

編輯説明

一、本《選輯》的目的是爲學術研究提供第一手資料，故所録碑文除加標點符號外，不做任何改動，以存原貌。

二、爲保持資料的完整性，碑文編排係按地域、分會館，同一會館的碑文依時間順序排列。

三、原碑有碑名者均行照録，凡加《》號者係原有之碑名；原無碑名者，或以碑額爲名，或依據碑文内容擬定，並加注釋予以説明。

四、碑文原缺紀年者，能够確定者增補之，並加注釋予以説明；不能確定者標注"未見年款""年代不詳"。紀年字體有繁有簡，均存其原貌。

五、碑文和捐款部分的文字和數字既有繁體，也有簡體，還有同一碑中繁、簡參雜者，均盡量保存原貌。

六、碑文漫漶不清或缺損之處，可確定字數者以□代之，無法確定字數者，以"……"、"下殘"、"此處殘損"、"此處漫漶"等標注。

七、碑文中之誤字、缺字，除明顯可據者予以訂正、增補，用括弧【】將其標出外，其餘全部照録。古體字或异體字一般改爲通行字。

八、因版面原因，捐款部分無法按照原碑格式，只得改排。其中大多是將原來的横排改爲竪排，也有一些將竪列改爲横排，主要以方便閲讀爲原則。

目錄

前言：商人會館碑刻資料及其價值 ……………………………………… 一

河南碑文

一　開封山陝會館碑文 ……………………………………………………… 三
　　1. 嘉慶十七年《山陝會館晋蒲雙厘頭碑記》 …………………………… 四
　　2. 道光十四年《重修山陝會館增制寶幔鑾儀碑記》 …………………… 五
　　3. 道光十八年《山陝會館重修牌坊碑記》 ……………………………… 七
　　4. 同治三年《重修後道院記》 …………………………………………… 九

二　朱仙鎮會館碑文 ………………………………………………………… 一一
　　（一）山陝會館（大關帝廟）碑文 ……………………………………… 一三
　　1. 康熙三十三年《新建山門戲臺碑記》 ………………………………… 一三
　　2. 雍正十一年《山西平陽府翼城縣衆商創建牌樓碑記》 ……………… 一三
　　3. 乾隆三十三年《重修關帝廟碑記》 …………………………………… 一九
　　4. 乾隆三十三年《本廟全圖》 …………………………………………… 二九
　　5. 乾隆四十年《移修舞樓碑記》 ………………………………………… 三八
　　6. 壬寅仲冬典衣鋪捐施姓名碑 …………………………………………… 四一
　　（二）河東街小關帝廟碑文 ……………………………………………… 四三
　　1. 康熙末年《關口口官重修碑記》 ……………………………………… 四三

一

2．雍正十一年《起建大殿重修山門樂樓碑記》⋯⋯⋯⋯⋯⋯⋯⋯四六
　　3．捐款碑（年代不詳）⋯⋯⋯⋯⋯⋯⋯⋯⋯⋯⋯⋯⋯⋯⋯⋯⋯四七

三　洛陽會館碑文⋯⋯⋯⋯⋯⋯⋯⋯⋯⋯⋯⋯⋯⋯⋯⋯⋯⋯⋯⋯⋯⋯五一

（一）潞澤會館碑文⋯⋯⋯⋯⋯⋯⋯⋯⋯⋯⋯⋯⋯⋯⋯⋯⋯⋯⋯⋯五三
　　1．乾隆二十一年《關帝廟新建碑文》⋯⋯⋯⋯⋯⋯⋯⋯⋯⋯⋯⋯五三
　　2．乾隆二十四年《建修關帝廟潞澤衆商布施碑記》⋯⋯⋯⋯⋯⋯五四
　　3．乾隆三十二年《山西潞澤衆商布施關帝廟香火地畝碑記》⋯⋯五七
　　4．嘉慶二十年《老税數目誌》⋯⋯⋯⋯⋯⋯⋯⋯⋯⋯⋯⋯⋯⋯⋯五九

（二）山陝會館碑文⋯⋯⋯⋯⋯⋯⋯⋯⋯⋯⋯⋯⋯⋯⋯⋯⋯⋯⋯⋯六〇
　　1．道光十五年《東都山陝西會館碑記》⋯⋯⋯⋯⋯⋯⋯⋯⋯⋯⋯六〇
　　2．山陝會館捐款碑⋯⋯⋯⋯⋯⋯⋯⋯⋯⋯⋯⋯⋯⋯⋯⋯⋯⋯⋯⋯六一
　　3．道光十八年《東都馬市街山陝西衆商積金建社碑記》⋯⋯⋯⋯七〇
　　4．道光二十六年襄陵幫捐款碑⋯⋯⋯⋯⋯⋯⋯⋯⋯⋯⋯⋯⋯⋯⋯七六
　　5．咸豐二年《山陝會館關聖帝君儀仗記》⋯⋯⋯⋯⋯⋯⋯⋯⋯⋯七六

四　周口會館碑文⋯⋯⋯⋯⋯⋯⋯⋯⋯⋯⋯⋯⋯⋯⋯⋯⋯⋯⋯⋯⋯⋯七九

（一）山陝會館碑文⋯⋯⋯⋯⋯⋯⋯⋯⋯⋯⋯⋯⋯⋯⋯⋯⋯⋯⋯⋯八一
　　1．乾隆四十八年《重修關聖廟諸神殿香亭鐘鼓樓並照壁僧室戲房及
　　　油畫諸殿鋪砌廟院碑記》⋯⋯⋯⋯⋯⋯⋯⋯⋯⋯⋯⋯⋯⋯⋯⋯八一
　　2．嘉慶五年陳州府《告示》⋯⋯⋯⋯⋯⋯⋯⋯⋯⋯⋯⋯⋯⋯⋯⋯八二
　　3．嘉慶七年《創建春秋閣各行商抽分毫厘碑記》⋯⋯⋯⋯⋯⋯⋯八三
　　4．道光二年《山陝會館春秋閣院創修牌坊兩廊看樓客庭工作等
　　　房鋪砌甬路院落碑記》⋯⋯⋯⋯⋯⋯⋯⋯⋯⋯⋯⋯⋯⋯⋯⋯⋯八四
　　5．道光二年《山陝會館春秋閣院創修牌坊兩廊看樓客庭工作等
　　　房鋪砌甬路院落佈施抽積銀錢碑記》⋯⋯⋯⋯⋯⋯⋯⋯⋯⋯⋯八五
　　6．道光十八年《重修關帝廟歲積氂金記》⋯⋯⋯⋯⋯⋯⋯⋯⋯⋯八六
　　7．道光十八年《重修關帝廟記》⋯⋯⋯⋯⋯⋯⋯⋯⋯⋯⋯⋯⋯⋯九三
　　8．光緒三年《氂金碑記》⋯⋯⋯⋯⋯⋯⋯⋯⋯⋯⋯⋯⋯⋯⋯⋯⋯九八
　　9．光緒三年《山陝會館碑記》⋯⋯⋯⋯⋯⋯⋯⋯⋯⋯⋯⋯⋯⋯⋯九九

附：山陝會館鐵旗杆銘文…………………………………………一〇〇
　（二）其他碑文………………………………………………………一〇一
　1. 道光十七年《江南會館重修廟序》……………………………一〇一
　2. 咸豐年間《羅祖會公買地基文約碑》…………………………一〇四
　3. 民國九年《重修羅祖廟碑文》…………………………………一〇五
　4. 民國年間積善堂文約……………………………………………一〇六

五　賒旗山陝會館碑文……………………………………………一〇八

　1. 雍正二年《同行商賈公議戥秤定規》…………………………一一〇
　2. 乾隆四十七年《創建春秋樓碑記》……………………………一一一
　3. 乾隆五十年《公議雜貨行規碑記》……………………………一一九
　4. 嘉慶二十二年《南陽賒旗鎮山陝會館鐵旗杆記》……………一二一
　　　附：山陝會館鐵旗杆底座銘文…………………………………一二二
　5. 道光二十三年《過載行差務碑》………………………………一二三
　6. 民國十二年《重建山陝會館碑記》……………………………一二三
　7. 民國十二年《重興山陝會館碑記》……………………………一二九

六　舞陽縣碑文……………………………………………………一三四

　（一）北舞渡山陝會館碑文……………………………………………一三七
　1. 雍正八年《創建戲樓碑記》……………………………………一三七
　2. 雍正九年《創建兩廊碑記》……………………………………一三八
　3. 乾隆三年《敬獻供器與當買地碑記》…………………………一三九
　4. 乾隆十八年《修補關帝廟大殿拜殿併增殿前甬路碑》………一四〇
　5. 嘉慶十三年殘碑…………………………………………………一四五
　6. 道光六年《創建牌坊碑記》……………………………………一四五
　7. 道光辛丑（二十一年）《重修大殿拜殿藥王拜殿創建後園敞棚門樓記》……一五二
　8. 咸豐二年《創建老君聖廟碑記》………………………………一五六
　9. 同治六年《重建關帝廟正殿並補修各殿碑記》………………一五九
　（二）其他碑文………………………………………………………一六七
　1. 道光二十八年《邑侯鄭大老爺德政碑》………………………一六七

三

七 淅川荆子關碑文 …… 一六八

（一）山陝會館碑文 …… 一七一
1. 道光三十年《遷修關帝行宮工程告竣碑記》 …… 一七一
2. 道光三十年施錢人芳名碑 …… 一七二
3. 道光三十年功德人芳名碑 …… 一七六
4. 道光三十年《創建春秋閣序文》 …… 一七九
附：道光二十（？）年殘碑 …… 一八一

（二）其他碑文 …… 一八二
民國二年《創修漆寶會館序》 …… 一八二

八 懷慶府碑文 …… 一八四

（一）清化鎮大王廟碑文 …… 一八六
1. 隆慶五年《創建金龍大王神祠記》 …… 一八六
2. 康熙四年大王廟買地契約碑 …… 一九三
3. 康熙七年《大王廟創建戲樓碑記》 …… 一九四
4. 康熙四十一年《清化鎮大王廟豎立旗杆碑記》 …… 一九八
5. 雍正元年重修大王廟捐款碑 …… 一九九
6. 乾隆四年重修大王廟捐款碑 …… 二〇四
7. 道光二年重修碑記 …… 二〇八
8. 咸豐九年《重修金龍四大王廟碑記》 …… 二一〇

（二）其他碑文 …… 二一八
1. 嘉靖丙辰（三十五）年《清化鎮創建火神廟記》 …… 二一八
2. 嘉慶七年重修火神廟碑 …… 二二九
3. 道光十九年《創建三皇閣碑記》 …… 二三二

山東碑文

一 濟南山陝會館碑文 …… 二三七
1. 光緒二年《重修山陝會館碑記》 …… 二三八

二　周村碑文 …………………………………………………………………… 二四八

1. 道光四年《關帝廟重修碑記》 ……………………………………… 二五〇
2. 咸豐二年《創建魁星閣記》 ………………………………………… 二五八

三　聊城會館碑文 ……………………………………………………………… 二六九

（一）山陝會館碑文 …………………………………………………… 二七一

1. 乾隆八年買地碑 …………………………………………………… 二七一
2. 乾隆十一年《山陝會館碑記》 …………………………………… 二七一
3. 乾隆三十一年《山陝會館重修戲臺建立看樓碑記》 …………… 二七九
4. 乾隆三十七年《重修山陝會館碑記》 …………………………… 二八三
5. 乾隆四十二年衆號捐款碑 ………………………………………… 二八六
6. 嘉慶十四年《春秋閣碑文》 ……………………………………… 二八九
7. 嘉慶十四年《山陝會館衆商重修關聖帝君大殿　財神大王北殿
  文昌火神南殿暨戲臺　看樓　山門並新建饗亭　鐘鼓樓序》 …… 二九七
8. 嘉慶十四年《會館大工告竣碑記序》 …………………………… 三〇六
9. 嘉慶十五年歷年進出銀兩帳目碑 ………………………………… 三一二
10. 嘉慶二十二年《山陝會館接拔釐頭碑記》 ……………………… 三一四
11. 道光三年衆號釐金碑 ……………………………………………… 三二〇
12. 道光二十五年《重修山陝會館戲臺山門鐘鼓亭記》 …………… 三二五
13. 道光二十五年一應使費碑 ………………………………………… 三三三
14. 同治四年《山陝衆商會館續拔釐金碑記序》 …………………… 三三四
15. 同治六年衆號樂輸銀兩碑 ………………………………………… 三五〇
16. 光緒二十年《重建山門外石欄杆序》 …………………………… 三五二

（二）其他碑文 ………………………………………………………… 三五三

同治十三年《舊米市街太汾公所碑記》 ……………………………… 三五三

四　泰安鹽當會館碑文 ………………………………………………………… 三五四

1. 康熙十年重修碑 …………………………………………………… 三五五
2. 康熙二十二年《創建關帝廟配殿碑記》（一） …………………… 三五七
3. 康熙二十二年《創建關帝廟配殿碑記》（二） …………………… 三六〇

4. 康熙年捐款碑……………………………………………………………三六二
  5. 康熙壬申（三十一年）關帝廟地基豁糧碑………………………………三六四
  6. 乾隆五十九年《新建神馬□□》…………………………………………三六五
  7. 道光二十八年重修關帝廟碑………………………………………………三六六
  8. 咸豐九年《重修關帝廟鐘鼓樓垣墻碑記》………………………………三六八
  9. 光緒二十一年關帝廟碑記…………………………………………………三六九
  10. 民國二十五年重修關帝廟碑………………………………………………三七一

五　蓬萊閣碑文………………………………………………………………三七二
  1. 光緒十年《重修天后宮記》………………………………………………三七三
  2. 咸豐九年《登州天橋閘口捐廉挑沙記》…………………………………三七四

直隸碑文

一　天津碑文……………………………………………………………………三七九
  （一）糧店街山西會館碑文…………………………………………………三八三
  1. 乾隆二十六年《創建晉都會館記》………………………………………三八三
  2. 乾隆三十七年《重建晉都會館記》………………………………………三八五
  3. 嘉慶十一年《改建山西會館序》…………………………………………三八九
  4. 同治十年《重修山西會館碑文》…………………………………………三九一
  5. 光緒六年《重修山西會館碑文》…………………………………………三九五
  （二）鍋店街山西會館碑文…………………………………………………三九八
  1. 道光九年《初建山西會館碑記》…………………………………………三九八
  2. 道光九年《總成會館後段樓院碑記》……………………………………三九九
  3. 《建修春秋大樓捐過布施號名銀數碑記》………………………………四〇〇
  （三）廣東會館碑文…………………………………………………………四〇一
  民國元年《創建廣東會館碑記》……………………………………………四〇一
  （四）其他碑文………………………………………………………………四一三
  1. 康熙丙戌（四十五年）濟寧會館捐款碑…………………………………四一三
  2. 濟寧會館捐款碑……………………………………………………………四一五

  3. 嘉慶壬申（十七年）《公所落成記》 ………………………………… 四一七
  4. 光緒元年《懷慶會館重修記略》 ………………………………………… 四一八
  5. 光緒二十八年《重建天津萬壽宮記》 ………………………………… 四一八
  6. 光緒三十年天津府《告示》 …………………………………………… 四二〇
  7. 宣統二年天津縣《告示》 ……………………………………………… 四二〇
  8. 民國十一年鮮貨商研究所碑 …………………………………………… 四二一

二 祁州藥王廟碑文 ……………………………………………………… 四二六

  1. 同治四年《河南彰德府武安縣合幫新立碑記》 ……………………… 四二八
  2. 光緒六年《增修明靈昭惠顯祐王廟碑記》 …………………………… 四三七
  3. 《同治十二年起至光緒五年衆商義捐布施碑記》（一） …………… 四三八
  4. 《同治十二年起至光緒五年衆商義捐布施碑記》（二） …………… 四四六
  5. 《同治十二年起至光緒五年衆商義捐布施碑記》（三） …………… 四五五
  6. 《同治十二年起至光緒五年衆商義捐布施碑記》（四） …………… 四六四
  7. 經紀捐款碑（一） ……………………………………………………… 四七五
  8. 經紀捐款碑（二） ……………………………………………………… 四八〇
  9. 光緒六年《同治拾貳年春會至光緒伍年冬會客幫銀錢捐項碑記》 … 四八六
  附：道光九年鐵旗杆銘文 ………………………………………………… 四八七

附 錄

附錄一 解州關帝廟碑文 ……………………………………………… 四九一

  1. 乾隆二十七年《重修解州關聖廟記》 ………………………………… 四九三
  2. 同治九年《關帝廟重建春秋樓碑記》 ………………………………… 四九五
  3. 同治九年《重建春秋樓並礮樓四坊布施碑記》 ……………………… 四九九
  4. 同治九年《重建春秋樓並建礮樓六路地畝布施碑記》 ……………… 五〇七
  5. 同治九年《重建春秋樓紳商布施碑記》（一） ……………………… 五〇九
  6. 同治九年《重建春秋樓紳商布施碑記》（二） ……………………… 五一四
  7. 同治九年《重建春秋樓紳商布施碑記》（三） ……………………… 五一七
  8. 同治九年《重建春秋樓本州紳民布施碑記》 ………………………… 五二一
  9. 同治九年《重建春秋樓布施碑記》 …………………………………… 五二四

附录二　代州雁門關碑文 ……… 五二七

    1. 乾隆三十六年《正堂□示》 ……… 五二八
    2. 咸豐七年《歸化城布施碑》 ……… 五二九
    3. 同治七年—光緒二年捐款碑 ……… 五三六
    4. 光緒二十四年《張家口布施碑》 ……… 五三九
    5. 宣統元年留芳百代碑 ……… 五四三
    6. 宣統二年《修雁門關道路碑記》 ……… 五四七
    7. 《太谷縣布施碑》 ……… 五五三
    8. 《張家口布施碑》 ……… 五六一
    9. 《豐鎮布施碑》 ……… 五六九

附录三　錦州碑文 ……… 五七六

（一）天后宫碑文 ……… 五七八

    1. 乾隆二十八年安瀾郎補天碑 ……… 五七八
    2. 乾隆二十八年永久千秋碑 ……… 五七九
    3. 嘉慶六年光景常新碑 ……… 五八〇
    4. 嘉慶七年《天后宫公捐修費碑記》 ……… 五八一
    5. 嘉慶九年《天后宫碑記》 ……… 五八一
    附：天后宫鐵鐘銘文 ……… 五八二

（二）廣濟寺碑文 ……… 五八二

    道光九年《重修大廣濟寺碑記》 ……… 五八二

（三）火神廟碑文 ……… 五九二

    1. 光緒二十一年萬善同歸碑 ……… 五九二
    2. 光緒二十一年永垂不朽碑 ……… 五九四

後記 ……… 五九六

前言：商人會館碑刻資料及其價值

商人會館是明清時期各地商人在客居地建立的一種自治組織。關於商人會館的研究，始於20世紀二三十年代。1925年鄭鴻笙發表的《中國工商業行會及會館、公所制度概論》一文可說是中國學者會館研究的開山之作，不過鄭氏只考察了民國時期。[1] 1934年全漢昇《中國行會制度史》[2]一書以會館作爲明清時期中國行會的表現形式，對其産生原因、組織形式、經費來源、會館職能，客幫與會館的關係等做了簡要的梳理。

從20世紀20年代開始，日本學者陸續開展了對中國工商業會館的實地調查，並在此基礎上發表了一批引人注目的成果。如1932年根岸佶《支那基爾特研究》[3]一書依據上海四明公所、徽寧思恭堂、米業嘉穀堂等會館的碑記、章程、徵信録等資料，對會館的歷史淵源、沿革變遷、組織形式、會計制度、功能特點等進行了系統考察；根氏將會館作爲同鄉組織的職能歸納爲敦厚鄉誼的社交團體、保護和增進職業利益的經濟團體、奉祀本尊神祇的宗教團體、扶助貧困的善舉團體、共同防衛危險的保護團體、具有家族觀念的準血緣團體等六項，並對其作爲經濟團體的特點進行了重點考察。1942年加藤繁《清代北京的商人會館》一文，利用調查收集的碑銘資料分別考察了正乙祠、顔料會館、臨襄會館等9所會館的創建沿革及其性質。[4] 稍後，今崛誠二發表了《河東鹽業同業公會研究》、《近代開封的商業公會》等一組論文[5]；1951年仁井田陞出版了《中國的社會與基爾特》。[6] 將中國的會館和西歐中世紀的行會加以類比，是這一時期日本學界的主流觀點。

中國學者的實證性研究，如1978年李華在整理北京工商會館碑刻資料基礎上發表的《明清以來北京的工商業行會》[7]，1980年洪焕椿基於蘇州工商會館碑銘的

---

[1] 王日根：《中國會館史》，東方出版中心，2007年，第4頁。
[2] 全漢昇：《中國行會制度史》，新生命書局，1934年。
[3] 根岸佶：《支那ギルドの研究》，斯文書院，1932年。
[4] 加藤繁：《清代北京的商人會館》，《史學雜誌》1942年第53卷第2期；收入加藤繁：《中國經濟史考證》中譯本第三卷，商務印書館，1973年。
[5] 王日根：《中國會館史》，第16頁。
[6] 仁井田陞：《中國の社會とギルド》，岩波書店，1951年。
[7] 李華：《明清以來北京的工商業行會》，《歷史研究》1978年第4期。

考察①，也將明清時期的工商業會館視同行會。1995年彭澤益在《中國工商行會史料集》的《導論》中對圍繞會館、公所的各種觀點進行了梳理，進一步強調"中國行會客觀存在的歷史不容否定"，認爲西歐"行會的經濟職能、共有的基本特徵也是符合中國行會的實際的"②。

1966年美國學者何炳棣《中國會館史論》③一書，打破了長期以來將會館等同於行會的研究範式，他將會館分成試館、工商會館和移民會館三大類，並對各類會館的數量與分佈進行了統計。中國學者中最早挑戰當時主流觀點的是呂作燮1982年發表的《明清時期的會館並非工商業行會》④一文，他考察分析了蘇州、漢口、上海等地的工商業會館，認爲這些城市中的會館屬地域性行幫組織。1990年代以降，對地域商幫和商人組織的關注漸成爲會館研究的重點。相關研究如川勝守《明清時代北京、蘇州、上海之廣東會館》⑤、寺田隆信《清代北京的山西商人》⑥，邱澎生《商人團體與社會變遷：清代蘇州的會館公所與商會》⑦、吳慧《會館、公所、行會：清代商人組織演變述要》⑧、孫麗娟《清代商業社會的規則與秩序》⑨、宋倫《明清時期山陝會館研究》⑩等。

總之，自20世紀二三十年代以來，對商人會館的研究不斷深化和拓展。就經濟層面而言，早期的研究主要集中在商人會館的性質、功能和作用等方面；最近二十年，越來越多的學者更加關注地域商幫的經營活動以及商人組織的發展變化。此外，一些中青年學者的研究視野進一步擴展到社會、文化領域。⑪

與以上各家學者有所不同，筆者對商人會館的關注，是從對明清時期商業城鎮的發展和城鄉市場網絡體系的層級考察切入的。或者說，筆者最初的目的乃是苦於有關地區性商業中心的文獻資料極爲匱乏，不得不眼睛向下，到基層去尋找資料。

明清時期是中國城市發展的重要轉變時期，大量商業城鎮的涌現是其中最重要

---

① 洪煥椿：《論明清蘇州地區會館的性質和作用》，《中國史研究》1980年第2期。
② 彭澤益：《中國工商行會史料集》，中華書局，1995年，第2、第8頁。
③ 何炳棣：《中國會館史論》，臺灣學生書局，1966年。
④ 呂作燮：《明清時期的會館並非工商業行會》，《中國史研究》1982年第2期。
⑤ 川勝守：《明清朝代的北京、蘇州、上海之廣東會館》，葉顯恩主編：《清代區域經濟史研究》，中華書局，1992年。
⑥ 寺田隆信：《清代北京的山西商人》，吳廷璆等主編：《鄭天挺紀念論文集》，中華書局，1991年。
⑦ 邱澎生：《商人團體與社會變遷：清代蘇州的會館公所與商會》，臺灣大學歷史研究所，1995年。
⑧ 吳慧：《會館、公所、行會：清代商人組織演變述要》，《中國經濟史研究》1999年第3期。
⑨ 孫麗娟：《清代商業社會的規則與秩序》，中國社會科學出版社，2005年。
⑩ 宋倫：《明清時期山陝會館研究》，西北大學博士論文，2008年。
⑪ 筆者所見相關研究主要有：王日根《鄉土之鏈——明清會館與社會變遷》（天津人民出版社，1996年），該書經增補修訂以《中國會館史》之名由東方出版中心於2007年再版；周榮《明清社會保障制度與兩湖基層社會》（武漢大學出版社，2006年）；馬驍《河南晉商會館建築研究》（河南大學碩士論文，2006年）等。

的特點之一。商業城鎮的發展既是區域經濟發展和商品流通的產物，也是城鄉市場網絡體系的形成過程和重要組成部分。其中，除作爲流通樞紐而崛起的運河、長江、沿海較大的商業城市之外，作爲地區性商業中心①發展起來的城鎮爲數更多，它們有些爲府城或州、縣城，還有相當一部分在行政建制上不過是一個鎮。對此類城鎮的考察除江南地區成果較多之外，其他地區幾爲空白。地區一級的商業中心到底發展到一個什麼樣的程度？其商業規模如何？這些商業城鎮的分佈狀況如何？等等……均缺乏深入細緻的研究，其中最重要的原因就是資料缺乏。因爲此類城鎮一則非國家稅關之所在，無稅收檔案可資查閱；二則地方文獻多由官宦士紳撰寫，經濟發展並非他們的關注重點，故而傳統文獻中有關商人經營和市場活動的記載極少，這一缺憾在北方地區尤顯突出。不過，明清兩代各省商人大多會在經商地點建立會館，這些會館的創建、重修都是由商人集資而成，並多鎸諸貞珉以冀永久，從而爲我們保留了一批十分珍貴的商業資料。

最早對商人會館碑刻資料進行系統收集的當推日本學者仁井田陞，他在20世紀40年代曾對北京的工商業會館進行調查，其調查成果後由佐伯有一和田仲一成兩位學者編輯成《北京工商基爾特資料集》②，從1975年起陸續出版。這套資料共收錄會館碑文200餘通，並附有相關的訪談記錄。國內方面，1959年江蘇省博物館所編《江蘇省明清以來碑刻資料選集》③，收入蘇州、南京、上海、無錫等地商人會館碑文100餘通。李華在1960年代也對北京的工商業會館進行了調查，並將調查所得輯成《明清以來北京工商業會館碑刻資料選編》④於1980年出版，收入碑文90餘通。1980年代以降陸續出版的還有《明清蘇州工商業碑刻集》、《清代工商行業碑文集粹》等工商會館碑刻資料⑤；《上海碑刻資料選輯》、《明清佛山碑刻文獻經濟資料》、《廣東碑刻集》、《明清山西碑刻資料選》等⑥也收錄了一些商人會館碑文。不過，目前已出版的會館碑刻主要集中在東部較大的城市，而廣大內陸地區的商人會館碑刻遺存絕大部分尚未被學者關注；對商人會館碑刻資料進行分地域、較系統

---

① 關於流通樞紐城市和地區性商業中心的劃分，請參見許檀《明清時期城鄉市場網絡體系的形成及意義》，載《中國社會科學》2000年第3期。
② 佐伯有一、田仲一成編：《仁井田陞博士輯北京工商ギルド資料集》，東洋文化研究所，1975～1983年。
③ 江蘇省博物館：《江蘇省明清以來碑刻資料選集》，三聯書店，1959年。
④ 李華：《明清以來北京工商業會館碑刻資料選編》，文物出版社，1980年。
⑤ 蘇州博物館等：《明清蘇州工商業碑刻集》，江蘇人民出版社，1981；彭澤益：《清代工商行業碑文集粹》，中州古籍出版社，1997年。
⑥ 上海博物館：《上海碑刻資料選輯》，上海人民出版社，1980年；廣東省社科院歷史所等：《明清佛山碑刻文獻經濟資料》，廣東人民出版社，1987年；譚棣華等：《廣東碑刻集》，廣東高等教育出版社，2001年；張正明等：《明清山西碑刻資料選》，山西人民出版社，2005年；《明清山西碑刻資料選（續一）》，山西古籍出版社，2007年；《明清山西碑刻資料選（續二）》，山西經濟出版社，2009年。

的收集、整理亦屬欠缺。

筆者從1990年代開始對商人會館遺存進行調查，迄今已跑了十來個省的幾十個縣、市，收集會館碑刻數百通。不過，對這些碑刻資料的使用筆者頗費了一番思考：如何將碑文所含信息更多地展現出來？特別是其中的捐款部分包含的商業信息最爲豐富，但却很少被人關注，怎樣才能更好地將其加以利用，以彰顯各商業城鎮的不同特點？乃是筆者花費精力最多的部分。在《明清時期山東商品經濟的發展》①一書中，筆者利用聊城山陝會館碑文進行了最初的嘗試；2003年發表的《清代河南的商業重鎮周口》② 一文或可算是第一個較爲成功的個案，此後陸續對河南賒旗、朱仙鎮、北舞渡、開封、洛陽、荆子關，山東周村以及張家口、歸化城和錦州等十餘個城鎮進行了較詳細的個案考察，對它們各自的發展脈絡、商業構成、商業規模和腹地範圍等得出了一些較爲具體翔實並盡可能貼近歷史實際的認識。

商人會館碑刻資料所反映的內容十分廣泛，至少包括以下幾個方面：其一，會館創建、重修的緣起和經過；其二，會館的經費來源、財務管理方式和收支狀況；其三，會館的慶典活動、公益事業和日常管理；其四，會館的商業活動、行業規範以及內外交涉；此外，則因時、因地、因館而異了。由於研究目的不同，筆者的關注點與以往有較大差異。就筆者管見，商人會館碑刻資料至少可在以下方面爲我們提供其他資料無法比擬的信息：

（一）商人會館的創建、重修、擴建經過，可反映該幫商人經濟實力的增長過程，也間接地反映出會館所在地的商業發展脈絡。僅舉二例：

1. 周口山陝會館從康熙三十二年創建，至咸豐二年最後完工，時間持續達150年之久。其間重修和擴建工程進行了十餘次，從乾隆中葉開始工程規模明顯增大，特別是嘉道年間每次都開支浩繁，如：嘉慶五年至七年修建春秋閣和歌舞臺耗銀二萬餘兩，嘉慶末至道光初的增修也費銀二萬餘兩；道光十六至十八年的工程開支二萬陸仟餘兩。③ 如此頻繁的重修、擴建工程，顯示了山陝商人經濟實力的不斷增長，也反映出周口商業在這一百數十年間的持續發展。表1是周口山陝會館的建築年表，請參見。

---

① 許檀：《明清時期山東商品經濟的發展》，中國社會科學出版社，1998年。
② 許檀：《清代河南的商業重鎮周口》，《中國史研究》2003年第2期。
③ 詳請參見許檀《清代河南的商業重鎮周口》一文。

表 1　周口山陝會館創建和重修、擴建工程一覽表

年代	建築與修繕
康熙三十二年	會館創建
康熙五十二年	添建河伯、炎帝二殿
康熙五十六年	建藥王殿、東廊房
康熙六十一年	建財神殿、西廊房、禪房僧舍
雍正九年	重修大殿，添建香亭
雍正十三年	建舞樓、山門
乾隆八年	建老君殿
乾隆十五年	建鐘、鼓二樓
乾隆三十年	建馬王殿、酒神殿、瘟神殿、石牌坊、馬亭、戲房
乾隆四十六～四十八年	重修香亭、鐘鼓樓、藥王殿、瘟神殿及馬亭、戲房，綵繪諸殿、兩廊，鋪砌內外廟院
嘉慶五～七年	建春秋閣、歌舞臺
嘉慶二十年～道光二年	立牌坊 2 座、建廊房 14 間、客庭 10 間、看樓 10 間、作坊 20 間，並修院牆、砌甬道、施綵繪
道光十六～十八年	重修殿宇、香亭、石舫，"崇其基址，高其棟宇"
道光三十年～咸豐元年	建後院饗亭，修葺前後殿廊樓閣
咸豐二年	全部落成

2. 錦州天后宮爲福建、江浙兩幫商人所共建，亦即福建、江浙兩幫商人會館。會館的修建肇始於"雍正乙巳，實成於乾隆辛巳"，乙巳爲雍正三年（1725），辛巳爲乾隆二十六年（1761），歷時 36 年。乾隆二十八年"永久千秋"碑①記載了其間天后宮所建工程及其用款，我們據以列成下表：

表 2　雍正乾隆年間錦州天后宮修建工程及其開支一覽表

年代	建築工程	支出
雍正三年	建正殿、大殿、東西配殿，圍牆、二門	1980 兩
雍正五年	建頭門三間	485 兩
乾隆六年	圍砌隱碑、東西轅門引道	204 兩
乾隆十年	重建二門、兩廊	675 兩
乾隆十七年	買二門外空地一處	550 兩
乾隆二十四年	起蓋戲臺、重建頭門	1200 兩
乾隆二十五年	建東西榭屋 18 間	940 兩
乾隆二十六年	重建大殿、東西配殿、頭門、二門、庫房、厨房	2700 兩
合計		8734 兩

---

① 錦州市博物館藏，詳請參見本書附錄三，"天后宮碑文"部分。

上表可見，錦州天后宮在創建之初規模有限，經乾隆年間的擴建、重修漸臻完備。其中，雍正年間耗資2460餘兩，乾隆初年的擴建每次支出不過數百兩，而乾隆二十四至二十六的三年共支出4800餘兩，超過以往的總和，顯示出乾隆中葉兩幫商人實力較前有很大增長。嘉慶初年天后宮又進行了一次較大規模的重修，耗資48000吊；集資款項除支付全部開銷外還有大量結餘，工程結束後，兩幫商人將餘款"分交泰來、萬隆、祥茂三大店"存貯生息，以利息所得作爲"遞年開堂、聖誕普度"、"住持僧香火"及"廟内歲修"的經費，使天后宮每年的慶典及修繕經費得到長期保障。此次集資，從"乾隆六十年起至嘉慶五年止"共捐錢92000餘吊，平均每年15000餘吊。與乾隆中葉相比，兩幫商人的實力又有增長。

又據福建商幫嘉慶九年所立《天后宮碑記》記載，雍正三年會館始建之時，福建幫捐銀1930兩，而江浙幫捐銀僅118兩；雍正五年起蓋頭門，福建幫捐銀485兩，江浙幫也只捐了45兩。看來當時江浙商幫的實力遠不如福建幫。而到乾隆三十九年，天后宮重修耗資5530餘吊則係福建、江浙兩幫商人均攤；嘉慶年間天后宮的重修費用以及每年的日常開支，也是由兩幫商人均攤，福建、江浙兩幫商人實力已不相上下了。①

筆者所見河南、山東等地會館中，明代或清初的修建工程集資多在一二百兩，最多不過三五百兩。如隆慶年間清化鎮創建大王廟的集資爲200餘兩；康熙十年泰安鹽當會館的重修集資約計百兩，康熙二十二年增建配殿集資200餘兩。雍正、乾隆時期已有不少會館的修建開支上昇至千兩級，如前述雍正年間錦州天后宮的草創耗資2400餘兩，乾隆中葉朱仙鎮山陝會館重修集資9700餘兩，洛陽潞澤會館的創建耗資更高達36000餘兩。嘉道年間超過萬兩的修建工程數量更多，如周口山陝會館的三次重修集資均超過二萬兩，洛陽山陝會館的重修耗銀25000餘兩；聊城會館嘉慶初年的重修耗銀49600餘兩，天津鍋店街山西會館道光初年修建春秋樓的集資至少有20500餘兩。會館修建規模的梯級增長，既反映了各地商幫經濟實力的增長過程，也大致勾勒出明清時期華北各地商業城鎮的發展脈絡。

（二）會館的創建、重修都是由商人集資而成，集資金額以及參與集資的商號數量、行業可從不同角度反映出該商幫以及城鎮的商業規模和特色。

商人捐款部分以往很少被關注，有些碑刻資料在出版之時甚至將其略去，而捐款名號及其金額恰恰是研究商人經營活動和市場實態最具價值的資料，至少在以下幾方面可爲我們提供其他任何資料無法替代的信息：

---

① 詳請參見許檀《乾隆—道光年間的錦州商業》，載《史學月刊》2011年第4期。

1. 會館的集資金額可在一定程度上反映該商幫乃至該城鎮的商業規模。會館集資既有以銀兩計，也有以錢計者。以銀計者，如前述周口、洛陽、天津等會館在清代中葉的重修集資均高達二三萬兩，聊城會館幾近五萬兩；而同光年間賒旗山陝會館的重修耗資87700餘兩，光緒末年天津廣東會館的創建集資達九萬餘兩。以錢計者規模可能較小，如北舞渡山陝會館嘉慶十三年購地、建房等共計用錢223千文，道光六年添建牌坊用錢650千文，咸豐二年油坊眾商增建老君殿支出2435千文，同治初年重修會館支出爲2074千文。道光年間開封山陝會館重修牌坊集資1027千文，同治初年修後道院集資2093千文。也有規模較大者，如錦州天后宮嘉慶初年的重修共集資92000餘吊；荊子關山陝會館道光年間的重修集資約在七八千～一萬餘串。

2. 參與集資的商人商號數量可從另一角度反映該會館的商業規模。碑文所見，明代隆慶年間清化鎮創建大王廟時參與集資的商人估計超過五百；雍正年間朱仙鎮山陝會館增建牌樓，參與集資的翼城縣商人即有三百餘家；乾隆－道光年間朱仙鎮、周口、洛陽、周村、荊子關等會館的重修，參與集資的商人商號均超過千家。規模較小者如北舞渡山陝會館，道光初年參與捐資的商人有340家，同治六年碑開列的行商、坐賈共計290餘家。

3. 會館集資采用的抽厘率是目前所見可據以對商業規模進行折算的最有效的手段。會館集資方式一般分爲抽厘、認捐兩大類。所謂抽厘是依據各商之經營額或貿易量按一定比例提取厘金；認捐雖屬多寡自便，實際上也是依據財力大小。道光二年周口《山陝會館春秋閣院創修牌坊兩廊看樓客庭工作等房鋪砌甬路院落佈施抽積銀錢碑記》對此有較具體的說明：

"斯舉也（指會館重修），共計費銀貳萬有奇。其所從來者有二：一則出之於吾鄉之鋪户也，開設有地而子母常權，承帝之庥，當思酬帝之德。於嘉慶十四年挨行募化，量本金之大小爲捐數之重輕，統計得銀壹萬陸仟貳佰兩。一則出之於吾鄉之行商也，來往不時而懋遷有術，既爲山陝之人，應預山陝之事。於嘉慶十四年仍循往例千錢抽一，至道光元年共得銀壹萬貳仟玖佰兩。"①

按照該碑所言1‰的抽厘率折算，嘉慶年間周口山陝會館的年經營額約計240萬兩，道光年間有所增長，達290萬兩。又據道光十八年《重修關帝廟歲積厘金記》所鐫，從道光六年至十五年的九年間，雜貨行抽厘共計7915兩，平均每年879兩零；以1‰的抽厘率折算，雜貨一行的年經營額至少可達80餘萬兩。進一步的細

---

① 碑文見本書第八五、八六頁。

化分析還可看到，在該碑所鐫 320 家行商中，年經營額超過萬兩的大商號有 23 家，占總數的 7.2%；年經營額在 1000 兩～10000 兩之間的中等商號共 114 家，占總數的 35.6%；年經營額不足 1000 兩的小商號計有 183 家，占總數的 57.2%。① 表 3 是道光年間周口山陝會館 320 家行商抽厘及其經營規模的分類統計，請參見。

表 3　道光年間周口山陝會館 320 家行商抽厘及其經營規模的分類統計

分　　類	抽厘額	折合年經營額	商號數	占總數%
大商號	90 兩以上	10000 兩以上	23 家	7.2%
中等商號	9.0～89.9 兩	1000～10000 兩	114 家	35.6%
小商號	3.0～8.9 兩	1000 兩以下	183 家	57.2%
合　　計	10291.77 兩	1143530 兩	320 家	100.0%

山東聊城山陝會館碑文也記載了抽厘率，且幾經變動。初爲千分之四，因集資較豐，嘉慶十六年降爲千分之一，五年期滿再降爲萬分之三，顯示出山陝商人的經營規模在此間有較大的發展。以 1‰ 的抽利率折算，嘉慶年間山陝商人的年經營額爲 140 餘萬兩，道光年間至少超過 200 萬兩。除山陝會館外，聊城還有江西、蘇州、贛江、武林等共八大會館，全城總計嘉慶年間的年經營額爲 200 萬兩；道光年間從低估計爲 300 萬兩，從高估計則幾近 1000 萬兩。② 這後一個數字頗令人喫驚，筆者一般不敢采用；但因是以抽厘率折算所得，也不能説完全沒有可能。當然，這些數字都還是十分粗略的估算，但總比完全沒有進了一步。

4. 參與集資的商人商號的地域分佈，可大體反映出各商業城鎮的腹地範圍。如聊城山陝會館的集資範圍除山東本省之外，還有河南周口、朱仙鎮、開封，以及天津、張家口等地。周村會館的集資範圍包括山東本省的濟南、武定、青州、萊州等府，京師和直隸廣平、冀州、南宮、赤峰等地；河南商號多來自開封；東北商號以盛京爲多，還有錦州和吉林。朱仙鎮山陝會館的集資範圍包括山西太原、平陽、絳州、澤州，陝西同州等府，以及河南北部的河南、歸德、衛輝、彰德等府和開封府屬各縣。清化鎮大王廟的捐款來源以山西平陽府、絳州及澤潞地區商人爲最，還有來自直隸、山東、江蘇、江西的客商。北舞渡會館的集資範圍相對較小，主要來自舞陽本縣以及周邊的葉縣、郾城、臨潁、襄城、西平等縣的部分集鎮，大約可涵蓋六七個縣。

---

①　如果考慮到捐銀不足 3 兩的"零厘頭"小商號的大量存在，那麼小商號所占比例可能會高達 80% 以上，詳請參見許檀《清代河南的商業重鎮周口》一文。

②　詳請參見許檀《明清時期山東商品經濟的發展》，中國社會科學出版社 1998 年版，第 182—188 頁。

5. 不同行業的捐款比例，可大致反映出該商幫乃至該城的商業結構與特色。據乾隆三十三年《重修關帝廟碑記》和《本廟全圖》兩碑所鐫集資金額統計，朱仙鎮商業以雜貨、服飾、糧食、煙草等業爲最。其中雜貨業捐銀1450餘兩，將近總額的15％；服飾業捐款920餘兩，占9.4％；糧食、煙草二業分別占8.5％和6.4％。表4是乾隆年間朱仙鎮重修關帝廟捐資商號的行業分佈示例，請參見。①

表4 乾隆年間朱仙鎮重修關帝廟參與集資的主要行業示例

行業	商號	捐銀	占總額%	備注
雜貨業	99	1458.5兩	14.9％	包括京貨行、雜貨行、雜貨鋪、汴城雜貨鋪
服飾業	73	922.7兩	9.4％	包括纓帽行鋪、估衣鋪、靴鞋鋪、梭布行、緞店
糧食業	59	832.0兩	8.5％	包括米號、白米行、六陳行
煙業	16	620.0兩	6.4％	包括社塘煙號、大板煙號

洛陽商業以綢緞、布疋等業爲主。乾隆年間創建潞澤會館的集資中，有綢布商46家、布商38家，以及雜貨商、廣貨商、鐵貨商、押布坊和油坊等，合計225家，共捐銀36200餘兩。其中綢布商捐銀27000餘兩，布商捐銀6100餘兩，綢、布兩業合計已占全部捐款的90％以上。②綢緞、布疋也是周村商業中最重要的行業。道光四年《關帝廟重修碑記》所鐫捐款統計中，8家緞店捐錢1964千文，14家布店捐錢1381千文，綢、布兩業合計占捐款總額的20％以上。③

雜貨和糧、油貿易是周口商業最主要的內容。周口除山陝會館之外，另設有陸陳會館、油業會館，專門經營糧、油貿易，而山陝會館經營的行業則以雜貨爲主。據道光十八年周口《重修關帝廟歲積釐金記》所鐫，周口山陝會館的行商分爲雜貨、麻、油、絲、布、果、京貨、西煙、山貨、魚米、竹木、藥材等15行，在列名的320家商號中雜貨一行就占了180家，抽釐金額占行商抽釐總額的3/4。④

錦州是海、陸轉運碼頭，閩廣江浙糖、茶、紙張、布匹、綢緞等手工業品與東北所產黃荳、雜糧、瓜子、木耳、藥材等農副產品的南北轉運是其主要內容。中轉批發業的繁榮是錦州商業的最大特點，在道光九年《重修大廣濟寺》的集資中，15家棧號捐錢45000吊，占捐款總額的35％。⑤

金融業也是商業城鎮的重要行業，在朱仙鎮、周村、天津、歸化城等地的集資

---

① 許檀：《清代河南朱仙鎮的商業》，《史學月刊》2005年第6期。
② 詳見許檀《清代中葉的洛陽商業》，《天津師範大學學報》2003年第4期。
③ 詳見許檀《清代山東周村鎮的商業》，《史學月刊》2007年第8期。
④ 詳見許檀《清代河南的商業重鎮周口》一文。
⑤ 許檀《乾隆—道光年間的錦州商業》一文中統計爲16家棧號，捐款48000吊；經進一步核對應爲15家，共捐款45000吊，特此更正。

中，金融業捐款所占比重多超過10%，甚至高達20%以上。

以上僅就個人研究所及做了一點粗淺的歸納，實際上商人會館碑刻資料的價值遠不止此。在經濟方面所涉及的內容還有：商人組織的内部管理、行業自律、糾紛調解、對外交涉，不同商幫之間的競爭與合作，商人與所在地官民的矛盾衝突與相互融合，公益事業、義學義地等等……商人會館碑刻資料可以説是目前所見能够反映明清時期市場狀况，特别是基層市場實態的最具價值的資料。依據商人會館碑刻資料所提供的信息，我們可對相關城鎮的商業規模和特點進行細緻、深入的考察；通過數十個乃至上百個城鎮的個案分析，或能對各區域市場和商人經營活動做出較爲準確的量化分析，從而對明清時期的市場發育水平得出令人信服的結論。商人會館碑刻資料在社會史、文化史、建築史等領域的價值也有待進一步發掘和拓展。筆者花費諸多精力將會館碑文整理出版，正是希望有更多的學者利用此類資料對商業城鎮進行研究；同時，也希望有更多的學者從各自不同的角度切入，進一步發掘其潛在價值。

收入《清代河南、山東等省商人會館碑刻資料選輯》的碑文共150餘通，這只是筆者華北調查中的一部分，其中以河南、山東二省爲多，直隸只收錄了天津和祁州的部分碑文。這些碑銘絶大多數爲清代所鑴，明代和民國部分多因與清代上下銜接而收入，以保存資料的連續性、完整性；也有個别碑銘爲民國所立，因所記内容與會館相關，也一並收入。另有幾通地方政府關於商業的告示，對我們瞭解當時的商業狀況頗有裨益，因而編入。此外，山西解州關帝廟和代州雁門關，以及錦州大廣濟寺的碑銘雖非會館碑文，但與商業密切相關，並有其特殊價值，故另編爲附錄。

碑文整理非我所長，原本爲研究所抄錄的碑文，在編輯出版時才發現有很多疏漏需要彌補，對每一通碑進行復核所花費的時間和精力遠遠超出筆者的預想，有相當一部分已收集的碑銘來不及核對，因時間所限，只得暫時割愛，留待將來了。

許 檀
2013年3月

河南碑文

一　開封山陝會館碑文[①]

開封山陝甘會館山門、照壁

山陝甘會館牌樓

山陝甘會館戲臺

[①] 這批碑銘現存開封山陝甘會館，筆者於1991年抄録，2012年復核，不過碑文現風化較嚴重，多已漫漶難辨。該會館爲山陝商人創建，光緒年間有甘肅商人加入，更名爲山陝甘會館。

1. 嘉慶十七年《山陝會館晉蒲雙釐頭碑記》

碑額：流芳百世

山陝會館晉蒲雙釐頭碑記

伏以　汴省徐府街有山陝商民創建會館，修立大殿，祀　關聖帝君，接檐香亭五間，旁構兩廡，前起歌樓，外設大門，廟貌赫奕，規模閎敞。每逢　聖誕，山陝商民奉祭惟謹。漸次日久，風剝雨蝕，丹青渙漫，廟貌日就傾圮矣。嘉慶四年老會首張恒裕、車日昇、昭餘館、保元堂等集山陝商民曰：聖廟創立業卅餘年，莫爲之前雖美弗彰，莫爲之後雖盛弗傳。前人既已創建，後人若不增修，一非妥侑　聖神之道，並失前輩向善之誠。可公仝議處，各行抽取釐頭以爲每歲添設重修之費。但須各自斟酌，量本抽除，不拘一例。勿没人善，弗强所難。此善念純篤，籌畫彌周，歷久經多之論也。同事者舉稱爲善。聖事原冀勸成，况　帝君聲靈顯赫，振於寰宇，窮鄉僻壤，黄童白叟，咸知敬理。凡我同人，誰無此志。俾金碧交輝，俎豆森列，薦紳衿裙，登堂拜謁，視日星之常存，凛　聖靈於如在。四方君子軒車過之，亦莫不羡山陝人士奉　聖惟恪也。惜蒲屬本小利微，力薄費繁，不能望人項背。謹遵前議，與本行同約，鋪中每進錢一千抽取二文，銀數亦然。自嘉慶四年五月初二日起，洎十三年正月初二日止，九年共抽錢三百八十三千一百四十七文，節次交清。老會首收存，以爲每歲補葺之用。歷年工務繁雜，未及列清勒石，李喬齡等以此項錢爲數無多，歷時已久，如不□彰，恐今之慷慨捐施者意淡心弛，即後之恪誠奉　聖者善念亦沮。遂議捐貲立石，鐫刻名號並數之多寡，使今之捐施者鉅細□彰，庶後之向善者亦可聞風而起矣。此盛舉，亦善事也。余處館汴城，因囑爲文，義不容辭。謹如斯陳序顛末以誌。

彰德府林縣廩膳生員　薛登瀛撰文
山西蒲州府虞鄉縣儒學生員　李松齡書丹

首事人：李喬齡　　岐金聲　邱統勳　　住持：許陽霖
　　　　　　　　　王國樑　王育文　　石匠：吳玉屏

李義聚	捐錢叁拾叁仟壹佰肆拾七文	東永泰	捐錢拾陸仟肆佰貳拾四文
東天佑	捐錢貳拾捌仟伍佰貳拾文	同勝號	捐錢拾伍仟陸佰伍拾七文
森茂號	捐錢貳拾肆仟陸佰壹拾三文	昌盛號	捐錢拾伍仟伍佰貳拾七文
雙興號	捐錢貳拾貳仟貳佰肆拾五文	宏泰號	捐錢拾貳仟零柒拾三文
日昇號	捐錢貳拾壹仟玖佰肆拾二文	西天佑	捐錢拾壹仟壹佰伍拾八文
興盛號	捐錢貳拾仟柒佰叁拾四文	意合號	捐錢拾仟陸佰零肆文
晉和號	捐錢貳拾仟伍佰肆拾八文	永興號	捐錢拾仟叁佰玖拾四文
武長號	捐錢玖仟陸佰柒拾七文	邱復盛	捐錢柒仟肆佰壹拾三文
西永泰	捐錢玖仟伍佰肆拾八文	志成號	捐錢柒仟叁佰貳拾一文
長泰號	捐錢玖仟壹佰壹拾九文	永盛號	捐錢柒仟貳佰伍拾三文
興隆號	捐錢捌仟肆佰陸拾八文	新聚號	捐錢伍仟玖佰柒拾八文
合興號	捐錢捌仟壹佰零三文	盈泰號	捐錢肆仟肆佰陸拾八文
晉興號	捐錢柒仟玖佰壹拾八文	三義號	捐錢貳仟叁佰玖拾七文
趙聚盛	捐錢柒仟陸佰零九文	信成號	捐錢叁仟貳佰陸拾二文
王裕喜	捐錢貳仟陸佰捌拾七文	晉昌號	捐錢壹仟伍佰□□文
梁義興	捐錢貳仟貳佰肆拾七文	毛永益	捐錢壹仟伍佰文
協泰號	捐錢貳仟貳佰壹拾九文	劉永源	捐錢壹仟壹佰二十九文
存誠號	捐錢貳仟壹佰肆拾九文	岐生文	捐錢陸佰文
趙合興	捐錢貳仟零肆拾文	同豐館	捐錢肆佰肆拾八文
長順號	捐錢壹仟玖佰肆拾二文		
元亨號	捐錢壹仟伍佰貳拾八文		

大清嘉慶十七年三月穀旦　　　　　　立石刻名又捐錢拾肆仟零貳拾文

2. 道光十四年《重修山陝會館增制寶幔鑾儀碑記》

碑額：永垂不朽

重修山陝會館增制寶幔鑾儀碑記

中州之山陝會館，道光丁亥歲所修葺焉。美哉輪美哉煥，巍乎爲中州之盛觀。太平商民貿易於茲土者人既多，生理日臻茂盛，莫不仰沐　神庥，咸被默佑也。既潔齋而將事，必隆儀以告虔。合會等衆踴躍輸誠，各解囊橐，共襄盛事。不旬日之間而捐錢陸佰陸拾有奇。誠哉，祈福報功之典，重鄉里尚義之心同也。因敬制　神前寶幔、臺殿彩簷以及旗幟傘蓋、鑾輿儀仗，俱美備焉。離離乎金碧交輝，縵縵乎綺羅相映，悅　神靈而壯觀瞻，庶乎備矣。事既成，因紀其事於石，並勒諸芳名於左。

珍昌興	捐錢伍拾千文	虹興長	捐錢拾捌千文
宏興齋	捐錢肆拾叁千文	宜昌永	捐錢拾捌千文
德寶齋	捐錢肆拾千文	義聚成	捐錢拾柒千文
東興隆	捐錢卅柒千文	會元齋	捐錢拾肆千文
公義成	捐錢卅壹千文	鼎盛易	捐錢拾肆千文
兩益昌	捐錢卅壹千文	資泰貫	捐錢拾叁千文
富興仁	捐錢叁拾千文	義生合	捐錢拾千文
順昌興	捐錢廿捌千文	長豐輝	捐錢玖千文
良興記	捐錢廿柒千文	世盛煥	捐錢玖千文
□新晉	捐錢廿貳千文	恒泰成	捐錢玖千文
長盛建	捐錢廿貳千文	玉盛建	捐錢柒千文
通興齋	捐錢貳拾千文	萬盛建	捐錢陸千文
隆昌公	捐錢拾玖千文	定昌號	捐錢伍千文
新順號	捐錢拾玖千文	高攀桂	捐錢伍千文
李建常	捐錢伍千文	高岐文	捐錢貳千文
賈勤郎	捐錢伍千文	關□清	捐錢貳千文
張自德	捐錢肆千文	高石□	捐錢貳千文
賈仰正	捐錢叁千文	陳緒祖	捐錢貳千文
張鳳樓	捐錢叁千文	李連登	捐錢貳千文
張德麟	捐錢叁千文	李成泰	捐錢貳千文
劉　鈺	捐錢叁千文	柴濟美	捐錢貳千文
高江義	捐錢叁千文	毛樹周	捐錢壹千文
孫慶順	捐錢叁千文	趙顯良	捐錢壹千文

李受禄　捐钱贰千文	张　选　捐钱壹千文
柴上进　捐钱贰千文	柴天佑　捐钱壹千文
解鹏渊　捐钱贰千文	程海明　捐钱壹千文
李长春　捐钱贰千文	贾□愚　捐钱壹千文
李万禄　捐钱贰千文	刘　慈　捐钱壹千文
刘丕奇　捐钱壹千文	卢　介　捐钱壹千文
李廷敬　捐钱壹千文	杨殿元　捐钱壹千文
高昇阶　捐钱壹千文	李若琳　捐钱壹千文
张河通　捐钱壹千文	吴　云　捐钱壹千文
贾本善　捐钱壹千文	郭左农　捐钱壹千文
杨学礼　捐钱壹千文	刘清远　捐钱壹千文
高攀龙　捐钱壹千文	
李春茂　捐钱壹千文	
柴连元　捐钱壹千文	
贾延庆　捐钱壹千文	珍昌号　公义成
李善同　捐钱壹千文	经理人：德宝斋　鼎益号
张春荣　捐钱壹千文	东兴号　富兴仁
牛辉岳　捐钱壹千文	
王道广　捐钱壹千文	

大清道光拾肆年岁次甲午菊月吉日　　　　　　太平会商民公立

3. 道光十八年《山陕会馆重修牌坊碑记》

碑额：永垂奕禩

山陕会馆重修牌坊碑记

盖闻有基勿坏，建瓴瞻凤翼之舒；而即旧图新，焕骨仰龙门之峙。拜殿前置有牌坊一座，创于道光五年。迄今檐角犹新，虽睹云霞之绚烂；柱头旋侧，难经风雨之飘摇。爰邀首事，速议重修。支非一木，共成集腋之裘；费约千缗，咸乐解囊之助。夏日督工，秋風告竣。緬三峰之屹立，輝聯對面樓台；合五彩以彰施，光耀中天日月。伏祈 神威永護，克崇廟貌於千秋；更欣碑碣常留，永著芳名於百世。

兵部侍郎兼都察院右副都御史總督河南山東河道提督軍務加十級紀錄二十次
粟毓美　捐銀貳佰兩

長慶典　捐錢五十千文	酒　行　捐錢壹佰千文
福興典　捐錢五十千文	油　行　捐錢五十千文
天成典　捐錢五十千文	太平會　捐錢五十千文
永成典　捐錢五十千文	皮襖行　捐錢五十千文
公茂典　捐錢五十千文	蒲州會　捐錢三十千文
日隆典　捐錢五十千文	布　行　捐錢三十千文
恒裕典　捐錢五十千文	稷山會　捐錢二十千文
仁裕典　捐錢五十千文	成衣鋪　捐錢十五千文
天成金店　捐錢二十千文	長慶煙店　捐錢五千文
通順煙店　捐錢十五千文	天興煙店　捐錢五千文
天裕金店　捐錢十千文	玉成煙店　捐錢五千文
同泰金店　捐錢十千文	協德煙店　捐錢五千文
和裕金店 協發煙店　捐錢十五千文	協和煙店　捐錢三千文
二合煙店　捐錢八千文	協盛煙店　捐錢三千文
天元煙店　捐錢七千文	元利煙店　捐錢三千文
大成金店　捐錢五千文	德裕煙店　捐錢三千文
竈君會　捐錢廿千文	富有綾店　捐錢五千文
汴綾行　捐錢廿千文	保元堂　捐錢五千文
蠟　行　捐錢十千文	老九華樓　捐錢三千文
福星正　捐錢十五千文	金鐘號　捐錢三千文
日增錢店　捐錢十千文	長春藥店　捐錢三千文
中和錢店　捐錢八千文	張恒裕　捐錢三千文
德和錢店　捐錢五千文	豐盛米鋪　捐錢三千文
福興泰　捐錢五千文	榮興米鋪　捐錢三千文

益順炭廠　捐錢二千文	王良興
朝邑監生徐巍　捐錢二千文	東良興
文勝京貨店	祥發緞店
捐錢五千文	
合盛綫鋪	祥發錢店　捐錢二十千文
增盛鐵貨鋪	福德全
建興鐵貨鋪捐錢十千文	長興隆
隆盛鐵貨鋪	

以上捐布施錢連銀共作錢壹仟叄佰零陸千捌佰伍拾捌文，共使錢捌佰陸拾玖千捌佰伍拾捌文，除使净存錢肆佰叄拾柒千文

首事：昭餘館
　　　車日昇
　　　張恒裕
　　　師保元
住持：孟陽東

大清道光十八年歲次戊戌桂月上浣穀旦

4. 同治三年《重修後道院記》[①]

重修後道院記

汴省帝君廟爲吾山陝會館，由來舊矣。其中正殿五楹……前則有臺榭，悠游歌咏，以和神人；其四旁則左侗右侗、東序西序，以備宴會，以便棲息。龍罩鳥……

大清同治三年歲在甲子孟冬上浣

碑陰：

朱仙鎮米商：

經理：□盛魁　恒來豐　復盛正　　　共捐銀叄佰貳拾叄兩捌錢
　　　源發長　和合公　吉原義

---

① 該碑風化嚴重，難以辨識，此係依據筆者1991年的抄録稿。

晋平日昇昌　捐銀壹佰兩正　　　太平會　捐錢□百千文
晋平協和信　捐銀壹佰兩正　　　皮貨行　捐錢陸拾千文
晋平蔚盛長　捐銀壹佰兩正　　　水菸行　捐錢陸拾千文
晋平義盛長　捐銀壹佰兩正　　　蒲州會　捐錢伍拾千文
晋平百川通　捐銀叁拾兩正　　　豐益成　捐錢肆拾千文
　公茂典　　捐錢貳百千文　　　稷山會　捐錢叁拾陸千文
　油行公　　捐錢壹佰伍拾千文　公茂永　捐錢貳拾千文
　酒行公　　捐錢壹佰伍拾千文　鐵　行　捐錢拾貳千文
　金珠行　　捐錢壹佰千文　　　估衣行　捐錢拾千文

　老九花樓捐錢拾千文
　協裕綢緞莊捐錢拾千文
　皂君老會捐錢伍千文
　有餘長　捐錢伍千文
　藍豐盛　捐錢伍千文
　富盛和　捐錢伍千文
　汴綾行　捐錢伍千文
　長春堂　捐錢叁千文
　同樂堂　捐錢貳千文

　以上共捐銀柒佰伍拾叁兩捌錢
　以上共捐錢壹仟零叁拾捌千文

同治三年歲次甲子孟冬上浣穀旦

二　朱仙鎮會館碑文

朱仙鎮大關帝廟

大關帝廟大殿

位於大殿前的壬寅碑

大關帝廟各碑保存狀況（1999年）

大關帝廟各碑保存狀況（2004年）

碑銘保存現狀（2012年）

工作照（2004年）

筆者1999年考察時，小關帝廟的三通碑散放於大關帝廟前院東側

（一）山陝會館（大關帝廟）碑文[①]

1. 康熙三十三年《新建山門戲臺碑記》[②]

新建山門戲臺碑記

竊聞卜□土而建帝君廟也，歷有年所，隨建樓……

　　　　姚　　江　　何肇□熏沐撰
　　　　古晉河東弟子陳道隆叩首敬

為首人：張□□　董學機　張閎城　仝立
　　　　智蘊□　劉錦陽　張□高

康熙三十三年甲戌仲冬吉旦

2. 雍正十一年《山西平陽府翼城縣衆商創建牌樓碑記》

山西平陽府翼城縣衆商創建牌樓碑記

雍正拾壹年四月完工　　　　總理督工人：梁寅公　　王大章
　　　　　　　　　　　　　　　　　　　　　　　　　侯龍章

■碑陰：

李誠菴男乾健　　　　　　　柳文侯
　　　　銀肆拾兩　　　　　　　　銀拾兩
史中興任允中　　　　　　　侯德相

田瑞卿　　　　　　　　　　王大章　銀拾兩

張子正　　　　　　　　　　袁遷文
　　　銀叁拾兩　　　　　　　　　銀拾兩
郭斗南　　　　　　　　　　王伯淳

---

① 這批碑銘存於朱仙鎮關帝廟内，筆者於1999、2004年兩次前往抄錄。
② 該碑斷爲三截，中間有洞，1999年考察时碑文已漫漶不清。

	張啓文		□裕□　　銀九兩九錢
	石德馨　銀弍拾四兩伍錢	楊正公	
葉縣知縣	崔　赫　銀弍拾叁兩	張亶若(璧)　銀九兩四錢	
	劉邱亭男純銀弍拾壹兩	王御極男仕儀銀九兩一錢	
	王公田(錄)　銀弍拾兩	王昇公 范丕範	銀八兩二錢
	高廣宏　銀壹拾八兩四錢		
	梁寅公仲□銀壹拾七兩八錢	歐朝宗　銀八兩	
	王霖蒼任詰王男瑞符銀壹拾六兩七錢	王唐彥 戴佐伍	銀七兩七錢
	石含博復初任國卿銀壹拾四兩	王廷侯 胡振世	銀七兩六錢
	胡榮陽興臣　銀壹拾叁兩伍錢	常友竹 袁爾明	銀七兩五錢
	周珣王程際昌　銀壹拾叁兩一錢	李憲文　銀七兩三錢	
		李京周男德亶銀七兩三錢	
	王章□任佐玉銀壹拾弍兩五錢	郭金聲　銀六兩九錢	
	王封公正九　銀壹拾一兩六錢	趙會泉 呂仁宗	銀六兩八錢
	程鏘□ 李□□	銀壹拾一兩五錢	胡功臣　銀六兩八錢
	張□□ 衛□□	銀壹拾一兩	王淵若　銀六兩三錢
		崔子裕　銀六兩	
		王次淳　銀六兩	
	李□三 王靖白	銀拾兩八錢	李懷年　銀五兩八錢
		燕　仲　銀五兩八錢	
	崔□□男鼎卿銀拾兩五錢		
	柳際宇 張漢冲	五兩七錢	郭九如 續超薦	三兩九錢
	呂晰疑　五兩五錢	王清宇男新甫三兩九錢	
	薛竟歷　五兩五錢	□侯　章君	三兩九錢
	周裕之男桂如五兩		

【河南碑文】

侯誠合男龍章	五兩	尉觀臣男育才	三兩八錢
柳良臣	五兩	石健蓭	三兩八錢
李正公		常吉公	三兩八錢
張維在	五兩	張用之	三兩七錢
史□卜	四兩八錢	蘇子揚	三兩七錢
閆法周		孔漢周	三兩六錢
師大成	四兩八錢	史克明	
侯育廣	四兩五錢	李捷公	三兩五錢
張景軾		許靜公	
韓六韓	四兩四錢	王文征	三兩五錢
王伯饒	四兩四錢	解汪如	
李繼容		戴伯元	三兩五錢
母純玉	四兩三錢	侯佐玉	三兩四錢
常涵中	四兩三錢	秦執玉	三兩四錢
王清源		高元□	
王璠玽	四兩三錢	王聲遠	三兩四錢
鄭國甫	四兩二錢	劉聖範	
耿君詔		高雲九	三兩四錢
史繩侯	四兩一錢	趙世祖	三兩三錢
李秀臣		郭俊昌	
高捷南	四兩一錢	王霖九	三兩三錢
王從周		張仁公	三兩一錢
史之俊	四兩	高元魁	
史子濯	四兩	呂喬年	三兩一錢
陳君詔	四兩	梁英玉	三兩
許樸公	四兩		
張粲若			
石子玉男君甫	三兩	高維謙	弍兩三錢
袁希聖賢	三兩	李君甫	
		柳希侯	弍兩三錢

李文暢	二兩九錢		張維世	弌兩弌錢
李玉若	二兩九錢		黃上玉	弌兩
祁行中	二兩七錢		魏次睿	
侯荆侯			譚文昇	弌兩
郭 覺	二兩七錢		曹紥斌	
韓祥甫	二兩七錢		李紹先	弌兩
高□若			張起祥	弌兩
□欽吉	二兩六錢		范弘勳男肇中	弌兩
張爾益	二兩六錢		李國尊	弌兩
秦文龍	二兩六錢		廉永忠	弌兩
裴宗□	二兩六錢		孫秉公	一兩八錢四分
喬丕成	二兩六錢		趙月麓	一兩八錢四分
李廉□	二兩五錢		段 英	一兩八錢四分
程宗伯	二兩五錢		黃天章	一兩八錢
梁笏玉	二兩五錢		戴長吉	
胡理之	二兩五錢		郭永固	一兩七錢五分
蘇乃成	二兩四錢		王臨愛	一兩七錢
張 潤			王之臣	一兩七錢
薛心吾	二兩四錢		崔兆生	一兩七錢
孔述貞	二兩四錢		蘇子敬	一兩六錢
燕紹先	二兩三錢五分		李 芳	一兩六錢
周王□	二兩三錢五分		胡兆印	
馬凌霄	二兩三錢五分		譚惟敬	一兩六錢
蘇荆山	二兩三錢		朱雍寧	一兩六錢
常元良			王待如	一兩六錢
陳 苾	二兩三錢		范永祀	一兩五錢
三友店	二兩三錢		馮紹先	一兩五錢
侯蔚臺	一兩五錢		張 高	一兩二錢
李長之	一兩五錢		森太廠	一兩一錢五分
張厚公	一兩五錢		程定國	一兩一錢五分
陳子建	一兩五錢		袁其全	

【河南碑文】○

聶誠之	一兩五錢	石光前	一兩一錢五分
符華章	一兩五錢	戴新章	一兩一錢
段　桐	一兩五錢	李□若	一兩一錢
史天衢	一兩四錢	張睿公	一兩
陳錫禧	一兩四錢	李創業	一兩
李玉梓 陸天哲	一兩四錢	王德章 李遂初	一兩
郭著名 張興臣	一兩四錢	安永禎	一兩
石秀含	一兩四錢	段子範 張擎天	一兩
李蘭臺	一兩四錢	胡子士	一兩
凡廷秀	一兩四錢	張光裕	九錢六分
柳楊春	一兩四錢	母好作	九錢六分
李世昌	一兩四錢	張子言	九錢二分
胡來儀	一兩四錢	秦子馥	九錢二分
李爲梅	一兩三錢	王青遠	九錢二分
和甸九	一兩三錢	衛　綏	九錢
史紹歐	一兩三錢	王弘統 李國程	九錢
楊在斯	一兩三錢	周　文 朱　琬	八錢
史明宇	一兩二錢五分	柳書達 譚文興	八錢
張崑山	一兩二錢五分	薛嗣犖	八錢
姚福禧	一兩二錢五分	王秀衡	七錢六分
柴經天	一兩二錢五分		
王君寵	一兩二錢五分		
李□□	一兩二錢五分		
張□如	一兩二錢五分		

袁杞壽	七錢五分	李□□	五錢□分	劉紹□	三錢五分
凡朝臣	七錢五分	姜際□	五錢□分	李世太	三錢五分
陳鳳媚 關而巘	七錢	張林章	五錢□分	薛所理	三錢五分
		孔興盼	五錢五分	許成□	三錢四分

興盛廠	七錢	李相康	五錢五分	陳康生	三錢
呂煙鋪	七錢	王□祥	五錢五分	關御書	三錢
史聲玉	七錢	崔元玉	五錢五分	劉日昇	三錢
關織三	七錢	李子□	五錢	□永成	二錢七分
史瑞 李璠	七錢	張□臣	五錢	史金玉	二錢七分
王仁初		石瑞峰	五錢	周命新	二錢七分
楊天祥	七錢	張祥祖 張思□	五錢	王全天	二錢□分
常昇公	七錢	□匡卿	五錢	趙全禮	二錢□分
吉慶常	七錢	杜□□	五錢	張起□	二錢三分
常淑行	七錢	李友龍	五錢	王之孝	二錢三分
楊天相	七錢	王如臣	四錢六分	丁□連	二錢三分
廉瑞玉	七錢	萬伊任	四錢六分	朱子□	二錢三分
戴丕隆	七錢	陳國玉	四錢六分	馬義成	二錢三分
王之璽		韓伯昌	四錢六分	王奎還	二錢三分
王倫	七錢	劉永生	四錢六分	郭中□	二錢三分
劉萬盛	七錢	丁鈺 高起尚	四錢六分	李太和	二錢三分
侯欽律	七錢			石□	二錢
呂元臣	七錢	張玳	四錢六分	史宣□	一錢八分
郭瑞生	六錢三分	張明如	四錢六分	王冶	一錢四分
陳絡宸	六錢	張昇□	四錢六分	劉慶雲	一錢二分
王□□	五錢八分	劉□□	四錢	□四	一錢
王士煥	五錢八分	凡瑞玉	四錢	袁□	一錢
馬昆玉	五錢七分	王玉簡	三錢六分	陰祥成	一錢
		常永泉	三錢五分	郭金成	一錢
		周天昇	三錢五分	毋□祥	一錢
				張□初	一錢

公議興工首事人：

	侯誠合	王御極	高廣宏	郭斗南	張祥讓
	劉邱亭	蘇子揚	趙澮泉	史子濯	李挺然
	周裕之	李子寔	李貫三	胡興臣	張啓文
	柳名臣	梁寅公	馬凌霄	崔子裕	袁希聖
	石子玉	韓六韓	王大章	孫致公	薛所儀

3. 乾隆三十三年《重修關帝廟碑記》[1]

　　嘗謂神功丕者有成……以將誠□有仲布報之□也。顧成□廟宇之建，惟創始者爲難，而後人不亦□然……自此之後，□□□涼觀者□□此時不有繼起有極力修□……明矣。□如朱鎮河西有 關聖帝君廟一座，由來已久矣。……年□，考之石記自康熙初年□至於今，皆係山陝也。修而……廣，復經廿六年黃水之災，□之大……如午□之狀，而周圍有險峻之峙矣。次而及之大……由是□然聳峙，而山門亦成突兀□□而……內□□□樓□之地改建山門……之迤北，又增大□大工前……之維便兩廊下又東□外……焉。山門外兩邊久□門……於大殿後修側座□五門以……相通，庶幾展也大成乎……斯□也，豈非□起不……夫後之君子耳。

特授□　□　大　夫　……　山右　　田□□撰文
賜進士狀元及第出身……縣□同　　王　　杰書丹
誥授中□大夫分巡福建……郎中　　張　　廷篆額

乾隆三十三年歲次戊子□月穀旦

▎碑陰：

分巡福建臺灣道　　張　　斑　捐銀伍拾兩
彰　德　府　分　府　　吉大泰　捐銀伍拾兩
　　祥邑眾當商　　公捐銀　一千一佰兩
　　直隸絳　州　　段宸極　捐銀式佰兩
　　牛廣興　捐一佰二十兩　　　　席信義　捐五十六兩
　　牛福興　捐一佰兩，北店復捐廿兩　龐六合　捐五十一兩
西廊 高邑會　捐銀一佰兩　　　　趙鼎豐　捐五十一兩
　　賈恒盛　捐銀六十兩　　　　　李資生　捐五十兩
　　侯長春　捐銀五十兩　　　　　恒豐店　捐廿九兩二錢

---

① 該碑碑陽在筆者2004年考察之時已漫漶不清，碑陰字迹清晰。

旺盛號　捐銀五十兩
統祥號
同盛號　公捐一佰三十兩
裕順號
廣盛瓆記捐四十兩

社塘烟號

敬盛允記
敬盛挺記
天誠篤記
久成玉記
大魁和記
久成虹記
天誠佐記
公信鳳記
偕義麟記
　九家公捐四佰廿兩

雜貨行

高吉 恒益　捐八十六兩
師德昌　捐五十七兩

靳世興　捐八兩
　共捐九十兩

衆麻號

吉復興
朱新盛　各捐六十兩
萬盛號
新盛通號　各捐十二兩
新盛同號
恒興號　各捐五兩
長盛號　捐三兩
誠心會　捐七兩
　共捐一佰六十四兩

靳亨裕　捐二十八兩
李元茂　捐二十五兩
崔森茂　捐二十四兩
劉隆昇　捐二十二兩
敬匯餘銀八錢
　十一家共捐四佰八十兩
桐油會　捐三十兩

大板烟號

義盛號
元泰號
元隆號
顧永盛　公捐二佰兩
北永盛
興順號
義和號

鉛丹行

靳義興　捐四十兩
吉大興　捐廿四兩
郭如松　捐十八兩
廣益號
豫順號　各捐十六兩
廣裕號　捐十四兩
廣成號
長盛號　各捐十二兩
恒盛號
合興號　各捐十兩
永興號　捐八兩
文興號　捐七兩
同泰號
豐泰號
建興號　四號各捐六兩

粟米字號

李全義	捐四十二兩			成玉號	
新盛號	捐四十兩			永吉號	各捐五兩
正興號	捐卅五兩			王芝緒	
合盛號				和盛號	各捐四兩
豐盛號				廣興號	
永萬順				永順號	捐三兩四錢
興隆號	各捐卅三兩			萬錦號	捐三兩二錢
東萬有				紹字號	
元隆號				大隆號	各捐三兩
萬盛號				紹萬順	
雷興隆				王源發	捐二兩五錢
協萬順	捐廿八兩			存誠號	各捐二兩四錢
裕順號	捐廿七兩			復興號	
二仙號	各捐廿二兩			沛興號	各捐二兩
旭昇號				長發號	
正萬順	捐廿一兩			廣順號	
馨萬有	捐廿兩			張興隆	
豐裕號	各捐十六兩			振興號	五號各捐一兩二錢
李豐裕				宋興盛	
				務本號	

以上共捐七佰卅二兩九錢

高平縣各號

普盛號	捐四十兩			趙永盛	捐八兩
布德重記	捐十八兩			馬金興	
布德如記	各捐十五兩			姚永盛	
和興號				王復盛	
如陽號	捐十二兩			侶永順	各捐六兩
永裕號	捐十兩			馬福興	
				馮新興	
				王復興	
				李保益	各捐五兩

共捐一佰一十兩

纓帽行各號

任新興	捐七十兩			劉眾晟	各捐四兩
				翬和順	

史雙裕捐五十兩零三錢四分　　　　李永豐

鄭王永順　捐五十兩　　　　　　　　趙良泰　　各捐三兩
　　　　　　　　　　　　　　　　　党　孝
　復興照記
　　　　　　　　　　　　　　　　王合義　捐二兩五錢
　仇三益
　　　　　　　　　　　　　　　　李永興　捐一兩五錢
　李德盛
　　　　　　　　　　　　　　　　　以上共捐五佰八十二兩三錢四分
　復興珍記各捐卅兩

　魏福順　　　　　　　　　　　　**京貨行**

　王新興　　　　　　　　　　　　恒豐號

　王福順　　　　　　　　　　　　吉祥號

　趙興盛　　　　　　　　　　　　大成號

　劉復盛店各捐廿兩　　　　　　　美峰號

　張復興　　　　　　　　　　　　常盛號
　　　　　各捐十六兩
　霍新興　　　　　　　　　　　　同泰號

　屈大興　　　　　　　　　　　　洪興號

　復興英記　　　　　　　　　　　常益盛

　劉先和　各捐十二兩　　　　　　李新盛

　李全興　　　　　　　　　　　　大興號　各捐廿七兩

　吳永盛　　　　　　　　　　　　瑞豐號
　　　　　　　　　　　　　　　　　　　　各捐廿四兩
　張利來　　　　　　　　　　　　楊新盛

　趙永順　　　　　　　　　　　　和祥號
　　　　　　　　　　　　　　　　　　　　各捐廿二兩五錢
　李全盛　各捐十兩　　　　　　　瑞興號

　張福盛　捐六兩

　望順號　捐廿二兩五錢　　　　　**靴鞋鋪**

　慶生號　捐十九兩五錢　　　　　薛存誠　捐廿三兩

　天聚號　捐七兩五錢　　　　　　趙日盛　捐十五兩

　潘太號　捐五兩　　　　　　　　北日昇　捐二兩六錢

　衡太號　　　　　　　　　　　　**太原各號**
　　　　　各捐四兩六錢
　大盛號　　　　　　　　　　　　元恒豐記捐卅八兩

　路義順　　　　　　　　　　　　日新巖記

崔新盛　各捐四兩三錢
王集大
趙玉盛　捐四兩二錢
韓聚盛
馬永盛　各捐一兩六錢
牛通興　捐一兩五錢
新順號　捐一兩三錢
王通順　捐一兩
億興號　捐三錢
　以上共捐四佰五十一兩一錢

梭布店

人和號　捐十九兩五錢
統盛號
存誠號　各捐十二兩

鐵貨店

李晉興
接盛號
馮義興
李太生　公捐七十兩
李大興
三義興
李鏡太
田協和　捐廿兩
稷山衆信捐廿兩
張學謨　捐十二兩

友仁號　捐六兩
　以上共捐四十二兩
瑞豐緞店捐十兩
大荔趙永盛　捐十兩

估衣鋪

景新嚴記　各捐卅兩
元泰公記
元亨永記
謙光明記捐十五兩
萬和號
萬有號
允盛號　各捐六兩
三和號
隆盛興記
郭新天　捐五兩
永慶衡記
豐泰號
涌泉號　各捐三兩
翕和號
永泰號
德盛號　各捐二兩
恒裕號
萬盛號　捐一兩
泰和號
漫隆號　各捐五錢
　以上共捐二佰卅兩

翼城縣各號

昌記號　捐廿兩
日生號
京記號　各捐八兩

協合號
振興號　各捐廿兩
弘興號　捐十八兩
興順號　捐十七兩
益謙號　捐十六兩

翔美號	捐廿七兩	辛萬盛	捐十五兩
美豐號		義盛號	捐九兩二錢
大隆號	各捐十七兩	解長盛	
同興號		敏茂號	各捐六兩
永豐號	捐十六兩七錢	承裕號	
萬錦號	捐十三兩	公明號	捐五兩
全義號		長生號	捐四兩八錢
恒隆號	各捐十兩	百隆號	捐四兩二錢
萬盛號		合興號	
萬順號		翕豐號	各捐四兩
三盛號	各捐九兩	王合盛	
日增號		文昌大記	捐三兩八錢
益美號	捐四兩	萬盛號	捐三兩六錢
義合號	捐三兩四錢	樸盛號	捐三兩五錢
復盛號	捐三兩三錢	永和號	捐三兩二錢
和順號	捐二兩五錢五分	大順號	
萬興號	捐一兩六錢六分	萬興號	
應盛號	捐一兩六錢	允太號	

以上共捐一佰八十二兩二錢一分

曲沃縣各號

		張豐盛	各捐三兩
		衛永盛	
貴生號		曹萬盛	
世泰號	各捐卅兩	祁萬字	
景盛號		晉字號	
萬鎰號		景順號	捐二兩九錢
宗盛號	捐廿八兩八錢	楊合盛	捐二兩五錢
萬和號	捐廿五兩	德順號	各捐二兩四錢
卿盛號	捐廿四兩	晉興號	

景盛庵記	各捐二兩四錢	長春號		耿新盛
天順號		田豐盛		高新盛
日生典		周同聚		楊元茂

六合店		李永利	玉成號
信義店	各捐二兩	劉隆興	德義號
李長盛		賈鼎太	協泰號
王永盛		李新盛	王振興
李永盛	捐一兩九錢二分	關永茂	馬玉盛
恒玉典		福隆號	福順昇號
永興典	各捐一兩八錢	馬長盛	許玉盛 以上各捐一兩二錢
元大號		常新盛	吉恒號
張元盛	各捐一兩七錢	因日增	協豐號
吉升號		王德玉	森茂店
連興號		徵太號	振興發記
楊謙正	各捐一兩五錢	景慶號	王合義
郭世泰		郭萬順	王景泰
遷興號		合義西號	王敬泰
孫公盛		郝德義	姚宣興 以上各捐一兩
郝福茂		楊連順	許和字 捐六錢
張福聚		傅軒字	王義美
辛太昌		李日昇	元興號 各捐五錢
容玉號		王玉盛	以上共捐五佰一十三兩
雙玉號		楊永盛	九錢二分，內除做旗幔
合義號		趙公盛	銀一佰一十三兩九錢二分
緝茂號		翁興號	廟內净收銀四佰兩
天祥號		瑞盛號	**絳州各號**
衛福興		植禾號	王廣益 捐廿四兩
李萬盛		許三合	孫永茂 捐廿兩
許宏復		新盛昌號	黃馨盛 捐廿兩
瑞祥號		大有典	徐永和 捐十四兩
珩字號		王協泰	閆廣益 捐十二兩
泉通號		大順號	合盛公記捐十兩
段合泰		永豐號	黃　壤
永合功記	各捐十兩	偕義明記	薛君盛

趙三興	薛永盛	周合盛
偕義和記	王正泰	楊繼仁
通盛顯記	段三益	李瑞豐
長盛號　各捐八兩	隆泰輝記	衛如瑗
盧萬興	馨盛東記	欲生號
楊同興　各捐六兩	和世泰　各捐二兩	永興號
張仁義	常廣順	陶存誠　各捐一兩
趙萬順	趙安豐　各捐一兩五錢	張弘昇
劉日盛	許萬順	常存義
段馨盛	朱美盛	耿敬虞　各捐五錢
萬利號	永耀王記	以上共捐二佰九十二兩九錢
義盛威記各捐五兩	馮信易	**蒸酒館各號**
彩字御記	薛祥盛	全盛館
永順朱記	姚興盛	王和合
黃大隆	左瑞豐	晉陽館
通順永記各捐四兩	馮萬元	北雙泰
萬盛健記	范合盛	復興館
張文盛	黃合盛	六合館
馨盛松記各捐三兩	竇長盛	張晉原
左元豐　捐二兩四錢	賀君盛	謙光館
張和盛	吳永和	二仙館
祥集號	張宗泰	三合館
協盛通記	傅兆興	萬和館
永順王記	郝集瑞	東雙泰　各捐八兩五錢
西盛呂記	孟合盛	穆三賢　捐二兩
張合盛	南萬盛	以上共捐一佰零四兩
劉永盛	支亨通	**門神作房**
王協盛	韓承盛	隆盛號　捐十四兩九錢
楊協成	段協成	崔義和　捐十四兩四錢
田永盛　各捐二兩	陳千祥　各捐一兩	李同興　捐十二兩五錢

李合盛　捐十二兩一錢
安玉盛　捐七兩六錢
陳九如　捐六兩六錢
阮永成　捐六兩五錢
北義和　捐六兩三錢
陳永庄　捐五兩九錢
義盛號　捐五兩二錢
和同昇　捐四兩
武功號　捐二兩
南永庄　捐一兩一錢
陳聖美　捐九錢
　以上共捐一佰兩

門神作房
眾匠公捐六十兩

纓帽鋪
張豐泰　各捐十三兩三錢三分
解同泰
屈永興　各捐十兩
孟永泰
孫統裕　捐六兩
班公信　捐三兩
柴玉盛　捐二兩四錢
賀宏興　捐一兩
　以上共捐五十九兩零六分

眾茶字號
義興裕記　各捐十六兩
隆裕德記
義盛李記　捐七兩五錢
涌興隆記
天順正記
恒盛文記

永興謙記捐五兩
永泰恒記　各捐四兩
純裕和記
和美□記
和合明記
元順生記各捐三兩
永興泉記
源盛益記各捐三兩
永合成記捐二兩一錢五分
興旺永記
隆盛□記　各捐二兩
新泰巖記
常新巖記捐一兩
　以上共捐一佰兩零八錢五分

黃白酒館
義和館　捐五兩五錢
德順館　捐五兩四錢
仁和館
義順館　各捐五兩二錢
同泰館
有恒館　捐四兩五錢
和合館　捐三兩八錢
慶盛館　捐三兩六錢
協盛館　捐三兩五錢
復盛館　捐三兩
聚和館　捐二兩九錢
王瓚緒　捐二兩一錢
衡太館　捐一兩四錢
　以上共捐五十一兩三錢

眾煤灰廠
許義順　捐十兩零八錢

隆盛順記　各捐六兩　　　　　　劉同心　捐五兩六錢

劉四盛
李際魁　　各捐五兩六錢　　　　棄繩鋪
李維奇　　　　　　　　　　王全盛　捐一兩五錢
趙永發　　　　　　　　　　任聚遠
安允盛　捐三兩四錢　　　　程同興
畢萬盛　捐二兩七錢　　　　郭紹玉
李永盛　捐二兩五錢　　　　王雙玉
王義和　捐二兩四錢二分　　任世興
趙永生　捐二兩二錢　　　　任世福
唐旺盛　　　　　　　　　　牛□興
段貴生　　　　　　　　　　程恒興
董三合　各捐一兩二錢　　　郭同順　各捐一兩
郭德太　　　　　　　　　　郭相臣　捐九錢四分
拾聚號　　　　　　　　　　任正德　捐五錢
劉同興　各捐一兩　　　　　王　立　各捐四錢七分
展文信　捐七錢　　　　　　郭　興
吳茂盛　　　　　　　　　　張廷順　捐三錢
劉協盛　　　　　　　　　　趙錫太　捐二錢
焦俊源　　　　　　　　　　任　增　捐一錢
畢萬有　　　　　　　　　以上共捐十三兩四錢八分
趙永成　各捐五錢
劉萬盛　捐二錢五分
　以上共捐六十二兩零七分
和順店　捐五兩
協興容記捐二兩
王義昇　捐一兩五錢
王統泰
申復盛　各捐一兩二錢
晉興號

靳合興

馬德昇　捐一兩

屈六義　捐六錢

4. 乾隆三十三年《本廟全圖》①

■邊款：

乾隆叁拾叁年歲次戊子桂月吉日告竣　　張廣盛施地基□段

■碑陰：

儀封縣當典

刘悠遠

謝大成

雷太源

刘興順　各捐九兩一錢七分

刘永和

刘永太　各捐六兩六錢六分

　以上共捐五十兩

天吉鹽店捐六兩

通許縣

裕恒典

廣積典

元隆典

協成典

全德典

世興典

新盛典

　七家公捐五十兩

洧川縣

恒足典

世興典

心盛典

永太典

務本典

慎興典

恒盛典

全義典

　八家公捐四十兩

全裕典　捐三兩

密　縣

豐太典

陳源生

辛萬豐

順裕鹽店　各捐二兩

朝邑縣

徐方昌　捐五兩

---

① 該碑碑陽之廟圖已完全磨損，碑陰全部爲商人商號捐款。

蘭陽縣
泰成典　捐十兩
尉氏縣當典
刘世祥
許順信
刘日新　各捐七兩
賀啟源
任廣全

登封縣
晉恒順　捐三兩
辛信成　捐二兩
秦多益
董謙益
刘永昇
秦韓元　各捐一兩五錢
賈　□　捐十兩
焦全裕　捐十兩
趙永隆　捐十兩
巨文密　捐十兩
宋元和　捐六兩
宋五仁　捐五兩
衆醋房　公捐五兩
雜貨鋪各號
南恒昌　捐四十四兩
崔聚盛　捐卅一兩二錢
協興號　捐三十兩
北恒昌　捐廿九兩六錢
公順號　捐廿九兩四錢
崔合盛　捐廿四兩
恒興號　捐廿二兩一錢

雷　瓊　捐四兩
睢州當典
趙慶祥
謝廣裕　各捐五兩
柘城縣
刘裕順　捐五兩
杞　縣
刘裕遠　捐三兩

合興號　捐廿兩五錢二分
益昌號
貞泰號
吉興盛　各捐十四兩七錢
永興號
董俊興　捐十三兩
元盛號　捐十二兩五錢
德泰號　捐九兩
□盛號　捐八兩二錢二分
啟興號　捐七兩七錢七分
宏字號　捐七兩二錢七分
靳合盛　捐六兩三錢
敦化號　捐五兩
祥太號　捐四兩九錢四分
永合號　捐四兩四錢
謙合號　捐四兩三錢
統茂號　捐三兩五錢
王萬盛　捐二兩四錢六分
萬興號　捐一兩二錢
瑞興號　捐一兩
瑞成號　捐一兩一錢
以上共捐四佰六十九兩五錢七分

德政號　捐廿二兩五分
弘昌號
恒聚號　各捐銀廿二兩
中興號

太平縣各號

沈富盛　捐三十四兩
發育號　捐十五兩
張□興　捐十三兩
李太吉　捐十二兩
光益號
李世寶　各捐十兩
柴益盛
新盛堯記　捐五兩
李天成　各捐三兩
鼎裕號
王永茂　捐二兩五錢
柴永盛　捐二兩四錢
張新興　捐二兩二錢
閆世興　捐二兩一錢
劉太順
永聚號　各捐二兩
李順信
王通順
興盛童記　捐一兩四錢
劉文盛　捐一兩三錢
寶奎隆
恒利號
丁萬有　各捐一兩二錢
李同盛
永盛號

張蘭王復盛　捐四兩

六陳行

仁字號　捐六兩五錢
王永裕　捐三兩
太亨號　捐一兩六錢二分
長盛號　捐一兩□□
吳金興
師合興
賀大有
高源生
李盛隆　各捐一兩
劉恒裕
康復興
王魁聚
恒益店失落小緣簿一本
　　餘佈施銀七兩零二分，
　　不知何號所捐
　　以上共捐一佰五十八兩九錢

白米行

盈太店　捐三十兩
公信店　捐廿五兩
保合店　捐二十兩
義順店　捐六兩七錢
永隆店　捐四兩九錢
晉公店　捐三兩
　　以上共捐八十九兩六錢
鄭州元吉典捐十二兩
張　□　捐三兩
泰季號　捐三兩
王和泰　捐二兩四錢

砲　房

李萬順
常義和
牛旺順
李永盛
胡義合
　五家公捐十八兩

絲繭行机房

泰明恒　捐六兩五錢
□天成　捐六兩
楊興盛　捐五兩
郭萬順
陳裕興　各捐三兩九錢
侯仁合　捐二兩六錢
楊萬興　捐二兩
毛義合　捐一兩三錢
刘義合　捐一兩
　以上共捐三十二兩二錢

氈帽作房

王允鳳
李世亨
行天礼　各捐三兩
楊懷璋
王振紀
王國順　捐二兩二錢
張永義　捐二兩

玉盛號　捐一兩二錢五分
史魁盛　捐一兩
王雙聚　捐五錢
　以上共捐五十七兩七錢五分

王國祥　捐一兩五錢
　以上共捐廿六兩七錢

汴城雜貨鋪

張萬興　捐四兩
鼎裕號
李天成
同昇號
恒豐號
郝益盛
敬泰號
李玉成　各捐三兩
賈資太
光裕號
恒順號
合盛號
恒足號
公義號
恒發號
和興號
萬聚號
五豐號
趙宗盛
趙廷棟
復盛號
東合盛
西合盛　十五家各二兩

王極隆
張永順
張宏盛
王人和

朝邑縣各號

楊大順

劉隆盛

謝重新

楊合益

□元盛

馬新興

楊公平

□通順

賀永興

王萬順

楊全盛

張興順

負義興

唐復興

何新興

李合盛

穆新興

寇興盛

薛萬隆

楊大亨

張新興

陳啟國

陶福榮

馬魁孝　各捐三兩

張君德

張文盛

薛大儒

胡休元

石新盛

董信義

雷元盛

人德號　廿九家各二兩四錢

同光增　二兩一錢六分

閆永吉　捐一兩

劉永魁　捐五錢

　以上共捐七十二兩九錢六分

過客店

郭振坤　捐五兩

盧發祥

寇玉驥

呂惟禎

李仁義　各捐二兩

寇成紊

程　讓

冠方義　捐一兩五錢

　以上共捐十八兩五錢

羊毛各號

南公正　捐五兩

張甫昌

侯國甫　各捐三兩

胡成貴

同興號　各捐二兩

高金良

棗米鋪

楊永春

李源生　各捐二兩

賈弘盛

李啓興

吳文典

支日昇

利來號　各捐二兩

譚宗煥

儀天福　　各捐一兩三錢

袁士進　捐一兩二錢

侯國興

裴公義

薛如盛

馬魁義

衛景世

胡体□　各捐一兩

譚有昌

張君瑞

陳起堯

永興號　各捐五錢

馬大参　捐四錢

　以上共捐四十八兩六錢

鄢陵縣

懷德典

恒太典

源錦典

永益典

廣義典

廣元典

永和典

正順典

　八家公捐十兩

任永太

張恒裕

馬宗泰

連雙隆

蕭繼穆

呂豐泰　各捐一兩

　收絳州各號修拜殿銀二佰二十九兩七錢七分，收陝西修財神殿、鐘鼓樓銀一佰六十五兩

衆皮房

趙天成　　各捐三兩二錢
張廣興

董□興　捐三兩

陶君禮

趙染磐　各捐二兩四錢

黃復興　捐二兩二錢

楊　燧　　各捐一兩六錢
史　照

杜應科　捐一兩二錢

李鳳鳴　　羅銀宗

田魁盛

陳起連

張正英

張來□

任大江

馬　煒

張建魁

劉子學

劉　洛

蘭宗興　以上各捐一兩

陳　斌　捐八錢

張寶祥

王廷耀

周君美

李　鵬

□清士

王經美

王廷顯

李　秀

李元魁

樊釜第

張可寅

傅　仁

韓　□

馮世魁

李元起

楊朝壽

楊國朝

高芳蘭

楊　禄

劉振和

李正生	田嘉珍	馬如德	各捐七錢	蘭愷
史册江	趙秉才	辛任好		蘭茂
寯有德	史振佐	王澤民	張文耀	邢芝
李文麟	李君楚	楊念和	刘炳	顧武
王玉興	袁順興	顧林	高忠孝	楊天禄
黄世干	李同興	高鐵□	楊世傑	馮永慶
亢禮	白世英	李文全	張宗會	刘倍
馬德福	段玉純	亢繼宗	謝泰	刘天培
孫士德	朱□資	趙興世	以上各捐六錢	張宗意
何朝武	以上各捐一兩二錢	□□□	馮管	陳大儒
史世興	各捐一兩一錢	李□	姚文魁	刘傑
陳世松		李貴	張學礼	孫士林

收翼城縣修牌樓銀二佰兩
收修匾對銀二佰八十六兩四錢四分

任光耀	周居易	張朝緒	同順號	通興號
張朝代	董貴	以上各捐五錢	多□號	多興館
張正斌	程振興	趙永會	北永瑞	姬旺盛
李天秀	張文英	陳魁	元吉永記	秦瑞盛
李元大	陳起蛟	白士學	郭義和	新盛號
張福公	徐饒	薛廷柱	史廣興	楊益興
任芝茂	張文紊	王吉	怡興號	關益新
張文選	楊福昌	以上各捐三錢	張永茂	王瑞□
亢宋一佰卅四家共捐一佰零八兩八錢五分			廿家各三錢	李萬和
刘晟	毛豐盛	新盛號	張隆順	□文福
任同	和興號	萬昇號	各二錢五分	孔元興
趙秉善	同成號	萬鎰號	順昇號	許恒盛
樊京直	公盛號	復興號	王大成	張玉恒
王登龍	北隆合	侯協成	公同裕	趙文和
張德受	元吉隆記	黄三益	李東興	趙君成
陳鐸	傅德太	李永和	茹筒裕	焦大義

劉漢臣	傅永興	支長興	孔永太	張祥茂
郭　真	牛世興	薛興盛	文盛號	李文盛
劉尊其	郭長盛	傅益盛	陳復興	源生號
陳永麒	劉永順	廿一家各捐五錢	馬廣興	東蘭盛
王輝宗	馮全發	捐四錢	信成號	趙公盛
賈福連	恒太號	興盛號	喬晋興	朱義和
蒙大倫	北旺盛	徐同順	張合盛	王協順
		張長順　捐二兩		
		肇豐號　捐二兩		

趙晋興	司通興	□縣各號		衛永盛
焦順興	張　晋	鄭□□　捐二兩二錢		順興號
韓晋興	韓　泰	郭新□　捐二兩		上元號
焦西盛	永瑞號	鄭□克		宗生號　各捐一錢五分
順興號	公□號	王廷盛　各捐一兩五分		張永興
公順號	合盛號	鄭爾□　捐一兩二錢		張義魁
德瑞號	德興號	柴同□		隆泰號
萬盛號	李順興	□　□		傅九成　各捐一錢
張永發	泰長號	李□寧		皮　房
司元聚	永益典	李□□		陳士□　捐三錢五分
公興號	通興號	郭德盛		李　芳　捐三錢
畢和盛	賈朝盛	乾建號		同盛店　捐六錢
趙立成	彭　森	新泰號		馮天裕　捐三錢
魯新盛	柴茂盛	許新盛		董自采
福德號	福聚號	陳克巳		永發號
王魁盛	呂益興	鄭義星		袁德順　各捐二錢
杜恒仁	公興號	永興號		
張永盛	慶雲號	十一家各捐一兩		
黃長盛	張九成	李鴻儒　捐五錢		
公發號		以上共捐銀十九兩九錢		

以上六十四家各捐二錢　　　晋公店

張登科　捐一兩　　　　　　各字號廿家共捐二兩九錢

郭義成　捐銀一兩　　　　　徐雲生　捐五錢

使用於后：

開工敬神獻戲使銀一佰六十兩

送祖師駕佈施使銀三十一兩四錢

香爐樟裙門簾使銀二十九兩五錢

旗　　杆　　使銀四十式兩四錢

獅柱條碑匠工使銀七佰零一兩六錢四分

木　　料　　使銀一千四佰七十兩八錢

琉　　璃　　使銀五佰九十二兩五錢三分

磚　　瓦　　使銀一千二佰八十二兩八錢

石　　灰　　使銀五佰四十六兩

顏　　料　　使銀三佰四十兩零三錢

赤　　金　　使銀二佰四十八兩零八分

油　　漆　　使銀二佰兩零四錢

木　　作　　使銀一千零五十二兩六錢六分

泥　　作　　使銀一千零八十一兩九錢

油　　画　　使銀八佰二十四兩六錢

鉄　　釘　　使銀一佰四十九兩七錢

坯土小工　　使銀一佰二十五兩一錢八分

鉄器匠工　　使銀五十七兩九錢五分

廟役飯工錢　使銀八十二兩八錢四分

各工煙茶犒賞雜項使銀八佰九十一兩一錢

		李新盛	敬盛挺記	薛存誠	恒聚鋪
總理首事：	段宸極	久成玉記	大魁和記	段豐裕	關大成
	張秉慧	敬盛允記	王　炳	李全義	鄭翔美
	監工首事：	任新興	李合興	王基周	李元美
總理錢糧：鈕永發		龐六合	吉恒益	梁　志	吉興盛
		蕭萬盛	田新盛	刘隆昇	鄭益美

木作：孫可秀　　　石工：白可勤

住持：楊智慧　　泥作：李長聚
　　　　　　　　　　　　紹唐

　　　　　　　　　油畫：常昌
　　　　　　　　　　　　蘭復觀　　鐵筆：刘恒泰

5. 乾隆四十年《移修舞樓碑記》[①]

移修舞樓碑記

朱仙鎮乃古汴勝地也。鎮西北隅　關聖帝君廟，鎮之巨觀也。廟前有舞樓，春秋報賽以獻戲而酬神焉。斯樓也，舊制在照壁之外，巷衢之南，前人有碑。其爲照壁所隔，恐音響舞蹈　神弗覽聞，爰移樓於照壁内。余南游道經兹土，瞻禮　帝君畢，信步游覽，見舞樓逼近帝座。固想：鎮爲大都會，居民稠密，商賈輻輳，似此湫隘，□□遇酬神獻戲時必致擁擠錯雜，□凌不靖，撲之奏格之誠未免有礙。況神之精靈何所不照，佢有音容協于□□，□□通乎天地，而曰　神弗見而弗聞耶。今山陝衆商善念同歸，翻修正殿，起蓋山門、舞樓。原修則係山右大板烟號，至日開工。衆議佈知兩□仍以舊作修理在□，大板烟號公議照板捐資。而今復□其地，舞樓又移置衢南壁外，局度開闊，氣勢悠長，較前逼促之模頓覺改觀。而且巷衢則以石鋪之，東西則以□□□，易照壁而爲木栅，内外得以□□□□也。斯樓之移，□□□□之照□之□□，因鎮□□不視□南□□□□□，與舊制相稱，不過數武之遥。然而聲名遠播，陽春白雪之音與潺潺流水相唱和也。舞袖翩翩之□與瑞□彩虹

[①] 該碑碑陽字迹已無法辨認，此係據筆者2004年抄件，其中加點部分據開封縣文化局編《開封縣戲曲志》第163－164頁補入。

相掩，與□璀璨□□□瑰麗制之雅，而足以壯西北之氣，□而爲一鎮之大觀也。遂有囑余爲文者。余援筆而記其始末，並作七律二首，曰：此日歌樓氣象雄，規模遠比當年同。且移咫尺天涯□，□□□□帝座宮。羽調聲聞流水外，□□已映彩霞中。從今瞻拜冠裳肅，便是千秋俎豆隆。又曰：歌樓那便偪神居，移向南來位自如。□□□□迎俎豆，□□□□近清虛。宮商永奏春風際，節拍輕敲秋社餘。會此功成且勒石，諸公一一細陳余。

賜進士出身誥授朝議大夫現任歸德府知府加五級紀錄十次山右杜　憲撰文
特　授　文　林　郎　嵩　縣　知　縣加□級紀錄五次　山右李一德書丹

乾隆肆拾年歲次乙未仲□上浣穀旦

碑陰：

山西衆大板烟號捐積銀兩移建戲樓，而今完工告竣，書名勒石各號施銀開列於後：

元泰和　捐銀柒百陸拾壹兩陸錢柒分
元隆昌　捐銀伍百玖拾柒兩貳錢壹分
義盛泰　捐銀伍百零玖兩玖錢陸分
北永盛　捐銀貳百肆拾兩柒錢貳分
興順公　捐銀柒拾兩零肆錢柒分
田義和　捐銀伍拾壹兩伍錢柒分

許永盛　捐銀拾玖兩壹錢陸分
永順號　捐銀拾捌兩伍錢壹分
楊永盛　捐銀拾肆兩叁錢叁分
南永盛　捐銀拾壹兩捌錢叁分
司隆盛　捐銀捌兩貳錢壹分

高興隆　捐銀陸兩叁錢叁分
臨泉號　捐銀伍兩叁錢柒分
祥泰號　捐銀叁兩柒錢叁分

牛新盛　捐銀貳兩零捌分
新盛號　捐銀肆錢伍分

創立石柱木柵：義盛泰
　　　　　　　元泰和
　　　　　　　元隆昌　公捐銀陸拾捌兩壹錢捌分
　　　　　　　天潤號

採買物料使費銀兩列後：
大　會　佈　施　使銀貳百兩
琉璃脊獸筒瓦　使銀貳百叁拾陸兩捌錢貳分
石條石碑柱頂坯灰　使銀貳百伍拾玖兩伍錢玖分
赤金顏料油漆膠鰾　使銀壹百陸拾貳兩柒錢捌分
木　植　磚　瓦　使銀玖百零伍兩零肆分
各　匠　工　價　使銀肆百壹拾伍兩貳錢伍分
雜　役　使　費　使銀壹百肆拾陸兩壹錢肆分
石　柱　木　柵　使銀陸拾捌兩壹錢捌分

工已告竣，本會佈施無存，
酧神、獻戲、懸區、勒碑，公議各出心願多寡捐資

薛尚忠
元泰和
義盛泰　完工費用，碑不錄數
元隆昌
顧永盛

督工首事：義盛泰
　　　　　顧永盛

　　　　　北永盛
經理首事：元泰和
　　　　　元隆昌
　　　　　興順公

住持：楊智慧

木匠：孫可秀　石匠：翟　□
　　　王　瑄　油匠：趙　惠
泥匠：李紹唐　　　　卓漢章
　　　李長聚　畫匠：吳　振

6. 壬寅仲冬典衣鋪捐施姓名碑[①]

神威奮大武，儒雅嗜經文。天日心如鏡，春秋義薄雲。道義配天地，忠烈貫古今。凡有血氣者，孰不樂尊親。

　　　　　　　　　　壬寅仲冬
　　　　　　　　　　蒲坂弟子李玉昌敬題

　　典衣鋪捐施姓名開列於後：

臨津	樊進忠	銀四兩四錢	祥符	劉致中	銀三兩
祥符	王□興	銀四兩四錢	蒲州	瞿來征	銀三兩
封丘	黃□□	銀四兩四錢	杞縣	楊守耀	銀二兩七錢
蒲州	田　成	銀四兩四錢	榆次	崔文學	銀二兩五錢
芮城	楊元亮　年福	銀四兩四錢	潞城	張同心	銀二兩二錢
蒲州	田　啓	銀四兩六錢	曲沃	衛兆吉	銀二兩
絳州	田□盛	銀四兩	祥符	李從讓	銀一兩八錢
曲沃	許□盛		絳州	賈文郁	銀一兩五錢
武安	楊　順	銀四兩	祥符	何　秀	銀一兩三錢
祥符	于海明	銀四兩	臨津	樊登進	銀一兩一錢
絳州	黃□中	銀四兩		楊永順	銀一兩一錢
蒲州	李□喜　王□連	銀四兩	祥符	李聚盛	銀一兩一錢
			蒲州	趙祚許	銀一兩一錢
			蒲州	張揖臣	銀一兩一錢
祥符	張　英　錢際泰	銀四兩	臨津	荊本生　李君一	銀一兩一錢
祥符	呂澤茂	銀四兩	晉州	王有學	銀一兩一錢
祥符	婁得□	銀四兩	通許	孟良臣	銀一兩
祥符	申之□	銀三兩	祥符	常　治	銀一兩
絳州	喬□□	銀三兩	祥符	閆世法	銀一兩

[①] 該碑原無碑名，碑陰漫漶嚴重。

蒲州	□之□	銀三兩七錢		
蒲州	□義祥	銀三兩		
太平	郭九園	銀三兩		

□□	李中立	銀七錢		太平	朱鼎民	銀一錢
臨津	李□英	銀五錢		絳州	孔肇林	銀一錢
絳縣	石□彪	銀五錢			李純盛	銀五分
蒲州	李君惠	銀五錢				
	薛原性	銀五錢		以上共施銀壹百式拾伍兩式錢伍分，		
太平	李世賢	銀五錢		外積伍拾式兩式錢伍分		
祥符	郝 鼎	銀五錢				
芮城	李維艾	銀五錢				
絳州	黃 儼	銀五錢				
蒲州	李 忠	銀二錢				
絳縣	德福□	銀二錢				
臨津	樊登城	銀二錢				
	劉玉生	銀二錢				
	王 明	銀二錢		畫 工：藍 □		
	劉光生	銀二錢				
太康	田日功	銀二錢		住持僧：隆 存　徒：傳信　德信 圓科		
曲沃	蘇 眉	銀二錢				
祥符	高 誠	銀二錢				
蒲州	屈 常	銀一錢		鐫石：王天祿　徒：王廷珍		

碑陰：

……以昭其□五色異采，以彰其度使尊卑秩……幽明□□致也。鎮之河東舊有關帝廟，其來遠矣。……功程浩大，欲漸積而成，不能以無待也。……曩之闇然者一旦而□樂增光□旒……命者，前有草創諸君□施以潤色，其……（以下漫漶）

首事：王君玉　田啓
　　　于海　李玉昌
　　　黃宜中　田萬善　仝立
　　　樊進忠　楊得楨

（二）河東街小關帝廟碑[1]

1. 康熙末年《關□□宮重修碑記》[2]

關□□宮重修碑記

鎮之□□橋東有……　業爲□□於今政六十年，歲月積深，滄桑多變，棟宇墻垣半爲風雨……　興感感……時，煥然重新，視舊規而擴大之。落成，以記屬余。余嘗讀……旨者，明故其注念於君臣之義者，純極生死利害之……以照灼於斯人之心，遂使斯世之人，無論深山窮谷，匹……心悅誠服，固孔子後一人而已……

　　　　……沐手撰文
　　　……高□昌薰沐書丹
　　　　……薰沐篆額

	張興泰	楊　賓	
	宋朝堂	周廣盛	
會　首：	劉守志	莊信盛	仝立
	李昇恒	許義和	
	方隆順	徐鵬遠	
	劉隆興	蔡隆盛	

峕

康熙……旦勒石　　　　　　　住持僧：自照　　暨徒：性印

碑陰：

重修關帝廟捐財姓氏列後

　　通共收過布施銀壹佰捌拾貳兩玖錢陸分，除收外使過會內銀柒兩柒錢肆分

---

① 筆者1999年考察時，以下三碑散臥於朱仙鎮大關帝廟前院東側地上。據開封縣文化局編《開封縣戲曲志》記載，此三碑係1987年3月發現於朱仙鎮河東街縣第二高中院內，即原小關帝廟舊址，後運至大關帝廟院內。

② 筆者於1999年抄錄時，該碑上半已漫漶，無法辨認。

劉守志 拾兩	任　□	陳國賢	常　璧	曹士勳
李升恒 肆兩	任國珍	蕭國珍	劉國聘	李之雅
劉隆興 肆兩	張炳寶	王文進	王曰然	王臣昌
方隆順 叁兩	趙起楨	何耀群	陳永泰	屈　俊
宋朝墱 叁兩	陳廷麟	陳光德	趙　鑒	陳永寧
張　廣 叁兩	景九如	戴其瀾	董日如	張國政
徐恒新 叁兩	翟應元	張先德	于　貴	杜文光
柴復興 叁兩	景義聚	李聯桂	閆登雲	李篤敬
崔寶慶 叁兩	田之珠	鄧文燦	朱之燦	王　卓
張　栗 叁兩	許義和	蔡之芳	張養哲	李從有
張開昌 二兩	賈鳴鳳	劉一林	趙春義	李鳳雲
葉起元 二兩	劉□耀	張　鳳	張　鎮	謝致和
竹周儀 二兩	劉一俊	以上各一兩	武逢源	何日新
周廣盛 二兩	梁　柱	趙起榮	金立登	王泰昌
莊信盛 二兩	張獻明	李桂芳	朱懋坤	邵兆泰
崔希篆	譚宗孔	丁　亮	程光榮	方守禮
張人龍	譚　經	張輔臣	王宗奇	邢文秀
鄭森茂	宋景龍	劉成耀	方　載	徐自舉
梁廣興	張布忠	邢肇基	楊福亮	張　銓
徐全義	田之珍	趙林德	項茂壽	戴慎魁
潘元茂	楊通順	楊啓璉		
尹永順	張文亮	唐　楨 肆兩		
杜　枝	張　培	李　鷟	楊　昇	鄧士稚
彭文升	錢　修	楊國棟	以上各三錢	楊可曾
蔡思禮	姜應時	李用和		謝三礼
程　訓	楊　賓	杜明遠	周進邦	黃鳴遠
郭士成	以上各五錢	申光榮	靳士嘉	張雲風
翟世榮		石守印	鄔　鳳	張星魁
郭一松	陳維新	翟　挺	郭保康	陳　明
穆　洪	陳奇盛	蘇聯芳	王名軌	李玉鳳
李永昌	張忠興	李伯宗	程道盛	裴三俊

【河南碑文】

高　岱	程典礼	葉日蕃	袁之隆	馮起伸
李長榮	單□奇	宋　明	許維桂	常景華
張公盛	李之才	張光運	張文棟	屈軼□
趙應祥	李文秀	侯存節	李開田	陳　昇
石　文	中和□	鄭國祥	張世昱	蘇緒芳
汪一奇	劉昌運	馬文元	李從仁	靳　貴
楊仲士	徐大澤	蘇進表	杜　澍	高志衆
汪奎臨	侯恤民	黃中選	楊　林	張　貴
楊調元	李試秋	張弘亮	文　祥	趙尚寶
張啓秀妻吳氏	楊文善	龔有植	金　漢	王世傑
李尓寬	殷　捷	賀君錫	李維德	康思敬

晉福泰	梁　臣	趙國啓	趙士騰	
魯秉礼	楊三元	趙永治	王之璉	
董　成	張弘道	王民悅	王新德	
崔景陽	王啓心	吳應時	宋良佐	
恒盛號	談　文	楊奇林	李文奎	
高旦綸	龐起朋	張春光	李尚信	
張天佑	褚惟凡	張紊孟	李　文	
尹景奎	李　耀	張朋宇	王懷廣	
郜愛珍	張　錦	徐伯達	陳　寬	
王三逸	李國棟	袁　通	孫國福	
吳元福	郭賢英	楊奉山	楊逢春	
章映軫	趙三德	馮三益	陶　珍	
鄧廷章	孫進侯	王玉之	王廷璧	以上布施錢分灰土不等
方居正	吉永泰	宋　溥	李長福	
胡敏極	王　韓	王有才	賈國祥	
王天壽	吳國瑚	王起吾	高明學	
白太素	王胤乾	何門蔡氏等		
周贊化	王　珍	席嘉賓		
褚明道	馮　祥	趙士弘		
武大邦	趙積慶	趙士松		

四五

重修粧金大殿、前後大門、過廳、閃屏，木料、磚瓦、顏料、石碑各色工匠等項共使過銀壹佰玖拾兩零柒錢

妝金畫匠：劉芳世
木　　匠：阮泰俊
泥　　作：田得銀
油漆匠：史　相
　　　　劉玉彩
鐵　　筆：王以蕃

2. 雍正十一年《起建大殿重修山門樂樓碑記》①

起建大殿重修山門樂樓碑記

關聖帝君庵創建有宗，但歷年久遠……矣。慮難成事，爰首創久乏，綢繆終缺，余等謹約同……不吝捐資之助，雖曰多寡不一，實係共襄勝舉。……鳩工庀材，恢宏崇廓焉。厥工起於康熙丙申歲，而告竣……敬仰□聖□儀之威嚴，將見係馬臺前時向赤兔□鳳律……瑞應祥征，永慶風調……豈敢懈怠於後，坐視不理哉。因仍復……募化重修……誌其始……萬壽……百世仰弘之重矣。謹立石以……

衛　枚
宋　佩
行大運
首　事：李國祥　　　公立
程　瓊
許復信
劉海銓

岢
雍正拾壹年……

---

① 1999年筆者抄錄之時該碑已漫漶，據《開封縣戲曲志》記載"此碑長221公分，寬84公分"，1987年3月發現於朱仙鎮河東街縣第二高中；加點部分係據該書第161頁增補。

3. 捐款碑（年代不詳）[①]

□□□	孫永號	衛元泰	周贊化
□義成	談永盛	潘興盛	盧承儀
楊慎順	天成號	李久大	元□號
劉□生	恒發號	黃萬盛	□□紳
□　順	□□□	楊萬聚	長興號
□□□	□□□	李陽春	陳永盛
□□□	□□□	劉德政	翟興盛
□□□	□□□	薛彝興	車恒順
□□□	□□□	楊大生	□世耀
□□□	□□□	朱源順	陳興盛
□□□	□□□	貫玉興	屈瑞興
□□□	□□□	崔聚盛	李義興
楊□□	□□□	張晋榮	張明川
楊□□	□□□	張興泰	牛瑞興
王永登	□□□	岳玉盛	張全盛
泰□□	□□□	賈聚興	□隆盛
孫永□	□□□	蘇長生	吳有財
談永□	□□□	王泰興	李萬興
天成□	□□□	□永泰	□有道
恒發□	□□□	王□□	劉玉盛
□□□	□□□	□□泰	劉信實

[①] 該碑未見碑名及年款，筆者於 1999 年考察時該碑臥於朱仙鎮關帝廟前院東側地上，捐款部分共 15 排，每排 30 家，前三排完全無法辨認。據開封縣文化局編《開封縣戲曲志》第 163 頁記載："此碑於 1987 年 3 月 19 日發現於朱仙鎮河東街縣二中院內，現已運到朱仙鎮大關帝廟。碑面已殘，但碑體不斷。碑寬 54 公分，全長 184 公分。僅有下半部少部分字可以看清，現照錄於下。"該文所錄殘存文字如下："……完備焉矣。至於滁灃三終而後迎牲固/……而作樂亦各有所也。鎮之河東/……更新之，每阻於基址淺狹逼近/……去留□常。由是延遲七載，祭巳夏之五月/……相基審勢，鳩工庀材，皆諸君子賢勞而濟之/……笙鼓聽肅雍之和鳴，白雪陽春奏鈞天之雅調。/……歲□而鋪綴顏飾，於甲午春夏之間，兹值……/……劉濬源撰文/……員張　傳書丹/……員張開昌篆額（以下有 24 個人名及'同立'字樣）。"此或即爲該碑碑陽文字。

□□	□□	元□號	黃明俊
□□	□□	□□興	岳玉興
□□	□□	□□□	石　峻
□□	□□	□□□	崔大興
□□	□□	□□□	李明德
□□	□□	□□□	□□
□□	□□	□□□	□□
□□	□□	□□□	□□
□□	□□	□□□	□□

以上俱□□□□

李晉興　四錢	郭自福	裴宗光	裴良臣
趙永昇　四錢	朱相如	于修公	徐義興
魁盛號　四錢	蘭寅長	桂文英	李明旺
姚合盛　四錢	郭興□	于從淵	李化龍
潘重興	沈敬明	李發才	李　慎
趙光□	牛天和	孔　昌	楊肇吉
李元昇	毛漢如	李從善	趙　明
興順號	李世和　以上俱三錢	劉　龍	景自成
信義號	田客人　三錢	朱之燦	龐自益
復順店	朱永豐　二錢	王自海	屈　瑞
陳德□	劉漢辟	□□□	以上俱二錢
汪宏豐	徐自成	□□□	任封珍　二錢
汪永盛	劉　珍	姬合興	王興隆　五錢
王如昇	金聲號	董弘舉	徐　環　五錢
和復盛	方川□	朱昌之	程　讓　一錢
洪同泰	徐君□	□□□	蘭晉隆
□承理	程永耀	□□□	洪玉成
山查行	汪弘順	□□□	洪隆盛
張良傑	□□昇	張天□	金爾功
譚存良	袁大興	□□盛	張元鼎

譚　經	李隆盛	朱廣益	王忠孝
恒盛店	李福順	□□□	梁國祥
隆盛店	程奉珍	□□□	□□□
復盛店	聚魁號	趙君□	□□成
大生店	□順號	支興□	□□□
梁新□	李加佑	程元泰	□□泰
韓長興	馬復興	協成號	□□□
程　琮	張雙義	朱嗣美	王殿臣
朱芳聲	牛廷選	永順號	何永盛
楊之量	孫種喜	馮德盛	李光輝

史合盛	□□□	□□□	□□□
馮嘉冕	□□□	□□□	□□□
康三順	杨□□	□□□	□祥吾
孫隆盛	苗如堂	□□□	何成龍
晉元號	趙　璉	□□□	范慧甫
李仁順	君盛號	□□□	□泰山
六合坊	盧清山	□□□	□□□
張晉卿	陳學益	□□□	□□□
趙成錦	王久成	□□□	□□□
□楫五	徐公大	朱□□	□□□
郭興盛	王君盛	□□□	□□□
張　桐	梁恒太	□□□	□□□
孫貴祚	張神功	倪漢章	□□□
章仲賢	張洪玉	解盛軒	孫有信
孫九錫	馮建璧	李全盛	千　海
陳碧順	馮玉樓	雙泰坊	何應魁
王元遠	劉述福	牛瑞之	劉備望
惠　耀	王太興	高昌基	張兆先
益仁堂	吳尔景	泰來鋪	張玉黃
樊瑞宇	袁　文	寇之錦	李如桂

中和號	□元坊	王維綸	張趙遷
李養善	興盛鋪	侯君□	徐天龍
張文科	李永和	寇之茂	李□古
□文學	嚴紀連	王子敬	□□□
□□□	陳在魯	烟 行	□□□
□□□	□□綜	鄭鼎泰	吳志杰
杨□□	□□□	盧 韜	賀永福
仁□□	□□□	□□□	張國柱
□□□	□□□	□□□	張國棟
□□□	□□□	□□□	□□□

信義店客銀伍兩伍錢伍分
德化店客銀四兩四錢四分
萬順店客銀一兩四錢四分
大有店客銀一兩一錢一分
雜貨行公匣銀七兩
□房罰銀□兩八錢伍分
□際隆銀三兩，桐油十五斤
雜貨行公助應分高脚用銀五十兩，餘補足

義和會銀二十兩
馬 捷	楊 瑛	劉自美
李 洪	劉芳譽	陳天禄
王 孝	徐有才	田 春
戴固聰	陳可興	共計……

共收銀二百五十九兩六錢一分
共使銀二百八十四兩五錢三分

三　洛陽會館碑文

洛陽潞澤會館

乾隆二十四年碑

洛陽山陝會館山門（內側）

山陝會館戲臺

山陝會館琉璃照壁（內側）

山陝會館大殿

（一）潞澤會館碑文[1]

1. 乾隆二十一年《關帝廟新建碑文》

碑額：帝德永昌

關帝廟新建碑文

蓋聞性焉安□之理，其陰陽不測之謂；神之也者，其之不可知者也。要其正氣之常伸於萬物之上，而鼓物□心，妙物爲玄，則不可知而又無不可知。仰惟　關聖帝君，翊漢室，討吳魏，功蓋一時，義昭千古。其正氣之常存，歷代奉祀久矣。我　皇上崇建祠宇，春秋享祀，典禮尤隆，而直省郡邑大小臣工一體遵行。以故薄海內外，窮鄉僻壤，立廟借奉，威容法像，無地無之。洛陽城外東南隅之新　關帝廟，造自潞澤商□崔萬珍等。規模宏遠，狀貌巍峨，極翬飛鳥革之奇觀，窮丹楹刻桷之偉望。捐金輸粟，取次成功，既載邑乘，又將鐫碑以紀之。余思夫自古忠臣義士以及名將數亦夥矣，凡有功德於民者，莫不列諸祀典，食報後世。然未有□人之深，感人之遠，聲靈赫濯，千古不磨，如　帝君者也。則意者其聖神矣，□吾烏從而□之，論者謂尊王討賊，深有合與春秋遺□。故世稱山東一人，山西一人，其知帝者哉。

敕授文林郎前甲戌進士備補蒲州府儒學教授古泫鄒承穎熏沐敬撰　　楚□漁者鶴亭氏書

乾隆二十一年歲次丙子春三月念二日上石

| 潞澤商人： | 祁永興 | 侯公盛 | 魏永泰 | 劉萬□ | 楊萬成 | 等公立 |
| | 張萬順 | 永茂號 | 趙復興 | 鄒翰盛 | 崔萬珍 | |

---

[1] 這批碑銘現存洛陽潞澤會館（今洛陽民俗博物館），筆者於1991年抄錄，2011年復核。

2. 乾隆二十四年《建修關帝廟潞澤眾商布施碑記》

碑額：萬善同歸

建修關帝廟潞澤眾商布施碑記

綢布商：祁永興捐銀叁千兩，外施地拾畝　　永興伙計張東風等捐銀壹千叁佰兩
　　　　蕭立盛捐銀貳千零叁拾捌兩　　　　杜鴻盛捐銀壹千貳佰壹拾捌兩
　　　　侯公盛捐銀壹千柒佰伍拾叁兩　　　魏永泰捐銀壹千零柒拾伍兩
　　　　祁新滄捐銀壹千陸佰兩　　　　　　鄔翰盛捐銀玖佰柒拾貳兩
　　　　崔永昇捐銀壹千伍佰伍拾兩　　　　朱恒興捐銀捌佰玖拾壹兩

　　　　魏萬昇捐銀捌佰玖拾兩　　　　　　成信成捐銀柒佰貳拾貳兩
　　　　劉萬盛捐銀捌佰柒拾貳兩　　　　　楊萬成捐銀陸佰伍拾兩
　　　　邢豐盛捐銀捌佰叁拾叁兩　　　　　劉仙盛捐銀陸佰壹拾叁兩
　　　　孫文盛捐銀柒佰伍拾叁兩　　　　　張益和捐銀伍佰捌拾貳兩
　　　　張萬順捐銀柒佰肆拾陸兩　　　　　侯復興捐銀伍佰陸拾壹兩

　　　　泰盛號捐銀伍佰肆拾伍兩　　　　　邢成興捐銀叁佰捌拾柒兩
　　　　韓永和捐銀伍佰壹拾壹兩　　　　　益昇號捐銀叁佰貳拾陸兩
　　　　董　鑒捐銀伍佰兩　　　　　　　　段東興捐銀壹佰捌拾陸兩
　　　　尹益昇捐銀肆佰叁拾伍兩　　　　　董乾盛捐銀壹佰捌拾兩
　　　　永茂號捐銀叁佰玖拾貳兩　　　　　順興號捐銀壹佰陸拾兩

　　　　薛萬興捐銀壹佰伍拾兩　　　　　　魏常泰捐銀肆拾兩
　　　　郜大昇捐銀壹佰叁拾柒兩　　　　　魏義合捐銀叁拾伍兩
　　　　張永盛捐銀壹佰叁拾肆兩　　　　　魏益興捐銀貳拾貳兩
　　　　魏益昇捐銀壹佰貳拾伍兩　　　　　杜同盛捐銀拾伍兩
　　　　劉仙成捐銀玖拾伍兩　　　　　　　趙天玉捐銀拾肆兩

尹洪林捐銀拾壹兩柒錢　　　　　魏昌都捐銀叁兩
趙天壽捐銀拾兩　　　　　　　　趙　太捐銀壹兩伍錢
侯子陽捐銀拾兩
李獻瑞捐銀陸兩
吳翔九捐銀叁兩伍錢

布　商：董鑑新捐銀壹千貳佰零貳兩　　　賈永成捐銀叁佰捌拾壹兩玖錢
　　　　劉玉盛捐銀陸佰貳拾肆兩叁錢　　　成信成捐銀叁佰陸拾捌兩陸錢
　　　　丁長發捐銀伍佰肆拾伍兩肆錢　　　魏益興捐銀貳佰肆拾叁兩捌錢
　　　　成順興捐銀伍佰壹拾叁兩　　　　　董闈興捐銀貳佰貳拾陸兩
　　　　張泰盛捐銀肆佰肆拾玖兩　　　　　成復盛捐銀貳佰零玖兩

　　　　邢永豐捐銀壹佰陸拾捌兩玖錢　　　楊雲成捐銀玖拾叁兩
　　　　趙發興捐銀壹佰伍拾壹兩　　　　　尹益昇捐銀柒拾伍兩捌錢
　　　　李重盛捐銀壹佰肆拾柒兩貳錢　　　丁發祥捐銀柒拾肆兩壹錢
　　　　澤泰號捐銀壹佰兩　　　　　　　　三同號捐銀陸拾壹兩肆錢
　　　　賀興成捐銀玖拾肆兩伍錢　　　　　魏益合捐銀伍拾貳兩陸錢

　　　　賈壽常捐銀伍拾壹兩貳錢　　　　　大順號捐銀拾柒兩捌錢
　　　　張萬順捐銀伍拾兩零壹錢　　　　　朱恒興捐銀拾柒兩伍錢
　　　　任新誠捐銀肆拾陸兩　　　　　　　美興號捐銀拾陸兩貳錢
　　　　國順號捐銀貳拾陸兩　　　　　　　亨順號捐銀拾伍兩壹錢
　　　　廣盛號捐銀貳拾叁兩柒錢　　　　　晉隆號捐銀拾貳兩陸錢

　　　　東發祥捐銀玖兩捌錢　　　　　　　立興號捐銀壹兩玖錢
　　　　祁望成捐銀捌兩　　　　　　　　　楊萬盛捐銀壹兩伍錢
　　　　趙蘭盛捐銀陸兩玖錢　　　　　　　天盛號捐銀柒錢
　　　　又捐銀柒兩貳錢　　　　　　　　　德三號捐銀肆兩捌錢
　　　　通興號捐銀叁兩柒錢

雜貨商：王順成　郭合盛　郭同興　宋泰順　趙大興　郭合成　夏全興　王昇泰
　　　　李廣盛　張全盛　張天成　張玉成　姜太和　王泰成　共捐銀壹千壹佰兩

廣貨商：車三盛捐銀貳佰零陸兩捌錢　　李益盛捐銀捌拾叁兩伍錢
　　　　郭茂盛捐銀壹佰柒拾玖兩肆錢　　宋新盛捐銀伍拾貳兩柒錢
　　　　姚鋪興捐銀壹佰貳拾玖兩貳錢　　姚魁盛捐銀貳拾玖兩
　　　　郭全盛捐銀壹佰零玖兩陸錢　　　崔添成捐銀拾肆兩叁錢
　　　　李先順捐銀壹佰兩零貳錢　　　　李廣盛捐銀壹拾貳兩
　　　　李通興捐銀捌拾伍兩叁錢　　　　侯永興捐銀壹拾兩

鐵貨商：李玉盛捐銀壹佰陸拾柒兩柒錢
　　　　宋大順捐銀玖拾柒兩壹錢
　　　　李興盛捐銀捌拾壹兩肆錢
　　　　宋統盛捐銀貳拾玖兩陸錢
　　　　郭美和捐銀貳拾貳兩柒錢

押布坊：馬明禎　梁文煥　李道儒　韓　法　牛金祥　申　成　趙海川
　　　　李子榮　梁定邦　李生貴　李　官　邢昌發　李　香　韓理漢
　　　　侯秉章　梁起龍　王德福　張子平　吳廷訓　王德臣
　　　　張　清　李子貴　郭志厚　李文銀　王　奇　李文成
　　　　呂　成　王印芳　牛坤生　秦　智　韓　永　趙耀宰
　　　　任　富　王延新　王景全　李美林　呂永富　趙　瑞
　　　　任明海　秦忠尚　王廷祉　張印海　王節花　朱滿貴
　　　　陳起福　王便法　郭　錫　張　臻　李　玉　原連忠
　　　　王錫有　　　　　王福德　　　　　張旺仟　共捐銀叁佰叁拾柒兩貳錢

油　坊：趙宏明　傅建基　靳　琮　郝　奇　程繼龍　管　義　李增禮
　　　　陳進玉　牛　昆　牛　忠　郝　福　程繼宗　郭良琪　郭堯都
　　　　王有珍　蘇　錫　秦純臣　平洪福　趙良孝　李　瑄　牛萬財
　　　　李文憲　秦萬玉　王金梁　李　州　李文裕　傅開基　王君選
　　　　李　庭　牛相魁　郭　溫　杜玉明　趙良忠　王君愛　郭明強

貫　運	張　茂	王金美	李有泰	王　斌	張海龍	王有相
宋弘功	孟廷輔	李全真	郭君弼	王　軒	劉　省	
郭　瑞	韓　寬	王金全	管　訓	李　真	李金財	
王之發		宋　杰		王德文	共捐銀貳佰肆拾兩	

大清乾隆貳拾肆年歲次己卯拾月穀旦

3. 乾隆三十二年《山西潞澤衆商布施關帝廟香火地畝碑記》

碑額：萬善同歸

山西潞澤衆商布施關帝廟香火地畝碑記

綢布商：祁永興捐銀玖拾貳兩柒錢　　　尹益昇捐銀貳拾柒兩玖錢
　　　　蕭立盛捐銀伍拾叁兩陸錢　　　鄔翰盛捐銀貳拾貳兩玖錢
　　　　崔永昇捐銀伍拾叁兩陸錢　　　韓永和捐銀貳拾兩
　　　　侯公盛捐銀伍拾叁兩陸錢　　　王同泰捐銀貳拾兩
　　　　杜鴻盛捐銀伍拾叁兩陸錢　　　張永盛捐銀拾柒兩玖錢
　　　　成信成捐銀伍拾壹兩叁錢　　　孫文盛捐銀拾柒兩玖錢
　　　　魏萬昇捐銀肆拾陸兩叁錢　　　邢永豐捐銀拾伍兩
　　　　朱恒興捐銀肆拾陸兩叁錢　　　李方興捐銀拾伍兩
　　　　邢成興捐銀叁拾壹兩叁錢　　　協盛號捐銀拾貳兩
　　　　魏益興捐銀貳拾柒兩玖錢　　　劉萬盛捐銀拾兩
　　　　劉仙盛捐銀貳拾柒兩玖錢
　　　　杜同盛捐銀貳拾柒兩玖錢
布　店：李永盛捐銀貳拾兩　　劉玉盛捐銀拾貳兩　　三同號捐銀貳兩
　　　　張泰盛捐銀拾伍兩　　成順興捐銀拾貳兩　　貫壽常捐銀壹兩伍錢
　　　　董鑑新捐銀拾伍兩　　李重盛捐銀玖兩
　　　　成復盛捐銀拾伍兩　　趙發興捐銀玖兩
　　　　趙蘭興捐銀拾貳兩　　貫永成捐銀玖兩
雜貨商：王順成　郭同興　趙大興　郭合成　郭合盛　夏全興　宋泰順　共捐銀壹佰兩

廣貨商人：總共捐銀柒拾兩

鐵貨商：李玉盛　李興盛　宋大順　宋統盛　共捐銀肆拾兩

押　房：李子貴　王便法　秦　智　任　富　王廣資　袁法昇
　　　　王　奇　李道儒　李士昌　張旺仟　楊　洪　韓玉秀
　　　　王印芳　申　斌　李文成　王景全　王接華　李生信
　　　　王延新　張子正　楊世澤　郭　錫　趙　瑞　韓克昌
　　　　秦忠尚　牛坤生　李　香　王錫有　王德臣　王印祥
　　　　朱滿貴　成士仁　袁　海　郭永全　王有臣　共捐銀陸拾兩

油坊商人：共捐銀貳拾伍兩

　　　　　　　　　　　　　　　　本廟住持僧：湛旺書

潞澤會館置地坐落曹家屯村地畝塊段官步弓開列於後：

　　村東地一段：八畝二分八厘二毫，東西畛，東橫八弓零五寸，西橫八弓四尺七寸，中長二百三十三弓一尺五寸；清明廟西地一段：一畝九分九厘五毫，東西畛，東橫四弓三尺，西橫四弓三尺三寸，長一百零三弓二尺一寸；村南地一段：六畝零二厘五毫，南北畛，北橫三十一弓四尺三寸，南橫三十二弓一尺二寸，西長八十七弓二尺二寸，東長四十弓零三尺一寸；

　　村南地一段：五畝九分一厘一毫，東西畛，東橫六弓三尺五寸，西橫六弓四尺二寸，中長二百零九弓二尺七寸；村北地一段：十四畝九分六厘六毫，東西畛，東橫十五弓二尺二寸，西橫十四弓四尺八寸，長二百三十七弓二尺；村南地一段：三畝零六厘，東西畛，西橫八弓一尺八寸，東橫七弓四尺八寸，長九十弓；

　　村西北地一段：二畝一分八厘，東西畛，東橫四弓，西橫四弓，中長一百三十弓零四尺；村西地一段：六畝九分七厘七毫，東西畛，東橫十弓零一尺五寸，西橫十一弓零五寸，長一百五十六弓二尺五寸；場邊地一段：九畝四分，東西畛，西橫十二弓零五寸，東橫十一弓三尺七寸，長乙百八十弓；東一小段：西橫七弓四尺二寸，東橫七弓四尺二寸，長十九弓；

　　又地一段：六畝零四毫，東西畛，東橫十一弓四尺二寸，西橫十弓零一尺七寸，中長一百二十九弓四尺七寸；大渠南地一段：六畝零四厘，南北畛，南橫十二弓四尺三寸，北橫十弓零三尺二寸，長一百二十三弓一尺八寸；清明廟西地一段：二畝二分七厘六毫，東橫四弓二尺二寸，西橫四弓四尺，長一百一十六弓四尺七寸；

村西地一段：四畝七分九厘九毫，東西畛，東橫十弓零三尺六寸，西橫十弓零四尺八寸，中長一百零六弓一尺二寸；村東北地一段：七畝八分一厘，東西畛，東橫八弓零二寸，西橫八弓零六寸，長二百三十二弓；牛王廟東地一段：四塊十八畝七分八厘一毫，南北畛，南段南橫二十一弓，北橫九弓四尺，長二十四弓二尺；

村北地一段：一畝八分八厘八毫，東西畛，東橫六弓一尺，西橫六弓三尺七寸五分，中長七弓；村西地一段：一畝一分一厘二毫，東西畛，東橫八弓二尺二寸，西橫八弓二尺五寸，長三十一弓二尺六寸；中段南橫三十六弓四尺，北橫二十三弓二尺九寸，長八十八弓一尺五寸，北段南橫二十四弓三尺八寸；

村南地一段：十八畝二分九厘，東西畛，東橫二十四弓三尺五寸，西橫二十一弓二尺二寸，中長二百零一弓一尺五寸；村西北地一段五畝八分六厘六毫，東西畛，東橫十六弓四尺五寸，西橫十七弓三尺五寸，長七十九弓零五寸；北橫二十三弓零八寸，長四十二弓三尺二寸，渠北南橫十四弓四尺三寸，北橫十三弓四尺四寸，長三十一弓。

大清乾隆叁拾貳年歲次丁亥五月拾叁日上石　　　　　　　　衆商公立

4. 嘉慶二十年《老稅數目誌》

老稅數目誌

從來商課兩設，富國便民。於嘉慶十九年十一月間因梭布稅務一案，具稟藩憲諸大人案下，蒙批：仰河南府查例核議，速即明切飭遵，務使商課兩裨，勿任日久侵弊。於本年三月間蒙府憲　齊大老爺查訊具詳，諭令照以奏冊完稅。於四月間蒙署藩憲　琦大人批：如詳飭遵。又於七月間經廳　孫稅主稟明署府憲　熊大老爺飭提覆訊，仍蒙批飭：準照奏冊完稅。屢蒙上憲徹底根查，逐細訊明，各卷存案。嗣後各家俱照奏冊老稅畫一完納，永遠遵行。砌石記之，以垂不朽矣。

梭布鋪一家　每年納老稅銀七兩六錢五分
綢緞鋪一家　每年納老稅銀七兩二錢
　　以上稅銀按春秋二次繳納

大清嘉慶二十年歲次乙亥十月謹誌

（二）山陝會館碑文[1]

1. 道光十五年《東都山陝西會館碑記》

碑額：萬善同歸

東都山陝西會館碑記

古有郡邸以居同鄉之人，即今之會館也。詩云：維桑與梓，必恭敬止。古人於鄉國之誼蓋甚重云。東都四達之府，西接崤函，北望太行，爲秦晉門户。兩省懋遷之疇薈萃於兹，由來舊矣。城南郭外有山陝西會館一區，創自康熙雍正間，計什一之盈餘，積鎦累銖，殆經始十有餘載而後成功，閱數十年未有記之金石者。嘉慶中，雨風剥蝕，頗有傾頹，兩省之人懼其湮廢，重葺而新之。經營又廿餘年，而今始告蕆事。適余來守是邦，董事者礱石來請爲文以紀之。予，秦人也。與晉素聯梓誼，因從其請，爲述其緣起而書諸麗牲之石。館中正殿五間，祀關聖帝君，拜殿五間，殿前牌坊一座，對面舞樓五間，照壁一座，東西門樓四間，配殿東西各三楹，官廳各三間，香火僧住屋四院，山門三間，修廊二十間，俱依舊式。木之朽者易之以堅材，垣之缺者完之以致石，計費凡式萬五千有奇云。

賜進士出身誥授朝議大夫前翰林院編修武英殿總纂國史館提調戊寅
恩科浙江副考官現知河南河南府事加五級　鎬京李裕堂撰文　捐銀捌佰兩整
誥授文林郎知洛陽縣事加十級隨帶軍功一級　介休馬懿　捐銀伍佰兩整

	興盛鄭	義新盛	李元泰	永合源
	元亨利	泳盛鱗	隆興西	合盛順
董事人：	義興隆	合興湧	魁盛永	元益當
	興隆合	永盛鄭	大聚隆	永興通
	仁和德	義成生	新和榮	泰成豫
		協盛玉	張元發	敬盛允

---

[1] 這批碑銘現存洛陽山陝會館，筆者於1991年抄録，2012年復核。

住持僧：自炳 徒：禄	侄：潤清 澄	松孫：春蕙 陽	曾孫：仁□宗久奇簡	元孫：童正泰乾	

龍飛大清道光拾伍年歲次乙未梅月穀旦　　　　　　　　　　石匠：李自顯 孫康義

2. 山陝會館捐款碑①

碑額：福緣善慶

義新盛	捐銀陸佰肆十兩	雙合和	捐銀壹百零伍兩
義成生	捐銀陸佰壹十兩	廣和永	捐銀壹百零三兩
元泰當	捐銀肆佰玖十兩	光泰永	捐銀壹百兩
元發當	捐銀肆佰柒十兩	興順宏	捐銀玖十柒兩
元亨利	捐銀肆佰伍十兩	恒興昌	捐銀玖十兩
永祥當	捐銀肆佰壹十兩	協泰裕	捐銀捌十柒兩
濟美鹽店	捐銀叁佰四十四兩	德順生	捐銀捌十陸兩
泳盛鱗	捐銀叁佰壹十兩	永合源	捐銀捌十伍兩
和盛興順	捐銀貳佰六十八兩	豐裕奎	捐銀捌十叁兩
長春聚江亨	捐銀貳佰叁十兩	會亨德	捐銀捌十叁兩
		咸亨吉	捐銀捌十叁兩
協盛玉	捐銀貳佰壹十九兩	敬盛允	捐銀捌十兩
隆順益	捐銀貳佰壹十九兩	義興恒	捐銀柒十捌兩
永盛鄭	捐銀壹佰捌十二兩	協義福	捐銀柒十柒兩
世德鹽店	捐銀壹佰捌十兩	正興大	捐銀五十兩
隆興豐	捐銀壹佰五十七兩	泰和昌	捐銀柒十陸兩
協慶義	捐銀壹佰五十兩	源豐大	捐銀柒十叁兩

---

① 該碑原無碑名、年款，碑陽、碑陰均爲商號名稱及捐銀數目，從捐款名號看，當即道光十五年碑的捐款部分。

恒泰公　捐銀壹佰五十兩	仁和德　捐銀柒十叁兩
義興隆　捐銀壹佰四十六兩	復盛玉　捐銀柒十叁兩
新和榮　捐銀壹佰三十兩	興盛鄭　捐銀陸十陸兩
晋豐鹽店捐銀壹佰式十八兩	天聚隆　捐銀陸十伍兩
元益當　捐銀壹佰式十兩	合興涌　捐銀陸十伍兩
魁盛永　捐銀壹佰式十兩	崇義公　捐銀陸十叁兩
崇盛泰　捐銀壹佰式十兩	永興通　捐銀陸十叁兩
永成祥　捐銀壹佰一十九兩	正興順　捐銀陸十壹兩
興盛豐　捐銀壹佰一十五兩	李栽深　捐銀陸十兩
世盛元李　捐銀壹百零七兩	萬億興　捐銀陸十兩

	世隆文　捐銀伍拾柒兩	長順公　捐銀叁拾肆兩
	興盛明　捐銀伍拾伍兩	麟瑞萬　捐銀叁拾肆兩
	義和馨　捐銀伍拾叁兩	復泰謙　捐銀叁拾叁兩
	仁和豐　捐銀伍拾叁兩	賀泰成　捐銀叁拾叁兩
孟津	元隆當　捐銀伍拾兩	恒順鎰　捐銀叁拾式兩
	永興泰　捐銀肆拾柒兩	興隆良　捐銀叁拾式兩
	永成純　捐銀肆拾陸兩	晋成恒　捐銀叁拾式兩
	日興成　捐銀肆拾伍兩	義合公　捐銀叁拾式兩
	恒豐永　捐銀肆拾伍兩	正興馬　捐銀叁拾壹兩
	誠義東　捐銀肆拾伍兩	何新誠　捐銀叁拾壹兩
	梁三盛　捐銀肆拾式兩	德昌肇　捐銀叁拾壹兩
	合盛和　捐銀肆拾壹兩	通合成　捐銀叁拾壹兩
	梁成發　捐銀肆拾壹兩	豐亨大　捐銀叁拾兩
	永順成　捐銀肆拾兩	慶元大　捐銀叁拾兩
	曾盛福　捐銀叁拾捌兩	萬億森　捐銀叁拾兩
	義盛和　捐銀叁拾捌兩	天興永　捐銀叁拾兩
	全盛玉　捐銀叁拾捌兩	豐有德　捐銀叁拾兩
	新興昉　捐銀叁拾陸兩	長盛和　捐銀叁拾兩
	恒慶恭　捐銀叁拾伍兩	興隆合　捐銀式拾玖兩
	全盛鳴　捐銀叁拾伍兩	濟興秀　捐銀式拾捌兩

永興隆	捐銀叁拾伍兩	永泰生	捐銀式拾捌兩
復盛昌	捐銀叁拾伍兩	永成型	捐銀式拾柒兩
郝來成	捐銀叁拾伍兩	隆興老	捐銀式拾柒兩
義昌公	捐銀叁拾肆兩	悰盛鄭	捐銀式拾柒兩
梁蘭成	捐銀叁拾肆兩	泰成通	捐銀式拾柒兩
萬順興	捐銀叁拾肆兩	永順隆(榮協)	捐銀式拾柒兩

永成昭	捐銀式拾六兩	萬億牲	捐銀式拾兩
義興泰	捐銀式拾六兩	興盛錫	捐銀十九兩
大順魁	捐銀式拾六兩	淳興泰	捐銀十八兩
永錫慶	捐銀式拾六兩	恒裕恭	捐銀十八兩
恒昇泰	捐銀式拾五兩	大成泉	捐銀十八兩
天益字	捐銀式拾五兩	德成源	捐銀十八兩
長盛贏	捐銀式拾五兩	九樂盛	捐銀十八兩
萬順合	捐銀式拾五兩	隆盛祥	捐銀十八兩
永興恒	捐銀式拾五兩	晋成和	捐銀十八兩
逢源永	捐銀式拾四兩	興隆益	捐銀十八兩
蔚源長	捐銀式拾四兩	永發文	捐銀十七兩
通順興	捐銀式拾四兩	永興元	捐銀十七兩
永隆和	捐銀式拾三兩	寶源張	捐銀十七兩
日昇隆	捐銀式拾三兩	興隆泰	捐銀十六兩
義慶長	捐銀式拾三兩	日興正	捐銀十六兩
豫泰恒	捐銀式拾三兩	合義興	捐銀十六兩
煥興生	捐銀式拾三兩	昇泰和	捐銀十六兩
曾盛(川合西元)	捐銀式拾式兩	興盛魁	捐銀十六兩
永興隆	捐銀式拾式兩	長興順	捐銀十六兩
長發祥	捐銀式拾乙兩	悅來全	捐銀十六兩
永盛德	捐銀式拾乙兩	澤順張	捐銀十五兩
恒順祿	捐銀式拾乙兩	泰成豫	捐銀十五兩

宏興成	捐銀弍拾乙兩	萬億隆	捐銀十五兩
義和永	捐銀弍拾兩	曾盛和	捐銀十五兩
恒義元	捐銀弍拾兩	曾盛興	捐銀十五兩
廣合昌	捐銀弍拾兩	永成垣	捐銀十五兩
茂春西	捐銀十四兩	日興福	捐銀七兩
興盛和	捐銀十四兩	公順隆	捐銀十兩
永成綱	捐銀十四兩	長發興	捐銀十兩
永成實	捐銀十四兩	隆豐通	捐銀十兩
陳廣盛	捐銀十四兩	信隆明	捐銀十兩
隆茂泰	捐銀十四兩	興順雷	捐銀十兩
新盛合	捐銀十四兩	心義成	捐銀十兩
永成張	捐銀十四兩	九如玉	捐銀十兩
全興合	捐銀十四兩	永盛豐	捐銀十兩
大生張	捐銀十四兩	玉盛公	捐銀十兩
通順張	捐銀十四兩	德盛合	捐銀十兩
侯公益	捐銀十三兩	永成裕	捐銀十兩
永順泰	捐銀十二兩	長發生	捐銀十兩
煥興元貞	捐銀十二兩	永成謙	捐銀九兩
永盛成	捐銀十二兩	同盛德	捐銀九兩
興盛成	捐銀十二兩	世隆德	捐銀九兩
天成興	捐銀十二兩	仁和成	捐銀九兩
信泰昇	捐銀十二兩	復興永	捐銀九兩
昆順生	捐銀十二兩	大豐春	捐銀九兩
永成魁	捐銀十二兩	新興泰	捐銀九兩
義成協	捐銀十乙兩	咸興亨	捐銀九兩
鈺成正	捐銀十乙兩	信發榮	捐銀八兩
萬盛隆	捐銀十乙兩	一心成	捐銀八兩
永豐隆	捐銀十乙兩	發興號	捐銀八兩
萬和生	捐銀十乙兩	萬福春	捐銀八兩
公信昇	捐銀十乙兩	興盛姬	捐銀八兩

公盛順	捐銀八兩	李魁盛	捐銀六兩
新興通	捐銀八兩	恒泰明	捐銀六兩
永發公	捐銀八兩	永生興	捐銀六兩
合盛德	捐銀八兩	永成文	捐銀六兩
復興春	捐銀八兩	復興張	捐銀六兩
乾盛康	捐銀八兩	永成福	捐銀六兩
合盛永	捐銀八兩	濟興庵	捐銀六兩
新興豐	捐銀八兩	義豐慶	捐銀六兩
中和裕	捐銀七兩	月成德	捐銀六兩
萬慶穆	捐銀七兩	月盛德	捐銀六兩
永興官	捐銀七兩	義成瑞	捐銀六兩
太來永	捐銀七兩	益盛春	捐銀六兩
大豐公	捐銀七兩	福順公	捐銀六兩
雙盛隆	捐銀七兩	大昇魁	捐銀六兩
興廣聚	捐銀七兩	益薑公	捐銀六兩
福順合	捐銀七兩	仁和全	捐銀六兩
復興秀	捐銀七兩	興泰瑞	捐銀六兩
順成正	捐銀七兩	世德昆	捐銀六兩
永豐時	捐銀七兩	元盛玉	捐銀六兩
興盛法	捐銀七兩	恒盛寧	捐銀六兩
興盛公	捐銀七兩	隆順恒	捐銀五兩
興盛福	捐銀七兩	福順德	捐銀五兩
全盛雪	捐銀七兩	和盛成	捐銀五兩
大有豐	捐銀七兩	通益成	捐銀五兩
仁和義	捐銀七兩	梁新興	捐銀五兩
萬盛釗	捐銀七兩	恒泰源	捐銀五兩
萬順豐	捐銀五兩	順成合	捐銀四兩
德盛裕	捐銀五兩	君興華	捐銀四兩
恒盛德	捐銀五兩	梁萬盛	捐銀四兩
悅來恒	捐銀五兩	全全盛	捐銀四兩

雙合雲	捐銀五兩	廣興宇	捐銀四兩
永順玉	捐銀五兩	公盛德	捐銀四兩
復盛興	捐銀五兩	振興張	捐銀四兩
新興元	捐銀五兩	信成林	捐銀四兩
如意魁	捐銀五兩	東合盛	捐銀四兩
大順雷	捐銀五兩	公盛興	捐銀四兩
長興宏	捐銀五兩	生盛德	捐銀四兩
美興門	捐銀五兩	裕豐瑞	捐銀四兩
仁和財	捐銀五兩	興順張	捐銀四兩
曾盛穆	捐銀五兩	仁和恒	捐銀四兩
萬慶德	捐銀五兩	公益茂	捐銀四兩
世興姚	捐銀五兩	三成和	捐銀四兩
集合公	捐銀五兩	永盛豐	捐銀四兩
同心合	捐銀五兩	義成魁	捐銀四兩
樂成通	捐銀五兩	集成祥	捐銀四兩
新盛德	捐銀四兩	永成蘭	捐銀四兩
恒興隆	捐銀四兩	永興合	捐銀四兩
兩益豐	捐銀四兩	秦泰合	捐銀四兩
興盛□	捐銀四兩	新成裕	捐銀四兩
□□恒	捐銀四兩	福順昌	捐銀四兩
仁和慶	捐銀四兩	天成益	捐銀四兩
世順德	捐銀四兩	廣興通	捐銀四兩

■碑陰：

■碑額：皇圖永固

泰成秀	興順呂	新興通	瑞麟鴻
世祥泰	興盛德	思義興	錫盛岉
新興馬	何俊友	日興恒	恒盛和
永興西	永興公	祥慶和	順成協
永興成	道生盛	義源永	大順玉

合豐裕	世興隆	慶豐祥	涌成雅
各捐銀叁兩五錢	廣興號	興盛長	合義順
公盛正	隆興和	永順和	恒順公
晉成和	世豐會	泰裕公	鶴昇一
興盛魁	合盛璉	通順義	義興隆
合豐清	公興合	大和興	致中和
廣興明	涌盛泉	三成公	仁和合
復興成	公義合	鄧五蒼	仁和天
咸亨興	曾盛福	和順合	公盛林
永成一	各捐銀叁兩	和盛恒	綱興張
興盛隆	大順恢	三元公	永和潘
興盛成	永和福	長盛厚	三合德
致祥和	仁和久	公正祥	世興芳
月盛隆	永成佑	恒發永	長盛翊
			萬興盛
永寧服	興盛合	永順興	敬益正
應佐門	永成墉	長盛郭	義成茂
兩義合	同盛和	興盛玉	協盛合
元成正	煥興棟	公盛輪	仁和祥
和順魁	興隆義	曾益鴻	元泰五
恒德呂	魁盛公	大來水	益美西
順義穆	通順德	恒生永	魁盛昌
各捐銀叁兩	興隆弘	各捐銀式兩五錢	各捐銀式兩
全成會	順興清	義盛玉	日生玉
三合成	順成生	永盛先	春育文
長興隆	義聚合	煥興誠	九思誠
信成合	廣興綵	恒緝公	通興合
仁和廣	永興有	恒元永	各捐銀壹兩二錢
天曾興	永興德	各捐銀一兩五錢	錫盛隆
玉汝成	永興泰	日昇成	萬順重

正興永	永成積	大成張	義盛通
永盛公	義興豐	永順東	慎修永
洪興公	泰興合	復興成	永慶西
恒信貞	復來秀	廣興賢	義順合
世春新	三秀全	晉美順	義和郝
恒泰春	全興恒	天申信	韓永聚
泰裕公	集成祥	恒泰昌	永興豐
恒茂祥	正興寧	生生成	慶昌豐
世和德	萬泰合	慶豐成	恒泰昌
雙盛元	永興張	大興瑞	永興祥
順興成	興旺成	日新恒	全盛豐
復興通	廣興協	祥慶昇	日增福
恒泰豐	萬和協	長春慶	復興劉
二合號	郁盛亨	泗盛誠	仁和通
集成生	日增李	長春豐	慶豐西
通順奎	通順升	魁盛成	永成鴻
敬盛永	聚發恒	慶興隆	天成元
興盛恒	隆豐德	通順永	大興川
復盛合			

三合盛	□三問	正順堂	意合通
懋征玉	天興張	晉豐豫	雲集祥
仁和昶	永成雄	亨泰生	恒泰馮
各捐銀壹兩	正興和	新盛春	隆興宇
全盛德	復泰芬	大順聘	公盛福
永豐德	各捐銀捌錢	長盛公	恒遠泰
乾盛澤	明昌魁	各捐銀陸錢	德盛積
隆順恒	濟興昌	昆聚承	萬聚成
長發老	濟興正	復興張	雙盛張
隆興德	萬興義	雲祥號	新興元
集義生	王合玉	義昇閏	各捐銀肆錢

【河南碑文】

長生老	正興通	復興杜	廣興恒
永成丕	謙益昇	全盛德	世興成
信中魁	廣盛寧	三合號	興順杜
新盛魁	仁和信	同慶文	新興和
隆順豐	德興裕	永成越	天成亨
通順元	德興恒	元吉豐	裕盛成
永盛恒	公盛彩	廣億成	鶴鳴合
信義璉	樂成豐	慶春成	興盛源
昌興永	信義合	興隆通	各捐銀三錢五分
義成魁	常平泳	萬興合	恒盛祥
自誠石	廣興振	全盛李	仲元老
興盛合	萬順增	元興號	協盛宏
永成曉	連盛全	廣盛恒	永祥魁
萬興全	永成合	各捐銀伍錢	同心信

德盛和　　　復順寬
廣興隆　　　復興長
德盛永　　　長興王
永豐茂　　　祥盛德
仁和興　　　濟興容
永隆誠　　　永豐寧
　各捐銀叁錢　豐盛玉
大豐德　　　　各捐銀二錢
瑞興吳　　　恒盛合
恒泰馬　　　久興元
永和公　　　義聚李
瑞興泰　　　萬興義
世興和　　　全成新
永豐興　　　　各捐銀一錢五分
　各捐銀二錢五分　通隆祿
義順鵲　　　廣盛玉

廣順昌	雙義魁
兩益和	各捐銀壹錢
二盛合	
大豐高	咸亨泰捐銀叁拾兩
	馬市街衆字號復銀叁佰陸拾兩

3. 道光十八年《東都馬市街山陝西衆商積金建社碑記》

碑額：好善

東都馬市街山陝西衆商積金建社碑記

《周禮》太宰職九式均節財用，一曰祭祀之式，後人崇祀建社，酌費積金，其遺意也。洛居天中，爲四方輻輳，山陝衆商居奇於斯，舊在會館結關帝聖社，每屆四月初旬間，隆肸蠁之儀，張樂迎醮，樂輸至誠，一切供億各捐囊貲。適有一二有心頓懷淵謀，以爲凡祭有其舉之，莫敢廢也。籌之不豫，蓄儲無聞，而是社極盛難繼，若廢墜何。因鳩聚社友，同商積貯。酌什一之餘，效三九之蓄，錙積銖累，土壤成泰山之高。爰持贏餘權子母，藉此滋息，以薦馨香。庶幾報賽有貲，常新千秋俎豆也。前乙未歲，余守東土，念桑梓誼，曾作記會館矣。既而，衆商積金建社之事告蔵，未及勒之貞珉。迨余仰膺簡命調任楚南，適會館僧宗久持筆札自洛赴楚，詣署請謁，懇余再爲之記。余嘉衆商崇祀建社，酌費積金，深得古人祭祀之式之遺也，遂援筆而爲之記。其積金何？蓋始於道光十一年，迄於十八年，約計銀一千兩有奇云爾。

賜進士出身翰林院編修武英殿國史館總纂戊寅
恩科浙江副考官甲午科河南鄉試提調署湖南按察使司按察使
誥授中憲大夫湖南通省鹽法道加五級記錄十次　長安李裕堂撰文
誥授文林郎前知洛陽縣事加十級隨帶軍功一級　介休馬懿書丹

首事：	長發合	合盛興	魁盛永	永成純	全盛玉
	泳盛鯠	濟元秀	成衣行	敬盛允	興盛明
	合盛順	新和榮	永盛鄭	大聚隆	隆興西
	永興通	復盛玉	協盛玉	泰成豫	樂成通

　　　　　　　　　　　　　　　　　　　　　奇　　　乾
　　　　　　　　　住持僧：春陽　　侄：宗□池　孫：正泰　仝立
　　　　　　　　　　　　　　　　　　　　　　童

龍飛道光十八年歲次戊戌閏四月初八日穀旦　　　　　　　石工：孫什合
　　　　　　　　　　　　　　　　　　　　　　　　　　　　　李自顯

碑陰：

碑額：□□

泳盛鱗	捐銀壹佰伍拾兩	泰成豫	捐銀式拾兩
合盛順	捐銀壹佰壹拾兩	隆興豐	捐銀式拾兩
隆順益	捐銀陸拾肆兩	興盛明	捐銀拾玖兩
長發合	捐銀伍拾捌兩	永成玉	捐銀拾捌兩
永興通	捐銀伍拾伍兩	定太遠	捐銀拾陸兩
濟元秀	捐銀伍拾伍兩	協成和	捐銀拾陸兩
新和榮	捐銀伍拾式兩	世成祥	捐銀拾陸兩
長成合	捐銀伍拾兩	隆興西通	捐銀拾伍兩
義興恒	捐銀肆拾捌兩	合盛和	捐銀拾肆兩
合盛興	捐銀肆拾兩	太昌建	捐銀拾肆兩
復盛玉	捐銀叁拾伍兩	全盛玉	捐銀拾肆兩
永盛鄭	捐銀叁拾叁兩	永成垣	捐銀拾肆兩
永茂興	捐銀叁拾兩	道生盛	捐銀拾叁兩
魁盛永	捐銀叁拾兩	樂成通	捐銀拾式兩
協盛玉	捐銀式拾玖兩	福來永	捐銀拾式兩
中和裕	捐銀式拾玖兩	正興順	捐銀拾壹兩
長發瑞	捐銀式拾捌兩	順興彩	捐銀拾壹兩
正興馬	捐銀式拾捌兩	德隆恒	捐銀拾兩
興盛錫	捐銀式拾陸兩	恒信貞	捐銀拾兩
敬盛允	捐銀式拾伍兩	興盛豐	捐銀捌兩捌錢
大聚隆	捐銀式拾伍兩	天順東	捐銀捌兩式錢
永成賀	捐銀式拾肆兩	永泰生	捐銀捌兩
長發銳	捐銀式拾叁兩	世豐積	捐銀柒兩玖錢

	永成純	捐銀式拾式兩	益盛公	捐銀柒兩捌錢
	義盛和	捐銀式拾壹兩	茂春西	捐銀柒兩捌錢
	永盛東	捐銀式拾壹兩	通益誠	捐銀柒兩柒錢
	天成興	捐銀式拾兩	發隆和	捐銀柒兩陸錢
	德順甘	捐銀式拾兩	信發榮	捐銀柒兩陸錢
	澤順張	捐銀陸兩玖錢	固原益盛公	捐銀叁兩捌錢
	寶源張	捐銀陸兩玖錢	蔚豐峰	捐銀叁兩捌錢
	源豐海	捐銀陸兩壹錢	雙成隆	捐銀叁兩柒錢
	世盛生	捐銀陸兩壹錢	興隆合	捐銀叁兩柒錢
	公盛正	捐銀陸兩	煥興貞	捐銀叁兩陸錢
	協成豐	捐銀陸兩	增盛福	捐銀叁兩陸錢
	永成公	捐銀陸兩	成發號	捐銀叁兩伍錢
	乾盛康	捐銀伍兩柒錢	蘭成號	捐銀叁兩伍錢
	永茂元	捐銀伍兩伍錢	三盛號	捐銀叁兩伍錢
	昌盛順	捐銀伍兩肆錢	新誠號	捐銀叁兩伍錢
	全興合	捐銀伍兩肆錢	來成號	捐銀叁兩伍錢
	永成慶	捐銀伍兩叁錢	泰成號	捐銀叁兩伍錢
	永興恒	捐銀伍兩叁錢	長順號	捐銀叁兩伍錢
涇邑	義興合	捐銀伍兩叁錢	通合號	捐銀叁兩伍錢
	興隆益	捐銀伍兩式錢	義合號	捐銀叁兩伍錢
	順興恒	捐銀伍兩壹錢	義成號	捐銀叁兩伍錢
	世德昆	捐銀伍兩壹錢	天元永	捐銀叁兩叁錢
	通順興	捐銀伍兩	金盛鳴	捐銀叁兩叁錢
	立盛績	捐銀伍兩	日興成	捐銀叁兩叁錢
	長發興	捐銀肆兩玖錢	煥興祥	捐銀叁兩式錢
	世隆德	捐銀肆兩陸錢	興順合	捐銀叁兩壹錢
	懷盛鄭	捐銀肆兩陸錢	萬福春	捐銀叁兩壹錢
	同義誠	捐銀肆兩伍錢	永成祥	捐銀叁兩
	日興福	捐銀肆兩伍錢	永盛裕	捐銀叁兩
	萬順興	捐銀肆兩肆錢	全成德	捐銀叁兩

恒昌裕	捐銀肆兩弍錢	魁盛公	捐銀叄兩
永豐隆	捐銀叄兩玖錢	合盛全	捐銀弍兩玖錢
日興正	捐銀叄兩玖錢	萬順和	捐銀弍兩捌錢
豐有德	捐銀弍兩捌錢	重盛合	捐銀弍兩
合順昌	捐銀弍兩捌錢	福順會	捐銀弍兩
恒盛合	捐銀弍兩柒錢	長昇生	捐銀弍兩
萬順合	捐銀弍兩柒錢	協和合	捐銀弍兩
興盛恒	捐銀弍兩柒錢	元興同	捐銀弍兩
聚議公	捐銀弍兩柒錢	正順高	捐銀弍兩
永興隆	捐銀弍兩柒錢	義興合	捐銀壹兩玖錢
仁和德	捐銀弍兩伍錢	新興同	捐銀壹兩玖錢
益盛春	捐銀弍兩伍錢	協盛合	捐銀壹兩玖錢
永發元	捐銀弍兩伍錢	積成槙	捐銀壹兩玖錢
復盛合	捐銀弍兩伍錢	日生魁	捐銀壹兩捌錢
仁合慶	捐銀弍兩肆錢	德盛緒	捐銀壹兩捌錢
正興順	捐銀弍兩肆錢	和順祥	捐銀壹兩捌錢
起盛文	捐銀弍兩肆錢	繩其恒	捐銀壹兩捌錢
益盛和	捐銀弍兩肆錢	木順恢	捐銀壹兩捌錢
天興集	捐銀弍兩肆錢	德興成	捐銀壹兩捌錢
協成玉	捐銀弍兩叄錢	萬順重	捐銀壹兩捌錢
玉盛元	捐銀弍兩叄錢	崇興大	捐銀壹兩捌錢
□盛和	捐銀弍兩弍錢	協義德	捐銀壹兩柒錢
道德隆	捐銀弍兩弍錢	隆順恒	捐銀壹兩柒錢
義和隆	捐銀弍兩弍錢	敬勝恒	捐銀壹兩柒錢
永成義	捐銀弍兩弍錢	天成朝	捐銀壹兩柒錢
世隆文	捐銀弍兩弍錢	元盛玉	捐銀壹兩陸錢
同慶生	捐銀弍兩壹錢	豐盛合	捐銀壹兩陸錢
義成魁	捐銀弍兩壹錢	復盛昌	捐銀壹兩陸錢
合盛璉	捐銀弍兩壹錢	永慶源	捐銀壹兩陸錢
興隆良	捐銀弍兩壹錢	德心永	捐銀壹兩陸錢

廣盛寧	捐銀弍兩	敬勝恒	捐銀壹兩陸錢
瑞臨鴻	捐銀壹兩陸錢	昌泰利	捐銀玖錢
大有霖	捐銀壹兩陸錢	新成全	捐銀玖錢
豐盛祥	捐銀壹兩伍錢	長義和	捐銀玖錢
隆興恒	捐銀壹兩伍錢	廣盛魁	捐銀玖錢
永成魏	捐銀壹兩伍錢	心義成	捐銀捌錢
西盛玉	捐銀壹兩伍錢	瑞興泰	捐銀捌錢
永盛裕	捐銀壹兩伍錢	集成祥	捐銀捌錢
萬和昌	捐銀壹兩肆錢	興隆合	捐銀捌錢
慶長豐	捐銀壹兩肆錢	祥盛公	捐銀捌錢
義興福	捐銀壹兩肆錢	西合章	捐銀捌錢
長發生	捐銀壹兩肆錢	太祥薛	捐銀捌錢
新盛魁	捐銀壹兩叄錢	恒盛祥	捐銀捌錢
德合永	捐銀壹兩叄錢	齊興正	捐銀捌錢
煥興旭	捐銀壹兩叄錢	合盛義	捐銀柒錢
聚盛明	捐銀壹兩叄錢	積盛昌	捐銀柒錢
仁義合	捐銀壹兩叄錢	興順宏	捐銀柒錢
昇大和	捐銀壹兩弍錢	一心水	捐銀柒錢
日興太	捐銀壹兩弍錢	永興正	捐銀柒錢
潮盛仟	捐銀壹兩弍錢	魁盛同	捐銀柒錢
永恒西	捐銀壹兩弍錢	義成瑞	捐銀柒錢
晉盛恒	捐銀壹兩弍錢	太和昌	捐銀柒錢
同盛遠	捐銀壹兩壹錢	興旺成	捐銀柒錢
慶瑞祥	捐銀壹兩	三義和	捐銀陸錢
茂盛通	捐銀壹兩	王盛德	捐銀陸錢
德順生	捐銀壹兩	和盛源	捐銀陸錢
新盛合	捐銀壹兩	天德同	捐銀陸錢
魁興號	捐銀壹兩	復興賜	捐銀伍錢
恒慶貴	捐銀壹兩	萬慶恒	捐銀伍錢

復興楊　　捐銀伍錢
同盛公　　捐銀伍錢
仁和豐　　捐銀伍錢
公盛順　　捐銀伍錢
熾昌泰　　捐銀伍錢
永盛明　　捐銀伍錢
新興誠　　捐銀肆錢
茂盛郭　　捐銀肆錢
天吉成　　捐銀肆錢
通順興　　捐銀肆錢
永興隆　　捐銀肆錢　　全鶴協　　捐銀弍錢
全成魁　　捐銀肆錢　　義和郝　　捐銀弍錢
統盛範　　捐銀肆錢　　統盛武　　捐銀弍錢
恒泰春　　捐銀肆錢　　恒豐德　　捐銀弍錢
萬和鎰　　捐銀叄錢　　恒盛祥　　捐銀弍錢
二合公　　捐銀叄錢　　義順源　　捐銀弍錢
永興德　　捐銀叄錢　　通順魁　　捐銀壹錢
光泰永　　捐銀叄錢　　玉盛福　　捐銀壹錢
公順一　　捐銀叄錢
仁和誠　　捐銀叄錢
天興福　　捐銀叄錢
公盛榮　　捐銀弍錢
義興德　　捐銀弍錢
義興協　　捐銀弍錢
元盛福　　捐銀弍錢
億順衡　　捐銀弍錢
富興奮　　捐銀弍錢
全成合　　捐銀弍錢

4. 道光二十六年襄陵幫捐款碑

碑額：爲善

道光貳拾陸年菊月吉旦

襄 陵 幫 捐 銀 叄 百 兩 整

經手人： 元亨利 仝立
義成生

5. 咸豐二年《山陝會館關聖帝君儀仗記》

碑額：萬善

　　山陝會館關聖帝君儀仗記

　　聖王御宇首重明禋，祀典所載儀至隆、制至肅也。而我　朝所尤重者，宣聖而外，惟　關聖帝君。內自京師，外至大都小邑，莫不敕建廟宇，祀春秋無少缺。豈惟是祈福云爾哉？亦以　帝君之忠義神武，實足以震浮起靡，爲萬世則。故既載諸祀典，以崇其德而報其功，而又推其磊落光明之概以風示商賈，使熙熙穰穰競刀錐子母者，日夕祇承於　帝君之旁，庶其觸目警心，不至見利忘義，角讆張而尚俎詐也。然吾嘗北之燕趙，東游齊魯，南之吳楚之交，凡通都劇邑，商賈輻輳之區，莫不有　帝君廟。秦晉所集會館尤多，其祇事　帝君尤勤。以至而究其所以事之之意，不過藉物以爲求媚之具，至以義爲利之說恒略而弗講焉。噫，是可嘆也已。洛陽地居土中，爲古都會，城南舊有山陝會館，雕梁畫棟，鳥革翬飛之狀備極殊麗，而　帝君儀仗之用缺而未備。庚戌秋，陝西西安、同州二府布商數十餘家，捐湊鼇金，共勷盛事。制黃緞繡邊傘一柄，扇一柄，牌三對，旗三對，鑾駕十二對，鍍金爐缾五，鍍金壺二，鍍金爵三，鍍金碟三，鍍金奠池一，鍍金檀香爐一，其餘金珠花燭繡龍桌圍，一切應用之器莫不悉備，另載簿籍。又大書匾額曰：面與心同。告成日求辭於余，以示將來。余深羨諸君之舉誠善矣，故述其意而誌之，而臚款於左，永垂千秋不朽云。

例授文林郎丁酉科舉人分發直隸試用知縣　偃邑鄧銘善熏沐撰文
賜進士出身誥授朝議大夫前翰林院編修湖南長沙府知府　朝板雷成樸沐手書丹

　　　　　　三原從 九 品李大鼎
總理首事：蒲城鄉飲耆賓李芳員　　　贊勤督工：涇陽三考吏目鄭起元
　　　　朝邑太 學 生成問仁

　　　　　　　　　　　　　　　徒：苞
　　　　　　　　　住持僧：春陽　　宗久　　孫：正信
　　　　　　　　　　　　　　　侄：池

咸豐二年歲次壬子四月初八日穀旦　　　　　石工：王法舜　王秉仁

▍碑陰：

▍碑額：同列

	濟元秀	捐銀柒拾四兩	永成型	捐銀十九兩八錢四分
	天秦成	捐銀六拾弍兩	大有乾	捐銀十二兩二錢四分
	長成合	捐銀五拾九兩	天順東	捐銀十兩九錢四分
	永茂興	捐銀三十兩一錢八分	世盛秀	捐銀九兩乙錢八分
	福來永	捐銀弍拾八兩三錢	通益誠	捐銀八兩九錢六分
捐資衆商：	正順高	捐銀弍拾六兩三錢八分	永成純	捐銀八兩六分
	長發合	捐銀弍拾四兩六錢	復興榮	捐銀六兩九錢五分
	長發銳	捐銀弍拾四兩九分	成順全	捐銀五兩八錢八分
	公興恒	捐銀弍拾三兩五錢三分	永興鳴	捐銀四兩四錢四分
	二德合	捐銀弍拾兩五錢六分	永成垣	捐銀四兩三分
	新盛合	捐銀拾九兩九錢八分	義成魁	捐銀三兩五錢三分

永成公	捐銀二兩三錢八分		長春鎰	捐銀七錢
熾昌泰	捐銀二兩乙錢乙分		新興東	捐銀六錢六分
雙興福	捐銀乙兩八錢八分		義盛傑	捐銀五錢八分
萬和福	捐銀乙兩八錢二分		敬盛玉	捐銀五錢七分
永成實	捐銀乙兩六錢八分		興順玉	捐銀五錢六分
裕泰敏	捐銀乙兩五錢二分		崇素榮	捐銀四錢	仝立
君盛泰	捐銀乙兩三錢八分		世盛玉	捐銀三錢八分
玉盛復	捐銀九錢七分		復興順	捐銀式錢八分
正興馬	捐銀九錢三分		長發公	捐銀式錢式分
泰盛瑞	捐銀九錢		同盛和	捐銀乙錢七分
乾盛康	捐銀七錢六分		新興昌	捐銀乙錢四分

四　周口會館碑文[①]

周口山陝會館山門

（1999年）

牌坊、碑亭
和鐵旗杆

---

① 這批碑銘現存周口關帝廟（即山陝會館），筆者於1999年抄錄，2007、2012年兩次前往復核。

山陝會館拜殿和春秋閣

山陝會館戲臺及碑銘保存狀況（1999年）

碑銘保存狀況（2012年）

(一) 山陝會館碑文

1. 乾隆四十八年《重修關聖廟諸神殿香亭鐘鼓樓並照壁僧室戲房及油畫諸殿鋪砌廟院碑記》

重修關聖廟諸神殿香亭鐘鼓樓並照壁僧室戲房及油畫諸殿鋪砌廟院碑記

乾隆四十八年癸卯秋中，周仁以耳病致仕。瀕行，業商宛邱鄉友竇天育等屬爲重修 忠義神武靈佑大帝關聖廟記。按：周口河北舊有山陝會館，中祀 大帝，創自康熙三十二年。五十二年傍建河伯、炎帝二殿，丁酉年建藥王殿並東廊房，壬寅年建財神殿並西廊房及禪院、僧舍。雍正九年重修大殿，建香亭，十三年建舞樓、山門。乾隆八年建老君殿，十五年建鐘、鼓樓，三十年建馬王、酒神、瘟神殿及石牌坊、馬亭、戲房。此皆前人創建盡善，廟宇巍峨可觀。但歷年久遠，風雨飄圮，傾頹者多。四十六年，山陝商賈各捐囊資，慨然樂輸。于是，竇天育等督工，重修香亭、鐘鼓樓、藥王、瘟神殿及馬亭、舞樓、照壁、僧室、戲房，並彩畫諸殿、兩廊，鋪砌內外廟院，至四十八年大功告竣。基宇猶是也，而美奐美輪，規模增新矣。恭惟 大帝剛健中正，氣塞兩間，篤于行義，立隆萬古。而衆商千里經營於斯，顧繹思罔，數時歷百年，人更數世，衆商恪奉 大帝虔誠如一日。祈 帝之思，啓行翼而百事咸宜，雅藉諸神爲利導。祀河伯，祈舟楫順利，波濤不驚也；祀炎帝，祈薪火篝燈，旦暮恬息也；祀藥王、財神，祈遠无妄之疾，生意如春，日增月盛也；祀瘟神、酒神，祈六氣協和，疵癘不作，德將無醉無彝酒也；祀老君、馬王，祈與人無争，清净貞正以自娛無邪，斯臧輪蹄所至，人馬平安也。凡諸神贊襄左右，罄無不宜，皆 大帝垂佑無邊，覆庇一方者也。抑 大帝籍隸山右解梁，秦晉接壤，號稱同鄉。去 聖之世千有餘年，而近 聖之居若此其甚。方今 大帝馨香俎豆遍渤海內外，雖遠客天涯，猶若比鄰，況恆華至於中州千里而近乎。衆商處攘往熙來之地，矢潔齋慕義之忱，固已合秦晉爲一家，歷潁北若中條矣。周仁宦遊東土，抱病西旋，依梓里之末光，亦思附衆鄉友後，藉以代蘊藻之薦，拜跪之誠云。既序其詳，略次以韵：仰惟 大帝，忠義揚氛。乃神乃聖，乃武乃文。千江有水，萬里無雲。在天陟降，赫赫見聞。諸神左右，仙馭鶴群。四時虔祝，惟德芳芬。降祥賜福，佳氣氤氲。炳靈昭鑒，普護無垠。

賜進士第特授文林郎知商水縣事後學安邑　牛問仁薰沐敬撰

　　晋永安庠生後學弟子　劉兆瑞薰手甫書

首　事：　竇天育　宋義盛　毛尚德　郭廣聚
　　　　　王廣源　楊萬鎰　張義有　郭大興

住持僧：心清　　侄：繪源　　孫：修積廣裕德澤
　　　　　　　　　徒：禮　　　　　

　　　　　　　鉄筆生：李建有　　子：玉林柱　刊石

岂
大清乾隆肆拾捌年歲次癸卯冬月穀旦

2. 嘉慶五年陳州府《告示》

　　周口山陝會館向來每逢敬　神演戲，文武大小衙門並無阻擾。後因鄉地兵役撫弊詐索，闔鎮赴城禀官，蒙府　憲陳太老爺出示曉諭，闔鎮凛遵，勒石以垂不朽云。謹將告示列後：

　　特授河南陳州府正堂加十級紀錄十五次□　爲曉諭事：照得周家口河北地方，關帝聖君神廟一座，係闔鎮衆商公建，每逢　關帝聖誕，衆商各捐資財演戲，以答　神庥。本府訪聞，敬演之時，竟有一種在官人役聲言拿戲，需索訛詐，實屬不法。合行出示曉諭。爲此示仰該處衆商知悉，嗣後演戲敬　神之時，倘有文武大小衙門兵役並地保人等，欲拿官戲混行阻擾，許該衆商赴本府衙門具禀，聽候查究。毋違，特示。

　　告　示
嘉慶五年二月初五日　　　　　　　　　　　　　闔鎮公立

3. 嘉慶七年《創建春秋閣各行商抽分毫厘碑記》

創建春秋閣各行商抽分毫厘碑記

伏以潢污不擇，彌增海若之寬；土壤兼收，益助岱宗之峻。苟因人而圖事，爰積少以成多，自古皆□，於人不易。恭維 關帝春秋閣地本污萊，變桑何日；形殊平地，作廟伊誰？商民張君順等積誠有素，願同精衛之填，協力益堅。竊比鳳樓之造，良以 關帝浩氣凌河嶽，必構閣參□，庶可接元神於於穆大義，秉春秋，非讀書有地，無以彰 聖學之精純也。由是從巷議之公，群欣捐輸；感 神恩之被，共解橐囊。相其宅而卜其時，豈肯荒於一簣；酌乎心而量乎力，猶恐廢於半途。因之將伯之呼近惟鋪友，他山之助遍及行商。衆議難諧，幾似挨門而乞；善緣何在，恍如托鉢以求。而幸也，樂施君子，好善高人，鑒我微誠，聿定銖錙之數，襄茲勝舉。普行毫厘之規，功之始，功之中，功之成，經費者兩萬餘兩；計以日，計以月，計以歲，積累者一十九年。今者竹苞松茂，朱甍合麗日常明；鳥革翬飛，畫棟與晴雲共耀。佑民護 國，扶我 皇億萬載之庥。孰識龍韜豹略，緯武經文，閱魯史十二公之紀，如瞻黃卷青燈。俎豆維新，神其妥矣；虔誠匪懈，福必穰焉。然而千腋之裘端推衆善，百機之錦敢曰獨勞？溯厥始終，樹貞珉於此日；祥其程式，備博採於來人。

例授修職郎丁酉科拔貢候選儒學教諭扶溝　李逢春敬撰
　　古晋曲沃澮濱後學弟子　張如松沐手敬書

董事：張天佑　成久興
　　　杜通興　楊允興
　　　張君順　同義中記
　　　靳天慶　張同泰

住持僧：廣德裕積修

徒：續旺定成

孫：本證

安靜

大清嘉慶柒年十一月吉日立　　鐵筆生：秦松　侄：光曉　徒孫：王有義　鎸石

4. 道光二年《山陕會館春秋閣院創修牌坊兩廊看樓客庭工作等房鋪砌甬路院落碑記》①

　　山陝會館春秋閣院創修牌坊兩廊看樓客庭工作等房鋪砌甬路院落碑記

　　周家口蓋中州之一巨鎮也。水陸交通，商賈競集，五方之民咸萃處焉。而惟吾晋與秦之來爲較易，以故惟吾晋與秦之人爲尤多。於興隆街立有山陝會館，虔祀關聖帝君，由來舊矣。吾里人之客其地者嘗爲余道其規模之閎大、制度之精詳，禱祀常設，歌舞不輟。而且龕前之供奉、殿內之鋪陳，即尋常物具而華美巨麗，不極諸勢之所可致與夫力之所能爲而不已。盛矣乎，吾鄉人之奉　帝者，固已財無或嗇而心無弗盡矣。顧人之叨　帝佑也無終窮，斯人之報　帝德也無止息。復於嘉慶五年，因廟後隙地創建高閣，體　帝喜讀麟經之意而肖像其上；即於其前並修歌臺以爲演劇之用，而西華魯明府爲之記者實詳且盡。第閣雖告竣而院落未成，閣旁之廣狹不一，閣下之陂坎須平；勢處卑下，而水之所聚雨輒爲憂；境皆土壤，而草之所滋歲終難薙。且無以壯觀瞻，無以便應酬，無以騁眺望；而備梓材，爾時未議及之，想亦絀於力，限於勢，不能不有待於後也。嘉慶八年，^{杜瑞隆}_{潘交泰}等接理會事，晝夜經營，於二十年大工始興，乃於其中之卑者高之，則土不憚運而陂坎胥平也；隘者擴之，則地不憚購而廣狹維稱也。立牌坊二座，構廊房十有四間，而觀瞻於以壯；修客庭十間，而應酬於以便；起看樓十間，而眺望於以騁；葺工作房二十餘間，而造作有地，殿宇於以永肅也。院落甬路則鋪砌整齊，户壁墻垣則修築完固。土木既竣，藻繪均施，以視從前局勢完密，氣象喬皇。所謂不能無待於後者，其在斯乎，其在斯乎。計工之興迄工之竣，閱年凡七。蓋成功若斯之難，而吾鄉人奉帝之誠乃益不可没也。頃者，有余里人請記於余。余因讀魯明府之文而俯仰今昔，慨然有感。蓋無定者天時，可恃者人事。創於始者不憂於繼，而缺於昔者待補於今。嗚呼，後之視今亦猶今之視昔，前之人不能不有待於今，則今之人亦必不能不有賴於後。因是不辭固陋，叙其顛末，原崇祀之意，存創始之功，紀永繼之烈，勒諸貞珉，以爲後來者告。若夫　帝之德則未易形容，　帝之靈亦徒勞擬議。至於館之所以立，與夫館之所由名，則前碑具在，余無贅焉。

---

① 該碑碑陰爲捐款名錄，惜因條件所限無法抄錄。

戊午科舉人吏部候選知縣山右　張詩銘謹撰

澤州府陽城縣儒　學　生　員　陳惠蘭沐手敬書

首　　事：潘交泰　賈天來
　　　　　杜瑞隆　張道生
　　　　　常德源　吉和合
　　　　　彭同順　牛統元

住　持：廣修　徒：續成旺安明　孫：智悅本證敬祥　曾孫：覺悟

鐵筆生：秦光曉
　　　　李　嚴

大清道光二年歲次壬午十月吉日立　　　　　　　　　　　岢仝勒石

5. 道光二年《山陝會館春秋閣院創修牌坊兩廊看樓客庭工作等房鋪砌甬路院落佈施抽積銀錢碑記》[①]

山陝會館春秋閣院創修牌坊兩廊看樓客庭工作等房鋪砌甬路院落佈施抽積銀錢碑記

山陝會館春秋閣院締造之工，余既敘而記之矣。夫有其工必有其費，工宏則所費恒多；而有所費必有所出，費多則出之匪易。於是前之請者復進而有詞曰：會館之工煩，所以記之者甚悉，則知其工而其費可想矣。顧費可想，而費之所從出者則不可以想而知也。積腋成裘，而昧其所由積；歛塵為嶽，而忘其所以歛；衆善將湮，流傳罔據，可乎哉？余問其詳，乃言曰：吾輩之斯舉也，共計費銀貳萬有奇。其所從來者有二：一則出之於吾鄉之鋪户也，開設有地而子母常權，承　帝之庥，當思酬　帝之德。於嘉慶十四年挨行募化，量本金之大小為捐數之重輕，統計得銀壹萬陸千二百兩。一則出之於吾鄉之行商也，來往不時而戀遷有術，既為山陝之人，應預山陝之事。於嘉慶十四年仍循往例千錢抽一，積至道光元年，共得銀壹萬

[①] 該碑碑陰為捐款名錄，惜因條件所限無法抄錄。

貳千九百兩。將列諸後，願引其端。余聞之而欣然曰：善哉！吾鄉人之處置良公而計畫良審也。夫捐則視本而輸亦非難，抽則從少而積自孔多。罔事矜張，咸徵踴躍，大工既以次而興，多福將不時而降。行見居者常操勝算，行者屢獲奇贏，雖吾鄉人之所以奉　帝者不起乎此，而此固理之所可必者。吾記之，吾更望吾鄉人之勉於其後也。

   戊午科舉人吏部候選知縣山右　張詩銘謹撰
    澤州府陽城縣儒學生員　陳惠蘭沐手敬書

首　事：	賈天來　彭同順 杜瑞隆　常德源 吉和合　潘交泰 張道生　牛統元	

住　持：廣修　徒：續成旺安明　徒孫：本證敬祥智悦　曾孫：覺悟

鐵筆生：秦光曉　李嚴

大清道光二年歲次壬午十月吉日立　　　　　　　　　　　　　岢仝勒石

6. 道光十八年《重修關帝廟歲積鼇金記》

碑額：萬善同歸

 重修關帝廟歲積鼇金記

  原夫片石爲補天之助，一葦備杭【航】海之資。雖憑藉之無多，實成功之至巨。物理有然，人情足據。與人爲善，原無此疆彼界之分；積腋成裘，何有尺短寸長之慮。周口汴南巨鎮，汝北名區，秦晉輻輳，商旅奔馳。　關聖協天，英靄丕著，建祠薦新，抒誠致祭。殿宇嵯峨，雕金鏤玉，簷牙崇峻，烏革翬飛。欲踵事而增華，樂鼎新而革故。爰借助於同人，左宜右有；比傾囊於累黍，挹彼注兹。既得坐賈之景從，還仰行商之樂輸。同附驥尾，邛須服賈之儔；違計蠅頭，盡是纏腰之客。權子母之去來，取錙銖者減太倉之一粟；數白黃之盈歉，分毫厘者抽杼軸之寸絲。予取予求，允矣重輕有準；為盈為泰，亶乎等殺無訛。取之不盡，方稱物而平施；用以相衡，自積少而成多。事不異夫編年紀月，道可通乎富有日新。惟其積之也厚，因而用之者舒矣。於是構良材、求大木，得楩柟於澗底，遇松柏於山峰。運以輸巧，雕以游龍，亙雄虹之長梁，竪凌霄之崇棟。結棼橑以相接，飾華榱以參橫。雕楹玉礎，綉栭雲楣，堂高九級，殿列重軒。位中央而岌嶪，分左右而崢嶸。拜衣冠之濟楚，仰　神像之尊嚴。垂紳正笏，端冕凝旒，服九章之華袞，垂五色之綉裳，豈不足以悚　帝天而起嚴恪，薦芹藻而致虔誠也哉！蓋由揮財不吝，好善樂施，憶前徽之未遠，幸繼起之在茲。不棄微芒，莫謂此同而彼異；詎遺毫末，固當較短而量長。何必銅山之助，直同金穴是藏。一簣頻加積累焉，成高山之仰止；細流共貫匯歸焉，漾滄海之洪波。自他有耀，歷久不磨；勒芳名於金石，悚廟貌之巍峨。於以信。美不勝收，端賴泛湖之客；道能共濟，適來結駟之賢。爰述始終，以昭奕禩。

　　淮邑歲貢生　王嵩瞻撰文

　　沈邑歲貢生　于廷瑛書丹

　　　　　　　　路成盛　劉興盛
　　　　　　　　牛公盛　李源發
　　首　事：
　　　　　　　　李玉成　李玉盛
　　　　　　　　董合盛　王恒吉

　　　　　　　　住持僧：廣修　徒：續安　孫：本智證悅祥　曾孫：覺悟　元孫：昌和

盛世道光十八年歲次戊戌冬月穀旦　　　　　　　鐵筆生：吳長瑞鐫字

▎碑陰：

▎碑額：**百世流芳**

　　謹將行商捐輸厘金姓名詳列於左：
　　雜貨行　　　　　　　　　　　　　恒興永　銀六十六兩三錢四分
新盛翊　銀五百六十二兩五錢二分　　　　公信鳳　銀六十五兩零四分

龍興岐	銀五百四十兩零六錢	三餘久	銀六十一兩四錢
瑞隆西	銀四百七十兩零四錢三分	永源昌	銀六十兩零三錢一分
交泰東	銀二百三十兩零一錢五分	敬盛允	銀五十八兩三錢八分
王盛和	銀一百八十三兩五錢	元益合	銀五十五兩九錢七分
乾順公	銀一百七十二兩六錢二分	公盛常	銀五十二兩七錢三分
世發康	銀一百六十四兩二錢三分	遇魁通	銀五十一兩二錢六分
天全乾	銀一百六十三兩七錢八分	全吉恒	銀五十兩零五錢七分
充盛泉	銀一百五十九兩七錢三分	義茂長	銀五十兩零五錢一分
合興泰	銀一百五十九兩四錢五分	萬順合	銀四十八兩五錢三分
永興隆	銀一百五十八兩一錢	聚泰義	銀四十六兩二錢四分
生生茂	銀一百五十五兩三錢四分	天德生	銀四十四兩六錢四分
環興德	銀一百二十九兩一錢	長盛瑞	銀四十三兩二錢四分
瑞盛甫	銀一百二十五兩四錢六分	天德合	銀四十三兩一錢六分
悅順杜	銀一百二十兩零三錢二分	協興光	銀四十三兩一錢五分
福盛玉	銀一百一十六兩二錢九分	廣興永	銀四十一兩八錢八分
協成玉	銀一百一十三兩五錢七分	榮泰公	銀四十一兩八錢三分
元興永	銀一百零九兩七錢四分	公義合	銀四十一兩一錢九分
恒昌賓	銀一百零五兩一錢	天佑敬	銀四十兩零九錢七分
同仁櫃	銀一百零五兩零四分	公興耀	銀四十兩零四錢一分
永隆符	銀一百零三兩三錢五分	合成永	銀三十九兩四錢五分
通興昌	銀九十五兩五錢四分	聚興利	銀三十九兩整
天育正	銀九十三兩一錢一分	天義正	銀三十八兩七錢三分
天全魁	銀八十八兩八錢	富盛椿	銀三十八兩六錢六分
永盛久	銀八十七兩二錢七分	義利合	銀三十六兩八錢六分
永泰世	銀八十六兩八錢七分	義盛仁	銀三十六兩二錢二分
三義香	銀八十六兩八錢七分	茂盛德	銀三十四兩一錢二分
宏昌大	銀八十六兩一錢三分	新慶玉	銀三十三兩三錢七分
永遠東	銀八十三兩二錢二分	宗久合	銀三十二兩九錢九分
義順成	銀六十八兩一錢一分	天佑昌	銀三十一兩九錢
泰和成	銀六十六兩七錢九分	晉義翕	銀二十九兩六錢五分

元恒豐	銀二十八兩八錢	靳公順	銀十一兩七錢五分
德生東	銀二十八兩六錢九分	全忠鎮	銀十一兩四錢六分
三元益	銀二十八兩零二分	福興店	銀十一兩四錢四分
大魁和	銀二十七兩五錢八分	義盛山	銀十兩零五分
同心合	銀二十七兩零六分	同仁蓮	銀九兩九錢七分
熾昌炳	銀二十四兩八錢六分	同心永	銀九兩六錢三分
元隆昌	銀二十四兩四錢七分	新興名	銀九兩三錢七分
三餘老	銀二十二兩一錢七分	全發體	銀九兩二錢四分
中和號	銀二十二兩整	靳三元	銀八兩九錢九分
百泉會	銀二十一兩八錢九分	富禮典	銀八兩七錢九分
公順安	銀二十一兩三錢六分	福隆元	銀八兩七錢九分
生盛梧	銀二十一兩二錢四分	新興西	銀八兩七錢三分
龍興庭	銀二十兩零四錢七分	大有富	銀八兩六錢一分
富盛如	銀二十兩零二錢八分	永奕和	銀八兩五錢六分
義成和	銀十九兩三錢六分	天德興	銀八兩三錢二分
三盛獻	銀十八兩二錢六分	普興宇	銀八兩三錢二分
統興合	銀十七兩三錢七分	傑盛全	銀七兩七錢九分
源盛永	銀十七兩零三分	西盛鶴	銀七兩五錢九分
雙玉儀	銀十六兩八錢八分	生生東	銀七兩四錢八分
義德獻興	銀十六兩四錢七分	吉世隆	銀七兩四錢八分
萬順奇	銀十六兩三錢七分	峰泰宜	銀七兩二錢一分
公宜合	銀十六兩二錢九分	崔聚盛	銀七兩一錢六分
正興秀	銀十六兩一錢二分	元隆泰	銀七兩一錢
致合永	銀十四兩七錢六分	永順西	銀七兩零九分
萬順玉	銀十四兩六錢六分	隆茂泰	銀六兩四錢三分
義盛誠	銀十三兩八錢三分	增順正	銀六兩四錢三分
長發祥	銀十三兩七錢三分	通順正	銀六兩二錢七分
鎮興公	銀十二兩八錢九分	泰興和子	銀六兩零八分
五美明	銀十二兩七錢二分	豐泰植	銀五兩九錢九分
公興敬	銀十二兩四錢二分	公盛廣	銀五兩九錢三分
新興玉	銀十二兩一錢八分	瑞誠公	銀五兩八錢九分

協合英	銀十一兩九錢一分	公明合	銀五兩八錢
永順遵	銀五兩七錢九分	乾豐永	銀三兩六錢整
瑞昌合	銀五兩七錢整	永遠正	銀三兩三錢八分
長盛文	銀五兩六錢九分	裕豐魁	銀三兩五錢八分
三順號	銀五兩六錢七分	奪魁德	銀三兩五錢三分
通泰合	銀五兩四錢一分	統元致	銀三兩四錢八分
萬享昌	銀五兩三錢八分	廣義永	銀三兩四錢二分
連新泰	銀五兩三錢五分	統盛郁	銀三兩四錢一分
天義長	銀五兩二錢二分	正泰永	銀三兩四錢一分
永義桐	銀五兩二錢整	西盛冶	銀三兩四錢整
天興協	銀五兩一錢六分	協茂魁	銀三兩三錢三分
大興楚	銀五兩一錢五分	泰順牲	銀三兩三錢三分
公順合	銀五兩一錢五分	公興美	銀三兩三錢二分
新泰林	銀四兩九錢六分	天福昌	銀三兩二錢二分
義隆昌	銀四兩九錢四分	久興德	銀三兩一錢四分
天生泉	銀四兩八錢整	義盛立	銀三兩一錢四分
新盛咸	銀四兩七錢整	昌順永	銀三兩一錢一分
德盛長	銀四兩六錢八分	榮泰植	銀三兩一錢整
天育全	銀四兩五錢一分	長順臨	銀三兩零七分
公成永	銀四兩四錢九分	三合智	銀三兩零六分
統興一	銀四兩四錢八分	公和合	銀三兩整
義盛同	銀四兩四錢六分	**蔴　行**	
義成利	銀四兩四錢整	馬鎮興	銀二十九兩八錢正
臨汾椿	銀四兩一錢七分	興盛隆	銀二十八兩三錢六分
玉興耀	銀四兩零九分	和合仙	銀二十二兩六錢一分
義成懷	銀四兩零四分	喬定興	銀十六兩一錢七分
三元度	銀三兩八錢八分	復盛號	銀十二兩九錢八分
公泰協	銀三兩八錢七分	德盛元	銀十一兩六錢五分
樹德堂	銀三兩八錢五分	裕盛號	銀九兩五錢五分
永泰炳	銀三兩七錢五分	通昇成	銀六兩七錢一分

義盛正	銀三兩七錢二分	泰興昌	銀六兩六錢三分
義盛德	銀三兩七錢二分	天元號	銀六兩三錢二分
順來鳳	銀三兩六錢九分	興盛號	銀五銀七錢四分
重成號	銀五兩五錢八分	如盛號	銀六兩九錢九分
萬鎰號	銀五兩五錢二分	德昌號	銀六兩二錢
玉泰號	銀五兩零六分	永和西	銀五兩零三分
興盛裕	銀四兩五錢八分	天長號	銀四兩七錢七分
成久興	銀四兩四錢九分	李萬聚	銀三兩六錢四分
合盛號	銀四兩一錢七分		

布　行

通興順	銀十四兩八錢九分
雙泰斗	銀十二兩五錢八分
聚豐公	銀八兩三錢一分
順來興	銀七兩七錢二分
李和合	銀六兩五錢八分
合義公	銀六兩二錢四分
乾順公	銀五兩三錢一分
聚興雲	銀四兩九錢七分
山川義	銀四兩五錢八分
通盛德	銀四兩零五分
永聚通	銀三兩七錢二分
張新成	銀三兩六錢三分
義順和	銀三兩零二分

吉慶號	銀三兩六錢五分		
恒發昌	銀三兩六錢三分		
天興號	銀三兩五錢三分		
荊盛號	銀三兩二錢六分		

油　行

彭和興	銀九兩三錢三分		
李公義	銀五兩八錢五分		
西廣生	銀五兩八錢三分		
李新德	銀五兩六錢九分		
李廣恒	銀五兩五錢七分		
郭永盛	銀五兩四錢三分		
東增盛	銀五兩一錢八分		
天成號	銀四兩五錢二分		
雙和號	銀四兩四錢九分		

京貨行

興盛通	銀三十兩零一錢
恒裕泰	銀二十一兩八錢一分
鼎魁占	銀十二兩七錢四分
承裕正	銀十一兩七錢四分
富盛如	銀十一兩零三分
王盛洪	銀十兩零四錢三分
宏昌大	銀九兩四錢三分

永源號	銀四兩一錢六分
協源號	銀三兩五錢三分
西源泰	銀三兩四錢九分
順成號	銀三兩四錢二分
西雙興	銀三兩四錢
廣合號	銀三兩一錢六分
源盛公	銀三兩零七分

絲　行

新義號　銀二十三兩五錢四分
公敬禮　銀二十兩八錢五分
劉興盛　銀十九兩四錢
牛公盛　銀十一兩五錢七分

義盛仁　銀四兩一錢九分
恒昌賓　銀三兩五錢五分
興盛玉　銀三兩零二分

西烟行

萬泰正　銀二十一兩九錢九分
天順正　銀十一兩六錢五分
泰豐永　銀八兩二錢四分
天順福　銀四兩九錢正
通盛如　銀四兩八錢一分
天成裕　銀四兩七錢九分
恒茂玉　銀四兩四錢九分
新興公　銀四兩四錢一分
新順合　銀三兩九錢一分
通盛昌　銀三兩五錢八分
崢嶸鼎　銀三兩五錢七分
鐘興成　銀三兩二錢七分
一心正　銀三兩一錢八分
協和同　銀三兩零四分

白米行

和合號　銀十三兩零四分
姚三義　銀九兩一錢二分
久興泉　銀九兩零四分
陳萬盛　銀七兩八錢八分
泰昌號　銀七兩六錢五分
環盛典　銀四兩七錢三分

三益號　銀八兩六錢一分
興盛裕　銀八兩零三分
富盛椿　銀七兩六錢七分
恒昌桂　銀六兩零三分
萬盛號　銀四兩八錢一分

菓　行

紹興號　銀十二兩八錢六分
永昌號　銀八兩三錢七分
聚盛號　銀八兩零八分
萬泉號　銀五兩五錢五分
慧生號　銀五兩一錢五分
聚興號　銀五兩一錢四分
順天號　銀四兩三錢九分
義順號　銀四兩一錢七分
興順號　銀四兩零九分
興盛號　銀三兩七錢九分
義和號　銀三兩三錢六分
人和號　銀三兩零五分

山貨行

同心公　銀十三兩三錢七分
萃豐號　銀七兩正
義昌遠　銀六兩七錢四分
福生號　銀六兩零八分
同泰號　銀六兩正
東盛號　銀五兩八錢八分
郝永泰　銀五兩七錢四分
馨生德　銀五兩三錢八分
全發店　銀四兩七錢六分
天興合　銀三兩四錢四分
三合號　銀三兩三錢一分

中和義	銀四兩二錢六分	騾 行	
正順號	銀四兩二錢三分	萬來店	銀三十九兩七錢三分
雷興隆	銀三兩九錢五分	泰來店	銀三十九兩五錢五分
張雙興	銀三兩六錢三分	四順店	銀三十九兩二錢五分
恒發典	銀三兩五錢九分	瑞順店	銀十七兩三錢四分
廣泰典	銀三兩五錢	永鎰店	銀十五兩四錢五分
福郁友	銀三兩一錢九分	天新店	銀十一兩一錢一分
同興店	銀六兩四錢三分	雜貨行	零厘頭銀三百九十六兩八錢三分
魚米行		蔴 行	零厘頭銀一百八十七兩五錢八分
合盛文	銀七兩八錢九分	油 行	零厘頭銀二百八十四兩一錢一分
張全盛	銀四兩五錢三分	絲 行	零厘頭銀二百零二兩七錢五分
順興發	銀三兩四錢五分	布 行	零厘頭銀一百三十九兩三錢四分
竹木行		京貨行	零厘頭銀四十七兩零九分
復興聚	銀十三兩三錢三分	西烟行	零厘頭銀九十兩零四錢二分
世興號	銀七兩九錢七分	白米行	零厘頭銀七十一兩七錢四分
崑源號	銀七兩四錢	菓 行	零厘頭銀八十九兩五錢整
藥材行		山貨行	零厘頭銀六十六兩二錢一分
永積善	銀三兩八錢五分	魚米行	零厘頭銀三十四兩二錢整
皮 行		竹木行	零厘頭銀七兩零九分
德盛號	銀四兩八錢三分	藥材行	零厘頭銀二兩二錢三分
興盛號	銀三兩二錢七分	皮 行	零厘頭銀十兩零五錢三分
		騾 行	零厘頭銀一兩八錢七分

通共厘頭銀壹萬零貳佰玖拾兩零五錢貳分

7. 道光十八年《重修關帝廟記》

碑額：萬壽無疆

重修關帝廟記
　　聞之爲善最樂，積衆善以要其成，則其善靡盡。大美難繼，萃衆美以踵其事，勛其美無窮。此所謂莫爲之前雖美弗彰，莫爲之後雖盛弗傳者矣。周口爲陳之巨鎮，陳爲　伏羲故都。郡北仰　伏羲陵寢，郡南鄰先師阤臺，而鎮之東偏舊有　關聖帝君祠，致祭春秋，仰思忠義。想　帝君生前當大運之衰，樹人臣之鵠，扶蜀漢於一綫，玩魏吳於孤掌，矢志春秋，殉身社稷，其忠義所昭炳如日星。所以我　皇上列在祀典，屢加寵錫者也。建祠於茲者，或亦慕斯文之鼻祖，擬七日之阤運，秦晉諸君子其有意焉否乎！迄於今百數十年矣，續修者不一而足。道光癸未，王恒吉等嗣首其事，至丙戌計工勸捐。坐賈者同心樂輸，行旅者計金抽息。閱九載，乙未冬捐金悉備。明年丙申既望，啓修　帝君殿宇、香亭、石坊，崇其基址，高其棟宇，圖以雲氣，畫以仙霧，列棼橑以布翼，荷棟桴而高驤，勛位乎殿中者，冕旒藻火，金碧騰輝，實足以肅觀瞻而悚嚴恪。而東西配殿，若　老子、若　河伯、若　炎帝、若　藥王、財神、竈神、酒仙諸神像殿宇，亦皆取次改修。敷金泥以耀彩，雕玉瑱以居楹，其輝映乎中殿之左右者，直可於中殿而娬美。至前後歌舞兩樓，在前者補其缺，與兩廊齊觀；在後者改其制，而三樓分峙。彼垣墉之衛乎坎位者，建修於任事之始，亦早已植基之孔固矣。是舉也，經始於道光丙申六月，落成於戊戌仲冬，閱二載而工告竣。諸君子囑余爲文，以誌其事。余不似何以文爲，謹據事之始末，工之次第，及諸君樂善之盛心，繼美之苦衷，並衆商旅從善之雅意，備述之已耳。異日者，廟貌巍峨，規模宏竣，繼繼承承於勿替者，載入郡志，不且與　羲陵阤臺並傳不朽哉！是爲記。

  淮邑歲貢生　王嵩瞻沐手撰文

  沈邑歲貢生　于廷瑛沐手書丹

首 事：

牛公盛　路成盛
王恒吉　李玉成
劉興盛　李玉盛
董合盛　李源發

住持僧：廣修　徒：續安　孫：本智證悅祥　曾孫：覺悟　元孫：昌和

盛世道光十八年歲次戊戌冬月穀旦　　　　　　　　　　鐵筆生：李嚴貞鐫

碑陰：

碑額：福緣善慶

謹將捐助姓名詳列於後：

張天全	銀叁佰兩整	協發正	銀壹佰伍拾兩
杜昇順	銀叁佰兩整	王長發	銀壹佰伍拾兩
張天佑	銀叁佰兩整	馬新順	銀壹佰伍拾兩
王祥泰	銀叁佰兩整	彭同順	銀壹佰伍拾兩
潘交泰	銀叁佰兩整	月盛長	銀壹佰伍拾兩
杜瑞隆西記	銀叁佰兩整	保興隆順	銀壹佰肆拾兩
成久興	銀叁佰兩整	義盛如	銀壹佰叁拾兩
永興魁	銀叁佰兩整	義昌德	銀壹佰貳拾兩
玉盛洪	銀叁佰兩整	郭永隆	銀壹佰貳拾兩
張道生	銀叁佰兩整	天成碩	銀壹佰壹拾兩
賈天來	銀貳佰捌拾兩	長盛東	銀壹佰壹拾兩
德盛緒	銀貳佰柒拾兩	張恒興	銀壹佰兩整
吉慶和	銀貳佰柒拾兩	大有富	銀壹佰兩整
興隆號	銀貳佰柒拾兩	永興東	銀壹佰兩整
吉和合	銀貳佰貳拾兩	張義合	銀壹佰兩整
杜瑞隆松記	銀貳佰貳拾兩	成元和	銀玖拾兩整
劉新興	銀貳佰貳拾兩	王雙興	銀玖拾兩整
魏廣泰	銀貳佰貳拾兩	張公順	銀捌拾兩整
通興店	銀貳佰貳拾兩	全吉恒	銀捌拾兩整
曹義生	銀貳佰貳拾兩	張泰興	銀捌拾兩整
吳永泰	銀貳佰壹拾兩	周永順	銀柒拾兩整
荊三合	銀壹佰玖拾兩	德生東	銀柒拾兩整
張德盛	銀壹佰捌拾兩	同益正	銀柒拾兩整
謝恒宇	銀壹佰捌拾兩	韓瑞盛	銀陸拾兩整
趙祥泰	銀壹佰柒拾兩	雲興隆	銀陸拾兩整
積成源	銀壹佰伍拾兩	全忠鎮	銀陸拾兩整
吉元亨	銀壹佰伍拾兩	新盛和	銀陸拾兩整

趙發盛	銀陸拾兩整	錦生店	銀貳拾兩整
成生堂	銀伍拾伍兩	郭義順	銀貳拾兩整
寶天育	銀伍拾兩整	鴻昌號	銀貳拾兩整
文興利	銀伍拾兩整	聚源館	銀貳拾兩整
董泰來	銀伍拾兩整	張合聚盛	銀貳拾兩整
永盛珠店	銀伍拾兩整	韓裕泰	銀貳拾兩整
李積盛店	銀伍拾兩整	三議公	銀貳拾兩整
悅茂同	銀伍拾兩整	閻玉盛	銀貳拾兩整
合成永	銀伍拾兩整	党同興	銀貳拾兩整
三元號	銀肆拾伍兩	張新興	銀貳拾兩整
何廣泉	銀肆拾伍兩	全順店	銀貳拾兩整
和興公	銀肆拾伍兩	天德合	銀貳拾兩整
萬有元	銀肆拾伍兩	通順和	銀拾伍兩整
公成永	銀肆拾兩整	廣成德	銀拾伍兩整
劉恒春堂	銀肆拾兩整	金聚號	銀拾伍兩整
王雙聚	銀叁拾伍兩	日升店	銀拾伍兩整
增順正	銀叁拾兩整	郭如盛	銀拾伍兩整
德興普	銀叁拾兩整	義合公	銀拾伍兩整
公議合	銀叁拾兩整	宋雙合	銀拾伍兩整
郭宗明盛	銀叁拾兩整	張巨興	銀拾伍兩整
廣生德	銀叁拾兩整	廣源號	銀拾伍兩整
牛天來	銀叁拾兩整	劉四順	銀拾貳兩整
協義同	銀叁拾兩整	福泰號	銀拾壹兩整
西廣泰	銀叁拾兩整	龍泰號	銀拾兩整
孫公盛	銀叁拾兩整	雙興醋坊	銀拾兩整
公合居	銀貳拾兩整	公興店	銀拾兩整
協泰永	銀貳拾兩整	德隆號	銀拾兩整
荊萬來	銀拾兩整	雙成萃	銀伍兩整
金蘭居	銀拾兩整	祥泰兆	銀伍兩整
北義盛	銀拾兩整	天源世	銀肆兩整

元裕號	銀拾兩整	福昌號	銀叁兩整
萬慶德	銀拾兩整	天生玉	銀叁兩整
復興增	銀拾兩整	恒興號	銀叁兩整
人和局	銀拾兩整	義興隆	銀叁兩整
韓瑞德店	銀拾兩整	新安大	銀叁兩整
增盛蔴行	銀拾兩整	鎮泰麟	銀叁兩整
三泰簟鋪	銀捌兩整	長春合	銀叁兩整
王興耀記	銀捌兩整	四合館	銀叁兩整
郭恒泰公	銀柒兩伍錢整	協和號	銀叁兩整
興隆順	銀陸兩整	德源廠	銀叁兩整
泰興秀	銀伍兩整	王長發	銀叁兩整
李雙盛	銀伍兩整	公盛合	銀叁兩整
元茂公	銀伍兩整	天祥號	銀叁兩整
豐源號	銀伍兩整	王端鰲	銀貳兩貳錢整
良興號	銀伍兩整	泰來簟鋪	銀貳兩整
靳新興	銀伍兩整	恒發號	銀壹兩伍錢整
郭宜安	銀伍兩整	牛文盛	銀壹兩整
義和泰	銀伍兩整	川如號	銀壹兩整
吳同興	銀伍兩整	太和堂	銀壹兩整
張萬和	銀伍兩整		
義合號	銀伍兩整		
復興聚	銀伍兩整		
衞　立	銀伍兩整		
泉來號	銀伍兩整		

董合盛	銀陸佰肆拾陸兩肆錢肆分
李源發	銀陸佰肆拾陸兩肆錢肆分
李玉成	銀陸佰肆拾陸兩肆錢肆分
王恒吉	銀陸佰肆拾陸兩肆錢肆分
路成盛	銀陸佰肆拾陸兩肆錢肆分
劉興盛	銀陸佰肆拾陸兩肆錢肆分

牛公盛　銀陸佰肆拾陸兩肆錢肆分
李玉盛　銀陸佰肆拾陸兩肆錢肆分

共捐布施銀壹萬壹仟壹佰零柒兩貳錢
共捐厘頭銀壹萬零貳佰玖拾兩零伍錢貳分
八家首事共捐銀伍仟壹佰柒拾兩伍錢
通共捐銀貳萬陸仟伍佰陸拾玖兩貳錢貳分

買土青紅石使銀壹千柒佰壹拾玖兩壹錢柒分
磚瓦石灰　使銀肆千玖佰肆拾陸兩肆錢伍分
琉璃脊瓦等使銀壹千捌佰陸拾伍兩叁錢捌分
木　　料　使銀伍千叁佰叁拾兩零柒錢伍分
鐵貨繩蔴　使銀貳千零捌拾陸兩陸錢貳分
屢年補修　使銀壹千玖佰貳拾柒兩壹錢壹分
顏料雜色　使銀壹千玖佰陸拾壹兩伍錢肆分
石　　工　使銀叁佰叁拾貳兩陸錢捌分
木　　工　使銀貳千柒佰壹拾伍兩肆錢叁分
泥水工　　使銀壹千玖佰零叁兩肆錢陸分
金塑神像
彩畫油漆　使銀壹千叁佰叁拾壹兩柒錢柒分

通共使銀貳萬陸千壹佰貳拾兩零叁錢陸分，
　除使下餘銀肆佰肆拾捌兩捌錢陸分，敬　神謝土使記。

8. 光緒三年《釐金碑記》

釐金碑記

　　山陝釐金帳，爲山陝會館而設也。館內奉有　關帝祠暨各位　尊神，歷年已久，素無存款，一切土木修築之費俱賴坐賈布施、行商釐金源源接濟，得以肅廟貌而壯觀瞻。咸豐初，髮匪突至，民不聊生，居者悲薪木之傷，行者避烟氛之惡，神事不舉幾歷廿年。今者桴鼓不鳴，萑蒲久靜，舟車通而山河無阻，暴客去而闤闠相安。同欣海錯山珍，戀遷極轉輸之便；尚恐珠宮貝闕，剝落乏修茸之資。爰整前規，用伸舊約，任量入以爲出，自積少而成多。緬周官之理財賦，尚斂乎其九；彼武成之列爵土，還分兮惟三。即此以所有易所無，日中爲市，豈必萬取千，千取百，星算靡遺。又況疆里攸分，征求必慎，或取資於山右，或借助於關中。秦晋本如一家，同聲同氣；管鮑盡爲知己，予取予求。挾資者樂善好施，既錙銖之不吝；董事者奉公潔己，亦出納之必嚴。費不至於虛靡，功期歸於實用。月有要，歲有會，無難按簿而周知；松之茂，竹之苞，豈止落成之可記。謹將抽釐顛末周告兩省商賈。

賜進士出身

欽加鹽運使司銜甘肅鞏秦階道前翰林院檢討加二級紀錄十二次　洪洞董之煥撰文

賜進士出身

誥授中憲大夫賞戴藍翎刑部浙江司員外郎廣東司主稿兼督催所　姚東濟書丹

大清光緒叁年歲在疆圉赤奮若太簇月吉立

　　　　　住持僧：本童　徒侄：覺元　孫：寶樂潤福昌　曾孫：隆鉢

　　　　　鐵筆生：李國選　敬鐫

9. 光緒三年《山陝會館碑記》

山陝會館碑記

周口舊有山陝會館，爲山陝商賈萃聚之所。內奉　關帝祠，左配　大王，右配火帝，東廡　藥王、竈君，西廡　財神、酒儈，中門外東西廊、鐘鼓樓、歌舞樓，後宮則春秋閣、東西配樓、東西廊；歌舞樓東偏爲老君、馬王殿，西偏乃客舍僧寮也。創始於康熙年間，董事人率以八家爲首，或創建、或修茸，工費鉅萬，經營幾二十年之久，而後輪卸。道光十八年新班接手，循舊規，抽釐金，化布施，日積月累，於庚戌、辛亥之間創建後院饗亭，修茸前後殿廊樓閣，咸豐二年落成，擬次年謝土交卸。不意髮逆犯順，風鶴之警，紛然而逃散者蓋十室九空矣。兼之捻逆□擾，三次焚燬，幾至於盡，而　神宇依然，謂非冥冥中有呵護者乎？近年旋定安集，商賈漸復舊業，重加修整，焕然又新。承辦之家已閱三十餘年，本班八家僅存其三，舊會四班只留八家，輪卸實無所措手。於是聚衆而籌議之，僉曰：會館乃山陝人之公所，即山陝人之公事也。現在館者，固不敢辭其勞；而住斯鎮者，亦皆與有責焉。何不推而廣之乎？期不必限以久，工不必俟乎大，瓜代自便，簡易可行。至所收行商之釐金，坐賈之布施，迭經兵燹，底帳零落，載之碑陰者儻有遺漏，亦仁人善士之所共諒也。衆謀已定，而求記於予，將以勒諸貞珉。予維會館之設，原所以齊人心而便商旅。山陝所屬之地廣袤不下數千里，腰纏橐裝者素不謀面。一歷斯境，遂人人切桑梓之情，而且苾之以　神明，肅之以瞻拜，俾相識相敬相和睦，聯秦晋爲一家，結恩誼於异域，甚盛舉也。況今　聖天子德握金符，化光玉鏡，欃槍盡掃，狼貐不生，梯山航海者通其道於九夷八蠻，諸君子據勝地謀懋遷，蒙　神庥而攸往咸宜。則斯館也，不且繼承勿替，與時維新哉。

賜同進士出身

誥授中憲大夫欽加五品銜兵部職方司主事兼武庫司事加四級　王　軒撰文

賜進士出身

誥授奉直大夫刑部主事記名軍機處前翰林院庶吉士加二級　東敬柳長庚書丹

何廣泉　趙發盛　馬新順

司　事：吳永泰　　　德盛緒　仝校

興隆泰　趙通興　張恒興

大清光緒三年歲在疆圉赤奮若桃月吉立　　　　　　　鐵筆生：李國彥鐫字

附：山陝會館鐵旗杆底座銘文

東側旗杆：

關聖帝君老爺寶杆壹對，永保十方平安，吉慶有餘

　　　　　　　大荔縣
陝西同州府　朝邑縣　天平會　衆商敬獻
　　　　　　　澄城縣

峕大清嘉慶二年歲次丁巳春三月吉日，鑄造旗杆一對，重三萬餘觔

西側旗杆：

大清國河南陳州府淮寧縣周家口河北山陝廟

陝省同州府 大荔縣
朝邑縣　天平會　合會人等仝叩敬
澄城縣

陝西同州府 蒲城
華陰　縣金火匠人：徐福長　侄 忠孝秉德　李世貞　仝造

住持僧人：廣德裕積修　徒：續成定静旺安和

（二）其他碑文①

1. 道光十七年《江南會館重修廟序》

碑額：萬善同歸

江南會館重修廟序

蓋聞妥　神之靈崇廟宇而赫奕，芘人之福格神聖而感應，故奉　神之廟有創作經營而先之者，有修理繼成而後之者。是廟宇遍地皆有，　神靈普天同敬，不加整理之功，安能香烟綿遠哉。今江南會館由來久矣，墻垣頹敗，屋宇滲漏。雖年年有修葺之功，不能保其永固。更兼廟後舊有土墻草房二十餘間，盡都倒塌。倘破壞日深，將來更難措手。於是，會中公同酌議捐修。遂於道光十三年八月間動工，先修正殿以及火神殿，大王殿重新翻蓋，並廟後二十餘間磚墻瓦房，於十四年秋間落成。經費若干開列於後。雖不能大其功成，未始不可以保其久遠也。具徵爲善必昌，以垂不朽。於是勒諸貞珉云爾。

---

① 以下各碑均存周口關帝廟，係筆者於1999年抄錄。

董　事：汪允興　李長春　如松堂　陳發興　等　　住持僧：寂然

大清道光十七年歲次丁酉菊月穀旦

▎碑陰：

收眾山客錢乙千零二十七千文
收本鎮門面厘頭錢四佰六十六千四佰文
收捐佈施錢乙佰七十乙千七佰文
收黃銅行捐錢五十八千乙佰文
捴共用錢乙千七佰二十三千三佰文

如松堂	捐錢八千文	春陽號	捐錢五千六百文	王元和	捐錢乙千六百文
陳發興	捐錢五千文	萬和堂	捐錢六千文	張興盛	捐錢乙千文
汪允興	捐錢五千文	王天源	捐錢四千三百文	鮑鼎德	捐錢乙千文
柏復盛	捐錢八千文	陶恒懋	捐錢四千二百文	芮正大	捐錢乙千文
通興坊	捐錢八千文	陳全盛	捐錢三千八百文	王正川	捐錢乙千文
中和堂	捐錢八千文	興盛館	捐錢三千文	梁元和	捐錢乙千文
信泰行	捐錢八千文	盧天長	捐錢式千文	汪誠豐	捐錢乙千文
陳義興	捐錢三千文	張際豐	捐錢式千文	陶日升	捐錢乙千文
李長春	捐錢四千式百文	瑞元號	捐錢式千八百文	朱仁和	捐錢乙千文
李元發	捐錢十千文	義合店	捐錢三千文	聚源館	捐錢乙千文
朱信孚	捐錢八千文	徐開源	捐錢式千文	萬順堂	捐錢式千文
朱肇祥	捐錢六千文	門文祿	捐錢式千文	公聚號	捐錢乙千文
陳德源	捐錢四千文	聚興號	捐錢式千三百文	呂鳴岐	捐錢乙千文
楊乾順	捐錢四千文	張天成	捐錢乙千八百文	楊合號	捐錢乙千四百文
公興號	捐錢乙千文	陶啓順	捐錢四百文		
廣源坊	捐錢乙千文	彭全盛	捐錢乙千文	王恒巨	捐錢乙千文

胡義興　捐錢七佰文	旭泰號　捐錢乙千文	恒泰號　捐錢七佰文
祥發號　捐錢乙千文	李永發　捐錢乙千文	孫魁盛　捐錢五佰文
汪大順　捐錢五佰文	三盛號　捐錢七佰文	陶萬源　捐錢五佰文
李珍順　捐錢五佰文	倪德大　捐錢三佰文	巨豐號　捐錢六佰文
盧恒盛　捐錢五佰文	義盛館　捐錢三佰文	陳永興　捐錢六佰文
涂春和　捐錢五佰文	陶乾成　捐錢三佰文	合興店　捐錢四佰文
鄧同興　捐錢九佰文	楊德興　捐錢七佰文	實天源　捐錢四佰文
梁泰和　捐錢五佰文	曹義興	全發號　捐錢四佰文
德盛號　捐錢五佰文	公盛明	白松源　捐錢四佰文
義興號　捐錢八佰文	李祥順　共捐錢九佰文	天興號　捐錢四佰文
合順號　捐錢五佰文	德源館	發興號　捐錢四佰文
楊元泰　捐錢四佰文	王義興	

　　立賣文契人高汶濟，今因正用將自己地乙段，坐落在草關帝廟後迤東路南麥地一段，成地三畝零乙分零八毫，每乙畝價錢□合，憑中説合，情願賣與江南會館名下永遠爲業。三面言定時值價銀錢，共價錢八十千零八佰零八文，即日錢、地兩交，並無短少及私債折準等弊。此係二家情願，各無異説。如有親族人等爭執，賣主一面承管，亦無加贖枝節。恐後無憑，立此賣契爲據。四至弓口開列於後：

　　東至賣主，西至張漢，南至會館義地，北至路中。西寬十三弓五尺，東寬二十九弓三尺，中長三十三弓三尺，成地三畝零一分零八毫；東西南北以石礅取直。

同江南會館經手人：陳乾一　李朝珍　　同中証：楊繡林　宋勳　郭泰來　汪有道
　　　　　　　　　孔毓洲　　　　　　　　　　張漢　李太山　陳萬方　石德玉

道光二年十月初四日　　　　　立賣契人：高汶濟　十

2. 咸豐年間《羅祖會公買地基文約碑》[①]

羅祖會公買地基文約碑

立買宅基地補契人羅祖廟，因前清買到梁姓宅基一處，坐落坊子街路北。於咸豐年間被逆匪擾亂，致將文約遺失。因新章催令驗契，遂邀同產中地鄰，按照七尺五寸官弓丈明，三段成地五畝三分八厘八毛四絲三忽，時值原買價共錢三百串零零五百文，遵章補契投驗。恐後無憑，立補契存証。

謹將四至弓口開列於後：

北段：北寬十二弓八尺／南十二弓四尺，中長二十七弓正，成地　畝

南段：北寬十一弓八尺／南十二弓正，中長三十弓正，成地　畝

北地一段：東寬八弓五尺／西八弓七尺五寸，中長六十九弓，成地　畝

以上共三段，共成地五畝三分八厘八毛四絲三忽

北段四至：北至路中，西至趙協泰，東至孔姓，南至連段；
南段四至：北至連段，西至趙協泰，東至陳姓，南至路中；
連北地：西至路中，東至王姓，北至賣主，南至謝姓。
原牆舊界，水流舊渠，日後修理，各照舊規。

　　　首　事：方占元
　　　同中人：張立楊
　　　　　　　韓青云
　　　　　　　李學忠

前清咸豐年間十月初十日立
　　　補契人：羅祖廟

[①] 該碑分爲上下兩段，上半爲咸豐年間《羅祖會公買地基文約碑》，下半爲民國九年《重修羅祖廟碑文》。

3. 民國九年《重修羅祖廟碑文》

重修羅祖廟碑文

且夫道溢大千，惜乎愚氓而不曉；法門不二，迨至羅祖始遍傳。於是乎老返爲童，轉弱爲强，未尝不由我　祖師道闡而始得也。即我整容一業，亦得蒙其庥而被其澤矣。然既蒙荷如斯，若不建立廟宇，頂禮崇拜，將何以報答聖功耶。故經前輩各輸己貲，創建羅祖聖廟，春秋祭祀。然前者既有如斯盛舉，我儕亦不可不繼於後。故於民國八年重爲整修，雖不及當時之巍峨華棟，然亦燦爛一新矣。既又恐後者帮規不整，因而渙散。於是公議條規，俾各遵守。庶我一業可保永固，即我　祖師亦可享祀千秋而不朽云云。並將重修同人芳名列後。

	王金堂	郭成山	袁志學	郝德祥	王文章	廉世賓
	葉如海	葉爲義	袁金榮	王自才	蔣文生	馮德全
	張景運	王廷選	□□堂	祁玉才	王金德	劉德海
首	李天順	張文中	石光才	趙明欽	董鳳生	夏永祥
	張丙法	瞿華廷	朱德學	孟文法	楊怀知	潘光才
	周中玉	施盡寶	韓應生	王玉山	宋明德	高　興
	張立陽	閆成樂	杭金山	賈金德	王占廷	蔡金邦
事	徐連生	杜青雲	常德明	呂文林	趙德安	李華德
	陳見堂	范義山	楊金魁	呂文明	王德明	趙永魁
	楊紅生	韓青雲	楊金言	馬雲清	李天明	馮學昆
	李得魁	周歧山	于春海	于西河	李天祥	杜光榮
						姚廷山

李秀春	陳光求	賈中林	段文亮	任鳳於	魯玉興
李春學	周連法	王金玉	陶世平	李東廣	孫恒興
梅德盛	唐金盤	張光太	李成隆	黃金才	祁蘭亭
徐福德	王成春	董年□	王金國	李萬成	章有全
王占魁	李青雲	趙　喜	馬臣其	劉占魁	楊金榮

高長法	魏青山	楊長青	李全波	宋占魁	劉師仕
梅學於	尹同順	李學中	李宝珠	張誠長	張國宝
馬德青	李福德	黃□喜	張玉喜	鄧運喜	張丙德
孫現文	李□□	周玉存	李懷義	王德福	孫學禮
羅光田	趙福□	張富清	朱萬□	吳金科	羅登云
盧師□	朱□□	陳開國	王玉山	張志德	□占中

楊傳勝	谷恒春	宋玉山	吳金才	劉青云	倪守福
王義楷	馮玉林	祁國宝	張有喜	顧全中	范對
李春祥	王鳳寒	樊金有	王鳳山	張文賓	李永成
戴永誠	蔣雲芳	王振玉	張安知	馬文海	吳共□
李金成	華明海	魏明德	王順同	楊金榮	張立昇
段德運	李景月	陳永福	張樹崑	懷青雲	王□友
吳金川	楊志太	張德連	李文林	姚鳳鳴	詹廣□
謝喜□	蔡青云	劉代堂	李雙振	陳德盛	韓合德
魏明海	孫玉魁	劉玉山	蘇記魁	劉殿世	崔□□
王松山	祁國富	任可曾	宋德勝	王青山	□□□
楊貫琴	井尚材	方傳江	樊金山	楊德元	□□□
	付長法	葛文芳	趙青山	尹毛	

中華民國九年七月中浣敬立

4. 民國年間積善堂文約①

　　立賣房並地基文約人鄭鳳翔，因正用不便，今將自己市宅一處，坐落□河南老街路東，門面草房二間，北瓦樓上下六間，北屋瓦房九間，東屋瓦房三間，前後共計樓房、草房二十間。使中說合，情願出賣與　積善堂名下永遠為業。同中言明時值賣價錢一仟四百串文，丈宅之日錢、房兩交，並不短少。金石在內，土木相連。日後修理，原墻舊界，水流舊渠，東北屋後□水統係本宅。此係兩家情願，各無異

---

① 該碑原無碑名。

説。恐口無憑，立賣約存証。

東西寬四弓九四尺二寸，中長卅二弓，共成地六分二厘一毫三絲，折差地三分九厘八毫八絲七忽。南至李樹德堂，北至袁四少，東至趙姓，西至路中。

同中人：楊□元　郭瑞彩　王華嶽　　產行：張士珍
　　　　李楚興　朱春萌　霍宝香
　　　　陳福同　趙耀奎

民國四年八月十二日　鄭鳳翔立賣約

今有楚南甘庭竹於光緒十三年貿易至周，與衆酌商興此善舉，皈依佛門，回頭向善，修真養性。幸善樂善者從，廣行善事，辦理洗心佛堂，朝賀諸佛聖誕，無有一定之所。余到周浜，概蒙諸公關照高抬，自愧之致。情願將前所買老街宅基一處，所立積善堂文約，於民國伍年冬月望日，憑衆善友將自己積善堂文約、房屋，心願樂捐與洗心佛堂後來善友永遠管業。願祈衆等遵依堂規，不准私行典押，不准經手人私心偏見，獨行傲衆，不准私住　神道。所有文約今存商水縣手，倘後傳失，以作廢紙弗用。再者，庭竹自捐之後，不與甘門親族人等相干。恐口無憑，立此碑爲証。

中華民國五年丙辰陰曆冬月上浣立

五　賒旗山陝會館碑文[①]

賒旗山陝會館外景

山陝會館鐵旗杆與鐘鼓樓

[①] 這批碑銘存賒旗山陝會館，筆者於 1999 年抄錄，2012 年復核。

山陝會館東西轅門

山陝會館大殿

《創建春秋樓碑記》碑

《公議雜貨行規碑記》碑

《重建山陝會館碑記》碑

1. 雍正二年《同行商賈公議戥秤定規》

碑額：□□□□

同行商賈公議戥秤定規

概睽旗店四方客商雜貨興販之墟。原初馬頭賣貨行户原有數家，年來人烟稠多，開張賣載者二十餘家。其間即有改換戥秤，大小不一，獨網其利，内弊難除。是以合行商賈會同集頭等，齊集　關帝廟，公議：秤足十六兩，戥依天平爲則，庶乎較準均勻者公平無私，俱各遵依。同行有和氣之雅，賓主無疎戾之情。公議之後，不得暗私戥秤之改換，犯此者罰戲三臺。如不遵者，舉秤禀　官究治。惟恐日後紊亂規則，同衆禀明　縣主蔡老爺，金批鈞諭，永除大弊。

山西平陽府曲沃縣　□　□撰
　　　　　　　　　　□□□書

集　　頭：楊朝
住持道人：舒功志
　　　　　蕭成元

首　人：
□□□　□常　□□□　□□□　□□□
□□□　□□□　□□□　□□□　□□□
□建成

行　家：
□□店　□盛店　□□店　□□店　□誠店
永太店　吉□字　□興店　長□店　正□店
□覺新　□合□　中孚店　合盛店　大盛店
□□店　□□店　瑞昌店　中□店　六□店

行　頭：隆茂店
　　　　大生店

石匠：王守榮刊

大清雍正二年菊月
大清同治元年九月初九日重刻　　　　　　　　　　　　仝立

2. 乾隆四十七年《創建春秋樓碑記》

碑額：□□□□

創建春秋樓碑記

竊聞五經之有《春秋》，猶律有斷例，百王法度，萬世準繩，皆在此經，而實與《詩》爲表裏。自雅詩既亡，大道不著，聖人怒乎有深憂焉。於是托二百四十二年南面之權以作《春秋》。《春秋》既成，去聖百世而以心印心，能究其旨者惟　亞聖。迨至漢末，能以　聖人之志爲志而明其好者，惟我　關聖帝君，是以凡名勝之區悉建廟以崇祀典，而樓閣之以"春秋"名所在多有。先儒云：春秋，化工也；春秋，山嶽也。既切崇奉之隆，尤宜位置之焉。所以遵經，所以延聖，至肅也。斯鎮居荆、襄上游，爲中原咽喉，洵稱勝地。鎮興伊始，立廟之初，即謀卜地爲建樓之基。而未逮者，以事巨用廣，工大費奢，倘施有不給，胡以觀成？且樓建所需，非大木無以勝任，而厥木惟喬，寔產南邦，越道里之遥而購之，恐非易事。抑更有難者，欲造虹梁雲棟之奇，非具月斧風斤之手無以施其巧，而宋斤魯削散處天下，何以招來而羅致之？今首事諸君，幸逢崇聖右文之盛世，毅然以爲己任，各輸其誠，各展所長。或識優而審其項背，或獎善而勸其募化；或效奔走取材於楚，泛江河而來宛郡；或周知四方，遍訪匠師，集工錘之技於廟建。凡數閱寒暑，而百物備、五材具。然後輦山而石，剮地而陶，巍然落成。第見雄完鞏固，□出霄漢，金碧輝煌，光映日星。試置身其上，憑眺宇内，皆在遠瞻曠覽中。而翹首南向，又若何俯視焉。巍巍極乎登臨岳之峻，初不知身向碧雲也。自此，地以樓傳，益顯坤輿之秀；樓以經傳，永惟聖教之尊。以視崇閣岑樓之無興於褒貶，無關乎賞罰，其有□於世道人心，爲何如彼流連景物之間概不敢錄，懼褒也。爰□顛末，勒負贔贔，以志不朽。

原任衛輝府新鄉縣訓道加一級　南安郭興賢沐手撰文
後　學　弟　子　　　　　　鳳城謝元龍沐手書丹
後　學　弟　子　　　　　　絳州王特生沐手勒石

```
                    義 和 店     雙 城 鋪
                    興 盛 昆 號   永 合 店
                    正 順 魁 號   永 昇 鋪
              首 人：天 祿 館     世 德 號
                    永 豐 粉 局   聚 興 鋪
                    四 合 磁 鋪   王 盛 公 記
                    復 興 合 記   公 興 遠 記
```

龍飛乾隆肆拾柒年歲在壬寅冬拾貳月穀旦　　　　住持：王大卿
　　　　　　　　　　　　　　　　　　　　　　　　　李大相

■碑陰：

■碑額：萬載流芳

元泰鋪	銀一佰三十兩	信成當	銀八十兩零一錢六分
郭順昌	銀一佰一十兩零五錢	全盛店	銀八十兩
肇興紬鋪	銀一佰一十兩	正順魁號	銀七十七兩
晋興魁記	銀一佰零五兩零七分	天利號	銀七十六兩七錢貳分
成義號	銀一佰兩零貳錢貳分	天成店	銀七十六兩一錢
祥順號	銀九十六兩四錢四分	文太鋪	銀七十兩
元興鋪	銀九十六兩零八分	建興鋪	銀六十九兩九錢七分
楊之棟	銀九十六兩零五分	玉成鋪	銀六十九兩九錢貳分
興泰鋪	銀九十六兩零一分	義和鋪	銀六十九兩三錢貳分
泰興鋪	銀九十六兩	杜廣裕	銀六十九兩零貳分
增盛明記	銀九十五兩九錢五分	協恒號	銀六十八兩七錢
四盛號	銀九十五兩九錢貳分	封盛旺記	銀六十四兩貳錢九分
義興鋪	銀九十五兩七錢四分	蘭玉盛	銀六十兩零零七分
雙玉鋪	銀九十五兩七錢貳分	王和鋪	銀六十兩零零三分
公興號	銀九十五兩七錢一分	玉興鋪	銀五十九兩九錢
恒大號	銀九十五兩貳錢一分	得勝鋪	銀五十九兩八錢五分
玉勝鋪	銀九十五兩一錢	公興遠記	銀五十五兩一錢三分

□太永號銀九十四兩七錢　　　　世興輝記銀五十五兩零式分
苗興隆　銀九十三兩式錢一分　　永豐茂□銀五十五兩
世德號　銀九十兩零三錢八分　　忠信鋪　銀五十四兩九錢八分
永和鋪　銀九十兩零零五分　　　復盛鋪　銀五十四兩九錢
俊興鋪　銀九十兩　　　　　　　永發鋪　銀五十四兩六錢
四合磁鋪銀八十八兩式錢一分　　廣德堂　銀五十式兩零式分
信太號　銀八十七兩七錢五分　　和合鋪　銀四十九兩六錢四分
信太興號銀八十七兩四錢七分　　西盛興鋪銀四十九兩六錢四分
暢盛號　銀八十三兩九錢式分　　萬全堂　銀四十八兩七錢式分
通盛鋪　銀八十三兩八錢式分　　興盛店　銀四十八兩零三分
恒益鋪　銀八十式兩零三分　　　雙益號　銀四十五兩三錢
魁子號　銀八十式兩　　　　　　聚興鋪　銀四十五兩
王合盛　銀八十一兩六錢一分　　世發鋪　銀四十式兩九錢四分

和盛號　銀四十式兩九錢　　　　廣裕號　銀式十八兩八錢五分
誠　號　銀四十式兩　　　　　　合盛店　銀式十八兩式錢四分
瑞昇店　銀四十一兩零八分　　　永盛茂行銀式十八兩一錢四分
振興號　銀四十兩式錢式分　　　中和店　銀式十八兩一錢式分
晉成鋪　銀四十兩一錢式分　　　裕興號　銀式十七兩六錢八分
旋　號　銀四十兩零零八分　　　如松號　銀式十六兩八錢三分
萬發鋪　銀四十兩零零四分　　　復興合記銀式十六兩
同盛鋪　銀三十九兩八錢五分　　趙興盛號銀式十五兩九錢六分
雙合店　銀三十六兩三錢式分　　大順鋪　銀式十五兩六錢三分
泰義行　銀三十六兩一錢　　　　合順館　銀式十五兩式錢四分
玉盛鋪　銀三十六兩零一分　　　雙成鋪　銀式十五兩
永發盛　銀三十六兩　　　　　　萬亨鋪　銀式十四兩三錢三分
廣信號　銀三十五兩八錢一分　　復源鋪　銀式十四兩
興盛昆號銀三十五兩　　　　　　永義鋪　銀式十四兩
同春號　銀三十三兩零八分　　　天祿館　銀式十四兩
常盛號　銀三十式兩零三分　　　存盛號　銀式十三兩九錢八分
隆興鋪　銀三十兩零七錢三分　　王華陽　銀式十三兩九錢六分

石永昇　銀三十兩	隆盛興號銀式十三兩九錢六分
天盛館　銀三十兩	張盛號　銀式十三兩九錢
義和店　銀三十兩	李公合　銀式十三兩八錢四分
玉泉館　銀三十兩	恒興鋪　銀式十三兩式錢八分
忠義店　銀三十兩	雙合館　銀式十式兩七錢一分
李元太　銀三十兩	雙合花店銀式十式兩零六分
義聚號　銀式十九兩九錢五分	誠意店　銀式十式兩零四分
中和公號銀式十九兩八錢九分	鎰盛店　銀式十式兩零四分
二福館　銀式十九兩七錢八分	王盛公鋪銀式十式兩
隆盛鋪　銀式十九兩六錢八分	乾盛店　銀式十一兩九錢六分
潘永豐　銀式十九兩四錢式分	玉盛鉄鋪銀式十兩零九錢
人和館　銀式十九兩零六分	續通順　銀式十兩零零式分
永茂店　銀式十八兩九錢六分	三義窑　銀式十兩三錢
在興號　銀式十兩零八錢六分	順興東號銀十四兩三錢八分
正大館　銀式十兩零八錢六分	德盛店　銀十四兩零六分
胡　鳳　銀式十兩零八錢四分	義合鋪　銀十四兩
敬勝號　銀式十兩	興盛號　銀十三兩八錢一分
丕興號　銀式十兩	功大號　銀十三兩七錢式分
萬玉廠　銀式十兩	三和鋪　銀十三兩五錢一分
恒盛廠　銀式十兩	信成店　銀十式兩九錢四分
日盛店　銀十九兩八錢九分	萬興號　銀十式兩零四分
永興鋪　銀十九兩八錢八分	集合局　銀十式兩零三分
萬盛館　銀十九兩八錢八分	元盛天號銀十式兩
協豐慶　銀十九兩八錢七分	乾太局　銀十式兩
萬順館　銀十九兩八錢六分	德順號　銀十式兩
雙魁店　銀十九兩八錢五分	太和鋪　銀十一兩九錢七分
盛生鋪　銀十九兩八錢	義興□行銀十一兩九錢三分
福泉館　銀十九兩六錢式分	萬興鋪　銀十一兩八錢七分
九興館　銀十九兩一錢八分	通盛局　銀十一兩七錢九分
世興館　銀十七兩九錢式分	裕昌鋪　銀十一兩九錢

源順號	銀十七兩九錢	義合店	銀十一兩式錢八分
義和花店	銀十七兩零五分	廣興店	銀十一兩式錢七分
順興館	銀十六兩式錢六分	和順店	銀十一兩式錢
鼎盛館	銀十六兩零八分	義順鋪	銀十一兩零三分
偕義店	銀十六兩	金玉鋪	銀十一兩
信豐粉局	銀十五兩九錢六分	萬興鋪	銀十兩零九錢四分
和順店	銀十五兩九錢三分	和興鋪	銀十兩零九錢三分
日雜鋪	銀十五兩五錢	玉合廠	銀十兩零九錢三分
太興號	銀十五兩	三合號	銀十兩零零七分
永合店	銀十五兩	王永興鋪	銀十兩零零三分
合義店	銀十四兩九錢八分	存義廠	銀十兩零零三分
永和店	銀十四兩六錢六分	德興鋪	銀十兩零零二分
六順店	銀十四兩四錢三分	李咏彩	銀十兩

李茂林	銀十兩	義盛□鋪	銀六兩零式分
惠成鋪	銀十兩	合盛錢鋪	銀六兩零式分
太益店	銀十兩	吉順號	銀六兩
合興義記	銀十兩	公興錢鋪	銀六兩
昌盛廠	銀十兩	義盛□鋪	銀五兩九錢一分
全盛廠	錢十兩	盛興□鋪	銀五兩七錢
合興錢行	銀十兩	□發鋪	銀五兩式錢八分
李國棟	銀十兩	衛雙和	銀五兩式錢六分
三興號	銀九兩九錢八分	魁元糧行	銀五兩一錢八分
大盛號	銀九兩九錢四分	孫太和	銀五兩一錢一分
盛太號	銀九兩九錢式分	李元亨	銀五兩一錢
义成仁號	銀九兩九錢式分	永盛鋪	銀五兩零七分
义盛玉號	銀九兩九錢一分	長春堂	銀五兩零式分
天成館	銀九兩八錢七分	吉天佑	銀五兩零式分
上元館	銀九兩七錢八分	森茂糧行	銀五兩零式分
京勝鋪	銀九兩七錢八分	安衛興	銀五兩
廣盛號	銀九兩五錢八分	廣隆鋪	銀五兩

晋魁號　銀九兩五錢四分	衛道順　銀五兩
德隆店　銀九兩五錢	全順鋪　銀五兩
森茂通盛行銀九兩弍錢三分	光輝館　銀五兩
恒泰館　銀八兩四錢四分	永盛鋪　銀五兩
豐盛店　銀八兩零弍分	西永太局銀五兩
三義館　銀七兩九錢七分	三異廠　銀五兩
鼎興丹局銀七兩九錢三分	天誠篤號銀五兩
李和合　銀七兩九錢三分	許榮馥　銀五兩
德太鋪　銀七兩七錢七分	公玉店　銀四兩九錢八分
福義館　銀七兩六錢	天培號　銀四兩九錢八分
永泰店　銀七兩弍錢八分	柴永興　銀四兩九錢八分
琉璃匠　銀七兩	元盛來號銀四兩九錢七分
隆泰號　銀六兩零弍分	恒茂棗行銀四兩九錢六分

聚盛號　銀四兩九錢六分	成順衣鋪銀三兩零四分
敬盛允號銀四兩九錢五分	慶豐太　銀三兩零一分
公信鳳號銀四兩九錢五分	□□鋪　銀三兩
義勝館　銀四兩九錢三分	靳如林　銀三兩
雙魁館　銀四兩九錢	涌泉油坊銀三兩
雙盛鋪　銀四兩八錢九分	楊子霈　銀三兩
楊　乾　銀四兩八錢六分	全興茂　銀三兩
茂生號　銀四兩八錢五分	吉長發　銀三兩
西萬順店銀四兩七錢	義興店　銀三兩
公盛鋪　銀四兩六錢五分	北三盛店銀三兩
永順號　銀四兩五錢六分	馬永吉花行銀三兩
元裕館　銀四兩弍錢弍分	晋和店　銀三兩
同興館　銀四兩弍錢弍分	茂興廠　銀三兩
興元鋪　銀四兩零弍分	萬溢店　銀三兩
三聚鋪　銀四兩弍錢弍分	源茂店　銀三兩
義和合記銀四兩弍錢	喬益明號銀三兩
魁盛鋪　銀四兩一錢五分	鼎興號　銀三兩

劉思德　銀四兩零六分
三勝鋪　銀四兩零弍分
三克義　銀四兩
梁會元　銀四兩
許文彬　銀四兩
合興鋪　銀四兩
興隆館　銀四兩
李選卿　銀三兩九錢八分
生發鋪　銀三兩九錢三分
三益堂　銀三兩四錢
聚仙館　銀三兩三錢八分
上官執珪銀三兩一錢弍分
興隆鋪　銀三兩零六分

潘　灼　銀弍兩四錢五分
中和貨鋪銀弍兩四錢弍分
永安號　銀弍兩四錢
祥合鋪　銀弍兩四錢
晉元號　銀弍兩四錢
寧義興　銀弍兩三錢七分
永興欽號銀弍兩弍錢五分
肇興行　銀弍兩一錢
吉盛廠　銀弍兩一錢
魁興油坊銀弍兩一錢
杜闌利　銀弍兩一錢
集瑞鋪　銀弍兩零四分
柴正興　銀弍兩
趙興隆　銀弍兩
王友文　銀弍兩
□永興　錢弍兩
袁同義　錢弍兩

大昌磁鋪銀三兩
全信鋪　銀弍兩九錢六分
四合木鋪銀弍兩九錢五分
聚興油坊銀弍兩九錢五分
許輔世　銀弍兩八錢五分
恒烈鋪　銀弍兩八錢四分
靳和信　銀弍兩七錢四分
德永鋪　銀弍兩七錢弍分
孟興才　銀弍兩五錢四分
魁興鋪　銀弍兩五錢三分
公義行　銀弍兩五錢三分
統盛碾行銀弍兩五錢三分
東乾成廠銀弍兩五錢

張　敦　銀一兩六錢八分
胡發興　銀一兩六錢八分
程可萬　銀一兩五錢
李孝好　銀一兩五錢
梁　普　錢一兩三錢六分
王立綺　錢一兩三錢六分
周　鑠　錢一兩三錢六分
相　璽　銀一兩三錢六分
趙　鍇　銀一兩三錢六分
九盛號　銀一兩弍錢
復順號　銀一兩弍錢
胡和盛　銀一兩弍錢
賈文淮　銀一兩弍錢
義太號　銀一兩一錢八分
新盛店　銀一兩零五分
同興油坊銀一兩零五分
毛保興　銀一兩零五分

景順號　銀弍兩	廣發盛　銀一兩零五分
馬秉盛　銀弍兩	姚富通　銀一兩零五分
李　緯　銀弍兩	王　金　銀一兩零五分
通順館　銀弍兩	晉太油坊銀一兩零五分
義生鋪　銀弍兩	廣聚堂　銀一兩零五分
許如珪　銀弍兩	興成鋪　銀一兩零五分
永福店　銀一兩九錢八分	通義鋪　銀一兩零五分
廣濟堂　銀一兩九錢七分	恒成鋪　銀一兩零五分
曹德盛　銀一兩九錢五分	暢武色　銀一兩零五分
柴泉發　銀一兩九錢五分	楊永安　銀一兩零五分
劉雙興　銀一兩九錢五分	靳如格　銀一兩零五分
東萬順店銀一兩九錢	恒昌號　銀一兩零五分
三益醋坊銀一兩八錢四分	禮興號　銀一兩零五分
嚴合義　銀一兩六錢八分	
順興號　銀一兩	祥生號　銀九錢八分
泰公號　銀一兩	劉萬盛　銀九錢八分
李福盛　銀一兩	義發號　銀九錢八分
洪慶羅坊銀一兩	楊九貴　銀九錢八分
晉魁號　銀一兩	劉萬勝　銀九錢六分
王永太　銀一兩	雙盛蓆鋪銀九錢五分
三合店　銀一兩	洪順鋪　銀九錢五分
郭天錫　銀一兩	王道明　銀九錢五分
盛砲坊　銀一兩	周有董　銀九錢五分
王　文　銀一兩	趙永和　銀九錢五分
喬福三　銀一兩	寧利盛　銀九錢五分
許萬順　銀一兩	協聚館　銀八錢四分
豐太□坊銀一兩	太興館　銀八錢四分
張□仁　銀一兩	興順館　銀八錢四分
王成義　銀一兩	王太元　銀八錢四分
信興皮襖鋪銀一兩	靳　興　銀八錢四分

天成鋪　銀一兩	全盛醋坊銀八錢四分
全增店　銀一兩	魏大貴　銀八錢四分
吉耀焕　銀一兩	賈晉悟　銀八錢四分
永盛發鋪銀一兩	張远智　銀八錢四分
萬□堂　銀一兩	興盛店　銀八錢四分
老廣濟　銀一兩	秀順鋪　銀八錢四分
普濟堂　銀一兩	靳玉盛　銀五錢式分
德義鋪　銀一兩	程可忠　銀五錢式分
雙成碗鋪銀一兩	信誠號　銀五錢
三太蓆鋪銀一兩	通興益號銀五錢
張白茫　銀一兩	祥太號　銀五錢
陳世林　銀一兩	趙基堯　銀五錢
德順棗行銀一兩	公順皮襖鋪銀四錢七分
連太鋪　銀一兩	趙慶民　銀四錢五分

啟太染坊銀四錢式分
□太醋坊銀四錢式分
尚文祖　銀四錢式分
豐裕醋坊銀四錢式分
東三盛粉坊銀四錢式分
寧尚厚　銀三錢式分
公太號　銀三錢
絳州義順廷號銀壹兩
　集和館　錢捌佰文

3. 乾隆五十年《公議雜貨行規碑記》

碑額：永垂不朽

公議雜貨行規碑記

蓋聞通商惠賈，自古訓之。豈屬在開張行店而可無定規歟？本鎮之有雜貨行由來已久，似無煩於再議矣。第以人心不古，規矩漸沒，或妄冀重資弄巧而成拙，或□□□頭徇私而害公，因是賠累莫支，以致倒塌之患者有矣。夫生意之盛衰，一視乎行家，行家□已□□□□奚生意之長盛乎。以故行客聞之而膽戰，每每發貨他處；鋪家見之而心寒，□□□□□□。如是之故其何能堪哉。爰是集我商行公議規程，歷剔弊端，使勿二而勿三，斟酌盡善，□□夫而可久行。見規矩畫一，主客兩便，利人利己，不必衷多以益寡，是訓□行自可□□□而來，則所以惠商賈之道不誠在是哉。左詳條規以示不朽云。

一、賣貨不得包用，必要實落三分，違者罰銀伍拾兩；
一、買貨不得論堆，必要逐宗過秤，違者罰銀伍拾兩；
一、買表辛不得抄紅碼，必須過秤，違者罰銀伍拾兩；
一、落下貨本月內不得跌價，違者罰銀伍拾兩；
一、銀期不得過期，如過者按生意多寡出月利；
一、結帳不得私讓分文，如違者罰銀伍拾兩；
一、買貨破爛水濕，必要依時價公除；
一、平色有公議砝一副，足紋銀九七八六爲則；
一、有新開行者，必先打出官銀伍拾兩；
一、如有舊店換人名者，先交出官銀叁拾兩會行友，違者不得開行；
一、不得合外分夥計，如違者罰銀伍拾兩；
一、不得沿路會客，如違者罰銀伍拾兩；
一、不得在門口攔路會客，任客投主，如違者罰銀伍拾兩；
一、不得假冒名姓留客，如違者罰銀伍拾兩；
一、不得在人家店中□引客買貨，如違者罰銀伍拾兩；
一、不得棧房門口豎立招牌只寫某店棧房，如違者罰銀伍拾兩；
一、每年正月十五日演戲敬神，各家俱要齊備，如故違者不許開行；
一、客到店中喫飯，俱要飯錢。

大清乾隆五十年歲次乙巳九月十七日　　　　　　閻鎮雜貨行仝立

4. 嘉慶二十二年《南陽賒旗鎮山陝會館鐵旗杆記》

碑額：永垂不朽

南陽賒旗鎮山陝會館鉄旗杆記

賒旗鎮在縣治之東百里，地屬水陸之衝，商賈輻輳而山陝之人爲多。因醵金構會館，中祀　關聖帝君。以　帝君亦蒲東產，故專廟貌而祀加虔。其餘金則繕廊廡，歲時伏臘同人展廊評講公事，咸在乎是。落成有日矣，而我朝邑一屬之所募，除公用外獨贏三千餘金。廟之壯麗不可有加，又不可析金以入私橐，因鑄鉄旗杆二，株重五萬餘斤，樹於大門之左右。會館爲兩省之公所，而是舉也，則我朝邑一屬之人，所保自歆其區區者也。山陝之館遍天下，皆宏敞可觀。第朱仙鎮有鉄杆，今於賒旗鎮再見。……　神之誠可卜，其邀福之厚，斯不可以無記也。同人以余原隸朝邑，□□□□□□□□□□□□□□

　　丁卯科舉人候選知縣朝邑　閻大成敬撰
　　登　仕　佐　郎吏部候選　張□敏書丹

　　　　　　　　　　　　　　　　　　　　　□　德
　　　　　　　　　　　　　　　　　　　　協盛氈坊
　　　　　　　　　　　　朝邑　　　　　　□□□
　　陝西同州府　　大荔　縣經理首人：和順膠坊
　　　　　　　　　　　郃陽　　　　　　　義盛皮坊
　　　　　　　　　　　　　　　　　　　　劉□皮坊

大清嘉慶貳拾貳年歲次丁丑榴月上浣穀旦

附：山陝會館鐵旗杆底座銘文

東側旗杆：

　　大【清】嘉慶二十二【年歲】次丁丑桐月，叩獻山陝廟鉄旗杆一對，【重】五萬餘斤。永保平安，吉祥如意。

　　　　　【朝】邑　　氈
　　同州府【大荔】縣　膠　坊　人等仝叩獻
　　　　　【郃陽】　　皮

西側旗杆：

　　　　　　　　穆　坤
　　　　　　　　和順膠坊
　　　　　　　　協盛氈坊
　　首事人：　劉道杰
　　　　　　　　馬龍德
　　　　　　　　義盛皮坊
　　　　　　仝叩獻，永保合會平安

陝西同州府朝邑县安仁鎮金火匠人雙合炉院

　　　　　　　　　索 武成
　　　　　　　　　　 福魁
　　　　　　　　徐忠榮
　　　　　　　　曹天申
　　　　　　　　姚丕和
　　　　　　　　　仝鑄造

5. 道光二十三年《過載行差務碑》

碑額：流遠

過載行差務碑

蓋聞禮有定制，事有成規。即我等過載行先輩原有議定章程，雖歷久而不容紊亂。奈世遠人湮，前定者百無一二。即支官蓆片屢經加增，日復一日，一以倍十，總傾業辦公毫無已時。茲於道光廿三年，□義和首充行頭，因差務繁紊，賠苦不堪，呈詞　藩臺案下。蒙批：仰南陽府確查究詳。今蒙　府憲恩結，着應支差事照舊辦理，毋容浮派。至於蓆片，始有定額：每年府(縣)署涼棚茶蓆貳千三(二)百条；宛、博、林三驛每驛百条；府(縣)(院)考八(三)百条；教場院(府)考五(四)百条。至有貢差換倉，以及　撫憲閱兵，另酌辦理。恐歷久加增，後不復前，故立貞珉，以爲千古流傳云爾。是爲序。

大清道光二十三年八月十二日　　　　　　　　　賒旗鎮過載行仝立

6. 民國十二年《重建山陝會館碑記》

碑額：功成名著

重建山陝會館碑記

賒旗鎮山陝會館由來已久，遐爾馳名。慨自咸豐七年八月，捻匪蹂躪，焚及會館大殿、廊房、春秋樓，犖犖大者俱化灰燼。嗣經山陝商賈連年抽釐，希圖積少成多，以爲重修之資。奈工程浩大，緩不濟急，又經同鄉大宗捐輸，始得鳩工。上建關帝大座殿，中設大拜殿，前築大月臺，環以石牌坊；拜殿兩旁，藥王馬神殿各三間，東西小腰樓各一間，東西兩樓廊各十三間；對面大戲樓兩旁佐以鐘、鼓兩樓，南、東、西馬廊各三間；東西轅門兩洞，樓前□琉璃大照壁，後樹霄漢鐵旗杆。雖比舊式尚少春秋樓一座，而厥功亦偉，氣宇宏大，樓閣輝煌，實戛戛乎不易。原當告竣之日理應勒石刻名，以垂永久。只因碼頭中衰，繼起無人，一切手續竟尔歷年空懸。□以釐務承乏到鎮，謬荷同鄉官　秦公紫劍、張公益齋，并諸鄉友協力整理，爰記其巔末，臚列捐項於兩碑陰，以記不朽云。

己酉科拔貢六等嘉禾章督軍署軍法課課員署理南陽縣知事　陝西□城□輔三篆額
大學畢業舉人前山西猗氏縣知事現南陽鎮署諮議兼南汜方統稅局局長　山西安邑宋萬青謹撰
己酉科拔貢七等嘉禾章河南暫編陸軍第一混成旅旅部軍官　山西運城張□謙書丹

	廣和堂	永祿美	恩聚洪		
原督工首事：	永源德	蔚盛厚	義豐通	通興昌	住持：邢演昌
	福源店	悅盛厚	天成局	廣順生	
	萬盛堂	永成店	泰□□		

大中華民國十二年歲次癸亥孟夏上浣敬立

■碑陰：①

■碑額：□□□□

福源店	六仟九百三十三兩	永盛亨	七百七十三兩
花粉行	四仟三百八十九兩	正興盛	五百一十九兩
陸陳行	三仟四百五十兩	永盛久	四百八十四兩
致和永	三仟二百二十四兩	德昌店	四百七十六兩
晉源店	三仟一百二十四兩	兩益昌	四百五十兩
三泰和	一仟八百五十一兩	萬鐘店	四百六十一兩
復盛協	一仟八百二十八兩	據泰店	四百零八兩
復來店	一仟五百九十五兩	永長順	四百零八兩
駝鹽兩行	一仟四百六十六兩	晉泰店	三百九十八兩
信興順	一仟一百一十七兩	永興西	三百四十四兩

---

① 該碑碑陰字迹現已模糊難辨，此係據1999年抄件。

雙興店	一仟一百六十一兩	天成局	三百二十五兩
永盛源	一仟零零九兩	東興隆	四百七十八兩
福來店	九百二十二兩	六吉永	三百三十四兩
日新嚴	八百九十二兩	大盛店	三百二十七兩
祥泰店捐厘	七百九十五兩	春發生捐厘	三百七十六兩
泰來店	六百四十二兩	永盛順	三百零三兩
泉盛和	六百五十七兩	世隆店	三百一十三兩
聚興順	七百四十六兩	興盛和	三百兩
永盛順	六百三十五兩	聚德店	二百九十八兩
永盛昌	六百零二兩	謙和成	四百五十二兩
福盛店	六百一十一兩	充盛魁	三百六十兩
福新永	七百零四兩	興隆王	二百八十三兩
永盛合	五百四十四兩	萬泉源	二百五十七兩
永盛利	五百四十兩	公玉店	二百四十二兩
永源德	七百八十兩	永盛原	二百四十二兩
九思恒	五百三十二兩	德勝店	二百三十二兩
福裕寧	五百零八兩	恒源永	二百零八兩
復生禮	七百四十九兩	全興和	二百零五兩
萬興德	四百零三兩	萬魁局	二百零一兩
天全乾	八百九十八兩	晉義和	二百四十一兩
恒源永	四百三十一兩	正順聲	一百七十一兩
永盛合	二百八十三兩	興順生	一百六十七兩
復盛店	二百四十八兩	萬盛店	一百六十四兩
蔚隆和	二百四十三兩	遇魁通	一百四十七兩
義豐通	二百三十三兩	元善長	一百三十五兩
正興和	二百七十八兩	永祿美	一百二十三兩
同源店	二百零四兩	協世茂	一百零八兩
永隆統	一百九十九兩	義和亨	一百零二兩
復昌長	一百八十七兩	薛恒興	一百一十三兩
全興永	一百六十六兩	福源成	九十九兩

晋豐隆	二百五十一兩	永久公	九十八兩
瑞成公	一百七十三兩	天賜厚	九十六兩
泰興泉	二百六十一兩	福泰東	七十四兩
光遠盛捐厘	一百四十七兩	義盛厚捐厘	一百八十九兩
廣生和	一百五十五兩	玉隆協	九十四兩
和合張	二百一十二兩	長德隆	一百三十七兩
天源和	一百五十九兩	長發元	八十九兩
德盛東	一百五十八兩	正興永	八十九兩
一心誠	一百五十二兩	西天順	八十七兩
集義隆	一百三十三兩	晋義和	八十五兩
永昌盛	一百三十兩	廣生和	八十六兩
三合成	一百四十九兩	益順元	八十三兩
恒泰豐	一百六十二兩	義生祥	八十一兩
和成晋	一百零八兩	永和源	八十兩
悅成厚	一百零六兩	公興順	七十七兩
祥盛王	一百零四兩	永順興	七十五兩
泰成和	一百零四兩	祥盛王	七十四兩
充盛合	一百零三兩	義泰德	七十兩
廣順生	一百一十九兩	玉泉館	七十六兩
錦璋德	九十五兩	復大東	四十兩
永和泰	四十五兩	大興合	四十兩
信成泉	五十六兩	敬裕協	六十兩
聚盛合	九十六兩	天成公	五十兩
天成合	九十五兩	義興泰	四十九兩
義興闆	八十九兩	正興隆	四十九兩
長發元	八十九兩	萬盛成	四十八兩
恒來懋	六十八兩	協和德	四十五兩
發榮	六十兩	興盛來	四十四兩
日昇樹	七十五兩	永順長	四十三兩
沅發有	七十九兩	敬天元	四十二兩

義盛德	七十八兩	德泰厚	四十兩
正泰和	八十五兩	祥順生	四十一兩
天元和	捐厘七十八兩	恩義榮	捐厘四十兩
履和興	六十四兩	義興成	四十兩
永合崧	五十八兩	通泉廣	四十兩
福盛局	五十九兩	謙六亨	三十六兩
德盛東	五十四兩	玉隆成	四十兩
大興合	五十七兩	同興隆	三十九兩
泰茂水	五十七兩	義泰亨	三十九兩
永盛牲	五十五兩	同義源	三十六兩
大來永	八十七兩	同興順	三十五兩
和義永	五十三兩	恩義泉	三十二兩
和成普	五十二兩	馬悅盛	三十一兩
大順亨	五十兩	福凝書	三十一兩
復昌館	五十兩	茂盛亨	三十兩
義生泰	五十兩	興泰正	三十兩

德茂利	五十二兩	恒義興	五十四兩	永聚書	四十三兩
永益書	四十八兩	文元泰	五十兩	三盛楊	二十一兩
萬盛達	四十六兩	長興隆	四十八兩	恒盛源	二十兩
闗玉盛	四十五兩	蔚盛厚	四十五兩	恒茂玉	二十兩
義泰德	三十八兩	天佑成	五十三兩	義穌利	二十兩
和盛郝	三十七兩	德盛源	三十九兩	協盛義	二十三兩
福德成	三十六兩	協成金	二十四兩	恒泰德	二十三兩
公興順	三十五兩	大盛德	二十四兩	天源長	二十四兩
吉玉興	二十二兩	元興德	二十六兩	永泰和	二十四兩
順茂裕	二十九兩	長盛公	二十四兩	義誠德	二十四兩
正心永	三十七兩	復興玉	二十八兩	起發寬	二十三兩
如昇大	三十四兩	永茂源	二十八兩	志成祥	二十兩
復興茂	三十兩	廣順源	二十八兩	昌盛合	二十兩
崇德堂	四十五兩	三德玉	二十七兩	長春泰	捐厘二十兩

三生玉捐厘三十九兩	源發茂捐厘二十四兩	恒盛長　二十兩
大興義　三十八兩	茂盛公　二十六兩	新發隆　二十五兩
巨興源　三十五兩	意生祥　二十四兩	二盛合　二十六兩
天順昌　三十二兩	西川匯　二十四兩	德源永　二十一兩
大興源　三十三兩	謙吉六　三十一兩	公盛遠　二十兩
後興誠　三十四兩	合盛永　二十三兩	長發祥　二十兩
協慶文　三十四兩	仁義和　二十二兩	玉隆涌　三十五兩
清泰永　三十四兩	義盛長　三十五兩	
聚瑞成　二十八兩	萬盛堂　二十七兩	
東信永　二十六兩	永茂恒　二十七兩	
天玉昌　五十兩	永聚亨　二十六兩	
福源盛　二十三兩	天德合　二十五兩	
信誠全　二十二兩	恒義店　二十五兩	
合興永　二十一兩	新發隆　二十五兩	
順成瑞　二十一兩	義順正　二十四兩	

益昌德　元昇泰　恒茂公　公盛協　富盛元　富盛亨　福盛元　協信義　恒興東
同盛和　協和德　敬泉永　十二名各二十兩；
天德亨　信合生　正盛東　德順和　天生永　自立合　六名各十九兩；
泰和盛　耕餘堂　志成益　協和昌　啓興峰　同盛和　萬隆魁　天德大　敬信義
九名各十八兩；
忠信恒　光輝館　廣泰盛　公盛常　恒豐豫　義協玉　義順光　新發成　馬永照
九名各十七兩；
元機成　德茂源　長順川　乾泰恒　同心公　天德大　謙盛合　萬盛泰　巨和昌
九名各十六兩；
元盛合　恒生協　天泉永　德源成　元機長　復隆魁　和盛號　信合生　先成儒
合盛興　豐泰長　王同力　十二名各十五兩；
兩益協　德復茂　長泰和　志成永　永泰趙　廣盛館　天成順　允泰祥　八名各十
四兩；
合盛永　泰茂生　貞吉恒　恒興東　西盛永　永盛館　福厚長　大德玲　八名各十
三兩；

西雙全	新泰東	元泰祥	姚長盛	義順西	敬裕協	義昌德	春源恒	豐盛德
永泰成	協興玉	旭昇亨	蔚盛章	德順館	福源活	廣盛合	福發林	萬泰魁
萬玉成	發生號	二十名各十二兩；						
復興永	恒生協	元益和	義生利	泉生德	萬發長	聚生德	泰順合	永順長
福盛局	世隆館	福盛成	時利和	榮盛館	永盛生	永源長	天成李	天義成
劉泰盛	十九名各十兩；							
復巨成	複合公	復泰金	復興隆	和興厚	和順公	和順永	和盛號	和盛公
中和齋	中和連	中和厚	天成福	天盛隆	天慶元	天申祥	裕源恒	裕通恒
十八名各八兩。								

零星小宗厘金共銀二仟一百六十五兩整。

統共捐厘金合銀柒萬二仟八百五十八兩整。

7. 民國十二年《重興山陝會館碑記》

碑額：永垂不朽

重興山陝會館碑記

天下事莫爲之始雖美弗彰，莫爲之繼雖盛弗傳。睠鎮山陝會館創於前清乾隆時代，山陝經商於此，各捐貲財，置買地基，創建會館。嗣又增築群房，添購義地，藉以叙鄉誼、通商情、安旅故，洵爲盛舉。咸豐七年，會館被毀大半，嗣經山陝同人集貲重修，上棟下宇，毅然蔚起，數十里外猶望見之。誠睠鎮之巨觀也。自光緒二十年後，不惟會事不振，而且積弊難返。言之痛心，書之裂眥。幸　神默佑，重興得人。南泚方統稅征收局局長宋公萬青，山西運城望族也。民國十一年九月莅任，好義急公，力加整頓。聯合秦晉，各舉代表，另選值年會首，詳註同鄉錄，取銷鼎元社，改爲山陝同鄉會。清查捐款，始刻石而記其巔末；並整理群房，籌備修築，兼與衆謀及前途諸善舉。自此太阿正持，興利除弊，光前裕後，甚有賴焉。同鄉感激，因謀勒諸石以作紀念，共策進行云。

```
                    匯豐元    義盛公
                    玉隆杰    泰興成
                    永豐書    致和恒
   山陝同鄉會值年：正興盛    福源活
                    錦璋德    義豐通
                    永隆統    廣和堂
                    聚生恒    永盛楨


                    王聚滿    姚昌輝    □□□
                    党燕堂    尉耀星    永□□
   會    首：張圓豫    張步榮    王□□    仝紀念
                    衛成祚    陳浩□    □□□
                    王長豫    魯景芳    □□□
```

大中華民國十二年歲次癸亥孟夏上浣吉立

碑陰：

碑額：捐貲□□

盒茶社	四千五百兩	永盛店	一百五十兩
山陝幫 福興和經手	七百五十兩	永源德	一百五十兩
正興盛	五百五十兩	悅盛厚	一百五十兩
衆票幫	□漢口五百兩正	蔚盛厚	一百五十兩
同心社	四百兩正	萬順隆	一百五十兩
蒲茶社	三百六十兩	廣順生	一百五十兩
蔚盛長捐銀	二百二十兩	福源店捐銀	一百五十兩
陝西藥幫	二百兩正	大興店	一百三十兩
乾盛晉	一百六十兩	錦璋秀	一百二十兩
玉泉美	一百五十兩	西茶幫	一百二十兩
西□亨	一百五十兩	永隆統	一百二十兩
泰福協	一百五十兩	關玉盛	一百一十兩

思聚洪	一百五十兩	長盛店	一百兩正
履和興	一百兩	六吉永	一百兩
廣興店	一百兩	世隆永	一百兩
義豐通	一百兩	玉隆成	八十兩
萬義勇	一百兩	精義社	八十兩
蕃錫社	一百兩	天玉順	七十兩
永盛店	一百兩	玉隆杰	七十兩
復來店捐銀	一百兩	榮盛大捐銀	七十兩
萬盛鎰	一百兩	福源成	七十兩
德泰厚	一百兩	天興合	七十兩
廣和堂	一百兩	興盛德	六十兩
天成局	一百兩	慶成乾	六十兩
永禄美	一百兩	玉豐成	六十兩
其昌德	一百兩	恒興薛	六十兩
起發寬	六十兩	祥發永	五十兩
通興玉	五十兩	大來店	五十兩
德泰豐	五十兩	萬來店	五十兩
義德源	五十兩	新泰店	五十兩
景德社	五十兩	永豐元	五十兩
同心昌	五十兩	德盛永	五十兩
銀色社捐銀	五十兩	德順和捐銀	五十兩
裕慶成	五十兩	致和恒	五十兩
福盛店	五十兩	增益駝廠	五十兩
全盛公	五十兩	光輝公	五十兩
洪聚典	五十兩	忠興誠	五十兩
義盛興	五十兩	聚興順	五十兩
三興店	五十兩	興泰隆	五十兩
大德玉	五十兩	天泉社	四十兩

大泉玉	五十兩	寶源社	四十兩
大升玉	五十兩	豐興協	三十五兩
慎德堂	五十兩	酒仙社	三十二兩
寶聚公	五十兩	雙興店	三十兩
興隆茂	五十兩	泰和店	三十兩
天順長捐銀	五十兩	裕盛泉捐銀	三十兩
大王社	四十五兩	養元德	三十兩
裕成和	四十五兩	南廣社	二十二兩
永茂源	四十五兩	大順店	二十兩
俊興成	四十兩	沅吉生	二十兩
廣源社	四十兩	永泰蔚	二十兩
永通德	四十兩	達順明	二十兩
全興社	三十五兩	泰盛通捐銀	十兩
元吉生	二十兩	德興合	十兩
萬億源	二十兩	世興成	十兩
德生昶	二十兩	三興成	十兩
萬生堂	二十兩	全泰公	十兩
友德成	二十兩	福源活	十兩
大泉永捐銀	二十兩	新興店	十兩
育生社	十六兩	長德店	十兩
端陽社	十六兩	萬順生	十兩
期年社	十六兩	萬生魁	十兩
義順光	十五兩		

零星花名小宗佈施銀一百零三兩

統共捐佈施合銀一萬四千九百三十兩正

以上共收鼇金銀七萬二千八百五十八兩正

以上共收佈施銀一萬四千九百三十兩正

二宗共合入銀八萬七千七百八十八兩正

買石頭費用使銀一萬零六百三十五兩六錢六分

買樹木料板費用使銀一萬六千八百七十三兩四錢

買琉璃脊獸磚瓦使銀一萬七千三百三十七兩九錢八分

買鐵器費用使銀二千九百一十三兩三錢

買銅仙鶴貢燈共三對使銀一百零一兩

買石灰費用共使銀一千九百六十四兩九錢

油漆木泥石畫使銀一萬七千零六十三兩五錢

累年修房買物使銀一萬零二百九十六兩四錢四

敬神請客酒飯使銀三千六百八十三兩九錢六分

管工人員薪水使銀五百八十五兩一錢九分

住持身工伙食使銀六千三百三十二兩六錢三分

十一宗花費共出銀八萬七千七百八十八兩整

以上二碑之入出銀原據會館所存舊賬，自同治八年起至光緒十六年止核算數目鈔錄碑陰，以附舊賬，特此叙明。

六　舞陽縣碑文

北舞渡山陝會館牌坊

山陝會館牌坊與大拜殿
（1999年）

被拆去前後墻的大拜殿
（2011年）

會館碑銘保存狀況（1999年）

會館碑銘保存狀況（2011年）

山陝會館現存建築鳥瞰

舞陽縣博物館外景（原爲縣城隍廟）

博物館碑廊

（一）北舞渡山陝會館碑文[①]

1. 雍正八年《創建戲樓碑記》

碑額：流芳百世

創建戲樓碑記

山左有 孔子，道德高於萬世，士人宗之，重其文也。然有文以爲之經，必有武以爲之緯。惟我 關子生於山右，仕於漢朝，功略蓋天地，義武冠三軍。尤可稱者，秉燭達旦，大節垂於史册，洵足媲美 孔子，躬當武夫子之稱。護國佑民，由中達外，至今普天之□凡有血氣者，莫不尊親。三晉商賈貿易□上者，夙托 神庇，無往不利，□思仰答於萬一，弗□妃像以表誠。前□□歲於本□□區□□□吉地，創建廟宇，先之以正殿，而 神像得以安。□獨□樂樓一□，□其南□□□□澹無□，□陳不雅，商人等持疏募化，幸叨四方諸公解囊捐輸，共□ 聖事。□□大興，□三月之□而告成焉。邇來春秋祭乎□濟樂繼籍□□矣。更□鳥革翬飛，□□□乎美而可□，是□數人調護之功，抑□□四方諸君子群相□助之力也。語曰：衆擎易舉，獨力難撑，其斯之謂與。謹將□□姓名開列於□，□□□不朽云。

　　□□□□ 張 甲熏沐撰
　　□□□□ 賈□□沐手書

　　　　　　　　住持僧：行健　　徒：常了　　孫：利本

雍正捌年拾月中浣之吉日　　　　　　　　玉筆匠：柴志亮刊

[①] 這批碑銘現存北舞渡鎮中心小學，筆者於1999抄錄，2011年復核。

2. 雍正九年《創建兩廊碑記》

碑額：萬善同歸

創建兩廊碑記

夫廟之有兩廊，猶人之有二臂，飛鳥之有聯羽者也。設使廟無廊廡，則左右空曠，觀瞻不雅；人缺二臂，則舉動轉運執持無恃；鳥窮二翼，則高飛遠颺展舒不能。然而情事雖殊，理固一也。如我山右　關夫子，與天地合德，與日月合明，攻略被四表，義勇冠三軍。誠漢前未有之神，漢後無如之聖。仁至義盡，無思不服，斯言信不爲謬矣。業蒙先達高賢或形之筆墨，或題之額匾，崇之高而稱之重，似無俟逐利末學爲之復贊一詞耳。是廟也，前於戊辰等年正殿、戲樓以及卷棚等工節次完成，已經七載於茲矣。然而當修當補之區不獨一處，惟左右兩廊更爲尤急。當商張永清等，每逢朔望進香瞻拜，滋愧良深，每思創補二缺，力有不逮。雖虛心日久，徒切焦勞。緣此於己酉秋七月內，清等首先倡，後集同本鄉之呂名曙、張英、柴企聖及本廟住持僧行健等十有四人，繕造募疏多冊，凡遇過往商客轉爲勸輸，祇緣日久寥寥，無濟正事。清等心切趨公，弗克久待，復向山右開鋪之家沿門募化，幸承解囊慨輸，喜從善果。雖爲數不多，心實葵誠。通盤打算，計數二佰有奇。採辦木料，購買磚石，覓匠鳩工，聊建廊廡一十四間。非爲邀　福起見，實圖速結積願耳。茲工程告竣，繪畫完成，雖無崢嶸之勝，頗有壯麗之觀。敬將施財姓氏並一應使費等項勒石於後，用垂永久。如經手之人設有絲毫苟且，身在異鄉，難免　關帝之殊殛也。是爲序。

當商：張　甲熏沐撰
　　　賈敦孝沐手書

捴理督工人：
柴企聖　李公謙　王世寵　閆　倫
張永清　呂名曙　蘇信九　范和玉
張　英　鄭種玉　吳継周　馬敬修
李景發　王繼先　李德甬

住持僧：行健　　徒：常了　孫：利本仁

雍正玖年拾貳月中浣之吉　　　　玉工：張世偉

3. 乾隆三年《敬獻供器與當買地碑記》

碑額：皇清

敬獻供器與當買地碑記

北舞渡，舞陽縣之巨鎮也。行不數武，東南巽地有 關聖帝行宮焉。其 神則心上有茛，仁至義盡，最足起人祇肅之念。創建乃山陝商人慷慨捐財，虔誠募化者也，肇工於康熙六十年十二月。今正殿則聳飛鳥革，焜燿已成；享殿則鳩工庀材，輝煌告竣；至於兩廊、歌舞臺亦輪奐俱美，巍巍乎誠舞渡之雄觀也已。前後左右庶乎次第告完，而特所缺者 神前之供器並住持之養膳爾。若供器缺，則非所以妥神明；養膳缺，則不能以安住持。今忽有秦人張志、胡士發、段居仁、閆崙、布弘猷等平昔好善，於是大發虔心，各解己囊，樂為領袖，懇祈商賈凡往來貿易茲土者亦皆出貲贊助。雖曰多寡不侔，要皆翕然而罔悋。為時未幾，今觀厥成。此所謂數人倡義而衆皆響風，懿良同具而群焉種福也。豈曰勒之石以垂不朽，寔以鼓人心作善之機。於是虔記。

       萬壽科舉人現授肅學正堂　楊　晟篆額
陝西西安府華陰縣　丙辰進士吏部候銓縣正堂　史　調撰文
       附　監　生吏部候銓縣左堂　王民古書丹

    朝邑　張　志
  首事人：涇陽縣胡士發　閆　崙
    三原　段居仁　布弘猷

        住持僧：常了　徒：利　本仁

乾隆三年夏四月吉日立　　　　　　玉筆匠：史可學

4. 乾隆十八年《修補關帝廟大殿拜殿併增殿前甬路碑》

修補關帝廟大殿拜殿併增殿前甬路碑

今夫基已立而勿廢，功愈沿而益增，甚盛事也。□□有一二善信之士後先相繼，日培舊址，則成□者將不保其終，守舊者僅以襲其故，而欲以永垂不朽增其式廓也，不綦難乎？已之□□□□，商賈往來貿易茲土者，各輸貨財，於鎮之東南建立 關聖帝君祠，左右爲廊環之，四壁門□焉，而堂三中而□外□□，拜殿三楹，殿前□室，堂前爲□，其上則□然以高，其□則廓然而廣。後置禪院一區，前建大廈於中間，之上宏中而□□□□□□□□□□，其左偏爲 □聖祠□，其右偏爲 財神殿，□□□□□□□□□□矣。然而後之君子猶或以甬道未修爲慮焉。近今之□□□□□□不無□□□□□□□□缺棟楹樑枊板檻之屬，往來□□□□□□□□□□□□配殿，皆相稱如一輒焉。□難縻財無多而□□□□□□□□□月新，工既告竣，輒勒之石將以昭來者，俾知□□之規模所由，□思後□□或更有加焉未可□也。

  邑 庠 生 □衷一撰
  山右太邑太學生 吳汁光書

      募化督工人：楊□□

乾隆十八年歲次癸酉嘉平吉旦   □筆：司□□

碑陰[①]：

施財芳名開列於左：

李順成 十三兩九錢	李茂林	復盛鋪
張文隆 十兩	程廣興	三合館
秦合盛 十兩	李新盛	李文錦

---

① 該碑碑陰捐款共11排，漫漶較嚴重。

德盛鋪　十兩	尉三元	牛金□
吳錦盛　十兩	孫合盛	□□□
祁興盛　十兩	張□盛	韓□□
善興鋪　七兩	□□□	永順号
楊□興　七兩	二合盛	□興盛
王信義　七兩	□□盛	□□□
趙世興　五兩九錢	任亨利	□□□
□□□　五兩	□□□	□□□
□□□	□□□	□□□
□□□	□□□	□□□
□□□	□□□	□□□
□□□	□□□	□□□
□□□	□□□	□□□
□□□	□□□	□□□
□□□	□□□	□□□
□□□	□□□	□□□
□□□	□□□　一兩五錢	□□□
□□□	李人□　一兩四錢	□□□
□□□	蔡□興　一兩四錢	□□□
□□□	人順杰　一兩四錢	□□□
□□□	王萬忠　一兩四錢	□□□
□□□	平永錫　一兩二錢	□□□
□□□	□□□　一兩二錢	□□□
□□□	□□□　一兩二錢	□□□
趙晉興　二兩九錢	□□□　一兩一錢	□仁和
王公裕　二兩九錢	□□□	□□□
趙裕成　二兩九錢	□□□	司□□
程廣盛　二兩五錢	□□□	成□□
源茂店　二兩	吉□□	告福裕　三錢

王文道　二錢	瑞興号	世興店客
苗　青　二錢	常濟号	世泰号　三兩
積德堂一錢四分	永茂号	胡金益　二兩
泰豐店衆客	世源号	義順店客
欽誠号　二兩	潔發号	□公号　二兩
俊興号　二兩	福成号	長發号　一兩
欽章号　二兩	□利号	郭□聚　七錢
德盛号　二兩	三和号	協吉店衆客
建興号　一兩	德興号	久成号
興順号　一兩	天成号	□□□
□興号一兩	□大号	□□□
共銀十一兩	□□号	
盛泰店衆客	□□□	
□□□　二兩	□□□	
□□□　一兩五錢	□□□	
□□□　一兩	□□□	
□□□　一兩	□□□	
□□□　五錢	□□□	
共銀六兩	□□□	
大興店衆客	□□□	
□□□	□□□	
□□□	□□□	
□□□	□□□	
□□□	□□□	
□□□	□□□	□□□　七分
□□□	□□□	□天□　六分
永泰号	□□号	□利号　六分
□□□	□□□	□盛号　六分
□□□	共銀五兩五錢	興盛号　六分
□□□		
德興号		

信盛号	大興号	□□□
大魁号	昌記号	和盛号
敬盛号	永盛号	□□号
天成号	君盛号	以上各一錢
大興号	興隆号	□義号　五分
李京升	益盛号	萬興号　五分
李興盛	天成□	共銀二兩二錢六分
張大來	三□号	**晋昌店衆客**
李□義	南恒号	
王公成	□□号	□□号　二錢五分
陳公信	以上各一錢	□盛号　二錢
人和号	共銀三兩七錢	隆盛号　二錢
以上各五分	**恒興店客**	王三槐　一錢五分
共銀二兩九錢	惇於号　一兩	天□号　一錢五分
大順店衆客	**源茂店衆客**	益□号
□□□	王恒昌　一錢六分	常成太
□□□	亨太号　四錢	李興順
□□□	□□□	趙元興
□□□	□□□	□字号
□□□	□□□	張敬盛
□□□	□□□	以上各一錢二分
□□□	□□□	共銀一兩六錢六分
□□□	□茂号	□□□
□□□	□□□	□□□
□□□	大□号	興□□
□□□	□□□	□□号
□□□	□興号	□□□
□□□	晋昇号	□□□
大興号	馬□修	□興号
世興号	合盛号	□□号二錢
仁和号	永成号	□□号
臨太号	興旺号	共銀八錢

绣盛号　　　　　　　　　隆和号
兴盛号　　　　　　　　　温兴号

张忠信　五钱　　　　　　□□□
叶连芳　三钱　　　　　　□□□
曹　孝　三钱　　　　　　□□□
张君义　三钱　　　　　　□□□
茂盛店众客　　　　　□□□
辛　锐　一两　　　　　　□□□
福兴号　五钱　　　　　　中和□□□
晋兴号　三钱　　　　　共布施银一两一钱八分
合兴号
晋光号
日万号　　　　　　　　振兴店失落募疏
　各二钱四分　　　　　共布施银四钱五分
□□□
□□□
□□□
□□□
□□□
□□□
□□□
□□□
　以上各二钱
□□□
□□□
□□□
□□□
□□□
　共银四两四钱

5. 嘉慶十三年殘碑[①]

會館爲祀□之所，前人屢圖建別……樓，後人開……欲令神廟肅静，而苦無□□□□……於廟之西北角之□□外，購得空地一方，東西寬……丈□尺，南北長五丈五尺；並置胡同一，寬五尺，南通大路。凡我□人皆以□□□願爲喜。雖然鳩工□□□不爲敬重，□□無人斯□猶屬空間，並冬十月立□□□□□□□□□於前陳豆，我程德裕、大□□□□□□□□□□□協泰□祥□□□興等號君子□□□和役運於□□梓□□□□□□□□北房二，門□後門一，□胡衕口便門一道，兼修□前旗杆一對。斯舉也，爭先恐後，不日而成。詢所謂人□西神助之□□□爲記其巔末，以示來兹。至於□物工價俱有清單，爲祠□所共見。此特□記，使大□官錢二百二十三千文，石不花□省文也。

嘉慶拾三年歲次□□□月穀旦
   陳一□ 撰文
   宋□□ 書丹
   劉光禮 鎸石
   住持僧：□□ 徒：□□ 孫：廣温

6. 道光六年《創建牌坊碑記》

碑額：流芳千古

創建牌坊碑記

神工之興，即一土一木必資謀於人；而人之善謀，又不盡人謀之善也。一念之善動於至誠，　神亦默佑其義，使之規矩在心而修爲合度。此善作所以善成，善始所以善終，良非易也。南陽之舞陽縣有北舞渡，恃水陸並進，商賈雲集，無窮之重鎮也。心計善持籌，其往過來續，懋遷有無，不可數計。感　神靈之佑護，創　廟

[①] 該碑在筆者1999年抄録時已漫患嚴重，2011年復核時未見。

宇之輝煌，迺於鎮東南築山陝會館，以　關聖帝君像居之。憶前首事者經營締造於茲也，宮殿牆堨已臻盡美，而其中少牌坊一座，善事者爲之四顧躊躇焉而未能滿志也。獨山陝陸陳行向福商等號募化錢文，猶不得其竣，在社者各捐己資以彰其美。嗚呼，盛矣。是功之成，謂非人爲之而不得，謂非　神爲之而亦不得，向非　神之靈默率趨善於不自知，前此之規模結構已具體矣，又奚貴乎此？要之，神有靈，亦人善念足以感通，而結想之誠不啻來告。詩曰：神其福汝家；語云：使爾多財。是爲衆檀越樂善好施者進。

　　　　癸未科進士山西祁縣　閻汝舟敬撰
　　　　歲進士山西太平縣　趙振川書丹

首事：
協吉店　奎隆店
大興店　茂盛店
馬興盛　全順店
生盛店　乾泰店

住持僧：心安　徒：源旺　孫：廣良　曾孫：續遠永

皇清道光六年三月吉日穀旦

▎碑陰：

▎碑額：萬善同歸

　　　　大　興　店　衆　客

龍興歧　施錢八千文　　　　大椿瑾
通興昌　　　　　　　　　　衡泰祥
福隆元　各施錢七千文　　　玉盛公
興盛衛　施錢六千文　　　　永隆全
宏昌大　　　　　　　　　　永發玉
長發祥　　　　　　　　　　王雙興
興盛忠　　　　　　　　　　九如合
玉成大　　　　　　　　　　萬盛慶
西永泰　　　　　　　　　　熾昌号
通興永　　　　　　　　　　德泰号
公興遠　　　　　　　　　　雙成合

義盛仁	各施錢五千文	金鐘号	
協合號		致和永	
富盛如		天德興	
恒裕太	各施錢四千文	大利捷	
宜昌永	施錢三千五百文	永隆昌	
公裕茂		振昇成	
永順魁		統吉翰	
資泰賈		日新店	各施錢二千文
永和公		足盛王	
敬興峰		三合棟	
珍昌興		履泰和	
富盛椿		嘉盛強	
西雙全		元恒豐	
五美号		久成玉	
世昌升		五豐和	各施錢一千五佰文
翕泰号		雙興号	
恒泰誠		聚興利	
公盛合	各施錢三千文	同興亨	
世隆集		永興東	
永和同	各施錢二千五百文	恒義号	
天育正		和順瑞	
合成永		發祥宸	
交泰号		正興合	
五豐隆		晋成通	各施錢一千文
隆昌合			
豐泰植	各施錢二千文	以上共施錢一佰九十七千文	

興 盛 店 衆 客

平萬盛	施錢五千文	同興号	
恒順湧		翼成号	
永興典		呂悅來	

利泰興	源盛号
正興号	三成号　各施錢二千文
賀盛号	昌盛号
趙　焕	天聚興
武順興　各施錢三千文	栗天泰
張東玉	珍成号
山盛号	張天成
三興号	健蘭号
長興号	岳同泰
復盛号	永盛号
統勝号	興順号　各施錢一千五佰文
福興号	三義号
同聚号	杜明盛
瑜興号	順生号
玉興号	九泰号
任義興	敬泰号
聚積号	德聚号
春榮号	杜明泰
全聚号	信成号
新寧号	正興号
合興公	曹順興
同盛号	毛公興
萬盛信	蘇永和
郭泰興	永祥号
李明義	長聚号
梁魁盛	協順号
通順昌	萬益号
合盛同	玉成号
洪順君	清泰号
萬全敬	西興盛
耀盛号	欽盛号

聚隆号　　　　　　　　發興号
協盛統　　　　　　　　順成号
宏盛号　　　　　　　　李公義
合成号　　　　　　　　程公聚
全恭号　　　　　　　　郭魁元
永發号　　　　　　　　豐聚号
雙成号　　　　　　　　賈晋合
楊誠順　各施錢二千文　　范興盛　各施錢一千文
　　　　　　　　　　　以上共施錢一佰四十五千五佰文

茂盛店衆客

南恒昌　　　　　　　　柴永昌　施錢二千文
荆玉泰　　　　　　　　復興公
世泰合　各施錢五千文　　五美号　　　　　　日章号
義源長　施錢四千文　　　合興美　　　　　　王翕興
中信公　　　　　　　　聚義行　　　　　　常大順
川如典　各施錢三千文　　李長發　　　　　　永裕正
協泰成　　　　　　　　新泰号　　　　　　合裕豐
恒昇典　　　　　　　　統元致　　　　　　大義成
廣合永　　　　　　　　生生東　　　　　　　各施錢一千文
公義合　　　　　　　　三盛祥　　　　　　張天佑
協成公　　　　　　　　兩義合　　　　　　　施錢二千文
貞泰正　　　　　　　　大美紳
合昌同　　　　　　　　世長福
大吉士　　　　　　　　天興文
元興永　　　　　　　　茂盛勝
世發康　　　　　　　　隆茂泰
天全号　　　　　　　　雙益元
君順合　　　　　　　　天順岳
恒興号　　　　　　　　永裕公
虹興長　　　　　　　　俊盛号

新盛号　　　　　　　　永泰号
聚泰義　　　　　　　　永茂瑞
全發□　　　　　　　　三合俊
南旺盛　　　　　　　　槤泰生
北旺盛　　　　　　　　復元魁
南瑞盛　　　　　　　　元益合
豐玉号　　　　　　　　萬魁局
其馨齋　　　　　　　　正成慶
公宜合　　　　　　　　永盛吳
雙盛合　　　　　　　　鳴九泰
卿雲中　　　　　　　　通義合
連盛和　　　　　　　　新盛公
福玉隆　　　　　　　　奪魁德
天成統　　　　　　　　永和公
合興泰　　　　　　　　同志典
百泉會　　　　　　　　安興公
如旭号　　　　　　　　泰和永
榮和德　　　　　　　　協泰典
公盛常　　　　　　　　恒裕典　各施錢一千文
永福兆
益盛利　　　　　　　　以上共施錢一佰四十五千文
廣興永　各施錢二千文

　　協吉店眾客　　　　　　生盛店眾客
遇魁通　施錢五千文　　　敬盛允　施錢三千文
萬順合　施錢四千文　　　宋三和
宏吉裕　施錢四千文　　　富有大
四合店　　　　　　　　　茂盛德
義順成　　　　　　　　　恒盛正
永遠東　　　　　　　　　德興信
萬盛篤　各施錢三千文　　瑞盛甫

【河南碑文】

天聚杰	同仁檀	
三義昌	德豐号	
永泰安	永順統	
協興光	富盛如	
義盛誠	協成玉	
趙萬順	茶務公	各施錢二千文
隆泰光	三義香	
永順遵	公信鳳	各施錢一千五佰文
長順臨	大美綽	
新興西	興盛敦	
天源厚	德慶餘	
泰順珸	廣泰恒	
聚興益	萬全号	
忠義桐	通裕和	
正興秀	三盛通	
義合篤	新盛永	
永聚福	大興仁	
富礼典	全盛公	
許　泳	新興玉	
恒順協	各施錢二千文	玉興隆
以上共施錢六十五千文	永盛号	各施錢壹千文
	興順永	施紋銀壹兩整
	魁豐章	
	合益号	
	玉興永	各施錢伍佰文
	天誠篤	施錢三佰文
	以上 共施紋銀壹兩整 錢四十二千八佰文	

全順店衆客
義泰□　施錢四千文
合盛全

乾泰店衆客
萬盛魁　施錢三千文
永順西　施錢二千文

奎隆店衆客
廣裕合
聚豫鳴

翼成号	各施錢三千文	祥盛玉		義興玉
合盛煥		發盛和		興廣聚
張復興		永盛恒		信裕執
永裕号		元興允		各施銀壹兩整
同興号		滋盛大		
明發号	各施錢二千文	天慶長		
天泰号		通盛和		
京盛号		如松茂		
南珍成		合義公		
天合号		新興珩		
忠信号		慶泰合		
義合号		慶魁元		木 工：李 端
合義号		俊盛和		
協成公		鼎順号		泥水匠：康學忠
隆□号	各施錢壹千文	興盛趙	各施錢壹千文	
以上共施錢叁拾千文		公和恒		石 匠：趙忠朋
		正興鄭		
		公盛玉	各施錢貳佰文	彩畫匠：何維文
		恒盛号		
		錦章号	各施錢壹佰文	鐵 匠：司振魁
		以上共施錢貳拾千零八佰文		

7. 道光辛丑（二十一年）《重修大殿拜殿藥王拜殿創建後園敞棚門樓記》①

重修大殿拜殿藥王拜殿創建後園敞棚門樓記

庚子夏余遊歷□鎮，憩於吾鄉之會館。見其神像巍峨，廟宇壯麗，固尚煥然一新也。今歲又至，則工匠紛然，斧斤刀鋸襟然具舉，方補創建之彩畫丹漆之□，是欲常常而新之也。夫人之精神新則振奮，陳則萎靡。今 神之樓既已無時不新矣，則鎮之生理必新而又新可知也，亦必久而益新可知也。不止於是，凡履是地者，亦

① 該碑碑文爲筆者1999年考察時抄錄，2011年復核時未見。

必振發其精神，無不鼓舞振作，新可知也。余閱會館多矣，其摧頹坍塌者曷可勝數，孰有如茲之振以齊、嚴以肅，而光景日新乎？是役也，金妝神像十一尊，翻瓦大殿三間、拜殿三間、藥王拜殿三間、禪房五間、創建後園敞棚三間、門樓一間，費工若干、料若干、共費錢若干。工既竣，同鄉友許君等乞余作記。余因思夫廟建神之靈前人言之詳矣，無須乎記，適逢其新，姑就其新焉者以記之。

　　　　例授修職郎吏部候選儒學訓道山西太平縣明經進士　張雲縉沐手撰文
　　　　例授儒林郎吏部候選直隸州同山西太平縣　　　　　程德琅沐手書丹

　　　　　　　協義公　泰和仁　李新盛
　　　經理人：德聚興　義和丙　義和興
　　　　　　　蔡美豐　武順興　美玉文

　　　　　　住持僧：續安　侄：證　徒：本童　孫：覺　醒悟喜勝　曾孫：昌和

道光歲次辛丑菊月穀旦立　　　　　　　　　　　鐵筆匠：杜全德

碑陰[①]：

　　捐錢字號開列於後：

查復源　　　　　　　　　　億興合
儀澍泰　　　　　　　　　　程德裕
程大遠　　　　　　　　　　公泰元　以上各捐錢叁千弍百文
尉善興　　　　　　　　　　京泰翔
程德聚　以上各捐錢拾千文　三益號　以上各捐錢弍千八百文
尉永興　　　　　　　　　　永豐館
程德興　　　　　　　　　　德□號
查益潤　以上各捐錢捌千文　五昌號　以上各捐錢弍千四百文

---

① 該碑未見年款，從碑文中捐款字號名稱，以及"收十八至二十年餘剩戲錢"字樣估計應為道光二十一年碑之碑陰，碑陽部分可能被砌入牆壁。

尉振興	捐錢陸千文	程益本	
程廣興	捐錢陸千文	美□文	
王萬順	捐錢肆千八百文	武順興	
潘敏盛		楊隆昌	
原合興		泰和仁	
隆順公	以上各捐錢肆千文	億興川	
李新盛		公和仁	以上各捐錢弍千文
昇恒永		程廣益	捐錢壹千八百文
程信興		史宏吉	
雷義和	以上各捐錢叁千六百文	程益德	
協義公		義和興	
源昌號		泉盛號	
義和丙	以上各捐錢壹千六百文	南合興	
廣泰號		仁義號	
隆盛號		魁盛號	
宏裕號		合盛騾店	以上各捐錢陸百文
東永興		洪元號	
合成號		廣順號	
尉泰興		和興號	
亦隆號	以上各捐錢壹千弍百文	宏益號	
史大有	捐錢壹千文	順興廷	
西鹽店		裕盛號	
義和堂		興隆騾店	
蔡美豐		亦茂號	
南美玉		廣昌號	以上各捐錢肆百文
永興號		仁聚號	
同興公		新順號	
龐隆昌		源豐公	以上各捐錢伍百文
湧源館	以上各捐錢捌百文		
義聚號			

行店社

生盛店

大興店

茂盛店

福盛店

協吉店

萬新全　以上各捐錢弍千六百文

乾泰店　捐錢壹千六百文

東萬盛

興盛店　以上各捐錢壹千文

油房社　捐錢肆千文

收十八至二十年餘剩戲錢並利錢一百七十六千五百三十八文

收本年四台戲錢二百一十四千六百文

本年餘戲錢五十千文

收三家當典本利錢三百七十九千九百九十八文

　　以上四項共收錢八百二十一千一百三十六文

神龕一座

木料錢一百零八千七百八十八文

磚瓦錢一百二十八千一百五十一文

石灰錢四十八千一百六十九文

石頭土坯錢二十一千一百五十文

鉄貨錢四十三千四百四十文

雜貨錢三十四千九百七十三文

土木匠工錢二百一十九千三百六十一文

油漆共使錢一百三十六千一百六十文

犒勞匠人錢二十九千七百文

煤錢十二千四百五十二文

鑄鐘鐫碑共使錢十三千五百文

　　以上共使錢七百九十五千八百四十四文

　　除使下餘錢弍十五千二百九十二文

8. 咸豐二年《創建老君聖廟碑記》

碑額：昭來許

創建老君聖廟碑記

德配穹蒼而莫與比德，功參造化而莫與爭功，非大而化之之聖，聖而不可知之之神，烏能以如此哉。太上老君，古聖人也。李姓諱珥，生於商，爲周柱下史。暨周德衰後游於秦，騎青牛越函谷關時，關令尹喜曰：紫氣東來，此地當有　聖人過之。嗚呼，非天下之至聖，疇克於朕兆未形之際，令人以有知；非天下之至神，疇克於形蹤未至之時，令人以有覺。此皆聖德之輝光有以充周乎宇內而照耀乎人寰，故所感而輒應焉。不然，函谷關熙熙者來，攘攘者往，車馬輻輳，何　老君過之，至今獨傳爲軼事哉？北舞渡開設油店諸公，沐　聖人之德，有志創建　老君廟。奈力有未足，於嘉慶十六年僅捐布施錢壹佰伍拾伍串文。衆油店捐貲生息，至道光十三年積錢捌佰貳拾串文，十六年積錢壹千零玖拾玖串文。十七年油店諸公公舉原合興號經理，每年七釐生息，除祀　神用費外，至咸豐元年共積錢壹千玖佰柒拾貳串肆佰捌拾壹文。當斯時也，蓄積既豐，而諸公創建之願亦可大慰。於是原合興同油店等公議，卜於山陝廟震方，創立　老君大殿三間、東西廂房二間。鳩工庀材，丹楹刻桷，不期年而功告成竣。固足見　聖德之感人至深，亦以見諸公樂善不倦之心，彌久而彌彰焉。謹記其事，用垂不朽。

山西上黨郡長子縣廩膳生員　趙掄元撰文
山西堯都府太平縣儒學生員　胡敷五書丹

經理人：王萬順　原合興　馬和順　瑜泰公

住持僧：續安　侄：本證　徒：本瑞　孫：覺魁　醒學　曾孫：昌樂　元孫：隆印

大清咸豐貳年歲次壬子貳月十五日立　　鐵筆匠：楊光生　李文章

碑陰：

　　　萬順店募化衆油坊布施錢開後：

卸店新盛永　捐錢叁千文　　　　杜楊崔永聚　捐錢貳千文

合水徐九泰　捐錢叁千文　　　　舞渡萬順局　捐錢貳千文

效集章源盛　捐錢叁千文　　　　　永興號　　捐錢壹千伍百文

舞陽彭同義　捐錢叁千文　　　　　永裕號　　捐錢壹千伍百文

　賈合興　　捐錢叁千文　　　　　永泰號　　捐錢壹千伍百文

　彭善成　　捐錢叁千文　　　北石橋鴻源號　捐錢壹千伍百文

石橋李公義　捐錢貳千文　　　　臨穎同心協　捐錢壹千伍百文

馮莊馮合泰　捐錢貳千文　　　　　恒興號　　捐錢壹千文

吳城吳永瑞　捐錢貳千文　　　　　閆昌盛　　捐錢壹千文

卸店仲興號　捐錢貳千文　　　連八台增成仁　捐錢壹千文

馬村張義興　捐錢貳千文

吳城彭誠順　捐錢貳千文　　　　以上共捐錢伍拾捌千伍佰文

舞陽振泰裕　捐錢貳千文

儀封和盛魁　捐錢貳千文

出山義合號　捐錢貳千文

　和盛號　　捐錢貳千文

臨穎新順公　捐錢貳千文

　李和興　　捐錢貳千文

　王恒順　　捐錢貳千文

　　　　　　　　　　　嘉慶十六年衆油坊捐錢開後：

　興盛店　　捐錢伍千文　　　　　王萬順　　捐錢貳拾千文

　天昌店　　捐錢伍千文　　　　　原合興　　捐錢貳拾千文

　萬新金　　捐錢伍千文　　　　　馬和順　　捐錢貳拾千文

　萬順店　　捐錢伍千文　　　　　誠順號　　捐錢拾伍千文

　泰來店　　捐錢伍千文　　　　　常興號　　捐錢拾伍千文

　德泰裕　　捐錢貳拾千文　　　　永順號　　捐錢拾伍千文

　萬順慶　　捐錢拾伍千文　　　　馬和盛　　捐錢壹拾千文

　瑜泰公　　捐錢拾伍千文　　　　張聚興　　捐錢壹拾千文

五昌號　捐錢壹拾千文　　　　　　晋義號　捐錢壹拾千文
　　　　　　　　　　　　　　　　順興養　捐錢貳拾千文
　　以上共捐錢捌拾伍千文　　　　眕成號　捐錢拾伍千文
　　　　　　　　　　　　　　　　雙盛號　捐錢壹拾千文
桂興店　還錢叁佰貳拾千文　　　　慶昌號　捐錢壹拾千文
　　　　　　　　　　　　　　　　協盛公　捐錢伍千文
　　　　　　　　　　　　　　　　天興號　捐錢伍千文
　　　　　　　　　　　　至咸豐元年□息捐鳌頭除□年費用共
　　　　　　　　　　　　積錢壹千玖佰柒拾貳千肆佰捌拾壹文

以上四宗通共收錢貳千肆佰叁拾伍千玖佰捌拾壹文
　　金塑　神像油漆彩畫錢壹佰零捌千文
　　木料錢肆佰千零零柒佰玖拾捌文
　　青紅石頭錢壹佰叁拾玖千陸佰陸拾玖文
　　磚瓦錢叁佰玖拾肆千柒佰柒拾柒文
　　石灰錢肆拾柒千柒佰柒拾伍文
　　鐵貨錢叁拾壹千伍佰肆拾壹文
　　土培錢貳拾玖千叁佰零捌文
　　木匠工錢叁佰伍拾伍千玖佰陸拾文
　　石匠工錢壹佰貳拾柒千柒佰伍拾文
　　泥水匠工錢壹佰肆拾肆千伍佰文
　　零碎使錢貳佰叁拾叁千捌佰零叁文
　　典地三十二畝，價錢叁佰貳拾千文
　　刻碑錢陸千柒佰文
以上共使錢貳千叁佰肆拾千零伍佰捌拾壹文
　　除使净餘錢玖拾伍千肆佰文，開光使用

　　　　　　　木　匠：張萬禄　張棟林
　　　　　　　泥水匠：廊法仝
　　　　　　　彩畫匠：張武渠　劉麒麟

9. 同治六年《重建關帝廟正殿並補修各殿碑記》

碑額：流芳百代

重建關帝廟正殿並補修各殿碑記

嘗讀《書》曰：作善降之百祥；《易》曰：積善之家必有餘慶。自古以來，在官在商，民必克敬於　神，神則應之；必克敬於明，幽則通之。其爲功也，致大極，積極微。人有一念之善，雖渺乎其小，無心求福，　神必佑之。五方之風俗雖不齊，而　神之錄功也，東西南北則無二。夫舞渡東南隅舊有　關帝廟壹座，前有正殿、偏殿、東西殿、兩廊、牌坊、鐘鼓戲樓，後有春秋樓、老君殿、客堂、僧舍，次第相列，頗稱輪煥。不意咸豐九年，皖匪屢至，大肆蹂躪，本廟諸祠半遭兵災，其未災者概無完全之所，　神像暴露，不避風雨。每逢朔望瞻拜，覩之不覺心傷。因議重興土木，奈工程浩大，獨力難成。懇祈山陝諸君子善士量力輸財，以勤厥事。庶眾擎易舉，集腋成裘。茲幸四方仁人義士動樂善之心，慷慨出囊，共襄厥功。

　神像各殿煥然聿新，棟樑無毀頹之形，柱角有綵畫之美，何其偉歟！將見　神以人靈，幽以明顯，不惟佑障一方，即樂施之賢人，尚德之佳士，雖山川遙隔，捷若響應。在官者高陞，在商者駿發，爲士民者功名顯達，躬膺榮壽，子孫千億。凡在盡心出力之吉人，仁恕樹德之良士，永享　昇平之福，脱災患而登於仁壽之域，孰不從樂善好施，積德懷義，精誠通於　神明中來哉。茲功成告竣，刻銘於石，永垂不朽。

山西平陽府翼城縣生員六品軍功　　　　孔昭功敬撰
山西太原府太谷縣明經進士候選儒學副堂　龐振常篆額
山西澤州府鳳臺縣軍功議叙按察司知事　　宋五治書丹

經理人：
劉二合　儀澍泰　程益德　龐隆昌　億興和
程星聚　程大遠　通興錦　五昌世　程德裕
史宏吉　義和丙　源昌聚　程信興　李新盛

住持僧：本童　　孫：昌樂潤　　曾孫：隆鉢

鐵筆匠：闞文禮　李運西

大清同治六年歲次丁卯菊月中浣穀旦

碑陰：

　　施財芳名開列於後：

　舞邑城內

恒茂典

泰吉典　各捐錢十五千文

合興号　捐錢六千文

德茂和

程德和

聚泰号　各捐錢五千文

同順成　捐錢四千文

順成亨

彭同義

桂森号

隆泰合

恒聚裕

曹有德　各捐錢三千文

原發昇

廣興号

永和堂　各捐錢二千文

　王家店

德和合　捐錢七千文

順生湧　捐錢五千文

廣盛合　捐錢三千文

三槐茂

廣興号

光裕魁

光裕陞

守謙号

萬慶亨

五常号

遇得堂

正德堂　各捐錢二千文

通興合　捐錢一千五百文

復泰長

德源号

福順和　各捐錢一千文

　太尉廟

昇恒□　捐錢八千文

日襄号　捐錢三千文

東恒興

恒昌璋　各捐錢二千文

萬昌合

恒源湧

合成遠

合成德　各捐錢一千文

　尹家集

李枝瑞　捐錢六千文

源盛永

義合堂　各捐錢一千文

　上澧河店

彭德興　捐錢四千文

史悠久　捐錢二千文

西合興

同興謂　各捐錢一千文

　卸甲店

湧泰号　捐錢五千文

泉泰号

長發魁
義盛号　各捐錢一千五百文
德興隆
萬亨通
世德昌
日盛号
合美協
鴻盛昌　各捐錢一千文

永茂号　各捐錢三千文
長泰号
東同泰　各捐錢二千文
福泰号
廣源泰　各捐錢一千文
　　玉山鎮
泰興和　捐錢一千文

　　襄城縣
□泰協　捐錢四千文
合成宇
湧源泰
福德和
生聚同
同興玉
同興順　各捐錢三千文
正吉祥
萬慶永
陳立美
震亨大　各捐錢二千文
泰和堂　捐錢一千五百文
　　汝境橋
建昌号　捐錢二千文
仁和昌
正太号
修齊堂　各捐錢一千文

　　霍堰鎮
程德亨　捐錢五千文
柴恒立　捐錢四千文
程本立
東興順　各捐錢三千文
裴秀昌
東昇信
東昇義
泰昇永　各捐錢二千文
樊通興　捐錢一千文
　　茨溝鎮
正吉從
德盛和　各捐錢五千文
恒和礼
西赴順　各捐錢二千文
牛興盛　捐錢一千五百文
　　繁城鎮
義泰正　捐錢四千文

　　葉縣城內
新興正　捐錢三千文
泰興号

　　神垕鎮
東合成
西合成　各捐錢四千文

重盛号

元隆典

元美典　各捐錢二千文

趙德興

儀協泰

許永儀

續廣興　各捐錢一千文

　墳台鎮

劉永茂　捐錢四千文

　連村橋

北全盛　捐錢三千文

新興名　捐錢二千文

英聚盛　捐錢一千文

　白貫鎮

宋建興　捐錢三千文

　郾邑城內

井龍興

義和溽

雷義順

恒福全

義和利　各捐錢一千文

　新　店

源恒振

天佑和　各捐錢一千文

　全盛店山陝衆客佈施

協慶義

福興亨　各捐錢三千文

乾泰和

新盛蔚

永盛魁

永慶厚

天泰昌

義成号

人和義　各捐錢三千文

和成号

廣成号

晋義号

□和厚　各捐錢二千文

義合公

廣盛号

福成慶

復生号

中復興

謙益号　各捐錢一千文

　漯灣河

公盛遠　捐銀四兩

廣順昌

永茂世

生生茂

意順高

六吉昌

永順全

隆盛如

永茂川	信泰魁
天順馥	復興淦
東富盛	韓順興
同心益	合盛永
福隆公	元和泰
永隆公	寶聚公
東盛和　各捐錢二千文	崇德厚　各捐錢二千文
正興永	敬慎中
全泰公	吳同興
慶豐昌	謙泰興
乾裕魁	萬順興
豐裕興	通義成
信成全	復生禮　各捐錢二千文
義順成	**天興店山陝衆客佈施**
泰豐□	蔚盛長
統泰正	恒裕公
恒義合	復生長　各捐錢三千文
泰順合	世泰贊
隆盛元	恒吉榮
興隆泰	公興順
正興和　各捐錢二千文	西永泰　各捐錢二千文
正祥成	全成泰
正心永	廣順昌
三泰和	世和恒
同興隆	元昌玉
世興元	富盛和
大德常	寶聚公
元隆昌	德長義
廣泰恒	乾泰恒
巨貞義	獨慎玉　各捐錢二千文
東昇茂	**大興店山陝衆客佈施**

协泰成
福德和
三兴和
遇魁通　各捐钱二千文

永盛昌　捐钱三千文
祥盛玉
万盛德
荣盛宗
广生恒
永源德
德隆合
永盛合
永盛久
文元泰
兴泰正
永盛魁
协和昌
中和合　各捐钱二千文

义兴店山陕客商布施
仪潢泰　捐钱五千文
锦泰店山陕客商布施
郝和盛　捐钱四千文
涌泉店山陕客商布施
福盛和
心成源　各捐钱一千文
复聚兴　捐钱三百文

本镇布施
振德恒　捐钱五十千文
原合兴　捐钱一百一十千文
史宏吉

永盛亨
致合永
德生恒
永盛原　各捐钱三千文

丰盛德
永盛顺
通盛和
永兴西　各捐钱二千文
协成大　捐钱一千文
茂盛店山陕众客布施
天全乾
泰兴泉
心诚和
万奎祥
和义永
万盛泉
敬承德　各捐钱一千文

五昌世
程德裕
程信兴
宋通兴

程星聚　各捐錢五十千文	億興和
義和丙	龐隆昌　各捐錢三十千文
渠源昌　各捐錢三十千文	永隆号　捐錢二十千文

劉二合	茂盛店
程益德	天興店
程大遠　各捐錢二十千文	程益本　各捐錢十千文
程在基　捐錢十五千文	兩益協
東昇智	義興店
泰昇和　各捐錢十二千文	史大有　各捐錢八千文
祥瑞義　捐錢十千文	李新盛　捐錢七千文

永馥和　捐錢七千文	大生堂　捐錢五千文
宋五治	王錦雲
曹文彥	恒昌永
雷義和	吉鳳圖
王世昌	福泰永
德生号	許　墉
福盛和　各捐錢五千文	衛世嵩　各捐錢三千文

萬億堂　捐錢三千文	張力田捐錢一千五百文
李　清	
涌泉盛	
□中興	
天成德	
心正誠	
和順永　各捐錢二千文	

　　道光十二年興工以畢，餘錢五百串正，當商積錢生息，□累年修補使過錢，至咸豐八年底共積錢壹千□百零六千六百三十二文。同治六年重修大殿，又使錢七□五十千文，□□使淨餘六百五十六千六□□□□□□，仍在當商□□，後再興工□用，有賬。

收外鎮山陝客商佈施錢三百二十七千九百文

收行店山陝客商佈施錢二百三十千零三百文

收本鎮山陝佈施七百六十六千五百文

收劉二合本利錢三百千文

收程大遠本利錢一百五十千文

收程德聚本利錢一百五十千文

收儀澍泰本利錢一百五十千文

以上七項共收錢貳仟零柒拾四千七百文

買樹木使錢五百零三千四百文

買□□沙土使錢二十四千四百三十文

買脊獸磚瓦使錢一百七十七千五百零九文

買石灰使錢五十六千八百九十八文

買石頭使錢四十二千一百三十文

買鉄器使錢六十八千二百三十文

木　匠工錢二百七十六千三百三十五文

泥水匠工錢一百七十千零四百四十五文

石　匠工錢六十千零三百五十文

金塑彩畫錢貳百千文

犒勞諸匠並利市錢四十七千零五十文

零碎使費錢二百二十千零三百三十二文

開光使費錢一百六十千零三百一十七文

買旗杆並水腳盤費錢六十七千二百七十四文

以上十四項共使錢貳仟零七十四千七百文

木　匠：張顯林

泥水匠：康書運

金塑匠：賈從仁

鉄　匠：康歪頭

（二）其他碑文

1. 道光二十八年《邑侯鄭大老爺德政碑》①

邑侯鄭大老爺德政碑

北舞渡，巨鎮也。商賈交集，而粮行爲最。□□□行用相沿已久，商民無不相安，自無争執。乃有閆尚志等因□利興販，欲將買用□革，屢次涉訟。昨歲蒙　恩業已示諭：□□□□□□□率衆興販□□□□□，蒙仁台大老爺秉□批，分晰出示：吃户概不出用，興販仍循舊章。合行感德，敬將批示勒石永遠存之，以彰德政。……恩批：查此案前經本縣示諭，該紳民等涉訟原爲粮行索取吃户買用起見，所以於示内指明，買粮吃户概不出用，□□□販賣之人仍舊出用。……糴食者可比，自應仍出買用，以符□□。□本縣奉　文采買亦出行用，則商販豈能勝於採買，轉不出用乎？□□□□□□□興販，揚言不出買用，是將商販、吃户混成一體，不但與前……涉訟之本意，亦大相刺謬矣。屬下知事體侯分晰示諭：凡吃户一概不出用錢，販户仍出買用，以昭平允。倘爾等……□示，再行分晰曉諭事：案查北舞渡粮行，前與貢生閆尚志等爲買……原爲粮行□□□户買用起見，所以於示内指明，吃户概不出用，本係體恤貧民，非指商販而言也。至買粮販賣……等販至□□□本出售與買户，並無所損。倘竟不出買粮用錢，牙儈以空勞唇舌，毫無沾潤，豈……與買户□□□□。今據該行户等呈稱：該紳等率領興販之徒，聲稱不出買用，時相滋鬧。不但將吃户、商販混爲一體，且恐□劣之輩……爲此示仰販賣粮食人等知悉：爾等販賣圖利，不比買食貧民。嗣後糴粮不及壹石者作爲吃户，不許索取買用。……商販□行户，希圖□□□□□，定按把持行市之律，分別嚴懲，决不寬貸。各宜凛遵，毋違。特示。

北舞渡鎮粮行仝立

大清道光貳拾捌年歲次戊申梅月上浣穀旦

---

① 該碑現存舞陽縣博物館，係吳志遠博士於2010年收集，筆者於2011年復核。

七　淅川荊子關碑文[1]

丹江河道

荊子關關門

三省交界碑——一腳踏三省

① 這批碑銘係筆者於 2007 年考察拍攝，時存荊子關鎮山陝會館院内。

荆子關古商業街

平浪宫（即船幫會館）

禹王宫（即湖廣會館）

山陝會館

山陝會館建築

會館碑銘

（一）山陝會館碑文

1. 道光三十年《遷修關帝行宮工程告竣碑記》

碑額：萬古流芳

遷修關帝行宮工程告竣碑記

嘗聞莫爲之前，雖美弗彰；莫爲之後，雖盛弗傳。荆關　關聖帝君廟宇建立有年，原在老城南門以外，遺碑尚存。後被丹水漲溢，漸至傾壞。商賈父老目擊心傷，於嘉慶十一年邀衆商議，僉謀遷移。但工程浩大，難以猝辦，拔取釐金，以爲遷修之慮。於十六年先買廟垣地基一所，果於十七年將老廟盡行崩塌。於十九年始建正殿三間，塑　神像一尊，左右列　楊泗將軍、財神以配之。又於二十一年建香亭三間，牌坊一圍。至二十三年修山門五間、戲樓一座、鐘鼓樓兩楹，香亭前建竈神、藥王廟兩間。以上數工共壹萬貳千叁百貳拾陸串文，經理四十餘年而厥工始竣。前買北邊房垣一所，蓋南邊鋪房一所，以作主持每年香火之費。素蒙　神惠，何以歷年經理而不殫勞苦若是乎？但恐年深久遠，湮没不傳，謹將始終巔末勒諸瑱珉，以誌父老之盛德，以尊神之凤惠，使後之人歲時報賽，拜跪一堂，無不信義相將，情誼相洽，輸虔誠於有素，沐神庥於億萬年也。是爲序。

古馮翼有莘邑鄉飲耆賓弟子　車步霄熏沐撰文

古馮翼有莘邑後學弟子　屈大烈盥手敬書

經理首事人：
日興盛　合順店
萬泰成　永興康
恒泰元　通興行
大順最　太和鴻
天成萌　恒發常
長泰增　榮興魁
合興闆　義合店
通順成　義聚姓
長茂盛　合順義
永順合　公義號
　　　　公興義

徒玄孫：王吴陳　茹吴元　壽英瑞慶東
徒曾孫：李永賢　棋璽
徒孫：孟教瑞　賢廬
徒：任合党　鼎岳
住持：方本立　大嶺觀

大清道光庚戌蒲月中浣三日敬立

2. 道光三十年施錢人芳名碑①

碑額：千秋流芳

施錢人芳名開列于後：

天成萌
永誠合
信成塩店
合興闒
公順重
大順最　又屢年借用共錢五十六千文今作布施
長泰增　又屢年借用共錢十五千文今作布施
三成屠行
恒泰元
太和鴻
長茂隆
安裕塩店
永興恒
萬泰成
通順成
義合牲
薛公義
萬泰□
正興成
長發祥
雙興順
以上共捐錢式千壹百玖拾玖串零八拾五文

永興義
永順合
日興盛
復興美
德順元
杜合盛
永發生
永發利
永發成
譚進興
眾酒客
興隆昌
恒發常
永興順
存成積
恒興萬
公和衣鋪
眾鉄匠
党必華
以上共捐錢五百陸拾肆串六百三十五文

全興□
□恒成合生
二正興盛永協
二永順公和奎
廣濟堂
三興元
萬順成
天興生
長合福
天泰合
萬□號
長順公興號
同泰德
長生
大順
義聚公
合順義
以上共捐錢叁百捌拾肆串柒百三十九文

---

① 該碑原無碑名。

雷天興		月成祥		合盛興		三盛棧	以上共捐錢陸拾壹串零六十文
東來永	以上共捐錢叁百捌拾玖串零陸百五十五文	源盛公館	以上共捐錢捌拾玖串捌百肆拾叁文	晉盛和	以上共捐錢陸拾式串叁百五十文	鄭大元	
衆成衣鋪		恒盛館		泰興會		德合成	
晉興通		悅盛通		雙和成		郝清周	
義順成		忠義合		李永發		永成合	
榮順義		永豐公		杜世列		成順合	
衆菜園		新成合		聞自耀		正興陞	
衆飯館		公義順		張秉忠		恒興積	
高廣興		公義同		萬合生		萬發和	
柳德興		雷天智		党金榮		復盛合	
榮興魁		永和明		萬慶公		福盛魁	
宋永興		茂盛徐		永成德		段永盛	
雷汝興		隆盛泰		天順公		公盛益	
興順裕		二合興		永興德		三元棧	
長盛德		人和李		三盛成		公興義	
天泰生		雙泰居		長茂玉		集誠茂	
順興和		亨順館		雷恒泰		祥興染房	
仁義德		薛金湯		刁臣玉		德興順	
天順成		會仙館		大順溫		魁興恒	
復成生		林茂盛		義興和			
德盛富	以上共捐錢五拾五串六百八十文	寧泰興	以上共捐錢五拾四串式百式十文	興盛祥	以上共捐錢式拾壹串壹百叁拾文		
元亨成		源盛周		通順來			
泰來和		信誠齋		喬復茂			
聚泰成		雙成遠		茂興康			
屈大烈		世德成		永新成			
長發永		公義成		益泰園			
兩益成		義盛遠		魁興德			
永茂元		全益水磨		五美居			
元亨居		郝長興		順興和			
天成福		合盛魁		永順錫			
合順成		張增泰		公義合			
德盛合		郭 崑		德成魁			
寶元古		隆盛興		茂盛皮坊			
魏自孝		長盛興		恒盛興			
開泰館		三益號		東泰園			
恒茂玉		駿生恒		長興公			
華陰館		永興公		廣興成			
興隆恒		陝西館		恒興永			

岂道光叁拾年五月十三日敬立

▎碑陰：

▎碑額：流芳百世

瑞昌錫	永興盛	恒茂福	王合興	興泰春	茂盛生
新興合	魁興號	永盛和	屈合生	萬興號	長安館
薛公義	合順關	通順源	英泰合	恒順怡	正順號
仁義成	清遠成	三盛和	逢源號	新興劉	仁義祥
通順合	李永盛	義興恒	魚長順	公和永	興隆廣
孟永興	山西居	□起才	永義□	崑和行	一心盛
永興正	大興合	□昌興	萬盛德	天元衣鋪	□□號
永興玉	四德號	尚□發	郭全興	興泰合	合盛義
萬義堂	雷祥泰	□祥公	高敬□	□成泰	新興恒
三義店	牛永豐	□長方	□□□	□□昌	茂盛永
□天錫	李義合	□興德	□□□	□□□	永順通
吳永興	世隆德	郭順興	王□□	□公璽	大豐合
鄧永□	世興公	四盛染坊	楊興□	□□□	□泰祥
楊□□	和順館	三合號	公興□	泰□□	□義合
□和成	日生元	□源興	□□公	□□□	□□□
劉福全	咸恒一德	世□和	廣全德	雙昇染坊	三盛□
公興通	啟童合	張順庭	義合永	義順德	合盛馮
全盛染坊	元順號	三成美	泰盛李	三和興	□和牛
恒順合	公信行	萬興行	恒順合	德聚店	永順通
萬金堂	同泰薛	合盛興	興和行	天福號	同泰祥
鄭彥廣	魁盛德	萬盛合	合盛號	□義行	和順玉
天興英	□□發	雙盛號	鄭彥興	王□館	豐泉元
董學慶	興盛泰	刁德號	馬長盛		同順長
大順昇	王自祥	寧遠祥	尉秀德		萬生永
董三成	高　興	永盛號	永興信		永盛成

【河南碑文】◎

薛自珍	劉見榮	天成行	永興牛	新興成
生興成	復興菓鋪	王文進	馬　金	太和永
門雙和	張文章	李文照	新興館	萬順通
永泰皮坊	□盛益	讓誠名	復盛英	新興盛
通順興	李登盈	萬發號	隆盛川	正興隆
興盛合	謝鶴麟	義興成	王明智	永興德
王啟林	衛衍修	□□舉	姬大順	恒足號
薛通和	李興泰	三盛合	翟永□	木客□
廣裕恒	劉永順	永茂德	協□玉	永興□
萬聚恒	王興盛	義盛德	□隆盛	三興號
信玉合	陳陞隆	周□民	雷　□	寧遠號
朱文登	陳三合	公合永	孔毓德	宋明永
廣濟堂	義和館	德□正	孔吉昌	公興新
雙興魁	李自榮	長生堂	南和生	義盛成
順興和	王元積	李建榮	日昇行	聚興行
牛茂盛	白三合	薛□成	劉彥盛	公信行
王和興	萬發魁	李　興	合盛通	合盛公
恒興號	張盛魁	永盛泰	萬盛燒鍋	謙益陞
□□□	宋宏發	高凌霄	裕發藥　衆花名捐錢拾式千百四十文	同協永
				合盛□
				悅德堂

以上十排共捐錢伍百九十九串伍百六十三文

一七五

3. 道光三十年功德人芳名碑①

□□功德人芳名列於左：

（此處殘損，缺六行）

		□順店	衆店客共捐錢式百玖拾式串文
		□盛店	
		□盛店	
		□誠店	
		□泰店	
		同春店	
□□	衆客共錢□百零四千文	興泰店	
□□	衆客共錢二百六十千文	興隆店	
□□行	衆客共錢一百六十六千文	□□店	
□□行	衆客共錢一百六十三千文	□合店	
□隆行	衆客共錢一百六十一千文	大和店	
同朝行	衆客共錢一百五十七千文	山□店	
長泰行	衆客共錢一百三十千文	通□店	
雙和行	衆客共錢八十九千文	協□店	
恒泰行	衆客共錢二十六千文	三□店	
豫豐行	衆客共錢二十九千文	復盛店	
錫泰行	衆客共錢二十九千文	三義店	
長茂行	捐錢四十千文	興隆店	

---

① 該碑原無碑名，碑身斷爲五段，並缺右上角。

【河南碑文】

眾行共捐錢八千八百文
新順行
復盛行
永豐行
正順行
合生行
三秦行
公義館

眾店共捐錢肆拾叁串五百文
義和店
合和店
合成店
萬順店
大申店
忠合店
恒盛店

眾館共捐錢陸拾四串四百文
咸寧館
全盛館
公興館
新盛館
山西館
永興館
全盛館
興順班
天順班　三班共錢捌拾式串捌百文
忠合班
眾脚班人力功德

眾行共捐錢式百壹拾式串叁百文
信義行
議成行
同盛行
聚盛行
永盛行
公興行
隆興行
雙盛行
同新行
復順行
廣興行

興盛生
懷德堂
劉永興
聚發永
王維廣
祁通順
新興合
天泰合
馬進乾
恒生魁

三盛全
玉成美
義發合
全盛忠
同發生
世盛德
長盛同
萬興永
珍興元
聚發永

豐盛糟坊
合
蘇永興
集義恒
永隆行
志誠和
隆興恒
清成館
廣興堂
魁盛元
大盛和

張學義
太興張
新盛和
賀天廣
時德禄
任庭秀
秦廣有
李思明
胡起才全
李世傑

□平班
□全生
□德恒
□瑞號
□盛號
□泰成
永茂衣鋪
萬成玉
永合生
恒興昌

復興元
薛全興
興盛合
全順德
慶豐恒
德□□
公義隆
敬盛昌
全德福
公和德

合盛成	興隆正	王自發	羅幫彥	敬信成	牛景順
向世傑	興盛元	方大英	全成和	萬興爐	元發何
車應亮	公盛號	方大禮智	公新興爐	張萬順	恒泰增
雙盛和	合盛潤	沈萬林	世德順	益興永	萬泰祥
武生泰	恒興永	泰興公	晋和興	豐盛永	福盛永
興盛成	耿永珍	公和德	渭南館	賈公興	大昌號
同盛和	魁興泰	雙盛碾房	三義順	鄭成玉	永興館
世隆興	閆文有	豐泰恒	興順同	張方彩	薛天順
	興盛班				

以上共六排，捐錢陸拾陸串玖百五拾六文

旹大清道光三十年五月十三日立

■碑陰：①

合順義	義興□	永成行	三□□	□□□	□□□
永泰□	天順□	公順行	□□王	□□□	□□□
□天□	雷恒泰	悦來行	永興正	□□□	□□□
□元□		復興行	全□店	□□□	□□□
□□永		□興行	合順店	□□□	□□□
		同興行	興泰店	□□□	□□□
此處殘損	□合□	□□□	□義□	□生□	會仙□
	德順元	四德興	仁□□	長興□	□住□
	□□生	永興義	永□□	□成順	忠義合
		永興恒	世□□	永興玉	
		□順□	二成永	天泰居	

以上行貨功德共捐錢五百五拾壹串五百文

---

① 碑陰漫漶嚴重。

4. 道光三十年《創建春秋閣序文》

碑額：萬載流芳

創建春秋閣序文

嘗謂德之至曰聖，尊之至曰帝，非帝不能行聖道，惟聖乃能居帝位。如蜀漢關聖帝君綱維人紀，明大義於千秋；夙惠黎元，沛綸恩於萬世。累朝顯聖，歷代敕封，故　熙朝於春秋二祀命太常寺正卿祭焉。曾憶當年水鏡先生豫識　聖顏，曰：公乃　天神下界，出類拔翠，超群絕倫，千百年後當血食萬載者也。荊關係秦豫要道，商賈輻輳，行旅蟻穿，跋山涉水，無驚無慮。雖屬仁天治化，寔乃　神靈默佑。尤宜朔望焚香，以報　神庥於萬一。故建春秋閣，做　聖駕晏息之處，理合御服袞衣，展蠶眉，開鳳眼，讀麟經於閣中，何以武服戎裝，若是其威乎？往來客商進廟參　神，游觀遍覽，幾有不解其故之嘆。蓋因嘉慶年間丹江漲溢，將廟垣地基盡成水國，商賈父老目擊心傷。遂邀衆友遷移　神座於殿後，欲建樓閣，當時未舉。直至道光二十九年，復□□僉議願捐資財以勸盛舉。有捐修河工所餘之錢三百三十三千一百文，燈山會所積之錢二百二十三千一百文，二宗並捐助共□□五百五十六千二百文。創建春秋閣一座，前修拜亭一楹，以肅拜跪，以壯觀瞻。庶幾神像安而　神靈妥，降福降祥於億萬斯年。□□謹將守先待後、原始要終之意，勒諸瑉珉以誌不朽。是爲序。

古馮翼有莘邑鄉飲耆賓弟子　車步霄熏沐撰文
古馮翼有莘邑後　學　弟　子　屈大烈盥手敬書

	永興康	通興行		
	公義同	天成萌		茹　壽
	恒泰行	義聚牲		徒：元
				陳　東
經理首事人：	長茂隆	恒發常	住持：賢永璽	
	太和鴻	合順義		徒：吳　英
	長泰增	合順店		侄：王元□
	大順最	義合店		吳　慶

大清道光庚戌年五月中浣三日敬立

▌碑陰：

▌碑額：萬善同歸

捐助功德人芳名開列於左：

大順最	錢壹佰串文	恒發常	錢式拾串文	東來永	錢式拾串文
長泰增	錢壹佰串文	長茂隆	錢式拾串文	三□甡	錢拾五串文
通興行	錢壹佰串文	公義同	錢式拾串文	公義成	錢拾五串文
永興康	錢壹佰串文	義合甡	錢式拾串文	德順元	錢拾式串文
天成萌	錢伍拾串文	復成生	錢式拾串文	永興合行	錢拾式串文
復興美	錢伍拾串文	沈興隆	錢式拾串文	合順關	錢拾式串文
太和鴻	錢四拾串文	薛公義	錢式拾串文	同盛忠行	錢拾串文
合順義	錢四拾串文	永盛行	錢式拾串文	二合興	錢拾串文
悅來行	錢叁拾串文	永興恒	錢式拾串文	公興義	錢拾串文
興隆恒	錢式拾串文	義聚甡	錢式拾串文	新順行	錢拾串文
合順店	錢式拾串文	新成合	錢拾伍串文	重興棧	錢拾串文
趙義盛	錢八串文	公義順	錢五串文	元亨成	錢式串文
義合店	錢七串文	晉興通	錢五串文	仁義成	錢式串文
仁義店	錢七串文	咸寧館	錢式串文	德盛富	錢式串文
全盛店	錢七串文	益泰合	錢式串文	雙泰居	錢式串文
全興祥	錢六串文	興盛合	錢式串文	胡德富	錢式串文
全興恒	錢拾串文	清興順	錢式串文	□□北	錢式串文
復和行	錢□串文	義順□	錢式串文	同□生	錢壹串五百文
永隆行	錢五串文	義□成	錢式串文	合□□	錢壹串五百文
公義合	錢五串文	天順成	錢式串文	世德成	錢壹串五百文
恒泰行	錢五串文	永遠成	錢式串文	悅盛通	錢壹串五百文
屈大烈	錢四串文	□遠成	錢式串文	通盛店	錢壹串五百文

合盛順　錢壹串文
義合福　錢壹串文
源盛公　錢壹串文

源盛周	錢壹串文
雙盛遠	錢壹串文
三義順	錢壹串文
隆盛泰	錢壹串文
五美居	錢壹串文
新興爐	錢壹串文
宋永盛	錢四串文

燈山會功德人：

長茂隆	永興合	兩益成	公興義	恒發常
悦來行	義聚牲	長泰增	萬泰成	永豐公
雙興順	通興行	大順最	合順關	韓光寧
恒泰行	信義行	合順義	薛公義	太和鴻

日興盛	永興恒	永興義	
永發生	樊富隆	通順成	共捐錢式百式拾叁串壹百文
復興行	恒茂玉	公順行	此會係十三年立，今歸廟內。
永興康	東來永		

附：道光二十（？）年殘碑

碑額：流芳萬世

道光二十……（下殘）

鄒名彥	五十六千	沈興隆	銀五兩	合順……	（下殘）
永盛行	卅六千五百	永興康行	七千	永……	（下殘）
同盛行	卅五千五百	東來永	六千……	（下殘）	
廣興行	二十四千式百	鄒永和	六千……	（下殘）	
長泰增	二十六千	薛公□	……（下殘）		
大順最	……（下殘）				

▎碑陰：

▎碑額：英風□□

　　……（上殘）

聞之聖人……（下殘）

房已賣與關内……（下殘）

王姓，金石土木相連……（下殘）

王發□　曹進連……（下殘）

石土木相連，情願施……（下殘）

（二）其他碑文

民國二年《創修漆寶會館序》①

▎碑額：同樂

創修漆寶會館序

夫澤被生民□廟食百世，功垂利用者俎豆千秋。良以飲水思源，故於創始之神建立廟貌，歲時嘉會，崇拜不衰，用示不敢忘本之意。典至重而誼至隆也。我荆關處商、浙萬山之中，土産上品惟藥與漆爲最鉅，而功用亦相同，其詳見於《禹貢》、《周官》、《左史》諸書者不可枚舉。而產於各省者亦不可勝窮，要惟以此地之品質爲最高，故不脛而走者遍天下，駕環球，與藥材同稱至寶焉。然藥則有藥王廟爲藥商賽會之所，而漆則缺如，同人憾之。爰聯合漆商組織一漆寶會，積金多年□成，□□□□街北之地，起築半畝之宮。雖無傑閣層樓，然亦足壯瞻仰；而歲時伏臘嘉會於此，非徒聯同業之感情，聊以報先王之厚澤爾。嗣後復得□□□□□平地九畝，街房一座，以爲香火之資，稍佐住持之養。雖不豐裕，然自耕之亦頗可給。故記其創修於前清同治初年，落成於光緒十三年。發起□□□君詳益、李君德昌、吳君合興諸人之手，以冀後起者之擴充焉。是爲之序。

---

① 筆者2007年在荆子關鎮考察時，該碑存於山陝會館院内。

董興義捐錢肆拾千文　程德盛　　　　　聚興源　簡啓祥
　　　　　　　　　　吳利揚　　　　　萬昌行　利生裕
王萬盛捐錢肆拾千文　德昌號　　　　　人和豐　恒益公
　　　　　　　　　　恒發常　　　　　程源和　惟新安
首事人：恒茂仁捐錢肆拾千文　各捐錢式拾千文　怡大裕　　各捐錢拾千文
　　　　　　　　　　　　　　　　　　程美廷
　　　仁大和捐錢肆拾千文　恒茂明　　崔義隆　榮成號
　　　　　　　　　　李順昌　　　　　聚興號　周和順
　　　孫翁記捐錢叁拾千文　恒德廷　　潘永昇　泰順仁

　　溫新盛　鼎　泰　豐盛信
　　溫恒順　李廣發　慶成號　　　　商山處士李誠儒撰文
　　溫才盛　王人和　　　　　　　　商南居士朱正銘書丹
　　余廣興　福生振
　　鄒萬茂　復元永　各捐錢五千文　　　　　朱謙益
　　元裕號　萬勝號　　　　　　　　監修經理人：王文祿
　　維新號　協盛行　　　　　　　　　　　陳兆緒　捐錢叁千文
　　人和順　恒茂昌　謝仁順
　　豫興隆　福興公　永太祥
　　　　　　　　　　　　　　　住持：朱教成　　徒弟：邢永發
　　　　　　　　　　　　　　　鐵筆：袁文德刻石

民國二年四月吉日立

八　懷慶府碑文[①]

清化鎮大王廟

大王廟碑廊

---

① 懷慶府，今爲沁陽市。

沁陽市博物館（原天寧寺舊址）

博物館碑廊

（一）清化鎮大王廟碑文①

1. 隆慶五年《創建金龍大王神祠記》

碑額：創建金龍四大王神祠記

創建金龍大王神祠記
賜進士第進階資政大夫累加從一品俸級山東布政使司左布政使陽城……（下殘）
賜進士第中憲大夫整飭固原等處兵備陝西按察司副使陽城……（下殘）
賜進士第朝議大夫撫治商洛等處地方陝西布政使司左參議陽城……（下殘）

　　黃河之水發源崑崙，過積石龍門，達於徐淮，入於海。然自伊、洛而上，兩山……通；自廣武而下，地方廣闊，盤曲縈迴，水勢稍殺。然初出山澗，奔騰之性未……帝府特封　大王爲黃河福主，而沿河一帶皆有神祠焉。我　朝糧運自淮而上設管河、管洪衙門，亦以其運之艱也，於神設有時……濤起伏之虞，泊者憂其堤岸衝擊之患，無不求其神之庇護者。晉□□□□於蘇湖……則舟中之人皆膽落。劉子獨誦大王經卷，祈告護祐，乃得履險如□□□□應。嘉靖辛酉歲，與同鄉同商……鎮咸慶其離風濤而就平陸，人與貨俱保安而歸焉。感激神恩□□□□，恨無以爲棲神之所，劉子等各出己資數□□□，□石鳩夫，工不數月而落成。大王正殿三楹、拜殿三楹、左右廊房□□□□三楹，臺樹修整，棟宇崔嵬，神像儼然，從使分列，□□覩之者咸起敬焉。嗚呼，感應之機其神矣哉！河道惟艱，必借□□□□□幽必由誠，感晉岡子一念真誠達於神明，如孝子之慕於親，忠臣而敬其君，而君親有不豫然而俯念者乎。雖然□□□□考之經曰：作惡者必有報應，非是殘刻，懲惡宜然；作善者俱享亨通，靡市私恩，用彰公道。於是可徵劉子之立心行□，□□□信由義，布德施仁，大而倫理無虧，小而事物必謹，其所以商販財貨亦必於道義中求之。緣素行協於神明，故有□□□□應者；使其平日所爲稍有不慊於神，則雖禱而未必應，雖求而未必祐，欲獲平康之福於數載亦難矣。噫，神明至公，□□□私媚，福善大道，非可幸獲。劉子知所以祀神爲報，而其素行之□於神，又其不自知者。劉子名尚科，字登雲，別號晉岡，□□□臨汾人，與余同鄉，特表而出之爲記。

---

① 這批碑銘現存博愛縣大王廟，係吳志遠博士於2010年考察收集，筆者於2012年前往復核。

大明隆慶五年歲次辛未正月吉日立

碑陰：

碑額：碑陰記

平陽府臨汾縣：					
		□□□	銀四兩八錢五分	張　松	銀二兩五錢
		□□恩	銀四錢	劉尚義	銀一錢
孫　信	銀一兩	劉守正	銀三兩一錢	張□□	銀五錢
衛□臣	銀一兩三錢	劉一中	銀五錢	李□□	銀七錢
孫如仁	銀一兩三錢	田大稔	銀二錢	苗　穗	銀一錢七分
靳天壽	銀一兩三錢	馬明□	銀五錢	張汝□	銀一錢七分
張□騰	銀一錢	楊汝楠	銀七錢	吳大鴻	銀五錢
郭大終	銀五錢	李朝寵	銀七錢	李□柘	銀五兩
凌　明	銀三錢	程九思	銀五錢	張德宗夥	□銀五兩
張大剛	銀九錢	王世□	銀□□	□天□	銀五錢
李尚仁	銀八兩一錢	賈廷□	銀一兩	杜中元	銀一兩五錢
任一敬	銀二兩	高大剛	銀三錢	張　登	銀三錢
陸仲廉	銀一兩五錢	閆　□	銀三兩一錢	劉仲義	銀一兩七錢
宋希□	銀一兩五錢	張鷟□	銀二兩二錢	彭　惠	銀二兩五錢
崔　偉	銀三兩	羅尚綱	銀一兩四錢	郭　松	銀二錢三分
杜學孟	銀二兩	陳堯佐	銀一兩九錢	沈光輝	銀八錢三分
梁濟旅	銀二兩二錢	□□□	銀一兩零二分	陳天□	銀一□
張廷宏	銀四錢	張□□	銀一兩二錢五分	郭□□	銀四錢五分
張　訒	銀三錢	李□□	銀一兩二錢五分	吳□□	銀二錢三分
□　輝	銀一錢	宋時□	銀四錢	羅□倫	銀三錢五分
錢養民	銀一錢	張廷政	銀四錢五分	高　□	銀三錢五分
劉希道	銀一兩一錢	賈一□	銀二兩	□大完	銀一兩一錢
宋和□	銀三錢	吳德連	銀六錢	劉□梓	銀五錢
張時和	銀二錢	陳　清	銀六錢	張朝□	銀一錢

（此處殘損）	李□□　銀一兩	□　□　銀一兩
（此處殘損）	□□□　銀三兩四錢	孫□□　銀一兩二錢
（此處殘損）	□□□　銀一兩	□　明　銀七錢
（此處殘損）	□□□　銀一兩	郭　□　銀一兩三錢
（此處殘損）	王世□　銀二錢	葉明宰　銀五錢
潘（此處殘損）	□□□　銀四錢	張□□　銀一錢三分
錢（此處殘損）	張廷□　銀三錢	□天□　銀五錢
宋（此處殘損）	□遇春　銀七錢	杜□□　銀六錢六分

□□□　銀五錢	□□□　銀一兩五錢	□□經　銀一兩
□□□　銀二錢	陳□□　銀二錢	劉汝□　銀二錢
□□□　銀五錢	邢朝□　銀三錢	□□□　銀一錢
劉汝芳　銀二錢	李景□　銀一兩一錢	王應村　銀八錢
王仲仁　銀二錢五分	席文魁　銀二錢	□□□　銀一兩
龔　銳　銀一錢	孫□□　銀一兩	劉向美　銀二錢
安天命　銀一錢	□　□　銀一兩八錢三分	陳廷全　銀一兩二錢
張弘禮　銀五錢	劉希問　銀一兩	薛一正　銀一錢三分

趙　□　銀五錢	孫□□　銀一兩	張□□　銀□□
□□□　銀一兩三錢	□□□　銀三錢	□□□　銀二錢
□尚仁　銀五錢	劉　□　銀七錢六分	□□□　銀三錢
侯尚禮　銀五錢	李文□　銀一錢三分	□□□　錢三□
張□□　銀一兩	□□□　銀一兩	孫□□　銀三錢
王□□　銀一兩	□□□　銀五錢	□□□　銀三兩七錢
馮守信　銀二兩三錢	孫邦正　銀三錢	陳□□　銀七錢
張　□　銀一兩二錢	□□□　銀五分	杜□聰　銀八錢

□□
□□
□□
□□　銀一錢

絳州：

楊廷□	銀五錢	許成章	銀二錢五分	康　穩	銀一錢
梁　□	銀三錢	王　詔	銀九錢	陳　汾	銀五錢五分
□□□	銀三錢	張　銳	銀三錢	王　价	銀五錢三分
馬尚仁	銀三錢	段瀾秀	銀七錢	安尚仁	銀四錢
李廷高	銀一錢五分	閆應時	銀一錢	宋師乐	銀三錢
□　傑	銀三錢	楊時盛	銀三錢五分	楊時思	銀三錢
□□□	銀二錢五分	郝成貴	銀二錢	魯□□	銀五分

王自方	銀三錢	馮　癸	銀二錢	李　夏	銀四錢五分
嚴　謹	銀一兩二錢	薛　夏	銀一錢五分	段崇耀	銀八錢
衞廷貴	銀四錢	李　春	銀六錢	王　爵	銀二錢五分
衞廷讚	銀二錢五分	杜文魁	銀五錢	刘　智	銀二錢
陳　勳	銀一錢五分	史　書	銀三錢	梁師禹	銀一錢
陳　格	銀六錢	孫　莊	銀三錢	梁　思	銀四錢五分
李承芳	銀五分	孫　義	銀五分	閆守倉	銀五分

范　芳	銀一錢五分	段　謙	銀一錢	張　□	銀二錢
王守□	銀四錢	薛尚智	銀三錢	陳　新	銀四錢
馬原圖	銀四錢五分	張進懷	銀一錢	李　恭	銀一錢
馬　謁	銀二錢	趙　重	銀三錢	王　忠	銀一錢
康　定	銀一錢	侯世榮	銀二錢	高大魁	銀二錢
李　止	銀二錢	刘承良	銀四錢	李　□	銀四錢
楊　務	銀五分	薛尚信	銀五分	薛□卿	銀五分

陳　尚		（此處殘損）		李時東	銀一錢
康　尚		（此處殘損）		□克新	銀一錢
席文強		（此處殘損）		馬陳圖	銀四錢
張　忠	銀□□	（此處殘損）		趙　科	銀一錢
梁□忠	銀□□	（此處殘損）		梁　相	銀二錢
□　蘇	銀二錢五分	（此處殘損）		董時□	銀二錢
閆宗□	銀五分	（此處殘損）		陳　新	銀五分

杜　江　銀二錢五分	□尚心　銀一錢	魯　儒　銀一錢五分
□世臣　銀二錢五分	李　經　銀四錢	梁□□　銀□□
秦　楠　銀一錢	李□□　銀二錢	陳思明　銀一錢五分
張　穗　銀三錢	侯世□　銀一錢	張永成　銀一錢
段邦勸　銀一錢	楊万□　銀三錢五分	薛　□　銀二錢五分
王　相　銀一錢五分	孫　敎　銀一錢	張　□　銀二錢
陳　□　銀五分	□□寧　銀二分	陳　□　銀八分

□　□　銀一錢三分	□□　銀一錢三分	周尚□　銀五分
□□□　銀一錢	□□　銀一錢	孫世□　銀五分
靳時隆　銀一錢	薛朝相　銀一錢	段尚冬　銀五分
孫　□　銀二錢五分	□□　銀五分	石九高　銀三分
靳時言　銀一錢	□□　銀五分	李宗林　銀五分
高　壽　銀一錢	許　周　銀五分	郭　□　銀五分
關應立　錢一百文	許成材　錢一百文	□　縣（以下殘損）

□□□　銀一錢二分
閆□□　銀一□
孫　經　銀二錢
□士□　銀一錢
李□□　（以下殘損）
□　□　（以下殘損）

澤州：
任　經　銀三錢	朝進孝　銀二錢	王朝雍　銀一錢
王　坤　銀一錢	王大賢　銀五分	王仲呂　銀三錢
張應時　銀一錢	王　學　銀三錢	司　假　銀二錢
翟文聰　銀一錢	（此處殘損）	□　榮　銀五分
王騰霓　銀五分	龐　乾　銀一錢	□□□　銀一錢
梁　章　銀五錢	閆伯榮　銀一錢	
常朝滿　銀三錢	郜宗法　大門釘一付	李一中　銀四錢
王天祿　釘五十斤		

潞安府：譚　相　釘十斤　　　王時□　釘五十斤　　姬文升　釘二十斤
翼城縣：常　元　銀一錢
汾　州：辛大經　銀一錢　　　燕騰雲　銀一錢　　　王天祐　銀二錢
　　　　（此處殘損）　　　　王一桂　銀二錢
太平縣：梁時雍　銀三錢　　　高伯義　銀一錢　　　高伯方　銀五錢
　　　　薛九黔　銀一錢
陽城縣：李國祥　銀一兩　　　潘得禄　銀一錢　　　郭永付　銀一錢
　　　　李國廉　銀一兩　　　盧光輝　銀一錢　　　楊廷軫　銀一兩
　　　　盧成能　銀三錢　　　李爭光　銀一錢　　　吉士祥　銀一錢
　　　　王　海　銀二錢　　　張　福　銀一錢
曲沃縣：張廷相　銀一錢　　　李得良　銀五錢　　　杜嘉謨　銀一兩
　　　　（此處殘損）　　　　□□明　銀一錢　　　張九祥　銀六分
懷慶府河内縣：
　　　　竇　良　銀三錢　　　張　虎　銀三錢
　　　　張　鳳　銀三錢　　　沈　文　銀三錢　　　宋　謙　銀三錢
　　　　牛繼先　銀二錢　　　馬驗明　銀二錢　　　買時登　銀一錢五分
　　　　閆希德　銀一錢五分　王　周　銀三錢　　　高　堂　銀一錢五分
　　　　陳　鑑　銀三錢　　　朱廷福　銀三錢　　　買　□　銀三錢
　　　　梁□□　□□□　　　□□□　銀一錢　　　李景山　銀二錢
　　　　高　□　□□□　　　□□□　銀一錢　　　王廷相　銀二錢
　　　　劉宗舜　銀□□　　　（以下殘損）
　　　　（以下殘損）
清化鎮鄉致仕官□：　　高　照　銀十兩　　　董　賢　銀二兩
　　　　　　　　　　　王□□　銀三錢　　　趙　成　銀五錢
　　程□學　銀五錢　　　　　　　　　　　于淳三　門一座
　　張鵬程　銀五錢　　　孫汝□　銀一兩五錢　薛繼清　銀五錢
　　曹司忠　銀五分　　　王士□　釘十斤　　　張大才　銀五分
　　路　津　釘二十斤　　□　相　銀一錢　　　趙九成　銀三分
　　李　權　銀二錢　　　李　鵬　銀一兩　　　王　□　銀五錢
　　麻嗣□　銀一錢　　　畢　□　銀五錢　　　高門趙氏銀五錢
　　□　新　銀一錢　　　馮　倉　銀一錢　　　岳東先　銀二錢

□　滕　銀一錢	王　桂　銀一錢	薛　相　銀一錢
□　□　銀二兩	母　雍　銀□□	蔡九疇

麻　耘　麥一石	高汝孝　銀五錢	米　箱　銀三錢
母　□　銀一兩	董三策　銀五錢	米　京　銀一錢
韓繼緒　銀五錢	路　桐　銀五錢	孫汝寬　銀五錢
宋　礼　銀一錢	胡自鷟　銀五錢	路汝由　銀三錢、金一千
趙　相　銀一兩五錢	段守運　銀一錢	周　成　銀七分
孫　相　銀一錢	賈乘興　銀二錢	陳□□　銀五分
高　鐘　銀一錢六分	路　臻　銀六分	裴　宗　銀一錢
王　演　銀一錢	高尚仁　銀二錢	高　連　銀一錢
桑　珊　銀二錢	王　勳　銀三錢六分	林　宗　銀二錢
高　剛　銀三錢六分	梁良爵　銀一錢五分	楊　海　銀一錢
李守教		

姜應科　銀二錢	趙　楠　銀一兩五錢	王如綸　銀一兩
米　粲　銀一錢	李從孔　銀一錢	孫可畏　銀一兩
宋　河　銀三錢	孫汝翼　銀五錢	母自用　銀一錢
孫可立　銀五錢	任　福　銀五錢	王　銓　銀一錢
賈□誼　銀五錢	孫可登　麦二石	趙九先　銀六分
蔡　富　銀一錢	黃　臣　銀五分	李　蘭　錢六十文
王　雷　銀一錢	孔自清　銀六分	郭　其　銀六分
李繼□　銀一錢	趙四知　銀一錢	李　方　木二根
李　道　銀一錢	張　寧　銀一錢	王　尊　銀一錢
段堯卿　銀一錢	姜　岩　銀一錢	邢　仁　銀三錢

柴光先　銀一錢	來光□	（以下殘損）
孫可訓　銀一兩	趙九□　銀□□	（以下殘損）
樊　成　銀一錢	余　敖　銀三錢	（以下殘損）
蘭志高　銀一錢	張　任　銀一錢	（以下殘損）
原　囯　銀五分	羅　桐　銀三錢	

任尚禄 金一千	陳 清 銀一錢	（以下殘損）
逯 柳 銀五分	梁 選 銀一兩	（以下殘損）
李 諒 銀一錢	高文學 銀一錢	王□□ （以下殘損）
和 □ 銀一錢	路 道 銀五分	王尚□ （以下殘損）
劉 江 銀五分	張 孝 銀五分	張 談 （以下殘損）

陝西漢中府翔縣：金□林 銀一兩
開封府祥符縣：藍 □ 銀二錢
松 江 府：左 銳 銀二錢
江西撫州府：蘭 衫 銀一錢
修 武 縣：丘 定 麥三石
濟 源 縣：王加善 銀三錢 （以下殘損）

時
大明隆慶五年 山西平陽府臨汾縣行商劉尚科謹發虔心躬率各處商人創建廟宇落成勒碑（以下殘損）

2. 康熙四年大王廟買地契約碑①

立賣契人王際盛，因爲無糧銀使用，今將自己祖業房院一所，坐落五地方，内有樓房二間，計地後批。東、西、南三至司丹□，北至街心，四至分明。今情願立約賣與 大王老爺廟修蓋戲樓用。同中言定時值價紋銀六十五兩整，其銀即日交完，其房即日爲業。如有房親户内人等爭差，際盛一面承當。恐後無憑，立賣契存照。

康熙四年九月十七日

立賣契人：王際盛 ＋　　同堂祖：王化魯 ＋　　同族叔：王之璋 ＋
　　　　　　　　　　　　　　　　　　昇 ＋

---

① 該碑原無碑名。

　　　　　同本廟住持：王常法 十
　　　　　　同鄉社：□□□ 十
　　　　　　　　　趙宗伊 十
　　　　　　　　　孫延禧 十

　　　　　　　　　張拱星 十
　　　　　　　　　麻　瀛 十
　　　　　　　　　孫傳心 十
　　　　　　　　　冷含春 十
　　　　　同會內人：王　濤 正
　　　　　　　　　趙思登 十
　　　　　　　　　趙元太 十
　　　　　　　　　李崇敬 十
　　　　　　　　　郜士林 十
　　　　　　　　　孫毓秀 十
　　　　　　　　　王　階 十

　　後批：房基地三分二厘，其地在清上五圖四甲王春魁名下開取，自康熙五年辦納糧差。

3. 康熙七年《大王廟創建戲樓碑記》

碑額：創修戲樓碑記

大王廟創建戲樓碑記
湖廣黃州府知府郡人　　杜之璧撰
郡　　庠　　廩　　生　　姚　鈺書
野王河內古邘散人　　陳如皋書丹

　　天下之事之成也，莫不有時焉。此其故□，獨人不得而主之，雖神亦不得而私之。本鎮東南去河百里而遙，而建有　金龍四大王祠者，蓋爲諸商酬願之所也。清化爲三晉咽喉，乃財貨聚積之鄉，凡商之自南而北者，莫不居停于此而賽願焉。明嘉靖辛酉歲，晉商劉尚科苦祀神無地，募化本鎮信士孫秉德地基一段，捐己貲，募商財，經始建廟，此廟制之所由來也。凡得正殿三間，拜殿三間，東西廡六間，三門三間。然廟制逼街，前無餘地，而戲樓闕焉。□萬曆十一年，晋商辛尚仁踵尚科之意而新之，復建三官殿於其後。然廟制既逼街，故止能拓乎其後而不能拓乎其前，而舞樓猶然闕也。夫創始者從其約，繼起者求其備，此人情必至之理也。況商之操奇贏而權子母，賴安瀾之力以生息，食神之德既無盡，則所以奉神之心亦無盡，於是咸願建舞樓以佑神。然廟制既逼街，獨街南有王氏房三楹，諸商將不惜捐金以求得之，而無奈王氏堅不從也。王氏雖不從，而商之求之終未已。是以歷明至今，八十餘年間接踵而求者固不乏人，而王氏之堅不從者如故也。迨康熙乙巳，晋商宋雲程等來司會計於此，復踵前人之意而求之，且合本廟會首冷含春等而共求之，而王氏乃允焉。雲程於是復捐己貲，募商財，□用價六十兩有奇，而王氏之地始得為廟有。經始於康熙四年臘月，落成於五年九月，樓成而丹楹畫樑，金碧輝煌。噫，盛矣！佑神有地，而諸商之願畢矣。□□□之人□之八十餘年而不得者，今乃一旦而得之，人之力與？神之靈與？抑所謂時之未至不得先，時之既至不得後與？通乎時之況，則凡期望之私與覬覦之念□□□□之矣。工完而貞諸石，凡以誌首事者之勤勞與捐財者之姓氏，並創始者之歲月也云尔。

景盛號：韓　旭	黃　楹	**信義號**：郭衛旬	出銀八兩
侯世爵	韓義禎	陶象復	
荀麒鳳	鄢玉馨	**廣盛號**：蔡耿光	出銀八兩
武鎮國	玉　恭	張鳳翀	
賈待奇	王　勳	**新盛號**：孫秉勝	出銀四兩
周道隆	因維礼	柴作舟	
劉　伸	賈之璿	**萬盛號**：張大猷	出銀八兩
張□源	賀天錫	高□□	出銀一兩
宋雲程	張欲欽	萬成店	出銀三兩
楊起鳳	張九緒	日盛店	出銀一兩五錢
郭士俊	張欲錫	信盛店	出銀三兩
羅　桂	武世昌	逯　宅	出錢三千
劉一傑	張　德	高志□	出銀五兩
劉春芳		□□□	出銀五兩
劉彩鳳		高彥□	出銀四兩
□仁長　以上共出銀三十兩零六錢		□□厚	出銀三兩

董承□梁之瑚	出銀一兩	李之興	
路世臣	出銀一兩	王永太	共銀三兩
李昌太	出銀一兩	蔡繼文	
路明達	出銀一兩	孫其熏	出銀一兩
高敦復	出銀二兩	戴成功	出錢七佰
賈永桂	出銀一兩	程之侯	出錢一千
靳天階	出銀五錢	長興號	出銀一兩
梁鳳彩		隆盛號	出銀五錢
牛 晃		楊守忠孫天禧王承策	出銀五錢
閆 瑾	戲樓釘全管		
趙自芳		張世盛	出銀三錢
喬培茂		秦國盛	出銀二錢
高 店	出銀一兩	周繼祖	出銀二錢
趙 □	出銀一兩	耿長書	出銀二錢
□京□	出銀五錢	任汝全	出銀二錢
趙□□	出銀一兩	王□美	出銀二錢
趙思登	出銀二十兩零七錢，又錢十九千零六文		
栗興□	出銀一兩		

史文山		趙文全	銀一兩，又辛紅二□
孫自強		張應泰	銀一兩
董加才		李永康	銀三錢
劉加才		李浩璉	銀二錢
劉□仁		楊如林	銀三錢
龐龍長		芦傳廷	銀二錢
裴自成		王世德	銀三錢
董加□		王永太許之琳	銀三錢
趙□成		郭登貴	銀二錢
董□亮		趙時亨	銀三錢
劉加□		李集慶	銀二錢

董復□		張光先	銀三錢
劉□□		楊興福	銀二錢
董□□		張秉正	銀二錢
常彥祥		袁本幹	銀一錢
連九□	以上十六人共銀二十兩		

□□晉	銀三錢	路光顯	錢五百
許鳳瑾	銀一錢	吳鳳鳴	銀一錢
蘇緒軾	銀一錢	鄔鳳	銀二錢
葛方盛	銀二錢	李士然	銀二錢
王福先	銀一錢	段光前	銀二錢
章加璧	銀一錢	馬有德	銀一錢
杜樞	銀三錢	宋自成	銀一錢五分
董應遴	銀二錢	朱伯華	銀一錢
張臣霓	銀一錢	宋明道	銀二錢
楊貴馨	銀六錢	高景賢	銀二錢
馮三□	銀一錢	張象乾	銀二錢
□養志	銀一錢	賈崇明	銀一錢
高起鳳	錢三百	高鳴鳳	銀二錢
王熙皇	銀一錢	□振陽	銀一錢
李士安	錢四百		
裴積福	錢二百		

粧飾三門拜殿兩廡牌坊捐財□□開□：

高思祖	銀三錢	段□元	銀一錢七分
孫玉崑	銀三錢	陳□政	銀三錢
趙應君	銀一兩	陳□□	銀二錢
孫毓秀	銀三錢	□□連	銀二錢
趙宗歐	銀一錢七分	□□	銀□□
路明達	銀一錢八分	□基□	銀□□
趙一奇	錢五百	□□明	銀□□

何之濤　銀二錢　　　　　□□□　銀□□
李世□　銀一錢　　　　　□永□　銀□□
□□□　銀一錢　　　　　李一□
路世志　錢五百　　　　　□□□　銀□兩
許□昇　銀一錢五分
□□□　錢五百
□□陽　銀一錢七分
申□□　銀一錢七分

　　　　趙思登　　□□心　　木匠：馬□□　　本廟住持：王常法　仝立
　　會首：冷含春　李□秀　　石匠：李□□　　　　　□：王□□
　　　　張拱星　李宗敬

康熙七年歲在戊申□月之吉

4. 康熙四十一年《清化鎮大王廟豎立旗杆碑記》

碑額：碑記

清化鎮大王廟豎立旗杆碑記

軍門鼓角必建高牙大纛，所以立威表號也。矧廟貌巍峨，以之崇禋祀達虔誠，顧可無旌斾之懸，用壯觀瞻乎。茲於月南鎮　金龍大王廟旗杆之設，而嘆諸商人之盛舉爲不可沒也。蓋諸商人足跡半天下，風雨之所櫛沐，舳艫之所蟬聯，多蒙　神麻庇蔭。此即《戴記》所謂有功烈則祀之遺意。而翠旌桂旗，亦猶《楚辭》之髣髴云爾。第鳩工選材，得之非一日之易，成之非一人之功。惟諸商人，或近燕都，或居淮海、青兗、臨淄、渠丘、太原等處，亦實繁有徒焉。於是僉謀襄事，各解杖頭，俄而雙旌孑孑拂□干霄，與舊所建立者後先掩映。其所謂立　神威，表　神號，雖未敢以事人者瀆　神，然而靈爽之所招徠，福佑之所憑依，未必不存乎□。是役也，創首者北直隸廣平府永年縣信商王君諱之臣，而舟車遠載，丹艧挺立者則王君諱三甯等也。余適館穀月南，睹茲盛舉，懼其久而磨滅，無以爲後之秉虔對越者勸也，於是乎書。

大清康熙四十一年歲次壬午九月吉旦　　懷慶府儒學廩膳生員　鄒衍泗熏沐撰文並書

北直隸廣平府永年縣信商：
　　　王之臣　王三鼐　呂二興　郭　植　趙　明　崔錫王　程　範　閆守志
　　　張起林　白天□　白天明　孫雲□　王自修　趙公純　杜明亭　王天貴
　　　王永禄　王成名　喬濟衆　呂　標　趙榮先　　順天府信商：董應遜
　　　真定府靈壽縣信商：劉漢瀾
山東青州府沂水縣信商：李國寧　李國順　　　莒州信商：張　輔
江南淮安府海州信商：孫之漢
山西澤州信商：馬華駞　李開疆
本鎮信商：劉見明　趙宗極　趙王錫　　　　公同立石

5. 雍正元年重修大王廟捐款碑①

碑額：碑記

重修　金龍四大王老爺廟，金粧聖像一堂，兩廊、三門、牌坊焕然聿新，創建戲樓前卷棚三間，出銀錢信士姓名開列於後：

署懷慶府河捕通判王授章　捐銀九兩式錢伍分
河內縣稅課司大使章　坦　捐銀壹兩
駐　防清化鎮千總楊本立　捐銀叁錢
新盛紬緞店　捐銀四兩八錢　　　　西魁山号捐銀五錢
信義紬緞店　捐銀四兩八錢　　　　甫字号　捐銀五錢
弘泰紬緞店　捐錢四兩八錢　　　　太盛号　捐銀五錢
六當店信商　捐銀三兩　　　　　　永新号　捐銀五錢
鹽店信商　　捐銀壹兩　　　　　　正興号　捐銀五錢
高柏之　　　捐銀六兩　　　　　　恒足号　捐銀五錢
路憲章　　　捐銀五兩　　　　　　公順号　捐銀五錢

---

① 該碑原無碑名。

王翠還　捐銀四兩
高克岐　捐銀三兩
岳英吾　捐銀二兩
岳崑石　捐銀二兩
滎澤縣孟吉等捐銀一兩三錢二分
謝洪公　捐銀一兩
萬興号　捐銀一兩零二分
溫泰号 劉應貴 李文廣 二人捐銀一兩
高昇九施椿樹一株
田玉之　捐銀一兩
李林卿　捐銀一兩
路昇之　捐銀一兩
田盛公　捐銀一兩
王建公　捐銀一兩
劉子澍　捐銀八錢
郜仁還　捐銀八錢
合興号連尚敏捐銀五錢
朱村張進捐銀五錢

逯子玉 梁于天 二人捐銀五錢
武應召 王興太 二人捐銀五錢
劉萬益 李文炳 二人捐銀五錢
趙完美　捐銀五錢
許祥生　捐銀五錢
李伊三　捐銀五錢
王寧宇　捐銀五錢
吳存義　捐銀五錢

北公聚号捐銀五錢
用順号　捐銀五錢
東魁山号捐銀五錢
趙君之　捐銀五錢
高松山　捐銀五錢一分
何天水　捐銀五錢
劉　全　捐銀五錢
岳宗周　捐銀五錢
王涵育　捐銀五錢
高星海　捐銀五錢
蔡魁甫　捐銀五錢
岳松山　捐銀五錢
張世臣 任迺洪 二人捐銀五錢
曹　遴　捐銀五錢
興盛号王寬捐銀五錢
張天儒　捐銀五錢
胡思敬　捐銀五錢
王現亭　捐銀五錢

李耀宇　捐銀三錢
孫建功　捐銀三錢
萬全号　捐銀三錢
杜子萬　捐銀三錢
岳　峒　捐銀三錢
邵思洪　捐銀三錢
趙啓禎　捐銀三錢
永興号　捐銀三錢
段興山　捐銀三錢
公盛号　捐銀三錢

馮崑之　捐銀五錢　　　　　　張調甫　捐銀三錢
全盛號吳英捐銀五錢　　　　　馬清泉　捐銀三錢
王彌公　捐銀四錢四分　　　　梁君重　捐銀三錢
高漢伯　捐銀三錢八分　　　　張衡人　捐銀三錢
大成號　捐銀三錢　　　　　　張彥甫　捐銀三錢
□子號　捐銀三錢　　　　　　公興号　捐銀三錢
隆興號　捐銀三錢　　　　　　信誠号　捐銀二錢
陳魁山　捐銀三錢　　　　　　通興号　捐銀二錢
三同號　捐銀三錢　　　　　　同泰号　捐銀二錢
瑞盛號　捐銀三錢　　　　　　同興号　捐銀二錢
和盛號　捐銀三錢　　　　　　昇恒号　捐銀一錢六分
□興字號捐銀三錢　　　　　　寧泰号　捐銀一錢
□和號　捐銀三錢　　　　　　趙長公　捐銀三錢
茂盛號　捐銀三錢　　　　　　義和号　捐銀一錢
高俊何□漢二人捐銀三錢　　　隆興号　捐銀二錢六分
恒字號　捐銀三錢　　　　　　興隆号　捐銀二錢
義盛號　捐銀三錢　　　　　　臣興号　捐銀一錢
桑大寶　捐銀三錢二分　　　　永亭号　捐銀九分

　　　　　　　　　　　　　　惠盛号　捐銀一錢五分
　　　　　　　　　　　　　　牛文射　捐銀一錢三分
永順号　捐銀二錢七分　　　　和興号　捐銀二錢
宝伸号　捐銀二錢　　　　　　恒昌号　捐銀一錢七分
義盛号　捐銀二錢　　　　　　昇恒号　捐銀一錢八分
順興号　捐銀一錢六分　　　　永盛号　捐銀一錢八分
通興号　捐銀二錢　　　　　　恒聚号　捐銀一錢七分
合和号　捐銀一錢　　　　　　和泰号　捐銀二錢
元太号　捐銀二錢　　　　　　錫字号　捐銀一錢八分
同興号　捐銀二錢　　　　　　義盛号　捐銀一錢
元盛号　捐銀二錢　　　　　　弘順号　捐銀一錢八分
薛士英　捐銀二錢　　　　　　太和号　捐銀二錢

公正号	捐銀二錢	漢興号	捐銀二錢
義興号	捐銀二錢	福字号	捐銀二錢
同盛号	捐銀二錢	王　榛	捐銀二錢八分
盛興号	捐銀二錢	張　珆	捐銀二錢
焦新盛	捐銀二錢	高　奇	捐銀一錢九分
德興号	捐銀二錢	張元之	捐銀一錢一分
永和号	捐銀一錢五分	何良臣	捐銀一錢
永和瑞字号	捐銀一錢五分	王貴之	捐銀一分
同和号	捐銀一錢八分	廣興号	捐銀二錢
復興号	捐銀二錢	宋　鍼	捐銀一錢八分
義順号	捐銀二錢	文盛号	捐銀二錢
義和号	捐銀二錢	復盛号	捐銀二錢
合義号	捐銀一錢七分	弘宇号	捐銀二錢
魁字号	捐銀一錢六分	義和号	捐銀一錢
盛興号	捐銀九分	公盛号	捐銀一錢
楊忠孝	捐銀九分	靳瑞宇	捐銀一錢
宋　瑾	捐銀九分	李光顯	捐銀一錢
同盛号	捐銀二錢	劉士彦	捐銀七分

韓明山	捐銀一錢三分
郝創修	捐銀五分
逯　□	捐銀五分
李寶山	捐銀一錢五分
高文隆	捐銀二錢
宋殿臣	捐銀五分
田蘭亭	捐銀一錢一分
劉福宗	捐銀一錢五分
高　傑	捐銀一錢五分
高清公	捐銀一錢二分
李元公	捐銀九分
任洪萬	捐銀九分

李傑還　捐銀七分
李光祖　捐銀九分
洪興号　捐銀二錢
全盛号　捐銀二錢
公盛号　捐銀一錢
聞相公　捐銀九分
潘相公　捐銀八分
張玉美　捐銀四錢四分
宋玉章　捐銀二錢八分
　　　以上共收銀乙百零四兩三錢七分

趙宗極　出銀四兩　　　馬　越　出銀四兩
李　倬　出銀四兩　　　申紹舜 李廷□　出銀四兩
高　岩　出銀四兩　　　趙　岐　出銀四兩
蕭漢傑　出銀四兩　　　顧　全　出銀四兩
王啓祚　出銀四兩　　　岳化麒　出銀三兩四錢
　　　十家會首出銀四十兩
　　　二共收銀乙百四十四兩三錢七分

　　使費開列於後：
金神匠人工價銀三十二兩七錢，又煤柴、木炭、紙張、燈油使銀四兩一錢四分
補修前後殿宇、泥水匠人工價銀二兩五錢
五彩兩廊、三門、牌坊、戲樓並油活匠人工價銀二十四兩
買條磚、巴磚、瓦脊獸使銀九兩零五分
買柱頂條石使銀乙兩三錢五分
油匠工價銀五兩六錢六分，係油閣扇簾籠
開光花砲使銀四錢，創修戲樓、卷棚泥水匠人工價銀四兩五錢
小木匠人工價銀二兩五錢六分，大鋸匠人工價銀二兩二錢
做大殿閣扇、抱柱使銀六兩，買楊椿樹十二株使銀十一兩四錢五分
買方椽十七根使銀四錢三分，買石灰三千零二十斤使銀一兩二錢八分
抬樹人工並各色匠人工錢、飯錢使銀四兩四錢一分

買釘共使銀九錢二分，買牛毛使銀四錢，買繩使銀四錢八分

搖鈴工錢使銀一錢五分，買黃土使銀四錢二分，打鐵活使銀四錢七分

神前□鼓一面工價銀三錢七分，吹手銀四錢，賞封銀四錢

開光各色匠役利市酒肉菜蔬等項使銀十一兩三錢五分

戲銀三兩，傾拆色銀六錢，又雜項使銀八兩八錢四分

　　以上共使出銀乙百四十一兩三錢三分

　　除使過餘銀三兩零四分，付本廟住持作香資

　　　　　　　　　　　　　　　　申紹舜　王啟祚

　　　　　　　　　　　　　信義號　馬　越　趙　岐

外，刻碑一統，使銀三兩六錢，係十三家會首：新盛號　趙宗極　岳化麒　公出

　　　　　　　　　　　　　弘泰號　李　倬　蕭漢傑

　　　　　　　　　　　　　　　　　高岩　顧全

　　　　　　　　本廟住持：王守仁　徒：太初　石匠：張松

大清雍正元年八月二十四日　　　　　　　　　　　立石

6. 乾隆四年重修大王廟捐款碑①

碑額：碑記

　　金龍四大王老爺廟前戲樓三間，補修牌坊、三門、大殿、兩廊、道院，煥然聿新。出銀錢信士姓名列後：

廣東羅定州直隸州知州加六級記錄二次　逯　宅　捐銀肆兩

信義店捐銀二兩五錢　　　　　　　　　義和店捐銀五錢

恒足店捐銀二兩　　　　　　　　　　　交慶店捐銀五錢

統泰店捐銀一兩五錢　　　　　　　　　有義店捐銀五錢

程玉盛捐銀一兩四錢　　　　　　　　　永興店捐銀五錢

王建公捐銀一兩二錢　　　　　　　　　德潤店捐銀五錢

---

①　該碑原碑無名。

傅錫九　捐銀一兩　　　　通順店　捐銀五錢
□永興　捐銀一兩　　　　如意店　捐銀五錢
□盛号　捐銀一兩　　　　淳茂店　捐銀五錢
□□錫　捐銀一兩　　　　天水号　捐銀五錢
□盛号　捐錢五錢　　　　五福号　捐銀五錢
□興号　捐錢五錢　　　　高金章　捐銀五錢
順益号　捐錢五錢　　　　路全公　捐銀五錢
高□奇　捐錢五錢　　　　何振淮　捐銀五錢
弘盛号　捐錢五錢　　　　許祥生　捐銀五錢
郭勳臣　捐錢五錢　　　　靳玉甫　捐銀五錢
桂興号　捐錢五錢　　　　張公盛　捐銀五錢
李成章　捐錢五錢　　　　趙顯侯　捐銀五錢
連公伯　捐錢五錢　　　　協和号　捐銀五錢
敬盛号　捐錢五錢　　　　正興号　捐銀四錢
公興号　捐錢五錢　　　　焦慶宇　捐銀四錢
同興号　捐錢五錢　　　　□□□　捐銀四錢
元興号　捐錢五錢　　　　□□□　捐銀四錢八分
弘泰号　捐錢五錢　　　　路正□　捐銀四錢八分
　　　　　　　　　　　　西公聚　捐銀二錢八分
　　　　　　　　　　　　公盛号　捐銀□錢七分

　　　　　　　　　　　　元字号　捐銀三錢
魁盛号　捐銀四錢八分　　大恒号　捐銀三錢
西魁山　捐銀四錢八分　　安興号　捐銀三錢
通順号　捐銀四錢三分　　均太号　捐銀三錢
岳公順　捐銀四錢六分　　寧太号　捐銀三錢
張公順　捐銀四錢五分　　李應宇　捐銀三錢
東玉興　捐銀四錢五分　　大吉号　捐銀三錢
王君相　捐銀四錢六分　　牛敬盛　捐銀三錢
逯甫臣　捐銀四錢七分　　恒裕号　捐銀三錢
義順号　捐銀三錢　　　　周瑞宇　捐銀三錢
太興号　捐銀三錢　　　　張君相　捐銀三錢

福生号	捐銀三錢	昇恒号	捐銀三錢
太順号	捐銀三錢	實坤山	捐銀三錢
焕興号	捐銀三錢	邵景玉	捐銀三錢
劉上鄉	捐銀三錢	連貴之	捐銀三錢
李介福	捐銀三錢	岳衍泗	捐銀三錢
連昇号	捐銀三錢	康憲章	捐銀三錢
東盛興	捐銀三錢	晋豐店	捐銀三錢
同興号	捐銀三錢	肖成吾	捐銀三錢
金順号	捐銀三錢	王貴之	捐銀三錢
大成号	捐銀三錢	鳳盛号	捐銀三錢
太盛号	捐銀三錢	王含馨	捐銀三錢
公盛号	捐銀三錢	忠和号	捐銀三錢
大興号	捐銀三錢	喬子萬	捐銀三錢
生茂号	捐銀二錢六分	張九公	捐銀三錢
隆興号	捐銀二錢七分	鐘成号	捐銀三錢
昇太号	捐銀二錢七分	元亨号	捐銀一錢九分
趙榮先	捐銀二錢八分	集玉号	捐銀二錢
王景甫	捐銀二錢八分	中太号	捐銀二錢
廣興号	捐銀二錢七分	玉成号	捐銀二錢
順字号	捐銀二錢八分	三益号	捐銀二錢
王三振	捐銀二錢七分	興盛号	捐銀二錢
原子範	捐銀二錢八分	元天号	捐銀二錢
孫楚文	捐銀二錢八分	廣盛号	捐銀二錢
賈子玉	捐銀二錢七分	胡正乙	捐銀一錢八分
陳順興	捐銀二錢八分	和茂号	捐銀一錢八分
高子隆	捐銀二錢八分	元成号	捐銀二錢
顧君甫	捐銀二錢八分	通興号	捐銀一錢八分
恒太号	捐銀二錢八分	公盛号	捐銀一錢八分
公王号	捐銀二錢八分	王君禄	捐銀二錢
久如号	捐銀二錢八分	楊蕙亭	捐銀二錢

元恒号	捐銀二錢七分	恒吉号	捐銀二錢
張素心	捐銀二錢七分	王東川	捐銀二錢
吳王之	捐銀二錢	趙光臣	捐銀二錢
義順号	捐銀二錢	西盛興	捐銀二錢
臣順号	捐銀二錢	永盛号	捐銀二錢
許子香	捐銀二錢	太和号	捐銀二錢
順興号	捐銀二錢	景盛号	捐銀二錢
致和号	捐銀二錢	王亮公	捐銀二錢
趙廣生	捐銀二錢	張□庵	捐銀二錢
晋恒号	捐銀二錢	王子□	捐銀二錢
元吉号	捐銀二錢	信儀店	捐銀二錢

李逢吉　捐銀二錢
聚昇三　捐銀一錢
盛興号　捐銀一錢六分
大裕号　捐銀九錢
　　以上通共收銀六十三兩九錢八分

　　會　首：
萬興号　劉子卓
李林卿　王文軒
趙子敬　王翠還
魏順之　趙君之
高柏之　孫福軒
路伯文　路紹周
高星海　蔡魁甫
高振石　高聚岐
田良臣　趙子華
李叙五　曹顯亭
路遠菴　董欽之
　　共二十二家，共出銀二十兩三錢四分
　　二共合銀八十四兩三錢二分

使費開列於後：

大木泥水工價使銀十八兩八錢九分

買木植板張使銀二十三兩三錢六分

買磚瓦石灰土坯荆笆□芥共使銀八兩九錢七分

買撥風鉄葉釘畫匠油匠木匠共使銀九兩五錢八分

買碑刻字匠共使銀四兩

雜向【項】共使銀十二兩二錢七分

傾銀□色銀四兩四錢五分

  以上共使銀八十一兩五錢二分

  除使净餘銀二兩八錢，□本廟住持以作香資

  以上通共使出銀八十四兩三錢二分

        本廟住持：王太初 徒：清鶴 石匠：田永禄

大清乾隆四年十月十七日   立石

7. 道光二年重修碑記①

碑額：重修碑記

  清化鎮九地方有　金龍四大王廟，由來久矣。自乾隆四十一年重修，至今四十餘載，　神像塵封，殿宇損壞。我輩公議復修，計算本班歷年積項、近日新捐僅存錢一百八十千零，復又勸捐錢九十千零。擇吉元年十月初二日開工，將大殿、拜殿、東西看墻、東西兩樓、大門、儀門、旗杆、舞樓俱焕然整新，通共使費錢二百七十千零。兹值工竣之時，特將施財姓氏並本班執事同書貞珉，以誌不朽。

洋河鐵貨衆商捐錢四千文	復□號	高邑豐太號	大盛號
周口扶聖會　捐錢四千文	□□號	大興条店	端盛號
七方虔心會　捐錢四千文	□茂號	聚源昌記	隆字號

---

① 該碑原無碑名，係以碑額爲名。

隍廟馬班捐錢□千文	□順號	玉興合記	孫志仁
大成中號捐錢□□□	瑞興號	三盛公號	聚太號
何坤元　捐錢一□□	元□號	復興清店	王　烈
同吉典	□興號	張復興號	謝立本
信義典	增盛號	□瑞隆號	謝立功
豐亨典	永春號	東永□記	原振業
高緑梅	太興號	交泰公記	原振東
以上各捐錢一千二百文	聚昇號	中義和號	□永錫
□文興□記	統原號	通順源記	張伯和

齊合盛號	芳興號	昇昇號
和聚油坊	田存誠	洪興號
中和錢店	寶豐店	宏興號
王成錢店	路統法	通興號
太順裕記	牛自興	孔三興號
太順衣店	義盛號	申西公盛
茂林福號	元化樓	同順允記
以上各捐錢一千文	以上各捐錢八百文	彭興盛號
公同興號	永和號　捐錢七百文	大成公號
董謙益號	君盛衣店捐錢六百文	西同昇號
高林盛坊	公太號	西通興號
史義合號	太山號	桑長盛號

合盛號	潞府三盛明記	泰東昇號
恒裕號	高平元盛仁記	義合公記
以上各捐錢五百文	祁縣盧興永	路鵬飛
寶興元號	祁縣天盛號	以上各捐錢二百文
郭義和	高邑公盛號	
合義號	南全□號	
全順號	以上各捐錢四百文	
元生號	正興合記	
光合號	全盛合記	

		張士樞		萬義號		
		高天王		以上各捐錢三百文		
		元起德		修順號		

| 督工： | 謝國良 蕭清高 | 執事： | 趙鐸 玉成號 天吉號 增泰店 廣裕號 蕭振鎬 | 同順店 玉和盛 張軒盛 蕭增高 王泰順 東興號 | 王文盛 李惠興 敬成號 高瑗 美和號 李玉林 | 玉興號 協昇店 王萬合 劉珍 復生店 蕭太朝 | 公立 |

大清道光二年三月初一日　　　　　　住持：王陽□　　　　立石

8. 咸豐九年《重修金龍四大王廟碑記》

▎碑額：重修碑記

重修金龍四大王廟碑記

清化鎮何爲而有　大王廟焉？其始創建於晋之□□劉晋岡，晋岡賈於鎮，常南北懋遷，舟楫往來，時獲神佑。欲爲酬神而無妥神之所，遂與同鄉同商，□立斯廟，時則前明隆慶五年也。厥後屢次修補不一，其□閱至於今，雖無榱崩棟折，而風摧雨瀸，損壞實甚。若不再爲之修，不幾有開於先莫繼於後，致□□於前人乎！於是衆商倡率募化，於咸豐三年捐資共計錢三百餘千，遂即鳩工庀材。未幾而粤匪圍郡城，資亦告罄，工乃停。至今年丙松胡　君等復聚而□□曰：　大王廟工半途而三恒李廢，豈可已乎？乃更爲籌畫，又捐資共計錢二百餘千，於冬初飭工以營之。夫神聰明正直而壹者也，豈於廟宇之崇卑、殿庭之□□而有異其鑒臨哉？而人之不忍於室破垣頹者，亦謂神所憑依，務使整齊嚴肅，人閱之而心安，想神棲之而無不安，此亦聊展區區之敬心，冀妥靈爽於萬一也。如謂必丹其楹，刻其桷，藻繪其節梲，始可以邀神惠而□神庥，此王孫賈媚奧媚□之説，不亦輕瀆天神也哉。要之，修廟宇、扶神像，總由於善念所起，而非有所冀望焉，然而冥漠之中神之眷顧者已多矣。廟中正殿、捲棚、東西垣墻、東西兩樓、大門、儀門，以及大門外之舞樓，莫不廢者修之，弊者補之，並舞樓之神像皆爲金裝，煌煌乎美輪美奐，如鳥如翬，宮閥壯麗，廟貌□嚴。睹之者未有不悚然起敬，儼若神靈之赫赫在上也。兹值工已告竣，將勒貞珉，弟子路生請記於予，予無可辭，遂如其事以記之。所有捐輸姓氏列於碑□，亦不没人善之意歟。

例授徵士郎候選直隸州州判□恩貢　　　史本直薰沐撰文
欽加同知銜己酉科舉人候選知縣　　　　路　達薰沐書丹
邑　　庠　　生　　員　　　　　　　　李鑒如薰沐篆額
欽加提舉銜懷慶府糧補鹽務水利分府加五級記錄十次　李　澐
署河南河北鎮標左營清化汛部廳　　　　拜鳳岐

執事會首：

路宓	李瑞	義聚店	君順店
胡丙松	羅良相	泰順帽店	玉生衣店
李三恒	路生業	合盛恪記	順興成號
高天中	沈天禎	元化樓合記	泰順衣店

住持：韓（下殘）

石匠：（下殘）

大清咸豐九年十二月穀旦立

第二通碑

碑額：萬善同歸

計　開：

復興清店諸位客商　共捐錢四十千文	文盛富
福興典　捐錢十八千文	懷復店
萬川典　捐錢十八千文	成泰裕坊
申復興店捐錢十一千文	樹德堂
同心東店捐錢十一千文	以上各捐錢五千文
泰順帽店	晋昇坊
玉生衣店	同德店
泰順衣店	大吉號
元化樓合記	半興坊

合盛恪記	東林盛
義聚店	復盛西店
君順店	景昌裕
順興成號	全泰坊
以上各捐錢十千文	復昌永
協和店	陵川侯成泰號
恭和塩店	以上各捐錢四千文
際盛紙行	杜盛興永捐錢三千六百文
泰順釘店	叚增盛　捐錢三千六百文
路和味	信成衣店捐錢三千四百文
以上各捐錢九千文	東西元花樓　捐錢三錢四百文
同心北店	周口增盛店　捐錢三千二百文
元盛店	振元店
義隆仁坊	泰順理記
義合坊	張復興清店
天順店	泰來帽店
以上各捐錢六千文	以上各捐錢三千文
振盛泰衣店	聚興合
春榮酒店	和玉正
合興坊	協成和
東協興	萬興永
福聚合	種天福
王　鏡	全順坊
復來坊	叚碧興
裕昇坊	公盛坊
隍廟馬班	永盛公
以上各捐錢三千文	聚盛協
馬魁泰　捐錢二千八百文	泰順碩
公和堂　捐錢二千六百文	萬源茶店
義和堂　捐錢二千四百文	全益席鋪
全盛棗店捐錢二千四百文	大順和

賈振遠
原萬花樓
大順東店
合盛德記
德順釘店
昌盛錢店
源福德
萬元坊
公義中店
復泰坊
義和泉
　以上各捐錢二千文

祝興油坊
千盛號
永興益
永合成
大盛號
文合號
昇順店
祁縣德盛東記
　　以上各捐錢二千文
路元來
宗興允
程方盛
　　以上各捐錢一千八百文

寶全釘店捐錢一千六百文
福泉號　捐錢一千六百文
泰順油房
豐茂店
泰順坊
泰和店
合盛蠟鋪
高復泰店
裕謙布鋪
　以上各捐錢一千五百文
同興西店
梁璽盛
三合坊
　以上各捐錢一千四百文
保和條店
魏山同店
寶興樓
柏興店

分府李大老
瑞隆餘
德和公
益泰成
和興義
合興玉
合興公
益泰源
東榮盛
義興正
義興鳳
敬茂典
益泰典
泰山益糧行
元興恒
元隆永
李新泰號
福遠堂

聚興棗店　　　　　　　晉潞芳興號

三盛公　　　　　　　　錫盛門神店

寶合仁　　　　　　　　服愈堂

泰山益鐵貨行　　　　　選盛行

俊昇衣店　　　　　　　清一行

王煥興　　　　　　　　明盛□

　以上各捐錢一千二百文　何錦聚

三盛布鋪　捐錢一千一百文　　以上各捐錢（下殘）

義昌號　　　　　　　　吉盛店

東成鞋鋪　　　　　　　永合坊

榮昇光　　　　　　　　福源長記

聚字號　　　　　　　　義合成

聚興順　　　　　　　　德盛坊

天佑昌　　　　　　　　聚成坊

靳公順　　　　　　　　興盛坊

振興合　　　　　　　　達盛坊

泰順奎　　　　　　　　和盛坊

泰順裕　　　　　　　　胡志成

新湧復　　　　　　　　天慶同

雙合□　　　　　　　　協聚棗店

孫長□　　　　　　　　義聚合門神店

天□□　　　　　　　　瑞化樓

誠□號　　　　　　　　正順店

永□店　　　　　　　　元和絲行

宗□茶店　　　　　　　義成泉油房

裕德堂　　　　　　　　同興老店

□和坊　　　　　　　　協德坊

□天聚　　　　　　　　晉生坊

□□樓同記　　　　　　天錦衣店

□有興爐　　　　　　　晉潞泰昇德

仁和裕店　　　　　　　鳳邑泰亨和

□盛泉　　　　　　　　　　鳳邑貴和號
□興裕　　　　　　　　　　鳳邑孟合盛
義和爐　　　　　　　　　　　以上各捐錢一千文
　以上各捐錢一千文

德和中　　　　　　　　　　建興號
永茂瑞　　　　　　　　　　全興號
永祥美　　　　　　　　　　福茂義
陳德泰　　　　　　　　　　隆盛號
永合和　　　　　　　　　　新順號
輔興號　　　　　　　　　　正順和
天佑成　　　　　　　　　　胡丙松
趙永盛　　　　　　　　　　李三恒
林元號　　　　　　　　　　　以上各捐錢一千文
廣盛昌　　　　　　　　城守營拜副爺
泰順彩記　　　　　　　　　許補升
張雙興　　　　　　　　　　立興號
元盛恒　　　　　　　　　　光化樓
恒順德　　　　　　　　　　東泰益
全盛興　　　　　　　　　　玉盛公
三盛楊　　　　　　　　　　義昌德
同泰裕　　　　　　　　　　榮興元
恒有章　　　　　　　　　　公興耀
路公泰　　　　　　　　　　三興號
義和同　　　　　　　　　　祥盛裕
廣盛泰　　　　　　　　　　郭雙盛
同謙東　　　　　　　　　　源盛酒店
永和紙店　　　　　　　　　同心合坊
仁興東　　　　　　　　　　張清吉
興盛協　　　　　　　　　　　以上各捐錢八百文
　以上各捐錢一千文　　　　寶興元　捐錢六百文

萬興中	程希元	雙合醋鋪
福順泉	李　瑞	泰山合
蘇恒盛	路生棠	源興恒
福興裕	王合坊	九化樓
傅正興	同盛合	樊協同
增盛恒	協同坊	義成坊
以上各捐錢六百文	天成烟袋鋪	間興染坊
杭盛合	尤天吉	正興同
光盛坊	天盛烟袋鋪	吉來布鋪
原中和	益盛席鋪	慶餘酒鋪
雙泰誠	協盛爐	泰興合
新盛號	光興布鋪	王公盛
生泰號	明興爐	永春號
泰吉號	通興芝蔴坊	光裕美
義成永	廣興錫鋪	盈裕仁
順成馮	順興店	公盛合
元和中	義成敦	誠盛合
環興公	發泰蠟鋪	天泉號
義成田	宗錫盛	太順元
積成義	□盛和	全順德
雙盛德	王恒福	以上各捐錢四百文
復興王	胡錫盛	
元盛仁	協興酒店	
洪昌號	榮泰酒店	
順興義	遼合盛	
以上各捐錢五百文	以上各捐錢四百文	
雙盛號	王世清	路□□
源祥益	泰成店	高□□
大成中	恒德公	羅良□
復生義	□□義聚店	立□□
順成恒	程義合	豐盛坊

泰興山	協順號	以上各捐錢（下殘）
源昌和	德昇鞋鋪	原長鼎
豐餘美	崇德號	原染房
泰順合記	公聚通	公和鍋爐
玉成復	恒興德	以上各捐錢三百文
協盛合	同泰公	□王合
義和長	三和誼	吉成爐
李永森	天成阜	文興秀
振盛西	泰順王記	恒義成
原伯魁	德興公	茂盛恒
義成合	恒益誠	文元恒
五聚合	李元旺	太合□
永信芝蔴坊	張永康	以上各捐錢二百文
大生永	李有順	
和盛爐	沈天禎	
以上各捐錢四百文	以上各捐錢四百文	

咸豐三九年二共捐錢六百五十三千三百文，除三年使過錢三百四十千零七百文，下餘使費開列於後：

泥水匠　使錢九千六百三十七文，油漆匠　使錢四十五千二百文

石　頭　使錢十三千四百文，　木匠、舞樓板閘使錢三十六千五百七十四文

画　匠　使錢五十三千文，　　雜項請客鉄器繩蔴使錢八十九千八百零三文

管賬住持使錢十七千四百文，　開光扶碑懸匾獻戲使錢四十七千五百八十六文

大清咸豐九年十二月穀旦

（二）其他碑文

1. 嘉靖丙辰（三十五）年《清化鎮創建火神廟記》[①]

碑額：清化鎮創建火神廟記

清化鎮創建火神廟記

　　　　　河　内　後　學……（下殘）
　　　　　河　内　後　學……（下殘）
　　　　　河　内　後　學……（下殘）

　　清化舊無火神廟，鄉民田鳳、楊□、張□、安寶輩□擇隙地，創建……（下殘）
以爲建廟之所，廟制雖未□而□□□新，爛然奪目，□其廟……（下殘）
其事，屬相爲記。相曰：人之爲用，其□□矣，《周禮》……（下殘）
五色，各隨其時之方色以取之，古人……（下殘）
則爲火災，因時改火以達其氣，亦贊化……（下殘）
有之，亦不爲無所見也。夫神在天地間……（下殘）
之所遺也哉。但人不知祭以理，其幽而□□□□□無所依矣。昔《春秋》……（下殘）
以告子產。子產曰：鬼有所依乃不爲厲，□□□□□止之，而國卒無恐由……（下殘）
產之遺意也，神其有所依乎？夫神有所依，□□□□性而達其氣矣。立廟肇祀……（下殘）
在望山門内之右。經始於嘉靖丙辰春□□□□九月乃告成。教護屬功……（下殘）
亦鎮民之所共施者，故紀姓氏於碑陰，以垂不朽云。

嘉靖丙辰季秋吉旦立

　　　　　　　李源　李行　畢華　田吉
　　助緣人：
　　　　　　　母雍　段金　楊漢　田□

　　　　　　　　　　　　□□□　　□塑匠：（下殘）
　　　　　　　　　　□匠：
　　　　　　　　　　　　吕天極　　粧修匠：（下殘）

[①] 該碑現存博愛縣大王廟内，下半截破損嚴重。

2. 嘉慶七年重修火神廟碑①

余素拙於爲文，因拙生懶，故有求余作記序者輒謝未遑。不知者徒責以懶而不諒其拙，冤哉。嘉慶四年秋，鎮北門　火神廟興工，執事李君季椿，趙君鳳岐，何君御國輩以工事粗就，邀余增題區聯；尔日即預以落成之碑囑序於余，余辭以拙而不爲，然以未當其時也，姑閣之。今工告竣，復因余尊戚洲溪何公、余同宗麗天公登門敦請，不獲已，遂違心諾之。雖然，余何序哉？序　神之威福歟？以齊東野人之語而附會之，是誣　神也，不敢也；序人之承奉歟？外民義而徒多其禱祝之殷，是誣人，即以誣　神也，愈不敢也。又況　神之所以爲　神，與廟之所以建於斯者，前碑言之復矣。是耶非耶，必有能辨之者，余何序哉。余憶廟之故址原極宏闊，而一經執事之手，因其故咸易之以新，若大殿、拜殿、東西配殿併兩廊、兩山門以及舞樓，規模雖不加大，其壯麗有再倍於舊而未止者；故址以西，一切建造又皆前之所本無者也。斯工也，不惜財力，特求精好，歷時十有三年，計費六千餘金。嗚呼，盛矣！設非預有成算，計出萬全，則取之有盡，用之易竭，雖肩其任者屈指多人，而肥瘠難齊，必有不支其重者。欲其莫之夭閼而始終相與，以有成也，不亦難乎？執事者蓋早籌之矣。以興斯工者皆業花砲之家，花砲需紙爲料，生息之豐約，貨紙之多寡準焉。公約每售紙若干，價外儲銀若干，以資工費。公而無私，漸而不迫，大小各如其量，參差以得其平均之布施也。非卒辦於一時，故有十倍其數而不覺其難者。此不擇細流，河海之所以成其大也。且夫水之積也不厚，則負大舟也無力；覆杯水於坳□之上，則芥爲之舟；置杯焉，則膠水淺而舟大也。以斯□言，舟不爲小矣，非有不擇細流，以積者負之，則置而膠焉決矣。能如是之隨波上下，聽其所止而休哉。故余於斯不言人之何以托庇於　神，不言　神之何以錫福於人，即廟貌巍峨，輸財慷慨等語，皆削不置齒，而獨深嘉夫執事者之能以道懂成，而不至載焉終矜也。余筆墨久疎，手重思澁，勉爲斯文。一以塞洲溪及麗天二公之責，一以報執事者諄諄再四之請。拙耶否耶，一聽諸後之覽者，余何計焉。

鎮處士高鶴壽撰並書

---

① 該碑現存博愛縣大王廟內，原無碑名。

執事會首：李季椿　李盛公　王　烈　張士智　高天剛　司光宗　王鵬年
　　　　　何御國　劉克勤　趙鳳岐　韓文錦　李廷揚　王承先　路朝標　立石
　　　　　　　　　孫二生　李　炳　申行玉　劉宗宇　魏天全　靳大興

嘉慶七年歲次壬戌六月□□

　　　　　　　　　住持：□本聰　暨徒：□安　　金石匠：韓銘

本行儲積布施銀兩姓氏數目開列於後：

邰集成	銀二佰七十兩零五錢七分	趙士一	銀四十四兩九錢二分
賈大成	銀二佰三十七兩六錢五分	張宗武	銀四十四兩三錢二分
徐合義	銀二佰零七兩零七分	元昇號	銀四十三兩七錢八分
張浩然 孫柏林	銀一佰八十九兩零九分	謝朝宗	銀四十兩零六錢二分
申應掄	銀一佰七十九兩零九分	崔大鳳	銀三十七兩九錢四分
宋伯順	銀一佰五十兩零八錢三分	璩有公	銀三十七兩六錢八分
賈正興	銀一佰三十二兩五錢	韓廷弼	銀三十五兩九錢
□印喜	銀一佰二十一兩六錢三分	路師仁	銀三十五兩三錢六分
韓縱德	銀一佰二十一兩零七分	謝有禎	銀三十三兩五錢三分
路越□	銀一佰一十四兩零五分	賈振遠	銀三十五兩六錢五分
王□掄	銀一佰兩	蘇恒昇	銀三十五兩九錢八分
路印才	銀九十二兩九錢九分	葛維屏	銀三十二兩三錢一分
路印生	銀八十五兩五錢二分	李如柏	銀三十一兩三錢五分
曹文灼	銀七十五兩一錢	李長興	銀二十九兩四錢五分
璩有敬	銀七十七兩零四分	蘇　林	銀二十八兩六錢
張宗旺	銀六十八兩七錢二分	高天成	銀二十八兩七錢五分
韓純仁	銀六十八兩六錢一分	張炳□	銀二十六兩六錢
王士禄	銀六十一兩六錢二分	公盛號	銀二十五兩□□
趙九成	銀五十六兩零二分	張宇□	銀二十□兩二錢三分
李永順	銀六十二兩七錢三分	高　隨	銀二十□兩五錢五分
孫萬育	銀五十二兩四錢八分	申　瑄	銀二十三兩二錢二分
□□生	銀四十七兩三錢五分	陳□□	銀□□□兩

韓純義　銀二十一兩三錢七分　　葛千倉　銀十兩零四分
張　梅　銀十九兩五錢八分　　路攀桂　銀九兩九錢三分
豐太號　銀十八兩五錢三分　　宗興號　銀九兩五錢三分
侯建吉　銀十七兩七錢八分　　程元武　銀十二兩四錢六分
桂昇號　銀十六兩一錢六分　　李俊祥　銀八兩六錢一分
張宗裁　銀十五兩六錢二分　　路會山　銀八兩六錢
張存貴　銀十八兩六錢八分　　韓世昌　銀八兩二錢三分
王守先　銀十五兩三錢六分　　協泰號　銀七兩六錢三分
路玉標　銀十八兩零五分　　　孫寶興　銀七兩八錢六分
王寶興　銀十三兩九錢二分　　陳學士　銀七兩六錢二分
雙太號　銀十三兩六錢　　　　程元興　銀六兩七錢四分
魏景亮　銀十三兩二錢一分　　栗和興　銀五兩九錢九分
□恒號　銀十三兩一錢六分　　申廷柏　銀五兩四錢一分
王起蒙　銀十五兩三錢五分　　三同號　銀五兩四錢
□盛號　銀十一兩九錢九分　　張　發　銀五兩二錢九分
張發榮　銀十一兩四錢七分　　興盛號　銀五兩二錢八分
□□□　銀口口四錢三分　　　清吉號　銀五兩一錢六分
□三盛　銀十一兩一錢五分　　張　松　銀五兩二錢九分
焦生□　銀十兩零八錢四分　　黃君盛　銀四兩八錢六分
趙定軒　銀十兩零七錢七分　　傅大玉　銀十兩零三錢八分
周以傑　銀十兩零七錢七分　　陳以堯　銀四兩七錢六分
□□行　銀十兩□□　　　　　王德元　銀四兩四錢五分

高　懷　銀四兩四錢二分　□□□　（此處殘損）　□□□　銀八錢九分
崔大龍　銀四兩四錢二分　□□□　（此處殘損）　□四標　銀八錢八分
高耀甲　銀四兩三錢九分　□□□　（此處殘損）　□□宗　銀八錢七分
天順店　銀四兩零九分　　韓□□　（此處殘損）　□□□　銀八錢五分
高天水　銀三兩九錢五分　□□□　（此處殘損）　□永福　銀八錢五分
蘇應林　銀四兩二錢四分　□□□　（此處殘損）　王成順　銀八錢八分
杜萬鎰　銀三兩七錢一分　□□□　（此處殘損）　□步雲　銀八錢五分
玉盛號　銀三兩七錢一分　□□□　（此處殘損）　□增福　銀八錢二分

連振昇	銀三兩四錢二分	□□□	（此處殘損）	□吾泰	銀七錢九分
恒山號	銀三兩四錢	□□□	（此處殘損）	付振德	銀七錢九分
王永順	銀六兩三錢六分	九興□	（此處殘損）	高存貴	銀七錢七分
萬興店	銀二兩九錢八分	王大□	（此處殘損）	宋元興	銀七錢七分
高大士	銀二兩九錢八分	孫□□	（此處殘損）	同心號	銀七錢四分
范萬興	銀二兩七錢三分	孫□□	（此處殘損）	張士忠	銀七錢二分
王永清	銀二兩六錢三分	□□□	（此處殘損）	張　福	銀六錢六分
王永年	銀二兩五錢□分	王□□	（此處殘損）	李三元	銀六錢八分
陳成興	銀二兩三錢一分	□□□	（此處殘損）	聚泰店	銀六錢七分
□□□	銀二兩□錢二分	□□□	（此處殘損）	連□金	銀六錢四分
王貞松	銀二兩二錢五分	□□□	（此處殘損）	宋□□	銀六錢
孫文□	銀二兩一錢三分	□□□	（此處殘損）	□安仁	銀六錢
魏　端	銀一兩七錢九分	□□□	（此處殘損）	□□興	銀五錢九分
□□號	銀一兩七錢□分	□□□	（此處殘損）	□□□	銀五錢六分
同利號	銀五錢□分	康應福	銀四錢二分	張　三	銀二錢六分
連永太	銀五錢六分	全順号	銀三錢七分	王魁盛	銀二錢六分
路生明	銀五錢六分	晋盛号	銀三錢八分	楊丙元	銀二錢五分
先盛号	銀五錢五分	路金標	銀三錢七分	宋兆興	銀二錢六分
許丙寅	銀五錢八分	申榮先	銀三錢七分	賈克勤	銀二錢三分
王子□	銀五錢五分	高永和	銀三錢七分	司掌櫃	銀二錢三分
路師孝	銀五錢一分	振盛号	銀三錢六分	王魯玉	銀二錢二分
趙　□	銀四錢九分	路加植	銀三錢九分	路群標	銀二錢一分
高　伯	銀四錢八分	路大興	銀三錢六分	王之宝	銀二錢
順成号	銀四錢八分	高　珏	銀三錢三分	路新標	銀一錢八分
呂九松	銀四錢八分	義太号	銀三錢三分	申　會	銀一錢八分
王宗元	銀四錢六分	李福元	銀三錢二分	魏必旺	銀一錢九分
胡全學	銀四錢五分	□盛号	銀三錢一分	郝德全	銀一錢六分
顧秉□	銀四錢四分	中興号	銀三錢	田守業	銀一錢八分
李協太	銀四錢四分	段福林	銀三錢	楊第三	銀一錢六分
呂士林	銀四錢二分	郝龍光	銀三錢	永錫号	銀一錢六分

高玉成	銀四錢二分	謝吉慶	銀二錢九分	合盛号	銀一錢八分
王□春	銀四錢二分	宋大亮	銀二錢九分	王萬順	銀一錢六分
王　興	銀四錢	□克敬	銀二錢八分	王伯岐	銀一錢四分
謝唐慶	銀四錢	文興号	銀二錢八分	王有貴	銀一錢二分
永成号	銀四錢	曾肇興	銀二錢八分	王天明	銀一錢七分
程　德	銀四錢	張進龍	銀二錢六分	□□□	銀一錢一分
		復來号	銀二錢□□		

李永成	銀一錢四分	申復興	銀三分
路掌櫃	銀一錢二分	連三鳳	銀五分
韓希舜	銀一錢五分	陳五龍	銀五分
高有新	銀一錢一分	原　文	銀九分
高　璧	銀一錢一分	朱大魁	銀六分
高永達	銀一錢一分	田一公	銀六分
徐耀宗	銀一錢三分	畢元興	銀九分
徐　三	銀一錢二分	衛宗順	銀三分
謝洪玉	銀一錢四分	梁掌櫃	銀三分
閆　壽	銀一錢六分	順義号	銀八分
郭自清	銀一錢二分	黃紙砲鋪公捐錢十二千五百□十三文	
胡君重	銀一錢二分	二班砲鋪外捐銀十二兩零七分	
蔡守安	銀一錢三分		
王子漢	銀三分		
王應揚	銀九分		
王有金	銀六分		
王國禎	銀八分		
李有德	銀（下殘）		
趙獲業	銀（下殘）		
韓□漳	銀六（下殘）		
謝□□	銀（下殘）		
申　□	（下殘）		

■碑陰：

　　施財姓氏、數目開後：

慶寧号　銀五兩，錢四百文　　　　　　正月初八會首
同興店　銀十兩　　　　　　　　　　　高介尔
聚太店　銀十兩　　　　　　　　　　　王樹業
發興店　銀十兩　　　　　　　　　　　胡全容
世太店　銀二兩　　　　　　　　　　　原紹孔
合興店　銀二兩　　　　　　　　　　　胡玉章
慶大店　銀二兩　　　　　　　　　　　張名標
寶豐店　銀二兩　　　　　　　　　　　駱心廣
□鄉魁　銀十五兩　　　　　　　　　　軒盛号
劉首瀛　錢十二千文　　　　　　　　　玉陶公
齊合盛　錢十千文　　　　　　　　　　王公順
中興号　銀十兩　　　　　　　　　　　桑掄元
同聚号　銀十兩　　　　　　　　　　　何有金
高太玕　銀十兩　　　　　　　　　　　逯永林
張學礼　錢八千四百文　　　　　　　　以上共捐錢十七千一百九十一文
趙大安　錢七千九百文　　　　　　　　李鳴玉
趙大順　銀四兩六錢七分，錢一千二百文　梁國相
王進公　錢三千二百文　　　　　　　　李清順
何有興　銀五兩　　　　　　　　　　　全太号
路廷聘　銀五兩又銀五兩　　　　　　　胡宜甫
宋復盛　錢四千文　　　　　　　　　　張君盛
王壽山　錢四千文　　　　　　　　　　牛錫公
民壯班　錢三千六百文　　　　　　　　德盛号
隍廟步　班　錢三千文　　　　　　　　李惠興
張法禎　錢三千五百文　　　　　　　　路建隆
王三元　銀三兩，錢一千文　　　　　　以上共捐錢十千文
□興号　錢二千八百文　　　　　　　　三晉田　銀三兩
同順号　銀三兩二錢　　　　　　　　　原致□　銀三兩

【河南碑文】

原盛甫
林在天
張慎先
王壽山
宋永泉
王公利
廣興号
梁太興
原惠盛
路長亨
梁煥章
高順興
王天福
　以上共捐錢十二千五百文

六月二十三日會首

文興店
郝康年
高士瑩
胡良友
原致堂
路登魁
蕭同聚
劉仁元
高中興
大順店
公太号
三盛号
　以上共捐錢四千文

梁煥章
公義号

李茂林
張榮盛
李席珍
高継華
李九成
高天水
來鳳鳴
位太店
世太店
侯永福
李用九
　以上共捐錢七千文
何萱芳
常堯典
光盛店
元金樓
元化樓
何順雲
王大士
趙席文
齊合盛
　以上共捐錢八千文
梁玉山　錢二千五百文
趙　理　錢二千文
蕭世榮　錢二千文
王甫成　錢二千文
德盛号　錢二千文
李唯玉　錢二千文

畢宗孔
原　貴

全太号　　　　　　　何介伯
高玉興　　　　　　　秦君愛
維新店　　　　　　　趙然一
通興号　　　　　　　梁王山
張君盛　　　　　　　曹永清
尚同順　　　　　　　趙　輝
和興店　　　　　　　樊鳳來
米鳴玉　　　　　　　原伯奇
永和号　　　　　　　劉位先
公順店　　　　　　　王元聰
　以上共捐錢十八千文　蕭振孔
張學礼　　　　　　　蕭振堂
趙　立　　　　　　　趙武城
王天成　　　　　　　趙隆盛
趙廷信　　　　　　　王進公
趙太交　　　　　　　　以上共捐錢七千文
王兆興　　　　　申永耀　錢二千文
趙　全　　　　　林乾一　錢二千文
逯　玉　　　　　郜淑朋　銀二兩二錢
牛占一　　　　　錦成号　銀二兩一錢
呂　文　　　　　何介伯　銀二兩
張宗賢　　　　　復生緞店銀二兩
王　超　　　　　玉成緞店銀二兩
何御國　　　　　增太緞店銀二兩
楊文英　　　　　福生緞店銀二兩
　以上共捐錢十五千文　邵　增　銀二兩
　　　　　　　　□晉盛　銀一兩

謝存仁　　　　　立　懷　錢一千四百文
董兆貴　　　　　張一瑞　錢一千一百文
梁伯虎　　　　　四□康　錢一千文

高有禄	元□樓　錢一千文
高　方	益□鋪　錢一千文
高福生	集義生記錢一千文
原　富	西□永記錢一千文
逯履方	原□美　錢一千文
辛大興	郜自□　錢一千文
黄永成	韓子□　錢一千文
董芽四	□宗□　錢一千文
崔太極	何常□　錢一千文
董兆旺	李元□　錢一千文
董兆超	畢則□　錢一千文
高　仁	常□□　錢一千文
梁朝巨	胡継□　錢二千文
以上共捐錢八千文	徽盛□　錢九百七十文
逯永材　銀二兩	畢元□　錢九百五十文
許吉貴　銀二兩	璩大□　錢九百文
寧漢文　銀二兩	牛得□　錢八百廿文
李　潞　錢一千九百文	段□□　銀一兩
趙隆盛　錢一千八百文	王得□　銀一兩
王超宗　錢一千六百文	日新□記銀一兩
孫焕章　錢一千五百文	發生□　銀一兩
趙達聖　錢一千二百文	劉克□　銀一兩
王元聡　錢一千二百文	高□□　銀一兩
張心□　錢一千二百文	□□□　銀一兩
統發店　錢一千三百文	□□□　銀一兩
梁朝棟　銀一兩	
趙重光　錢八百文	蘇　楊　錢四百文
張學超　錢八百文	李必文　錢四百文
逯祥太　銀一兩	盧興旺　錢四百文
張清彦　銀一兩	李青山　錢六百文

興隆号	銀一兩	公盛号	錢五百文
介悅來	銀一兩	復興和	錢五百文
王 琦	銀一兩	蕭振雷	錢五百文
林克礼	錢八百文	增盛号	錢五百文
胡存智	錢八百文	源興号	錢五百文
孫三合	錢八百文	漢興号	錢五百文
辛宜甫	錢八百文	管大玉	錢五百文
趙 鐸	錢八百文	王立學	錢五百文
王元文	錢八百文	王永振	錢五百文
趙武成	錢八百文	王永福	錢五百文
張永旺	錢八百文	王文高	錢五百文
趙萬順	錢八百文	原建極	錢五百文
趙 炎	錢八百文	王仁和	錢五百文
蓋晉盛号	銀八百文	邹汝林	錢四百文
謝 昇	錢一千二百文	和合名	錢四百文
連乾一	錢八百文	文興永	錢四百文
齊天建	錢八百文	西關塩店	錢四百文
劉漢奉	錢八百文	許元福	錢四百文
梁必才	錢八百文	趙 貴	錢四百文
李 先	錢八百文	劉盛德	錢四百文
原致堂	錢八百文	隆太号	錢四百文
申復初	錢八百文	永茂川	錢四百文
梁慶州	錢六百文	永林趾	錢四百文
王丙寅	錢六百文	豐盛錦記	錢四百文
廣太号	銀三錢	程立貴	錢一百文
劉協盛	錢三百文	孫天德	錢一百文
王安國	錢三百文	謝銀山	錢一百文
田 能	錢四百文	畢宗全	錢四百文
高 岑	錢四百文	王永順	錢四百文
三盛号	錢四百文	趙宗堯	錢四百文

鎰太全号　錢四百文	張九振　錢四百文
源泉長号　錢四百文	豆克公　錢四百文
晉豐魁記　錢四百文	謝慶甫　錢四百文
悅來永号　錢四百文	畢復信　錢四百文
協和誠号　錢四百文	賈光全　錢四百文
合盛隆号　錢四百文	胡同興　錢四百文
隆太常号　錢四百文	高順興　錢四百文
大有明号　錢四百文	劉義興　錢四百文
東天興義　錢四百文	張明盛　錢四百文
羅相公　　錢四百文	李　端　錢四百文
張六吉　　錢四百文	張　金　麥秸五百斤
長發店　　錢四百文	李　青　麥秸五百斤
王體富　　錢四百文	李　才　麥秸五百斤
焦生榮　　錢四百文	蕭大振　銀五錢
高存義　　錢四百文	全順号　銀五錢
母金貴　　錢四百文	許九明　銀五錢
王君相　　錢四百文	高嘉埕　銀五錢
張尚武　　錢四百文	結義号　銀三錢
李建業　　錢四百文	玉興号　銀三錢
畢再鰲　　錢四百文	復興号　銀三錢
張世古　　錢四百文	東長盛号　銀三錢
王立業　　錢四百文	福興号　銀三錢

東南門外□□會
　共捐銀一兩五錢三分

王三德　錢一千文	陳五治　錢一百六十文
郝世英　錢二百文	王元文
王三光　錢二百文	趙玉昌
王必振　錢二百文	王進公
徐萬全　錢二百文	王壽山
	梁國相
	孫三合
李文舉　錢二百文	張□壽

鄒元順　錢二百文

趙鳳圓　錢二百文

廣裕隆　錢二百文

郭印炎　錢二百文

寧實菴　錢二百文

高　尊　錢二百文

王君成　錢二百文

劉志道　錢二百文

連國平　錢二百文

桑□□　錢二百文

田兆成　錢二百文

王　福　錢二百文

陳士拔　錢二百文

盧重安　錢一百文

喬道中　錢一百文

李　學　錢一百文

耿存德　錢一百文

孫天瑞　錢一百文

孫天才　錢一百文

田嘉貞　錢一百文

以上捐槐樹一株

王梅齋　銀五錢

郭日興　錢四百文

張守富　銀一兩

侯永福　錢四百文

蕭元增高　與廟回贖本院後

　　□東墻外園地壹畝柒分伍厘，捐價銀柒拾伍兩

王　駱　捐銀伍拾兩係本□養膳

善婦三人：

劉門林氏　錢四百文

蔡門韓氏　錢一百文

李門李氏　錢一百文

本行總理會首諸積布施銀兩數目姓名開後：

□□椿　銀三十四兩七錢二分

□□國　銀一百二十七兩六錢五分

□□岐　銀六百二十三兩四錢二分

□□錫　銀四百一十六兩九錢

□□生　銀二百四十八兩九錢四分

□□烈　銀二百三十七兩四錢三分

□□公　銀二百零二兩八錢九分

□大剛　銀一百七十八兩二錢四分

□□宇　銀八十一兩零五分

□□全　　銀七十兩零五錢
□□颭　　銀六十兩零五錢六分
張吉兆　　銀五十八兩三錢三分
司光宗　　銀五十八兩六錢五分
路朝標　　銀五十四兩九錢二分
王鵬年　　銀五十二兩八錢三分
王承先　　銀四十六兩七錢九分
李　炳　　銀十八兩六錢八分
靳大興　　銀四十四兩一錢二分
韓□錦　　銀九兩四錢六分
申玠玉　　銀四兩七錢一分

使費總目：

開工敬神請客　　　　　（此處殘損）……百二十四兩九錢二分

磚瓦木植　　　　　　　（此處殘損）……百四十兩零四錢四分
　　　　　　　　　　　（此處殘損）……百三十千零九百一十八文

石頭石灰及工價　　　　（此處殘損）……四兩一錢六分
　　　　　　　　　　　（此處殘損）……百三十四千三百七十五文

釘鐵及鐵匠工價　　　　（此處殘損）……兩
　　　　　　　　　　　（此處殘損）……七千四百五十二文

大小木工價　　　　　　（此處殘損）……零八十四千零六十三文

蔴毛土坯麥稭　　　　　（此處殘損）……三千九百一十八文

荊巴拉鋸　　　　　　　（此處殘損）……六千二百六十文

雜項人夫及各工犒勞　　（此處殘損）……八十四千五百五十一文

金神顏料紙張　　　　　（此處殘損）……二十三兩六錢一分
　　　　　　　　　　　（此處殘損）……一十四千三百一十二文

油漆畫匠　　　　　　　（此處殘損）……十千零二百九十二文

住持工食　　　　　　　（此處殘損）……零六百一十四文

長工工食　　　　　　　（此處殘損）……零七百四十一文

公夥外使費　　　　　　（此處殘損）……一分
　　　　　　　　　　　（此處殘損）……十七文

置養膳地六畝一分六厘　（此處殘損）

開光雜項使費　　　　　（此處殘損）……千六百二十文

養贍地畝四至、長闊開後：

計地六畝一分六厘，坐落樊家莊□西，係東西畛。

東至樊、李二姓□河西□，西至小路心，

南至王姓，　　　　　　北至栗姓。

東闊五丈七尺，　　　　西闊三丈八尺六寸，

南長六十一丈九尺七寸，北長六十七丈九尺五寸。

議約二條：

一議，廟前市房兩間，所得房賃若干，半爲元旦獻戲使費，半爲廟內完納糧差使費，餘不得擅用。臘月初一日至正月十五日神前燈油在內。

一議，興工使費外餘銀二百八十一兩六錢五分，除給住持銀一百四十兩以作養膳之資，下餘銀一百四十餘兩爲中秋獻戲使費，餘不得擅用。

3. 道光十九年《創建三皇閣碑記》[①]

創建三皇閣碑記

廟創於乾隆五十二年，初竣於嘉慶十三年；增修四聖殿、對庭、瀟灑閣，竣於道光五年；二十餘年功德，前碑所載詳矣。維時三皇閣地基已購，因公捐未充，尚未建造。惟陸續修理河幫周圍基址，置買木料、磚瓦，於道光十年始議建閣。衆曰：工大事繁，必得有人專司。曹宅庚言：藥生會止存愚一人，如何能辭其責？遂於是年開工，十一年建立。顧經營非易，需費甚繁，公捐不敷，衆字號、行店願出佈施濟工。繼又不敷，衆仍慨然樂輸，始終無懈，以期速成。時維徐新合、馬萬興、齊合盛、劉復泰四字號輪流執事，各行、店輪流協辦；曹宅庚始終與焉，以底於成。十二年，又請郭廣合、閻恒昌捐貨入會，協力辦公，外有杜盛興捐貨以增工費。嗣修八卦亭、□名醫牌位十二尊、上下神龕四座、東禪院一所，落成於道光十四年。敬神開光，前後一律，殿宇巍峨，庶足以妥神靈而表虔誠矣。夫事之圖始者靡不樂觀其成，計此事前後五十餘年，統費五萬餘金，絕未向他處募化分文。而衆字號、行店屢屢捐貨，不自爲德。其踴躍急工，要無非神聖有所默佑也。今工程完備，我等世守藥業，飲水思源，以迓神庥，春秋禋祀瞻拜有地，庶

---

① 該碑現存沁陽市博物館。

幾克慰衆願。後之同道君子於是踵而增之，擴而充之，俾　神聖香烟愈久而愈盛，我等尤有期於無窮焉。

　　郡城河內學增廣生員　蕭占卿熏沐書丹
　　郡城河內學廩膳生員　董鳳詒熏沐撰額

　　　　　　　張天泰　　馬泰豐　　鄧義順
　　　　　　　馬萬興　　劉復泰　　李廣盛
　　　　　　　徐新合　　郭廣合　　胡萬昇　公立
　　　　　　　齊合盛　　閻恒昌　　朱天元
　　　　　　　藥　生　會　曹　位　西　宅　庚　氏

　　　　　　　　　　住持僧：行梅　　徒：福定　　徒□：祥　瑞兆

大清道光十九年歲次己亥秋八月穀旦　　　　　　　　石工：李清江鐫刻

　　謹將各字號佈施生息與各行店所收衆字號公捐開列於左：
徐新合　捐銀叁拾兩　　　　徐中立　捐銀壹拾兩
馬萬興　捐銀叁拾兩　　　　李廣盛　捐銀肆拾兩
李玉成　捐銀叁拾兩　　　　尤金正　捐銀肆拾兩
楊金興　捐銀貳拾兩　　　　楊鴻茂　捐銀壹拾兩
王恒隆　捐銀貳拾兩　　　　藥生會　捐銀捌拾兩
李合泰　捐銀貳拾兩　　　　　以上初置地基用

齊合盛　捐銀叁拾兩　　　羅恒興　捐銀叁拾兩　　　正盛店　罰銀捌拾柒兩伍錢
皇甫盛　捐銀貳拾兩　　　邱廣泰　捐銀貳拾兩　　　徐　森　罰銀拾□兩□錢
胡萬昇　捐銀貳拾兩　　　董會興　捐銀伍兩　　　　外各字號歷年以來
王君興　捐銀壹拾兩　　　王生芳　捐銀叁兩　　　　共生息銀貳仟貳佰陸
復生會　捐銀伍拾貳兩壹錢　程萬順　捐銀叁兩　　　拾肆兩捌錢肆分
張天泰　捐銀貳拾兩　　　宋和合　捐銀貳兩　　　　以上興工用

徐新合　佈施銀肆佰伍拾兩　　　郭廣合　佈施銀叁百肆拾兩
馬萬興　佈施銀叁佰伍拾兩　　　閻恒昌　佈施銀貳百陸拾兩
齊合盛　佈施銀叁佰肆拾肆兩　　劉復泰　佈施銀壹百柒拾貳兩

杜盛興　佈施銀壹百壹拾兩　　泰豐店　佈施銀伍拾伍兩　　廣盛店　佈施銀伍拾伍兩
曹位西　佈施銀伍拾兩　　　　天泰店　佈施銀壹佰壹拾兩　　天元店　佈施銀叁拾叁兩
胡萬壽　佈施銀貳拾貳兩　　　義順店　佈施銀伍拾伍兩　　　以上建閣諸工用

張天泰　公捐銀伍仟式佰肆拾肆兩肆錢伍分　　廣成店　公捐銀肆百伍拾伍兩肆錢肆分
馬泰豐　公捐銀式仟壹佰柒拾肆兩捌錢伍分　　天元店　公捐銀肆百壹拾捌兩零壹分
鄧義順　公捐銀壹千肆百肆拾捌兩叁錢肆分　　秀盛店　公捐銀肆百零肆兩壹錢肆分
李廣盛　公捐銀陸仟零柒拾叁兩捌錢捌分　　　四聚店　公捐銀叁百陸拾柒兩叁錢捌分
尤金正　公捐銀叁仟壹佰伍拾肆兩肆錢伍分　　合成店　公捐銀叁佰伍拾捌兩陸錢玖分
羅恒興　公捐銀式仟玖佰捌拾兩零陸錢叁分　　蘭茂店　公捐銀壹百捌拾肆兩壹錢
邱廣泰　公捐銀式仟肆佰叁拾柒兩壹錢　　　　森茂店　公捐銀壹百伍拾壹兩壹錢陸分
雷同義　公捐銀玖佰式拾叁兩零壹分　　　　　悅來店　公捐銀柒拾陸兩式錢陸分
周正盛　公捐銀伍佰玖拾伍兩壹錢柒分　　　　恒泰店　公捐銀玖拾叁兩陸錢伍分

義泰店　　公捐銀伍拾叁兩伍錢玖分　　全興店　　公捐銀式拾柒兩玖錢壹分
仁和店　　公捐銀肆拾捌兩叁錢捌分　　長慶店　　公捐銀式拾肆兩玖錢陸分
天馨店　　公捐銀伍拾叁兩捌錢陸分　　合興店　　公捐銀拾式兩式錢式分
永興店　　公捐銀伍拾柒兩捌錢捌分　　王加魁　　公捐銀捌兩玖錢柒分
復盛店　　公捐銀肆拾陸兩零柒分　　　祥泰店　　公捐銀捌兩式錢捌分
毛大興　　公捐銀叁拾柒兩玖錢式分　　雷世貴　　公捐銀捌兩零捌分
廣興店　　公捐銀式拾捌兩捌錢柒分　　泰興店　　公捐銀柒兩捌錢捌分
天成店　　公捐銀叁拾肆兩柒錢伍分　　張合興　　公捐銀式兩捌錢玖分
天順店　　公捐銀伍拾伍兩叁錢肆分　　張天成　　公捐銀□□□□□□

合盛元　　公捐銀肆兩玖錢式分
永和店　　公捐銀伍兩壹錢伍分
楊沛庵　　公捐銀壹兩式錢
韓　耀　　公捐銀肆錢肆分
楊鴻茂　　公捐銀肆　錢
任實庵　　公捐銀式錢式分
寶興店　　公捐銀式錢式分
　　以上公捐

大清道光十九年歲次己亥秋八月穀旦

山東碑文

山岳趣文

一　濟南山陝會館碑文

濟南山陝會館碑銘

1. 光緒二年《重修山陝會館碑記》[①]

碑額：皇清

重修山陝會館碑記

會館者何？鄉祠也。仕商之客於外者公建一祠，以祀其所□祀之神，曰會館，以別於土人之廟也。每見報賽之期，肅豆籩陳，樂舞一時，鄉友齊集，衣冠拜跪，以答神庥。即於其時飲福受胙，藉以行鄉飲酒之禮焉，甚盛事也。吾西土之人虔祀 關聖帝君，幾於户設一壇，家供一像，豈不以幸生 帝鄉，邀 福庇爲近耶？宜乎會館崇飾莊嚴，歲久重修，尤不容已矣。東省布政司大街山陝會館創自乾隆三十六年，其時規模未廣，諸同人趨蹌殿陛，每有勢不能容之憾。竊憶前人創爲斯舉，非不欲宏闊壯麗也，亦非力能爲而不爲也，徒以限於地故，所以暫就樸略，以待後人踵事增華耳。今歲久滲漏，漸就破壞，諸鄉友公議重修。適東鄰王公魯川以附近地基一段，長三丈六尺、闊八尺，佈施神祠。於是推廣基址，鳩工庀材，將舊日臺榭殿廊，一□而新之。大門向在巷内迤北，今則移□大街東向，增其式廓；大門内耳房、照壁及北重門爲一段。入重門，北置小院，客座一區，西至三門爲二段。三門内，面南牌樓爲正門，兩傍便門出入，南爲對廳，西南爲厨舍，東爲涵圃，皆週以游廊，爲第三段。牌樓北接照棚、戲臺，兩廂置樓，圍以欄杆；北爲正廳，東至更衣復室；東西兩廂後復立茶竈、鋪墊等房，爲第四段。正廳影堂後爲祠門，爲穿堂；北殿三楹爲神祠，中間設 協天大帝盤龍龕，其像係自兖州憩馬地仿照敬塑；東間仍供舊塑 關帝像及舊日匾聯，示不忘前人創始也；西間則添設 財神像以爲配享，此爲第五段。其餘殿傍隙地各置退廳，及一切燈彩什具莫不畢備。此舉也，基闊於前，費亦增於舊，惟料欲其壯而堅，式欲其新而雅，寬廠軒豁，庶足暢前人未滿之志，啓後人奮興之心。將見入斯館也，瞻 聖像之赫奕，求無愧於神；聯几筵之歡謔，思無忝於友。必有爭自濯磨，以爲桑梓光者，豈第宏闊壯麗，徒以飾觀云爾哉。工始於咸豐元年正月，董事者喬海明等經營籌畫，日夜況瘁，惟喬君朗齊之力尤多。彼時東省多故，厥□未蕆。嗣後經理者毛遇春等於同治二年前後塈蕆，嶄然一新。顧事難創始，尤貴有終。兹我同人，懼没前人義舉，無以昭示來兹，於光緒丙子夏五月擇吉泐石，□其實不取其文，

[①] 該碑位於濟南市省府前街山陝會館遺址，共三通，係朱琳博士收集整理。

並刊捐助者姓氏於後，非敢襲美，亦曰：光前烈即以啓後之隨時整飾者耳。

賜進士出　身　道員用登州府知府前掌陝西道監察御史翰林院編修加三級　夏縣賈瑚撰文
誥受中憲大夫
誥授朝議大夫己酉科拔貢吏部郎中沂州府知府　　馮翊黃大鶴書丹
敕授文林郎丙午科舉人壬戌大挑登州府榮成縣知縣　　乾州張廣熙篆額

州　同　銜　楊延紀	從　九　品　侯光普	從　九　品　寧守先
從　九　品　馬振東	州　同　銜　楊晉魁	監　　　生　毛遇春
膠州知州　韓亞熊	從　九　品　王得賢	從　九　品　党時清
首事：候選同知　喬海明	理　問　銜　趙天慶	膠州知州　李金聲
金絲堂啓事　李景白	從　九　品　李同萊	守禦所千總　喬元亨
監　　　生　郭煥昇	理　問　銜　王嘉桂	從　九　品　馮玉泰
從　九　品　孫齊雲	從　九　品　喬維明	從　九　品　張萬春
從　九　品　侯東文	從　九　品　趙思忠	
候選按照磨　劉思敏	監　　　生　劉思忠	
候選州同　家觀賓	貢　　　生　原　鎏	木作：于永年
五　品　銜　劉致中	監　　　生　王得雋	石作：王延齡
候補知縣　喬鐘泰	從　九　品　馮恒遠	張延慶
候補縣丞　楊金麟	監　　　生　裴永美	石工：盧　松
從　九　品　王登元	議叙從九　楊震麟	泥水：郝　潤
	從　九　品　曹履泰	窰匠：王萬年

光緒二年五月中旬穀旦

第二通碑

碑額：皇清

四品封職王魯川暨男理問銜耀庭	捐地基伍釐
河南巡撫　李慶翱	捐銀壹百兩
特用道濟南府知府　陳　寬	捐銀貳百兩
臨清直隸州知州　張積功	捐銀壹百兩
即補知州　牛翰軫	捐銀壹百兩
癸酉科舉人　田兆雲	捐銀壹百兩
洛口批驗大使　解世紳	捐銀貳拾兩
候選典史　王錫綸	捐銀貳拾兩
雲　南　王聚興	捐銀伍兩
從九品　潘成文	捐銀伍兩
候選同知　喬海明	捐銀陸百兩
署臨清直隸州膠州知州　李金聲	捐銀伍百兩
曹縣知縣　郭逢春	捐銀伍百兩
同知銜候補知縣　喬鐘泰	捐銀□□兩
花翎運同銜膠州知州　仇恩注	捐銀肆百兩
三品銜　張星焯	捐銀肆百兩
工部虞衡司郎中　劉篤康	捐銀肆百兩
花翎運同銜　張熙和	捐銀叁百伍拾兩
乙未科探花湖南糧儲道　喬晉芳	捐銀叁百兩
濟南府知府　李天錫	捐銀叁百兩
平度州知州　李岱霖	捐銀叁百兩
刑部廣東司主事　劉篤敬	捐銀叁百兩
青州府知府　武雲衢	捐銀貳百兩
直隸霸州知州　喬作新	捐銀貳百兩
同知銜安丘縣知縣　潘貢疇	捐銀貳百兩
理問銜候選從九　趙天慶	捐銀貳百兩
河南候補縣丞　喬世培	捐銀貳百兩

候選知府齊河縣知縣　李　均　　　　捐銀壹百貳拾兩
濮州知州　鄭映南　　　　　　　　　捐銀壹百貳拾兩
東河總督部堂　喬松年　　　　　　　捐銀壹百兩
花翎道員用即補知府　陳用賓　　　　捐銀壹百兩
沂州府知府　黃大鶴　　　　　　　　捐銀壹百兩
膠州知州　韓亞熊　　　　　　　　　捐銀壹百兩
濱州知州　王寵三　　　　　　　　　捐銀壹百兩
同知銜齊東縣知縣　武　燮　　　　　捐銀壹百兩
新泰縣知縣　李天隰　　　　　　　　捐銀壹百兩
藍翎同知銜陵縣知縣　樊維垣　　　　捐銀壹百兩
同知銜文登縣知縣　許文祿　　　　　捐銀壹百兩
湖北長樂縣知縣　喬守中　　　　　　捐銀壹百兩
議叙五品銜　張一敬　　　　　　　　捐銀壹百兩
理問銜候選巡檢　邢　鑾　　　　　　捐銀壹百兩
布政司理問銜　董　澳　　　　　　　捐銀壹百兩
東河候補主簿　喬世良　　　　　　　捐銀壹百兩
賞戴花翎簡用副將　閆恒俊　　　　　捐銀柒拾兩
登州府知府　賈　瑚　　　　　　　　捐銀陸拾兩
同知銜商河縣知縣　閆如蘭　　　　　捐銀陸拾兩
湖南安化縣知縣　喬作梁　　　　　　捐銀伍拾兩
益都縣知縣　趙天賜　　　　　　　　捐銀伍拾兩
署平度州知州　郭　叡　　　　　　　捐銀伍拾兩
花翎知府用平度州知州　吉燦昇　　　捐銀伍拾兩

同知銜寧陽縣知縣　高陞榮　　　　　捐銀伍拾兩
同知銜曲阜縣知縣　嚴品鈁　　　　　捐銀伍拾兩
運同銜候選同知　焦成章　　　　　　捐銀伍拾兩
藍翎五品銜布政司理問　趙濟寅　　　捐銀伍拾兩
京府通判　邢　鑾　　　　　　　　　捐銀伍拾兩
浙江安吉縣典史　趙　璞　　　　　　捐銀伍拾兩
同知銜邱縣知縣　喬康侯　　　　　　捐銀肆拾兩

候補府經歷　郭　公	捐銀肆拾兩
榮城縣知縣　張賡熙	捐銀叁拾兩
栖霞縣知縣　王汝綏	捐銀叁拾兩
臨邑縣知縣　馬　鉦	捐銀叁拾兩
守禦所千總　楊家麟	捐銀叁拾兩
同知銜候選州吏目　宋玉坡	捐銀叁拾兩
藍翎五品銜候補縣丞　楊金麟	捐銀叁拾兩
候選同知　繆可久	捐銀叁拾兩
候選州同　家觀賓	捐銀貳拾伍兩
金絲堂啓事　李景白	捐銀貳拾兩
同知銜　閆如川	捐銀貳拾兩
候補知縣　郝允褒	捐銀貳拾兩
藍翎湖南候補知縣　喬守箴	捐銀貳拾兩
六品銜按察司司獄　文金印	捐銀貳拾兩
武城縣典史　范在鎔	捐銀貳拾兩
濟陽縣典史　楊逢午	捐銀貳拾兩
沁水縣教諭　章生呆	捐銀貳拾兩
候選巡檢　劉世明	捐銀貳拾兩
候選按照磨　劉思敏	捐銀貳拾兩
候補府經歷　楊東麟	捐銀貳拾兩
五品銜　繆永昶	捐銀貳拾兩
理問銜　王嘉桂	捐銀貳拾兩
藍翎布經銜候補鹽經歷　廉全祥	捐銀拾陸兩
守禦所千總　喬元亨	捐銀拾伍兩
議叙從九　楊寶麟	捐銀拾伍兩
曹縣縣丞　王大堃	捐銀拾伍兩
議叙從九　楊震麟	捐銀拾伍兩
曹縣典史　師慎言	捐銀拾伍兩
昌邑縣典史　李凌荃	捐銀拾伍兩
布政司經歷　喬作義	捐銀拾伍兩

運同銜武定府經歷　吉天相	捐銀拾貳兩
花翎二品銜持用道曹州府知府　馬映奎	捐銀拾兩
候補知縣　張臨淦	捐銀拾兩
候選巡檢　王繩祖	捐銀拾兩
遊擊加三級　張　恩	捐銀拾兩
龍山鎮巡檢　張立基	捐銀拾兩
議叙五品銜　白印堂	捐銀拾兩
五品封職　閆如桐	捐銀拾兩
奎文閣典籍　周　炯	捐銀拾兩
藍翎知州銜知縣用王家岡場大使　何福禎	捐銀拾兩
候選未入　許慎師	捐銀拾兩
候選典史　郭慶基	捐銀拾兩
六品銜知縣用登州府經歷　劉繼晨	捐銀捌兩
藍翎五品銜附貢生　劉維新	捐銀陸兩
提舉銜即補布政司經歷　孫慎修	捐銀陸兩
布經歷銜候補鹽經歷　劉聱新	捐銀陸兩
東平州吏目　支樹棠	捐銀伍兩
六品銜候選巡檢　郗正順	捐銀伍兩
守衛府　郝建昌	捐銀伍兩
藍翎同知銜優廩生　賈學易	捐銀叄兩
癸卯科舉人　喬炳南	捐銀貳兩
藍翎六品銜東昌府經歷　石懷南	捐銀貳兩
五品銜鹽場大使　黄天培	捐銀貳兩
候補典史　王文清	捐銀貳兩

第三通碑

碑額：皇清

和合金店　捐銀壹千兩	同春茶店　捐銀壹百兩
亨裕當　　捐銀陸百叄拾兩	隆裕當　　捐銀壹百兩
公盛金店　捐銀伍百兩	致和參店　捐銀壹百兩
隆泰金店　捐銀肆百兩	光裕當　　捐銀壹百兩
寶三銀樓　捐銀肆百兩	瑞盛參店　捐銀壹百兩
義興永　　捐銀叄百兩	永吉當　　捐銀壹百兩
公易金店　捐銀貳百捌拾兩	歷城鹽公店捐銀壹百兩
協昌金店　捐銀貳百伍拾兩	福盛參店　捐銀捌拾兩
日新中　　捐銀貳百肆拾兩	裕盛鐵店　捐銀捌拾兩
聚發源　　捐銀貳百貳拾兩	永裕當　　捐銀柒拾兩
震亨銀號　捐銀貳百貳拾兩	全盛都　　捐銀柒拾兩
廣源號　　捐銀貳百兩	廣德銀號　捐銀陸拾兩
正立當　　捐銀貳百兩	永盛參店　捐銀陸拾兩
和豐金店　捐銀壹百捌拾兩	廣裕參店　捐銀伍拾兩
和盛銀號　捐銀壹百陸拾兩	三合烟店　捐銀伍拾兩
聚興成　　捐銀壹百伍拾兩	和祥金店　捐銀伍拾兩
晉成□店　捐銀壹百伍拾兩	天成亨　　捐銀伍拾兩
亨裕□店　捐銀壹百貳拾兩	蔚盛長　　捐銀伍拾兩
州同王煥然　捐銀貳百兩	貢生原子傑　捐銀貳拾兩
從九馬振東　捐銀壹百兩	從九姚繼昌　捐銀貳拾兩
監生楊延緒　捐銀壹百兩	監生曾維椿　捐銀貳拾兩
州同楊延紀　捐銀壹百兩	州同郭榮先　捐銀貳拾兩
監生喬駿極　捐銀肆拾兩	監生侯光普　捐銀貳拾兩
州同楊玉麟　捐銀叄拾兩	從九李文濤　捐銀貳拾兩
監生喬裕國　捐銀貳拾肆兩	從九張　鈞　捐銀貳拾兩
從九喬維明　捐銀貳拾肆兩	從九劉東鋕　捐銀貳拾兩
從九黨時清　捐銀貳拾兩	從九王得賢　捐銀拾陸兩
從九裴龍文　捐銀貳拾兩	監生劉思忠　捐銀拾伍兩

監生毛遇春　捐銀貳拾兩　　　　監生楊國棟　捐銀拾伍兩

謙　吉　昇　捐銀伍拾兩　　　　永　昇　德　捐銀叁拾兩
新　泰　厚　捐銀伍拾兩　　　　慶昇金店　捐銀叁拾兩
夏津鹽公店捐銀伍拾兩　　　　安增祥記　捐銀叁拾兩
恩縣鹽公店捐銀伍拾兩　　　　有懷銀號　捐銀叁拾兩
曹縣鹽公店捐銀伍拾兩　　　　順興漆店　捐銀叁拾兩
館陶鹽公店捐銀伍拾兩　　　　四　義　堂　捐銀貳拾伍兩
寶源參店　捐銀肆拾兩　　　　天裕銀樓　捐銀貳拾伍兩
和暢參店　捐銀肆拾兩　　　　天德參店　捐銀貳拾伍兩
同　德　興　捐銀肆拾兩　　　　泰祥參店　捐銀貳拾伍兩
萬　順　通　捐銀叁拾陸兩　　　公興參店　捐銀貳拾兩
德興參店　捐銀叁拾兩　　　　永勝參店　捐銀貳拾兩
永新錢店　捐銀叁拾兩　　　　和義銀號　捐銀貳拾兩
珍源參店　捐銀叁拾兩　　　　裕　和　號　捐銀貳拾兩
永和銀號　捐銀叁拾號　　　　景泰銀號　捐銀貳拾兩
洪裕錢店　捐銀叁拾兩　　　　隆茂參店　捐銀貳拾兩
天寶銀樓　捐銀叁拾兩　　　　永通漆店　捐銀貳拾兩
忠　信　行　捐銀叁拾兩　　　　公茂參店　捐銀貳拾兩
麟　芝　堂　捐銀叁拾兩　　　　福昌銀號　捐銀貳拾兩
從九趙思忠　捐銀拾伍兩　　　監生郄秀榮　捐銀拾兩
從九張　緒　捐銀拾伍兩　　　監生趙金臺　捐銀拾兩
從九喬桂萼　捐銀拾貳兩　　　從九武席珍　捐銀拾兩
從九曾愈燴　捐銀拾貳兩　　　從九楊福五　捐銀拾兩
從九喬守存　捐銀拾貳兩　　　從九公興湯　捐銀拾兩
從九白履坦　捐銀拾貳兩　　　監生喬郁松　捐銀拾兩
從九蘇東方　捐銀拾貳兩　　　從九趙錦成　捐銀拾兩
貢生趙漢成　捐銀拾貳兩　　　從九楊峰觀　捐銀拾兩
從九楊錫輅　捐銀拾貳兩　　　從九趙淮成　捐銀拾兩
從九趙金章　捐銀拾貳兩　　　監生劉繼清　捐銀拾兩
貢生原　鍫　捐銀拾貳兩　　　從九喬維鬥　捐銀拾兩

同　心　號	捐銀貳拾兩
同　聚　號	捐銀貳拾兩
福　興　號	捐銀貳拾兩
大　信　公	捐銀貳拾兩
公順銀號	捐銀貳拾兩
越　隆　發	捐銀貳拾兩
金昇鍋店	捐銀拾伍兩
合義煙店	捐銀拾伍兩
榮　和　號	捐銀拾伍兩
全裕銀號	捐銀拾伍兩
洪源藥行	捐銀拾伍兩
天泰參店	捐銀拾伍兩
悅來煙店	捐銀拾伍兩
協和參店	捐銀拾陸兩
晉盛參店	捐銀拾貳兩
巨　盛　昌	捐銀拾貳兩
廣裕皮店	捐銀拾兩
豐泰參店	捐銀拾兩
從九 王茂東	捐銀拾兩
從九 楊儀五	捐銀拾兩
從九 喬維楨	捐銀拾兩
從九 孫齊雲	捐銀拾兩
五品銜 李景膚	捐銀拾兩
從九 宋本善	捐銀拾兩
從九 劉錫俊	捐銀拾兩
從九 趙桂森	捐銀捌兩
從九 喬登霄	捐銀陸兩
從九 李文彬	捐銀伍兩
監生 寧立遠	捐銀伍兩
三　泰　興	捐銀捌兩

敬　和　公	捐銀拾兩
德　隆　號	捐銀拾兩
三錫銀號	捐銀拾兩
慶　和　號	捐銀拾兩
益祥鍋店	捐銀拾兩
濟　盛　合	捐銀拾兩
貽德堂王	捐銀拾兩
祥成銀號	捐銀拾兩
貞　源　堂	捐銀拾兩
德聚合店	捐銀拾兩
澍　森　成	捐銀拾兩
新　盛　樞	捐銀拾兩
樹　德　裕	捐銀拾兩
東安增祥	捐銀拾兩
洪順漆店	捐銀玖兩
恒昌漆店	捐銀玖兩
恒　裕　豐	捐銀捌兩
大　盛　元	捐銀捌兩
從九 喬鳳岡	捐銀伍兩
從九 郭承澹	捐銀伍兩
從九 侯東文	捐銀伍兩
生員 湯春和	捐銀伍兩
武生 房　璽	捐銀伍兩
從九 張鑒銘	捐銀伍兩
從九 冀萬通	捐銀伍兩
生員 張承齡	捐銀伍兩
從九 孫集福	捐銀肆兩
廩生 嚴振清	捐銀肆兩
監生 王世驥	捐銀肆兩

京都義合堂要　　捐銀伍兩
　協　盛　堂　　捐銀伍兩
　德　義皮店　　捐銀伍兩
　宏　泰　昌　　捐銀伍兩
　懷　遠　德　　捐銀伍兩
　永　興　號　　捐銀伍兩
　時　美　豐　　捐銀肆兩
　集　義　生　　捐銀肆兩

從九閣增潤　　　捐銀貳兩
監生周師訓　　　捐銀貳兩
監生張盛林　　　捐銀貳兩
生員喬時昌　　　捐銀壹兩

二　周村碑文

周村關帝廟

道光四年碑之一

道光四年碑之二

周村魁星閣

咸豐二年碑——位於魁星閣外牆上

1. 道光四年《關帝廟重修碑記》[①]

關帝廟重修碑記

　　蓋自康熙三十四年創建　關帝廟，屈指百餘年矣。風雨剝蝕日就傾圮，過之者蒿目愴心，幾不知倡議何人，創修何日也。今道光甲申，善士陸禮思等發願重修，十餘日募錢萬餘緡，鳩工庀材，由二月初吉興工，人心踴躍，氣候冲和。修正殿三楹，拜廳三楹，皆基崇三尺，視昔有加。殿之東南角祖師堂三間，茶廳一座，對面為戲樓，戲樓之左右為鐘、鼓二樓，即廟之大門也。懸門孔道高踞河濱，由此西望，摩訶、長白、會仙諸山爽氣在我襟袖；西則馬神祠，移建臨河，神像東向；西南為百子殿，墻宇四周。是舉也，磚石、木料取精用宏，見者駭目，聞者悅心。神則尤是也，而廟貌一新矣。天下事無平不陂，無往不復，剝復循環，天為之實，人為之繼。自今金碧輝煌，朔望虔禱，神之麻人之和也。是為記。

```
甲寅科舉人大挑一等借補陽穀儒學　　邑人李芳時撰文
邑　　　庠　　　生　　　　　　　侯振廷書丹
```

李希成	鞏殿弼	孟德明	寧毓珍	張振基	李朝瑞	郭君佑	曲含清
趙鳳增	王鳳佩	李班禄	魏傳書	李廷楨	鮑朝弼	王　瑄	徐長泰
屠輔廷	侯世清	趙培蘭	曹　績	崔文炯	李仲實	張光普	鮑希由
首事：陸禮思	王殿臣	趙士俊	張慎杰	高萬祥	張希曾	沈殿瑗	耿殿臣
王元佑	陳炳照	張炳烈	蘇汝聯	張曰濱	徐元章	王世楓	王鶴年
師　价	石鐘黃	張　疆	牛連濱	沈化遠	李宗翰	鮑維和	劉可誦
張萬選	張　垿	孟迺理	馮聯模	鞏清芳	王汝騵	李思豐	張士英

潞澤會	錢貳千千	惠通典	錢二百五十千	恒祥號	錢五百三十三千
西賢茂	錢一百四十千	義興典	錢二百五十千	福順號	錢四百六十六千
震亨號	錢七十千	悅來典	錢二百一十千	慶長號	錢四百六十六千
趙鳳增	錢四十千	貞元典	錢一百九十千	兆祥號	錢二百六十六千

---

① 該碑現存周村關帝廟，共兩通，分別位於關帝殿内東、西兩側墻上，筆者於2006年抄錄、拍攝。

永和金店錢八十千	永慶典　錢一百二十千	文盛號　錢二百千
重豐金店錢六十千	長吉典　錢一百千	西增盛　錢四百千

晋　貫益和　　　　　正祥鍛店錢四百五十千　　　東增盛　錢二百六十六千
　　源泰號　　　　　益美緞店錢五百三十三千　　　璉珍號　錢二百零五千
沃　義盛號　　　　　吉順緞店錢二百六十六千　　　正有號　錢二百零五千
　　益和號　共錢一百九十千　福盛緞店錢二百六十千　清和號　錢二百千
烟　益興號　　　　　萬聚緞店錢二百千　　　　　　茂盛號　錢二百千
　　仁義號　　　　　豐祥緞店錢一百五十五千　　　全泰布店錢一百千
行　茂盛號　　　　　吉慶緞店錢六十千　　　　　　和順布店錢一百零五千
　　銀　　行　錢一千三百三十千　福順布店外夥錢五十千　合義布店錢一百千
　　帶子行　錢一百九十千　恒泰布店錢七十千　　　大順布店錢七十五千
　　官道南鹽行錢五十千　三合布店錢七十千　　　　永盛布店錢五十八千

人和號　錢三百千　　　　體仁堂張大殿金神油漆
玉盛線店錢二百千　　　　醉六堂張錢五十千
公聚線店錢一百千　　　　炳如堂鮑錢一百千
陸天成號錢一百千　　　　式穀堂梅錢六十千
沈家店　錢四十千　　　　耕耘堂毛錢五十千
萬安號　錢三十千　　　　福德堂孔錢五十
連義號　錢三十千　　　　燕翼堂王錢五十千
禎祥號　錢五十千　　　　守恕堂李錢四十千
公順針鋪錢六十千　　　　鮑維鏞　錢五十千
永成泰記錢五十千　　　　呈祥緞店錢四十千
廣盛泰記錢五十千　　　　天成號陸又錢五十千
德昌布店錢四十千　　　　公聚線店又廿千
鴻源布店錢五十千　　　　永和金店又廿千
重盛布店錢四十千　　　　重豐金店又十五千
福聚布店錢四十千　　　　李懷智　錢十千
全盛布店錢五十千　　　　徐元章　錢二十千

義成糧鋪　　　　吴盛興號　　　　源興義記　　　　源增號

天源堂	恒興號	以上皆二十千	義盛號
長豐號	增茂號		萬興號
文德號	廣泰號		豐順號
東增號	裕泰號	周文錦	大成號
萬成號	合順號	東殿臣	寧盛號
義順號	文萃堂	皆十七千	和合堂
郭崇安	永隆號		全有號
敬盛號	天增興	天興典	永和典
萬和號	劉豐泰	復魁號	隆魁號
義盛館	廣成號	江西恒牲號	協濟堂
鋤經堂徐	復興號	東德興	永聚鑼店
皆十五千	合興盆店	公祥號	永祥號
	天馨齋	一品齋	元亨號
	玉樹堂張	迪吉堂張	利津同順店
	高全順	永順號	德源號
永慶典	永濟典	全興漆店	興成號
泰興號	豐盛號	全德號	申全興
源盛號	三義帽局	晉潞李晉孝	協泰號
楊福盛	增聚號	廣寧帽局	振興油店
信和號	眾鐵器鋪	皆八千	永澧號
益祥號	乾泰昌帽局	馬在庚 八千	義盛綫店
換盛號	皆拾千	孟邑廣福帽行六千	皆七千
順興漆店	歷邑同興號錢十千		
順興號	春生店	仝意號	廣盛號
世興號	德盛號	德盛染坊	雙盛號
隆茂號	杭恒泰	王懷亮	隆順號
豐和號	清合號	義興號	隆興號
益聚油店	益順館	長泰號	元盛號

集成號	趙文玉	天億號	順祥號
福源醋店	韓元興	石門裕德號	海陽裕源號
永增號	皆六千	石門永隆號	錦州永信號

田廣聚	曹協義	隆泰號	泰和堂
全德染坊	大成號	義順紅坊	懷仁棧
福泉居	德祥號	增聚號	利源號
協盛銅鋪	文盛銅鋪	文興銅鋪	天增號
義和號	東興盆店	聚盛剪鋪	公盛號
日生通記	仙聚居	興茂號	天利號
王廷翰	全盛店	盧士杰	吉利號
錦州輔祥號	公順絲局	濟盛號	張作梓

松茂號	膠州廣成號	畢恒昇	永福齋
天盛堂	膠州義利號	張永盛號	王廷對
增順號	膠州廣盛號	吉盛鞍鋪	桂香齋
正元號	濰邑增茂號	曲廣明	中州同仁長記
連和號	長生號	皆五千	太原三益孫記
大盛號	世生號	王朝欄五千	壽陽寧遠號
吉祥號	耿殿臣	淄邑宮興茂五千	廣泰號
永興漆店	薑　行		同泰號

榮興燭店	廣興號
義盛油店	許維堂
樊啓□	益和店
王廷乾	三合號
中州合盛涌記	畢永聚
太原協成德記	永聚公記
廣盛號	皆四千
隆盛號	

自栅墙之南張明奎管業，栅墙以北廟上管業，東至影壁山，西至塘子門山。

協理工務：王守康
　　　　　李永成　　　　住持道人：周子輝　徒侄：耿方義

大清道光四年歲次甲申三秋穀旦

第二通碑：

隆聚號	豐和號	洪興號	順成號
興茂號	恒利號	協義號	復盛號
德和號	義盛染坊	萬盛居	思賢館
石重聚	廣聚盆店	開泰盆店	北大公
磬宜號	和成號	楊福盛	張裕順
天成號劉	仝盛染坊	協盛號	協成號
聿修堂	聚和號	同和號	徐長安
崇德店	玉成磁店	天合號	玉成號

萬順號	濰邑復興號	太原永牲記	太原昌盛王記
江西萬順篦	膠州德裕號	太原意盛豐記	太原昌盛大記
悅來店	以上皆三千	太原天德公記	太原復興嚴記
萬來號	王朝柱 錢二千	中州公盛同記	中州義泰和記
石恒聚	益和館 錢一千	中州涌合隆記	中州麟興伯記
慶順樓	趙儒周 錢二千	中州義順源記	中州雨生旭記
恒源號	重源館 錢三千	中州統興王記	中州復泰生記
三合楊	樂安席行錢三千	中州正興公記	許州新和正記

太谷致和成記	盛京重興號	濰邑公易號	馬豐泰
盛京祥盛號	盛京東興號	濰邑義源號	文源號
盛京永順成	盛京恒發號	永慶號	崇德號
盛京廣聚公	錦州世興德	于太誠	洪興號
盛京長盛德	吉林順源號	王振成	天成號
盛京順興永	廣平致和號	東盛號	元吉號

盛京廣和號	南宮永盛號	萬順號	杭玉美
盛京公順號	濰邑吉昌號	榮昌號	康聚盛

益元堂	永盛號	聚成磁店	經致堂李
泰和號	德順針鋪	利增號	盛思呂記
玉盛染坊	裕源號	廣成號	日昇號
德隆號	五福號	恒裕號	長興號
萬順號	吳萬盛	日昇號	王克恭
同盛號	北大盛	大興店	宏盛店
張採玉	裕祥號	張載綱	億德號
康聚興	富春堂	聚成號	李永海

李賢儒	太原永茂公記	太原永裕隆記	冀州五順號
王煥文	元盛漆	義和篦	李福宗
以上皆二千	天昌煥	祥興號	億泰號
刁日盛　錢二千	宋德淵	趙殿候	趙希祥
魚　行　錢十千	合盛泰	劉德裕	張宗武
盂邑永順店　錢拾千	公和號	雙合號	寶隆號
盂邑禹成公記錢四千	廣順號	無量號	益祥號
北殿臣　錢三千	永慶號	義順號	永順號

廣裕號	利津趙英一	昌邑永順號	濰邑瑞興號
劉進禧	開源號	興盛號	隆和號
永興泰	天泰隆	榮玉公	公興號
合興號	全順號	環興號	德生廣
協義號	中和號	福全號	茂竹堂
長增號	永增號	興隆號	興順號
萬茂號	常興號	乾盛店	恒睦號
日升號	萬通號	合盛號	興順號

濰邑義利號	樂安天成號	趙興隆	復盛號
王　相	萬成號	義興號	景裕號

天泰公	元順美	大興號	德隆號
本生德	全順永	利增號	公聚號
聚興號	瑞祥號	泰合號	利元號
白佔魁	黃際尚	萬興號	公義號
恒心號	恒隆號	曲祥發	廣亭畢記
永興號	恒泰號	清和店	公茂號　以上皆一千

石有祥　錢一千	青州德盛號	萬增店　錢四千五百文
蔡啓程　錢二千	德隆號	萬興發鋪錢三千五百文
遠香齋　錢一千	項　福	慶順線鋪錢三千五百文
李志義　錢二千	泰成號	
金匠李文正　錢八千	恒茂號	新盛公記銀一兩
金匠馬光琚　錢二千	以上皆一千五百	木作王順吉　錢二十千
青州李九升　錢十千	仁義爐坊錢二千	泥水王德裕　錢十千

泥水黃大讓　錢十千	益泰昌記錢四千	盛京恒聚新記錢十千
泥水仇士英　錢十千	恒興成　錢四千	廣興成　錢二千
窰匠尹茂溫　錢五千	李執極　錢一千	德盛楊　錢二千
窰匠關廷選　錢五千	萬成李　錢三千	廣豐公記錢五千
王元統　錢十千	萬成楊　錢五千	文哉王　錢三千
宋仕陳　錢十千	宋　興　錢二千	松盛店　錢十千

萬安東記錢五千	敦敘堂蔣石窗一對	盛京復立號　錢二千
裕豐店　錢十千	西順和　錢十千	盛京彩章號　錢二千
油漆沈作准　錢五千	章邑穆文成　錢四千	齊東萬祥號　錢一千
石工楊可義　錢五千	建昌縣東來號　錢四千	齊東同順號　錢一千
石工宋海鵬　錢五千	趙文德　錢三千	山右楊世思　錢二千
石工趙手謨　錢五千	劉一榮　捐地錢六十千	李聖文　錢二千

鄭義順	億中蓮	赤峰復興號
李萬順	萬順成	太原元盛號
於福盛	永泰趙	建昌源昇號

鄭文明　　　　　泰盛趙　　　　　中慶堂李
　皆章邑，皆三千　　皆孟邑，皆三千　　皆二千
孟邑天盛公記　　　李長枝　　　　　板長盛
建昌廣和號　　　　陳東順　　　　　鄭金順
　皆三千　　　　　李恒陞
　　　　　　　　　　皆章邑，皆二千

鄭永順　　　　　　程秀遂　　　　　直隸復興成
朱大順　　　　　　許廷棟　　　　　京都萬春號
于興盛　　　　　　許興隆　　　　　張　惠
于長順　　　　　　姬　福　　　　　朱成文
柏三合　　　　　　　皆淄邑，皆一千　紀殿魁
鄭禮文　　　　　　致和成記錢一千　　劉萬恭
　皆章邑，皆一千　　廣裕順記錢一千　　　皆一千
青州劉萬年　錢一千　隆元號　錢一千

武定府東興號
歷邑同昌號
　皆十千
　增盛樓　錢二千
　張大全　錢一千

木料三千一百四十七千　　　各匠犒賞三百四十四千
石頭乙千乙百六十一千　　　鐘鼓共九十六千
磚瓦一千四百六十七千　　　旗杆一百五十千
石灰九百五十八千　　　　　開光戲□□共二百八十七千
油漆乙千三百五十六千　　　□□□□二百千
釘鉄繩麻共三百十九千　　　補財神廟錢一百零九千
錫溜麥穰共一百四十二千　　買地八官畝八分，錢二百六十一千
魚鰾烟子共九十三千　　　　典地四官畝，六十千
□工錢乙千八百六十八千　　零星□□共四百二十千
木作工錢一千五百十九千　　□□七百一十千

□廟金神區聯油漆　共五百七十二千，木料鐵器　共八十九千，磚灰墊地麥穰　共六十千，
□廟戲樓後殿罩漆　　　　　　木作工錢　　　　　　泥水工錢

碑刻未□，匠販爭價空捐，共除七十五千；香案布棚　共八十千，係戲氈餘剩錢，鋪
　　　　　　　　　　　　　　　　　　　奠地亮燈

墊紅氈一百零六千、角燈宮燈式百四十二千，零星六十八千三百文。支清。

住持：周子輝　　徒侄：耿方義　　仝叩
　　　　　　　　暨徒：楊萬儉

大清道光四年歲次甲申三秋穀旦

2. 咸豐二年《創建魁星閣記》①

碑額：創修□□□名不朽

創建魁星閣記

漢晉《天文志》載星名以千百數，而　文昌魁星特象文明。按《天官書》文昌戴□，北斗司命、司祿，載在《周官》，廟而祀之宜矣。北斗，帝車也。第一星數至第四星爲魁，主文章，持文衡。而春秋致祭，僅配享　帝君左右，專祠不少，概見於體，爲褻於禮爲不稱。周鎮，青齊海岱間一都會也。山川鬱勃隱秀，其地靈。故自前明以迄熙朝，人文蔚起，科第後先輝映，稱爲極盛。近五六十年來，竟如晨星落落，其果盛衰有時歟？抑亦人事不修，而神眷顧之者有至有不至歟？鎮西舊有　文昌閣，形□以爲□於兩離之地建　魁星閣，當宜文事、利科名。一時文人學士翕然景從，釀金興事，而列肆本富者亦各捐廉賈五利之財以助。即於淦水北岸闢地疊石，建桀閣三楹，矗矗然，期高出於鎮之琳宮寶刹之上，設象祀焉。又於鄰閣之火帝祠、觀音堂、三官閣、山門、道房一概重修。對閣舊有月牙、引鳳二橋，年久剝蝕損壞，行渡維艱，悉易故爲新。築河岸數百尺以防齧決，鋪石路數十丈以便車徙。凡用木以株計，用石以車計，甓瓦石灰以窯計，漆百斗，鋼鐵千斤，匠石役夫千人。閣前有泉溢出，即疏爲墨泉。其隙地又築大池，方屋而高，以爲閤鎮焚化字紙之所。飾以丹艧，繚以□垣，宏敞巨麗，不數月而厥功告成。是歲，恭逢我

---

① 該碑現存周村魁星閣，筆者於2006年抄錄、拍攝。

皇上龍飛建元，欽加　恩科，同邑得雋者四人。而閣南不百步，蔡生芳田即以英年名列甲榜。鎮人歡然，謂神之式憑爲之也。而予之意尤有進。今夫古今所以推重文章者，非僅以摩揣時好，獵取科名，以焜耀門閭已也。必將原本聖賢根柢詩書，以疏發其性靈，而謹守其繩墨，庶不負　國家崇儒重道之意。故出則爲名卿，爲循吏；即終老名山，亦必嚴操守，砥名礪節，足爲後學楷模。聖人之文章，所謂根於性與天道者，此也。閣既成，予以政暇觀風此地，與二三名宿登謁瞻眺。南望鳳山，頡頏翺翔，殆欲和其聲以鳴　國家之盛乎！西則長白，有范希文讀書處，繹先憂後樂之言，慨然如見其人。東不十里，則孝仙祠在焉，爲漢孝子董公備身供父之地。嗚呼！後之登斯閣者顧瞻左右，俯仰今古，當必有憬然悟，勃然興，瞿然願化翼，有當於文章性道之旨。而神靈赫濯，吾知必憑依而呵護之矣！夫正人心，厚風俗，鼓勵士習，良有司之責也。予謝未能，而所見如此，爰書之以爲記。

　　知長山縣事　岑南曾叙符撰文　　　邑人聶日淳書丹

觀音社、火神社歷年至道光三十年餘積錢三百六十二千八百文
帶子行　歷年餘積錢二百八十千
當　行　共錢一百二十千
正祥號　錢一百千

炳如堂鮑錢一百千	信昌號　錢五十千	協祥號　錢三十千
燕翼堂王錢一百千	豐祥號　錢五十千	正義號　錢三十千
全聚泰記錢一百千	泰和號　錢五十千	萬豐號　錢三十千
路澤社　錢七十千	泰來號　錢四十二千	大成號　錢三十千
和泰號　錢五十千	正有號　錢五十千	福順號　錢三十千
□德堂鹿錢五十千	□堂張　錢五十千	文盛號　錢三十千
聚祥號　錢五十千	山陜社　錢三十千	□聚號　錢三十千
□□□　錢五十千	□□□　錢三十千	公盛號　錢三十千
仁祥號　錢五十千	□□□　錢三十千	

承至號　錢三十千	山西新□中　錢二十千	慶裕泰記錢二十千
益聚號　錢三十千	元泰號　錢二十千	全泰號　錢二十千
忠恕堂陳錢三十千	恒泰號　錢二十千	恒裕號　錢二十千
裕來號　錢二十五千	永吉號　錢二十千	公祥號　錢二十千

天利號　錢二十五千	合成號　錢二十千	至成號　錢二十千
直隸望都縣正堂王錢二十千	義隆號　錢二十千	金太號　錢二十千
直隸漕運□□錢二十千	常豐號　錢二十千	慶泰號　錢二十千
□□□　錢二十千	大興號　錢二十千	萬安號　錢二十千
□□□　錢二十千	□□□　錢二十千	猪□□　錢二十千

吉盛號　錢二十千	萬順田　錢十五千	澌山鋪　錢十三千
復順號　錢二十千	豐源號　錢十五千	匯源號　錢十二千
天長號　錢十六千	謙祥益　錢十五千	合盛號　錢十二千
連興號　錢十六千	大順號　錢十五千	源聚號　錢十二千
福隆泰　錢十六千	裕成號　錢十五千	信成號　錢十二千
北鹽店　錢十五千	仝泰梁　錢十五千	同盛號　錢十二千
廣豐德　錢十五千	恒和店眾字號共錢十五千	恒聚號　錢十二千
德盛趙　錢十五千	鐵器行四家共錢十二千	永泰號　錢十二千
天興王帽錢十五千		西通順　錢十二千

天興泰錢十二千	博邑丁元偕　錢十千	通裕號　錢十千
義豐號錢十二千	義興永　錢十千	泰順號　錢十千
利源號錢十二千	東昇號　錢十千	益成號　錢十千
如順號錢十一千	豐泰號　錢十千	錦泰號　錢十千
鷄子窩錢十千	裕興號　錢十千	仙露居　錢十千
協成號錢十千	公興號　錢十千	元興號　錢十千
天茂號錢十千	天露居　錢十千	廣成號　錢十千
以成號錢十千	芎芝堂　錢十千	洪聚號　錢十千
永義號錢十千	天德堂瓦錢十千	敦本堂張錢十千

文萃堂　錢十千	吉慶號　錢八千	致和成　錢六千
李玉林　錢十千	隆盛號　錢八千	魁增號　錢六千
濟源號　錢十千	裕盛號　錢八千	慶順樓　錢六千
萬隆號　錢十千	乾元號　錢八千	東信義　錢六千
三益號　錢十千	聚文堂　錢八千	杜家莊　錢六千

恒春號　錢十千	人和號　錢八千	毛元林　錢六千
李兆榮　錢十千	世興號　錢八千	裕盛號　錢六千
孫發祥　錢十千	廣興號　錢八千	榮昌號　錢六千
德裕號　錢八千	義隆號　錢八千	□□號　錢六千

東街布行錢五千一百	郭大德　錢五千	榮盛號　錢五千
商河布行錢四千四百廿	協順號　錢五千	廣成號　錢五千
尹繼路　募錢四千六百	天長泰　錢五千	義泰號　錢五千
山西萬盛順　錢五千	崇和號　錢五千	聚盛號　錢五千
濟南隆祥號　錢五千	尚建信　募錢五千	永和成　錢五千
德祥恒　錢五千	觀成泰　錢五千	意和號　錢五千
廣順成　錢五千	劉□東　錢五千	黑土莊　錢五千
王　福　錢五千	西三益　錢五千	通盛號　錢五千
順德堂　錢五千	淄川西關　錢五千	□□□　錢五千

九成號　錢五千	永祥號　錢七千	萬茂號　錢四千
志誠號　錢五千	吳文煥　錢五千	永源號　錢四千
萬盛號　錢五千	銅盆行　錢四千	大　莊　錢四千
思賢館　錢五千	致祥號　錢四千	寧□堂張　錢四千
同德義　錢五千	吉泰號　錢四千	福盛義　錢四千
同裕泰　錢五千	永祥號　錢四千	孟家堰　錢三千五百五十
連增號　錢五千	同利店　錢四千	仝興號　錢三千五百
洪興號　錢五千	宏福店　錢四千	保定正祥號　錢三千
□□□　錢五千	漢口六合盛　錢四千	務本堂　錢三千

保定恒盛公　錢三千	六合店　錢三千	固城源聚昌　錢三千
同順號　錢三千	裕源號　錢三千	慶來號　錢三千
仁義號　錢三千	元盛號　錢三千	□授堂　錢三千
翠雲樓　錢三千	萬亨棧　錢三千	王　棟　錢三千
萬順號　錢三千	泰來和　錢三千	化龍街　錢三千
好生店　錢三千	十里鋪　錢三千	景聖街　錢三千

李芳譜 錢三千	杭玉振 錢三千		王錫琳 錢三千
洪興號 錢三千	協和號 錢三千		廣興成 錢三千
□□興 錢三千	聶述普 錢三千		濰邑廣聚號 錢三千

萬增店 錢三千
萬成號 錢三千
聚盛樓 錢三千
尚　庄 錢三千
李廷俊 錢三千
李家庄 錢三千
趙□信 錢三千
王秀杰 錢三千
恒興成 錢二千五百文

江西萬茂啓	獲鹿雲錦成	利興號	茂春號
萬茂兆應	固城德盛昌	長順號	雙盛號
鼎新實記	濰縣福茂號	同聚義	永信號
成聚德	同聚號	永泰號	積增號
人□義	聚興號	德源號	王　托
雲溪堂章	恒□□	後槐行	辛　莊
宋家庄	陳家□□	黑地坡	康家莊
二槐樹	金馬店	積義社	順興號
世澤堂	燕翼堂李	滋生堂蒲	聚泰號
義昌號	永盛號	億春號	興茂號
積賢樓	德和號	全盛號	萬順號
萬茂號	福盛號	永聚號	允興號
永合號	天合永	聚成號	永昌號
一義□	合興號	萬合號	慶仁昇
□□□	□□號	永順號	同泰號
義順號	和泰號	三義館	大公號
南大全	恒祥號	豐祥號	復興號

隆德□	東昇號	仁順號	隆興號
恒興號	元亨號	萬合染	恒聚號
福聚號	蘭馨齋	長盛公	源順號
益興號	復元館	山西恒聚川	山西合泰號
天祥號	公義號	文興號	祠堂街財神社
鴻昌店	意成店	崇德號	豐有號
源順店	合盛店	東勝號	聚合號
丁衍安	樊應詔	益陞號	成文堂
劉□輝	徐文寅	天寶樓	隆盛號
韓德崇	尹冶源	新泰爐	協和號
徐元偉	李希周	廣盛號	協盛綫
樊應統	馮大有	萬合棧	桂香齋
李本源	吳文炳	正茂號	合盛號
林思豐	杭玉美	源興店	蚨來號
同興染	李本淮	彭雲臺	楊秀章
解茂苞	王肇元	□□成	王清泰
李希彥	孫應□	袁□□	李天梓
王志年	孫衍義	永成號	聚興號
義成號	復興泰	永興號	呂永和
雙盛號	趙錫懋	孫□勤	關□□
景祥號	以上各捐錢弍千	李盛瑞	王肇□
清和號		□永潤	□增染
聚祥樓		福源號	□□號
姚村萬祥號	商河孫有春	淄川趙子儼	趙在山
崔家毛陀	聚盛號	恒泰號	聚元號
和盛號	于恒茂	魁盛號	全興號
豐泰號	萬和號	義豐號	春源號
恒茂號	全友號	長吉號	協春號
永盛號	亨順號	祥茂號	天源堂

隆茂扣	萬盛號	會源號	萬祥號
隆元號	順興公	義豐館	利增號
連成染	益成號	洪元店	裕盛炭
廣順店	重興店	解衍普	福盛店
敬勝號	億祥號	天增號	小邢家莊
袁學身	□興和	李樹德	全盛號
同順號	郝景岱	宋殿邦	寧立盛
裕豐染	天順號	義利號	馬繼茂
永和號	中立號	□廣泰	隆祥號
曾傳策	田金興	胡大用	馮大涵
□ □	宋方普	董□□	吳家莊
王永泰	天德堂	王清文	王□田
傅□□	□□□	恒順號	復盛號
義昌號	三興號		義成號
陸□□	榮成號	康福順	任恩遠
東義順	仁茂號	聚美號	泰興號
洪泰號	同盛號	增興號	仝有號
永興號	吉盛樓	積□樓	慶和樓
福茂號	志祥號	永茂號	德盛號
仁興公	通源鞋	萬成號	義順永
春和篦	益興號	長盛鞋	萬興號
萬順號	南大公	益聚號	謙吉油
盛林號	日昇號	椿生店	蚨來店
吉祥店	泰豐店	誠興店	大盛扣
馬 莊	慶雲堂李	長發祥	大有號
聚興號	成聚號	協順號	協盛號
鮑義方	王汝明	李可興	王肇奎
李文江	同和號	公盛號	廣盛號
泰生號	德盛源	正興號	萬聚號
莆永田	白□採	□□□	王守恒

桃園莊	三餘堂王	日修堂孟	山王埠
王□昕	郭允祥	□龍居	王□義
畢成□	畢隆春	合成號	鎰豐號
仝興號	福順號	□□號	以上各捐錢壹千

		泰盛號	聚源號
		朱化林	上池軒
修水道	錢十千	東盛店	同興號
三合號		公信店	泰源館
正義號	錢十千	泰盛店	仁義店
益聚號	錢十千	德成染	同仁泰
通源號	錢十千	同盛號	宋玉桂
李文周	錢五千	濟美號	畢興隆
如順號	錢二千五百文	公盛號	董志林
文聚祥	錢二千五百文	合盛公	新玉堂
李鳳岡	募錢弍千七百	樊家莊	王岱長
劉家橋	錢弍千四百	梁維禎	王其肅
古城莊	錢弍千三百	以上各捐錢一千五百文	于龍海
聚祥染	錢一千八百	益聚油	趙振玉
中立店	錢一千八百	廣益店	劉尚□
西李家莊書房錢一千六百		□茂和	趙　魁
西周家莊錢八百		張田廷	趙□桂
玉茗齋	錢八百文	王　敏	鄭光□
義　□	錢五百文	共錢三千	張　賓
			崔□□

濟泰號	九成號	聚盛號	張　魁
隆盛館	雙盛號	天成號	榮昌號
連盛號	恒昌號	恒盛染	興盛號
西成號	永泰號	利順號	吉昌店
三益號	合盛油	棟生店	復興店

劉在禮	韓長林	樊兆塘	張應統
莊存仁	寧世玉	蔡家莊	賀永太
任士祥	景殿華	恒聚號	高遠齡
李文周	頤壽堂	高筠承	李在元
劉文惠	劉汝礪	東泉居	劉汝敏
王配德	陳訓榮	王□齋	樊大德
王錫梅	龐□桂	李本湘	增盛號
董　□	劉和桂	長發號	泰和號
樊大義	孟傳孔	尹成業	李本沼
任士魁	□思殼	傅□生	張大德
樊大元	王萬祿	季□成	傅□永
董其□	王□才	閆維□	于有天
閆　淮	閆維禎	梁□□	戴□魁
□　□	□　□	□□□	侯振聲
李建長	王□桂	□□柱	聚盛號
		□維勤	
崇生號	賈鳳信	錢三千	
聚成號	邊學珠	恒慶號	馬希盛
全興號	黃法順	錢弍千	恒聚公
萬來號	鄔兆春	永興號	雅鑒齋
劉宗武	共錢十千	裕成號	順興號
李昌和	同順號	北大仝	高懷玉
張唐建	廣興號	元吉棧	姜廷松
朱思亮	天興號	東聚號	義和號
以上各捐錢五百文	福順號	平安店	王元成
	益興店	呂天成	李俊林
	元吉油	孫兆松	吳金章
	協成號	□懷裕	莊景玉
李俊德	張唐昇	三益油	樊兆和
步□杰	樊應和	泰昌爐	李俊秀
□□共錢五百文	以上各捐錢四百文		

　　　　　　錫　行　　　　　李士福　　　　　以上各捐錢二百文
　　　　　　修□齋　　　　　高永木
　　　　　　　□□人錢一□□　　以上各捐錢三百文

梅廷蕎　　　　　鮑健恒　　　　吳玉珍　募錢三十千
梅兆隆　　　　　李超龍　　　　解茂英　錢五千
　共錢十千　　　于德海　　　　張福泰　錢五千
蔿澗莊　　　　　□延祺　　　　吳玉珍　錢五千
　錢三千五百文　孫懷□　　　　正祥昭　錢三千
　　　石匠　　　李振泰　　　　平原莊　錢二千
馬安山　　　　　王永和　　　　劉萬□　錢二千
　　　車夫
　錢三千五百文　趙書勳　　　　宋汝霖　錢二千
李克簪　錢三千　張義宗　　　　東貞祥　錢二千
李光成　錢三千　郭立誠　　　　張克光　錢二千
王家莊　錢三千　四宜連　　　　長合號　錢二千
　　　　　　　　□□□　　　　梅之典　錢一千五百文
　　　　　　　以上各捐錢一千　遵古堂梅錢一千五百文

世澤堂王錢一千五百文　康家塢莊錢二千　益聚布店捐石溜子一個
九如堂劉錢一千　　　　米山□　錢一千
耕餘堂王錢五百文　　　劉王莊　錢一千
趙汝桂　錢五百文　　　許家莊　錢八百　安廷□　募錢五千
鄭振東　錢五百文　　　石孔立　錢一千
裕瑞堂許錢一千　　　　宋□文　錢五百文

支使列後：

　　橋板勾頭支錢一百二十五千，橋樑支錢三十五千，□山石支錢六百六十九千二百文，坡石支錢二百零五千八百文，木料支錢五百二十二千六百二十六文，磚瓦支錢四百五十九千五百六十文，石灰支錢四百九十千零八百十文，開光□戲支錢一百三十七千二百九十文，泥水匠工夫支錢八百八十九千，犒賞支錢九十千零六百五十文，木匠工夫支錢四百五十□千二百四十文，犒賞支錢二十五千一百六十文，刊碑石頭支錢一百六十五千五百文，油漆匠工錢顏料支錢七十七千，石匠飯錢支錢七十五千五百五十文，釘子鐵器支錢三十九千零三十文，土支錢四十九千八百十文，博山舊磚支錢二十九千，□□□□十七千三百四十文，麥穰支錢十三千二百文，匠人烟錢二十一千二百廿文，零星支錢九十八千八百文，□短錢五千五百十文。

買街房一所，官分六分九釐五毫，東至墻外根梁姓，西至宋姓落板地，南至街中心，北至河□。支銀四十兩，合錢一百八十千，留存觀音閣創建焚化字紙樓。書房募錢六千，慶和堂陳錢三十千，既翕堂楊錢三千，萬德堂蔡錢十千，燕翼堂王錢二千。

鐫字：孫繼一　石匠：王秀傑　□匠：李北榮　泥水匠：賈鳳信、邊學珠、鄢兆春、黃發順、馬希緒

大清咸豐二年歲次壬子仲春穀旦　　　　閻鎮公立

　　　　　　　　　　　　　　　　　　住持道人：尹信常　　徒侄孫：閻祥平

三　聊城會館碑文[①]

聊城山陝會館外景

山陝會館大殿

---

① 這批碑銘現存聊城山陝會館（即聊城市博物館），筆者於1994、1997年抄録，並據吴志遠博士2012年所拍照片復核。

山陝會館南、北碑廊

山陝會館碑墻

筆者在聊城抄碑（1997年）

（一）山陝會館碑文

1. 乾隆八年買地碑[①]

碑額：永垂不朽

今將山陝會館置買園地闊步數目四至及買價畫字稅契書列於後：

其地東西長四十三步，南北闊三十步。

東至河涯，西至官街，南至 大王廟，北至魏宅，四至分明。

又後門南角園基一段，東西長十二步，南北闊十一步零三小尺。

東至廟後，西至官街，南至小胡衕，北至本館，四至分明，亦載於契內。

共買價白銀捌百壹拾貳兩整，外有畫字銀貳拾肆兩。其園基自來無糧，於乾隆元年七月二十六日稅契粘尾，將紅契存於中秋會匣內。年深日久，恐有遺失，因此立石。

大清乾隆八年歲次癸亥中秋吉旦　　　山陝眾商公立

2. 乾隆十一年《山陝會館碑記》

碑額：萬古流芳

山陝會館碑記

賜進士出身奉政大夫禮部郎中前江南通省驛傳鹽法道兼理江寧巡道事務按察使司副使丙午科武闈監試己酉科文闈監試湖廣永州府知府戶部山東清吏司郎中福建清吏司員外郎山東濟南府齊河縣知縣甲午科同考官加一級　樂昌張景樞撰文

賜進士第翰林院檢討　東敬臧爾心篆額

賜　進　士　第　樂昌劉　樸書丹

[①] 該碑原無碑名。

自余之初通籍也，謁選人得山左之齊河。齊河密邇聊攝，側聞其地當水陸之冲，闤闠喧闐，袡幨汗雨，士大夫遊歷茲土者可謂壯哉。□兆執徐之歲，我西商閣建山陝會館於城之東偏。工既訖功，徐子雲天寓書里中，將乞余一言以鐫諸石。余自唯摛堉仰藉殊恩，洊歷中外，綆短汲深，恒矻矻於所以厚風俗而維人心者，以上答　聖明於萬一。今年加老矣，還初林下，杖履逍遥，日偕吾鄉鄰族黨，燕衎道舊，動以古義相勗。而關中亦吾脣輔之邦也，盟誓婚姻，往還無間。膺茲諉□，其可以不文辭？今夫四民之不可雜處也，非一日矣。管子有言：工立三族，市立三鄉，豈非以群萃州處，察四時、權百貨之爲便哉。而余所更有進者，服牛韜馬以周四方，里區謁舍之間，雖同鄉共梓，往往有相顧無相識者。一旦投轄有地，殿寢而外，夷庭高門，次第修舉，上充揖讓，下周步武，倡議者鳩工，聞風者踵至，豪商巨客接軌連鑣。落成肆祀，牲肥醴香，尊爵净潔，嘉樂好禮，郁郁彬彬，月榭風窗，□筵飲福。酒酣以往，各道吾西土介山晋水杜陵韋曲之勝，必將曰凡與斯役者或締好如管鮑，則群且愛之慕之；或□末若蕭朱，則群且避之戒之。勿惜小利而□乾餱，勿耀厚貲而忘節儉，肅賓而厚旅，親人而事神。然則今日之爲斯舉也，豈僅如《齊語》所載，相語以利，相示以頻，相陳以知，賈云爾哉。將使饘于斯而粥於斯，率皆叙親舊，敦古處，以不失吾兩省洽比之義也。余田園羈足，竊以未得造觀爲嘆，而甚幸吾鄉鄰風俗之厚，所以順承乎　聖天子之教化者，未必不在於是。乃喜而爲之詩曰：巢陵蠹蠹，汶水沄沄。日中旁午，車騎雲屯。氣誼歡洽，曰唯西土，營地慮工，于時廬旅，輪奐聿新。僉曰：嘉哉！摳衣躧履，于于其來。序屬小春，載酌大□。詢我芻蕘，永以爲好。凡兹嘉賓，非晋則秦。射書臺下，當以其鄰。歲者□間，誼篤親故。芝蘭之馨，膠漆之固。服賈孝養，職思其居。同舟共濟，親此渠渠。有□堪進，有酒堪□。神聽汝□，況於閭里。其或不然，以規充耳，雖獲奇贏，人爲冷齒。四座歡呼，加額以手。載諸貞珉，用垂不朽。

大清龍飛乾隆十一年十一月上浣穀旦

　　　　　　　　　　　　　　　　　山陝信商：徐碧
　　　　　　　　　　　　　　　　　　　　　　　　行大佐　等立石
　　　　　　　　　　　　　　　　　　　　　　　　李良儒
　　　　　　　　　　　　　　　　　　　　　石匠：李玉蘭刻

▎碑陰：

▎碑額：碑陰題名

行日章	銀玖百兩	紀記號	銀四十五兩
劉興隆	銀捌百式拾兩	晋元號	銀四十四兩三錢四分
行晉昇	銀叁百式拾兩	永豐店	銀四十四兩二錢四分
師源生	銀叁百零壹兩	玉成店	銀四十三兩
魯合義	銀叁百兩	泰字號	銀三十九兩四錢五分
徐永和	銀貳百九拾式兩	長盛號	銀三十八兩二錢九分
尚義號	銀貳百柒拾伍兩	宏泰店	銀三十七兩九錢
李興盛	銀貳百柒拾叁兩	維新店	銀三十七兩
恒順店	銀貳百柒拾壹兩	易亨號	銀三十四兩九錢三分
劉玉隆	銀貳百肆拾伍兩	康復興	銀三十三兩三錢七分
魯新盛	銀貳百肆拾叁兩	裕泉店	銀三十三兩零九分
行元泰	銀貳百式拾柒兩	巨興號	銀三十二兩九錢三分
崔公信	銀貳百式拾壹兩	大興店	銀二十八兩一錢二分
李世興	銀壹百玖拾兩	上林鋪	銀二十七兩
郭益盛	銀壹百伍拾肆兩	常盛號	銀二十四兩
劉恒泰	銀壹百叁拾玖兩	柳日昇	銀二十四兩
行永興	銀壹百叁拾肆兩	李恒豐	銀二十三兩九錢六分
柴同豐	銀壹百壹拾捌兩	行義益	銀二十一兩四錢二分
大有店	銀壹百壹拾伍兩	師義盛	銀二十兩零八錢九分
行義興	銀壹百兩	祥順店	銀二十兩零八錢
郭永長	銀捌拾捌兩	魁聚號	銀二十兩零六錢六分
行天寶	銀捌拾捌兩	李日昇	銀二十兩零五錢二分
劉隆興	銀捌拾陸兩三錢六分	魯義盛	銀二十兩零三分
統泰號	銀捌拾式兩一錢	賈恒順	銀十八兩五錢九分
久成號	銀陸拾捌兩	劉義順	銀十八兩五錢四分
隆順店	銀陸拾陸兩	師尚義	銀十八兩
宏興店	銀陸拾伍兩	晉豐店	銀十七兩
行德成	銀陸拾叁兩六錢五分	公茂號	銀十六兩零七分

雙盛號	銀伍拾陸兩九錢	高合興	銀十四兩
劉人和	銀伍拾貳兩五錢八分	萬順店	銀十四兩
孫公正	銀伍拾貳兩	侯亨順	銀十四兩
永吉店	銀肆拾陸兩壹錢	隆豐店	銀十三兩七錢
永岐號	銀十三兩五錢九分	長順號	銀六兩零五分
誠美號	銀十三兩四錢	史三益	銀六兩
杜隆昇	銀十三兩二錢四分	趙允成	銀六兩
姚日升	銀十三兩零七分	郭唐成	銀五兩八錢
鼎豐店	銀十三兩	魯永隆	銀五兩七錢一分
唐日興	銀十二兩一錢四分	中孚號	銀五兩五錢七分
史義興	銀十二兩	申聚源	銀五兩四錢四分
同盛釘店	銀十二兩	任隆盛	銀五兩三錢三分
義豐號	銀十二兩	宋元泰	銀五兩三錢
廣聚店	銀十一兩九錢	賈人和	銀五兩二錢九分
世昌號	銀十一兩八錢一分	寧永興	銀五兩二錢
永盛店	銀十一兩四錢九分	玉吉號	
開泰號	銀十一兩二錢	恒盛號	
張義盛	銀十兩二錢二分	敬信店	
武際泰	銀十兩	大興麯店	
協興店	銀十兩	大增麯店	
新春店	銀十兩	郝光祚	
義成號	銀九兩九錢八分	同興鋪	
賀大有	銀八兩三錢一分	王永順	
曹公盛	銀八兩	天聚店	
姚集成	銀八兩	行晉昌	以上各伍兩
史文芹	銀八兩	久盛號	銀四兩七錢二分
劉得時	銀七兩九錢	京兆號	銀四兩二錢九分
李君盛	銀七兩七錢二分	劉元魁	銀四兩一錢
益有號	銀七兩五錢四分	王道生	銀四兩零六分
師復盛	銀七兩五錢四分	張九思	銀四兩

孫恒聚	銀七兩五錢三分	宏義號	銀四兩
和順號	銀七兩二錢	洪泰號	銀四兩
恒盛釘店	銀七兩	德盛號	銀三兩六錢三分
榮興釘店	銀七兩	張義和	銀三兩六錢
日昇號	六兩四錢二分	魁勝號	銀三兩六錢
泰益盛	六兩三錢九分	師元興	銀三兩五錢二分

賈遷興	銀三兩五錢一分	裴三益	銀二兩七錢三分
天順店	銀三兩五錢	關東生	銀二兩六錢六分
合茂號	銀三兩四錢	史中和	銀二兩六錢五分
楊于林	銀三兩四錢	萬順號	銀二兩五錢五分
意誠號	銀三兩三錢九分	正盛號	銀二兩五錢
魯信順	銀三兩三錢	元和店	銀二兩五錢
董魁興	銀三兩三錢	柴伊興	銀二兩四錢六分
合美號	銀三兩二錢	蓋義盛	銀二兩四錢
柴合盛	銀三兩一錢五分	劉永介	銀二兩三錢
行彌興		師天長	銀二兩一錢七分
楊芝臻		合生號	銀二兩一錢六分
曹 瑄		恒泰號	銀二兩一錢四分
景 珆		李興隆	銀二兩一錢二分
石如琦		永生號	銀二兩一錢
曹 錫		孫恒昌	銀二兩一錢
李 芳		王建珍	銀二兩零三分
姚樹本		泰和號	銀二兩零二分
衛天職		東昌府經歷羅世錦	
師鳳昭		任 明	
盧善繼		賈恒豐	
柏廷高		趙永豐	
張 涵		劉師貢	
王同善		楊 攸	
關人和		師聖言	

百順號		張文明	
李有樞		柴本達	
段公茂		寶興號	
郭恒盛		協盛號	
王受命		郭弘泰	
楊可敬		趙瑞璉	
郭　瓚	以上各三兩	張雲懿	
劉隆盛	銀二兩八錢四分	王合盛	以上各二兩
王永得	銀式兩	李豐太	銀一兩三錢三分
張復昇	銀一兩九錢	吉大興	銀一兩二錢七分
天泉號	銀一兩八錢七分	和玉吉	
世太號	銀一兩八錢三分	郝德芬	
裕生號	銀一兩八錢一分	德元號	
崔萬順	銀一兩八錢	三益醋鋪	
王興隆	銀一兩七錢八分	永聚號	
柴萬順	銀一兩七錢六分	孫廣盛	
王有慶	銀一兩七錢	泰廷寔	
聚興號	銀一兩六錢三分	郭紹興	
德義號		趙和忠	以上各一兩二錢
王復興		王義盛	銀一兩一錢五分
杜義合		衛恒盛	銀一兩一錢五分
仁和號	以上各一兩六錢	張永盛	銀一兩一錢四分
姚敬盛	銀一兩五錢五分	王昇恒	銀一兩一錢
欽成號		魯同盛	銀一兩零五分
李際太		萬順號	銀一兩零二分
董昌興		李益興	
太順號		彩盛號	
太盛號		師宗茂	
李廷祥	以上各一兩五錢	銳盛號	
	銀一兩四錢八分	李世殷	

王恒盛	銀一兩四錢八分	史永盛
李永興	銀一兩四錢八分	師如意
李魁元	銀一兩四錢六分	劉仁大
統順號	銀一兩四錢二分	盛隆號
王元振		王三合
劉隆盛		杜元珍
萬利號		隆太店
萬興號	以上各一兩四錢	張 銕
賀全盛	銀一兩三錢七分	師德潤
仁太號	銀一兩三錢五分	順興號

王新盛		高隆太		茂盛號	
裴肇先		史文公		李長發	
玉盛號		新順號		文昇號	
石建隆		張協盛	以上各六錢	郝魁昇	
席義和		張公太	銀五錢九分	陳永太	
茂生號		許巨興	銀五錢八分	李合興	
友益號		全聲號	銀五錢七分	丁興盛	
柴宗周		全興號	銀五錢六分	合盛號	
蓋成烈		趙恒興	銀五錢一分	單大興	
許成章		郭盛仰		李開基	以上各三錢
魯 珍		李新盛		姚永盛	銀二錢七分
秦 宏		許公盛		王全順	銀二錢七分
鄭崇履	以上各一兩	王朴宗		文大興	銀二錢五分
劉漢祚	銀九分八錢	郭雙合		關同興	銀二錢四分
集慶號	銀九分三錢	李永太		姚崇舉	銀二錢一分
鄭恒興	銀九分二錢	姚開基		中和號	銀二錢一分
董晉盛		賈金聲		太元號	
賈永興		義興號		李永順	
郭永興		嚴 璋		李順興	
立生號		李正經		巨興號	以上各二錢

賈大興	以上各九錢	王太生		何其德	銀一錢五分
和興號	銀八錢七分	鄭晉隆		高隆豐	銀一錢一分
鄒章新	銀八錢四分	義盛太記		張公泰糧食行銀十五兩	
徵祥號	銀八錢三分	張世榮	以上各五錢	大通號	銀五兩
張錦盛	銀八錢	李義興	銀四錢三分	日增號	銀三兩五錢
文恒盛	銀八錢	王宗吉	銀四錢	三盛號	
桂元號	銀七錢五分	通順號	銀四錢	冲盛號	
王萬順	銀七錢五分	賀公興	銀三錢七分	增盛號	
瑞祥號	銀七錢二分	續聚順	銀三錢二分	龍泉號	
師永興	銀七錢	太順號		恒茂號	
永豐號	銀六錢九分	賈新盛		臨泉號	以上各三兩
茂盛號	銀六錢三分	趙致中		裕興號	
魁增號		泰義和		李文甫	
吉盛典	以上各二兩五錢	牛義和		孟琰	
永昇號		廣盛號		趙于祿	
天義號		永通號		孟現	
太交號		義興號		張煥俊	
隆興號		永成號		孟香	
隆盛號		隆增號		趙偉	
天成號		全興號		李環	
永盛號		常興號		趙儒	
三益號		紹興號		趙嚴	
日增粉號		魁昌號		李正雲	以上各五錢
交臨泉		明昇號			
禹臨泉	以上各二兩	近堂號			
府興盛		永吉號			
翀萬典		恒義號			
級裕盛	以上各一兩五錢	槐寶號			
阿裕盛		公盛號			
沙裕盛		慶誠號			

阜臨泉	文昇號
向臨泉	廣義號　以上各一兩

以上共收銀捌千壹百玖拾柒兩肆錢玖分

會館地基南北三十步，東西四十三步。東至河涯，
西至官街，南至　大王廟，北至魏廷臣，南北俱
係館牆。後門南邊基地一方，東至　大王廟，
西至官街，南至小巷，北至會館，四至分明。
共計地伍畝柒分。

3. 乾隆三十一年《山陝會館重修戲臺建立看樓碑記》

碑額：用垂永久

山陝會館重修戲臺建立看樓碑記

　　今　聖天子膺圖御寓，久道化成，厚仁□澤，光被四表，居者不閉戶，行者無戒心。是故通都大邑商賈雲集之處莫不各建會館，以時宴會，聚集於其中，蓋客旅見鄉人，聯桑梓，通款洽，情倍親也。山陝會館之設，創自乾隆八年，中祀　關聖帝君，殿宇臨乎上，戲臺峙其前，群樓列其左右，固已美輪美奐，炳若喬皇矣。歲時伏臘，凡我商賈或割牲以報　神，或飲醼而賞勝，于時言言，于時語□，猶木之歡同根，水之歡同源也。迄于今，歷二十有一年矣。第歲月既久，戲臺不無飄搖之虞，大廈將覆，僉議欲修葺之；且艮、巽二隅一望無涯，未免有洩而不蓄之憾，並議欲增飾之。茲則張君裕如倡□率先，翕然者聞風景從。遂庀材鳩工，陶甓取粲，因前制而繕葺焉，旁增看樓二座。以乾隆二十八年辛未①，興工作於仲春，考慶成於季秋，塗茨施丹，皇皇乎壯麗耀觀而翬飛煥彩者矣。諸君樂舊制之維新，締造之聿成，且念眾之普存也，欲鏤貞珉以垂永久，委記於余。余奉　簡命謬膺樞部簿書，鞅掌之下，筆硯久疎。然誼屬枌榆，不揣荒蕪，始推往事述始末，記重修之歲月，誌創建之首庸，俾後世知所考耳。因念吾人里居親戚鄰鄙，朝夕聚首，及出而走四方，蓬飛蘋漂，靡所定止。唯茲會館可以悅親戚之情話，慰良朋之契闊，雖在

---

① 原文如此，疑為癸未之誤。乾隆二十八年應為癸未，辛未為乾隆十六年。

齊右，何异登華巔而泛汾波也。後之驅輪轅而至止，過廛閈而徘徊，俯仰瞻眺之際，感前賢之風，思垂澤之遠，缺者補圮者，修守而勿替，尤所深望也夫。

　　　　誥授朝議大夫兵部武選清吏司員外郎庚辰恩科監試官欽差倉場監督候昇知府
加二級紀錄三次　樂昌行日昌撰
　　　　太平庠生　　劉　筠書
　　　　　　　　　　李　琨
　　　　　　　　　　張　穎
　　　　　　督理人：張維極　　山陝衆商公立
　　　　　　　　　　張貴福
　　　　　　　　　　徐奮登
　　　　　　　　　　　　　　住持：張清御

乾隆三十一年歲次丙戌四月穀旦　　　　　　　　　石匠：李玉秀

■碑陰：

■碑額：碑陰題名

日章號	捐銀七十五兩五錢	乾泰店	各捐銀十三兩五錢
興隆號	捐銀六十五兩六錢七分	永聚店	
三立號	捐銀四十八兩五錢	萬順店	捐銀十三兩
永興號	捐銀卅兩零三錢	如意號	捐銀十二兩六錢一分
南義興	捐銀卅兩零一錢	天寶號	捐銀十二兩四錢四分
玉成店	捐銀廿七兩五錢	偕義號	捐銀十一兩五錢
世興號	捐銀廿六兩五錢	玉盛店	
久成號	捐銀廿五兩五錢	大有店	各捐銀十一兩
永隆號	捐銀廿四兩二錢五分	永茂店	
公信店	捐銀廿一兩五錢	文元店	各捐銀十兩零五錢
元泰號	捐銀廿一兩一錢九分	晋元店	
永和店	各捐銀廿一兩	協聚號	捐銀十兩零一錢
大興店		順德號	捐銀九兩九錢
宏興店	捐銀廿兩零七錢五分	雙盛號	各捐銀九兩五錢
興盛號	捐銀廿兩零五錢二分	鼎豐店	

新盛號	捐銀廿兩零四錢九分	同豐號	捐銀九兩二錢九分
永吉店	捐銀十九兩七錢四分	百川號	捐銀八兩七錢九分
紀記號		晉義號	捐銀八兩六錢
恒盛店	各捐銀十六兩五錢	永泰店	
茂盛店		豐泰店	各捐銀八兩五錢
恒泰店	捐銀十六兩三錢	元茂店	
恒昌號	捐銀拾五兩五錢	敬恒店	捐銀八兩二錢
協成店	捐銀拾伍兩	裕泉店	捐銀八兩
同興店		公正號	
義興店	各捐銀八兩	大川號	各捐銀四兩五錢
肇興號	捐銀七兩	盛隆號	
泰來號	各捐銀六兩六錢	晉魁號	捐銀四兩四錢五分
師義盛		日盛店	
上林號	各捐銀六兩五錢	源生號	各捐銀四兩
魁聚號		宏遠號	
朴宗號	捐銀六兩三錢四分	永魁號	捐銀三兩六錢六分
天興店		益成號	
晉昌店	各捐銀六兩	晉昌號	各捐銀三兩五錢
洪濟號		公太店	
恒順店		景盛號	
益興號	捐銀五兩八錢五分	禹泰號	各捐銀三兩
遷興號	捐銀五兩七錢五分	永盛號	
顯恒號	捐銀五兩五錢七分	信義號	捐銀二兩四錢六分
合義號		春生號	捐銀二兩四錢
永豐店	各捐銀五兩五錢	集成號	
玉隆店		尚義號	各捐銀二兩
雙興號	捐銀五兩三錢三分	大生號	
同昇號		巨萬盛	捐銀一兩八錢
德義號	各捐銀五兩	敬盛號	捐銀一兩七錢
順成店		雙盛號	捐銀一兩六錢

天昇號	捐銀四兩五錢	恒裕號	捐銀一兩五錢

怡興號		日增店	
晉興號	各捐銀一兩五錢	信義店	
隆泰號		和合店	各捐銀八錢
王恒盛		公議店	
復興號	捐銀一兩四錢六分	上黨店	
聚盛號	捐銀一兩零四分	萬恒盛	各捐銀六錢
日益號		義聚號	
趙宏元		義豐號	
意誠號		廣興號	
宏茂店		永長號	
廣裕店		全興號	各捐銀五錢
公和店	各捐銀一兩	九如號	
三合號		孫世昌	
玉興店		天成號	
德合號		寶玉號	
豐泰號		李元茂	捐銀四錢五分
統泰號		大有號	捐銀三錢八分
永隆號		永盛號	各捐銀三錢
日增號		永興號	
億發號	共捐銀五兩	三和店	捐銀三錢
同盛號		三益店	二錢
大成店		恒德號	各捐銀一錢
復興店	捐銀八錢	隆全號	
		九月十七社共捐銀弍兩六錢	

癸未二月吉旦

以上共捐□銀一千零九十七兩八錢八分

工匠料物等項共使銀九百九十九兩三錢八分，下存銀九十八兩五錢，修補殿宇打碑使用。

4. 乾隆三十七年《重修山陝會館碑記》

碑額：萬古流芳

重修山陝會館碑記

聞之莫爲之後，雖盛弗傳。前人創建山陝會館甚盛事也。乃歷有年所，風雨摧殘，以致　關聖帝君殿宇脊檁折損，柱樑拔壞。丁卯之春，靳君廣文　劉子重　劉克明　等集我同人，用彰公議，捐資重修。屆茲壬辰季秋，其功告成。所有捐金店號鐫列于左，庶幾前人之盛事不替云。

興隆號　捐銀拾弍兩　　　　豐泰布店
日章號　捐銀拾兩　　　　　紀記號
永隆號　　　　　　　　　　大川號
三立號　　　　　　　　　　宏興店
久成虹號　　　　　　　　　德義號
世興號　　　　　　　　　　維新店
新盛號　　　　　　　　　　恒立店
雙盛號　　　　　　　　　　同豐號
朴宗號　　　　　　　　　　信成布店
永興號　　　　　　　　　　如意號　以上各捐銀三兩
興盛號　　　　　　　　　　三合號
南義興號　　　　　　　　　師尚興號
久成玉號　　　　　　　　　萬盛號
恒昌號　以上各捐銀捌兩　　宏遠號
裕泉店　　　　　　　　　　雙合店
　　　　各捐銀伍兩
德和布店　　　　　　　　　齊勝號
公信店　　　　　　　　　　晋魁號
偕義號　　　　　　　　　　李登元
鼎豐店　　　　　　　　　　源生號

玉成店	正義號
上林號	合順號
元泰店	文元店
萬泰號	同興店
世隆店	晉昌店
元茂店	恒盛店
信義醇記　以上各捐銀四兩	永豐店
魁聚號	玉昇號
五有號	鼎昇號
大興店	集成號
肇興號	晉昌號
信仁店	順德號
晉義號	百川號
永吉店	聚合店
天興店	天誠號
天昇號	師義盛號
仁義店　以上各捐銀三兩	協聚號　以上各捐銀三兩
雙盛號	鉄器行　捐銀二兩
顯恒號	炭　行
張日昇號	戥　行
敬盛挺號以上各捐銀二兩	宏聚號
意誠號	復盛號
怡興號	義聚號
恒裕號　以上各捐銀一兩五錢	天寶號
三元號	茂盛號
統泰號	廣和號
肆聚號	元昇號
存誠店	元興號
盛隆號	高恒泰號
公正號	西慶永號

【山東碑文】◎

申永泰號	信義濟記
郭茂盛號	雙興號
玉盛店	大成號
王增盛號	吉祥號
張三義號	合義號
陳裕盛號	三合號
楊新盛號	日盛店
魯三義號	協成號
南公正號	天寧號
澮泉號	益興號
同昇號	玉合號
春生號	成聚號
西興盛號	軒盛號
玉成號	維義盛號
廣興號	九如號
源盛店	永聚店　以上各捐銀一兩
永祥店	萬盛號
大有店	和合號
寶玉號	上党店
信義店	仇永興號
永祥號	王恒昇號
日增店	柴德興號　以上各捐銀五錢
興泰店　以上各捐銀一兩	

樂昌邑庠生張雲明撰　　　東敬韓恒行書

　　　　　行世望　王　誧　高聯秀
　　首事：靳　蔚　李　琨　史世隆　　仝立
　　　　　劉尚任　魯太元　柴全忠
　　　　　劉怡平　劉　瓚　高捷元

　　　　　　　　　　　　住持：張清御

大清乾隆叁拾柒年歲次壬辰季秋吉旦　　　鐵筆：白璽　石匠：李玉秀

5. 乾隆四十二年眾號捐款碑①

碑額：流芳百世

山陝會館建修南北亭廈並兩樓、游廊以及補修各處，今將捐銀眾號書列於左：

五月十三會捐銀伍拾伍兩

日章號	玉成店
公義號	鼎豐店
永興號	鼎隆店
南義興　各捐銀拾三兩	存誠店
恒昌號	如意號
永隆號	顯恒號
三立號　各捐銀拾一兩	信仁店
久成虹號	雙合店
興隆號　各捐銀拾兩	意誠號
順德號　捐銀捌兩五錢	萬泰號
世興號	永盛緞店
元泰號	維新店
文元店　各捐銀捌兩	世隆店
李登元	永豐店
德義號	天興店
朴宗號	天有店
新盛號　各捐銀柒兩	源盛店
偕義號	百川號
久成玉號	廣興號
德合號	集成號
上林號	大川號

---

① 該碑原無碑名。

紀記號　　　　　　　　　　　　天誠篤號
天昇號　　　　　　　　　　　　三合號　各捐銀三兩
興盛號　各捐銀陸兩　　　　　　永聚店
肇興號　　　　　　　　　　　　鐵貨行　各捐銀弍兩八錢
雙盛粉局　　　　　　　　　　　成聚號
晉昌號　各捐銀伍兩　　　　　　師義盛
公信店　　　　　　　　　　　　玉昇號
信成布店　　　　　　　　　　　宏遠號　各捐銀弍兩五錢
永吉店　各捐銀四兩五錢　　　　公信號　捐銀弍兩三錢
晉昌店　　　　　　　　　　　　雙盛茂
元茂店　　　　　　　　　　　　耿聚美　各捐銀弍兩弍錢
宏興店　　　　　　　　　　　　恒盛店
大興店　　　　　　　　　　　　聚合店
同興店　　　　　　　　　　　　開泰店
肆聚號　　　　　　　　　　　　日盛店
榮荊堂　各捐銀四兩　　　　　　晉魁丹店
　　　　　　　　　　　　　　　大順店
　　　　　　　　　　　　　　　天泰店
　　　　　　　　　　　　　　　德順店
　　　　　　　　　　　　　　　恒立店
豐泰布店　　　　　　　　　　　炭　行
晉義號　各捐銀三兩五錢　　　　宏聚號　各捐銀弍兩

萬盛號　　　　　　　　　　　　日增店　捐銀七錢
鼎昇號　各捐銀弍兩　　　　　　恒益號
魁聚號　捐銀一兩八錢　　　　　中山居
恒裕號　　　　　　　　　　　　三益號
合順丹店　　　　　　　　　　　合成號
信義濟記　　　　　　　　　　　永盛號
同豐號　　　　　　　　　　　　賈義盛
軒盛號　　　　　　　　　　　　源豐興

齊勝號	各捐銀六錢
恒順店　各捐銀一兩五錢	恒義號
雙興號　捐銀一兩弍錢	和合店
大魁號	上黨店
永昇號	充實號
協聚號	生生丹店
光盛號	悅盛店
盛隆號	北興號
六合號	關恒盛
尚興號	劉元興
宏元號　各捐銀一兩	柴元昇
	李世泰
源生號	高恒泰
晉興號	各捐銀五錢
集林號	李五有
李復盛	萬源興
義聚號　各捐銀一兩	關順和
	傅永興
	李合義
	王興盛
義合號	李興盛
西興盛	和興號
史同昇	和盛號
巨萬順	全盛號
劉富盛	三合號
郭大成	各捐銀三錢
王興盛	李合順
協泰號	復興店
信義號	各捐銀弍錢
玉成作坊	
廣順店	

永立店

九如丹店

信成店

億發糧行　　各捐銀一兩

太邑庠生　張文康書

關正國　　　張文庭
首事：李登元　　　王昇遠　　　仝立
王曰綏　　住持：張清御
石匠：李玉秀

大清乾隆四十二年歲次丁酉仲秋吉旦

6. 嘉慶十四年《春秋閣碑文》

碑額：用垂永久

春秋閣碑文

　　蓋聞千古之綱常名教所以永垂不敝者，必賴數聖人爲之，維持於其間。砥柱中流，講明而切究之，遏人欲於橫流，存天理於既滅。遙遙千載，心源若接，不以窮達而有異，不以常變而或殊。故孟子云：先聖後聖，其揆一也。文文山云：地維賴以立，天柱賴以尊，三綱實繫命，道義爲之根，此物此志也。東昌府治，東省之大都會也。近聖人之居，風醇俗美；席表海之盛，物阜民殷。以故人烟輻輳，士商雲集，余邑之游處茲土者實繁。有徒爰建山陝會館，中祀　關聖帝君，以致崇奉之誠而聯桑梓之誼。此亦情事之固然，無足異者。而吾獨取夫春秋閣之建，有以窺　聖人授受之源流，而表章夫生平得力之所在者，則是舉之所係良非淺鮮矣。粵稽我孔子生當周季，目擊時事，作《春秋》以寓王法，惇典庸禮，命德討罪，爲後世慮至深且遠。　帝君際炎漢之末，去孔子幾及千載，而心心相印，若合符節，故於《春秋》微文奧義，洞悉底蘊，雖造次顛沛，未嘗或違。用是精忠貫天地，大義炳日星，浩然之氣亘古常留，使天下後世之人莫不尊親。蓋觀於《春秋》一書，而大聖人之心事昭然若揭，則斯閣亦安可以不建，而斯閣之建又安可以不誌也。若夫棟宇崇隆之象，金碧輝煌之觀，其規撫之宏敞，工費之浩繁，則司事者自能誌之，因無煩余之縷陳已。

賜進士出身奉直大夫刑部湖廣清吏司主事加一級紀錄五次　太平賈履中敬撰
賜進士出身翰林院庶吉士現任廣東瓊州府澄邁縣知縣加一級紀錄四次　曲沃蓋運長篆額
　　　辛酉科舉人即選知縣　東敬丁溪賢書丹

龍飛嘉慶十四年歲次己巳孟冬穀旦　　　　　　山陝衆商仝立

碑陰：

碑額：碑陰題名

至誠店　捐干白銀五十五兩八錢	玉隆德
興盛號　捐銀五十乙兩八錢三分	恒陞德
宗久號　捐銀五十乙兩二錢五分	東四盛
永義店　捐銀五十壹兩	中正仁
公義號　捐銀五十兩零九錢乙分	福興和
日章號　捐銀五十兩零七錢	隆源店
元吉號　捐銀五十兩零六錢九分	祥泰店
世興號　捐銀五十兩零六錢四分	永茂店
宏興店　捐銀五十兩零五錢九分	天生店
隆茂京　捐銀五十兩零五錢四分	泰茂店
興隆號　捐銀五十兩零四錢四分	履吉店
宏聚店　捐銀五十兩零四錢四分	義隆店
永隆氈店捐銀五十兩零乙錢二分	晉昌店
以上俱元寶銀	永隆號
福裕號	鼎豐號
世隆店	以上俱干白銀四拾六兩五錢
魁元店	義順店
光裕店	元恒豐
德合號	長盛店
晉魁丹店	永茂川

以上俱干白銀五拾兩　　　　　錦成寧
永興隆　　　　　　　　　　　　充盛泉
西四盛　　　　　　　　　　　　恒有聚
隆和義　　　　　　　　　　　　永泰全
裕順公　　　　　　　　　　　　慶昌遠
萬有全　　　　　　　　　　　　雙茂昌
允升順　　　　　　　　　　　　義泰公全
咸寧亨　　　　　　　　　　　　玉興茂
日新岩　　　　　　　　　　　以上俱元絲銀五拾兩
元隆昌　　　　　　　　　　　　德隆店

聚源店　　　　　　　　　　　　偕義麟
日盛店　　　　　　　　　　　　久成玉
　　以上俱干白銀四拾兩　　　　大魁和
萬盛泉　　捐干白銀卅七兩二錢八分　久成虹
協隆店　　捐干白銀卅七兩二錢八分　公信鳳
玉昇號　　捐干白銀卅七兩二錢　　　　五家共捐紋銀壹佰卅九兩五錢
萬興隆　　捐干白銀卅七兩二錢　　源發號　　捐元絲銀三拾兩
湧來泰　　捐元絲銀四拾兩　　　　廣源隆　　捐元絲銀三拾兩
東晉義　　捐干白銀卅乙兩六錢二分　源茂店　　捐紋銀廿七兩八錢七分
德裕號　　捐干白銀卅乙兩六錢二分　協成店　　捐紋銀二拾五兩
晉昌號　　捐干白銀卅兩零乙錢五分　萬順號　　捐紋銀廿四兩乙錢八分
天昇號　　捐干白銀卅兩零零九分　　晉義正　　捐紋銀廿四兩乙錢八分
瑞昌號　　捐干白銀卅兩零零三分　　世昌號　　捐紋銀二拾四兩
德義號　　捐干白銀三拾兩　　　　三茂號　　捐紋銀廿三兩二錢五分
健順店　　捐干白銀三拾兩　　　　湧泉店　　捐紋銀廿三兩二錢五分
義盛店　　捐干白銀三拾兩　　　　三和店　　捐紋銀廿三兩二錢五分
合順店　　捐干白銀三拾兩　　　　有恒號
合隆店　　捐干白銀三拾兩　　　　尚聚號
宏遠號　　捐干白銀廿七兩九錢九分　源隆允
景新嚴　　　　　　　　　　　　大成榮

三和公　　　　　　　　　　尚興號
永興仲　　　　　　　　　　萬豐公
三立號　　　　　　　　　　　　以上俱紋銀二十二兩三錢二分
福興裕　　　　　　　　　　協昌號　捐元絲銀二拾四兩
鼎義號　　　　　　　　　　譚德興　捐紋銀廿兩零四錢六分
六合店　　　　　　　　　　四聚店　捐紋銀二拾兩
豐泰布店　　　　　　　　　永盛店　捐紋銀二拾兩
文盛布店　　　　　　　　　東成店　捐紋銀二拾兩
信成布店　　　　　　　　　珍泰店　捐紋銀二拾兩
復盛號　各捐紋銀二十七兩九錢　長裕作坊捐紋銀二拾兩

公盛店　　　　　　　　　　玉成號
維新店　各捐紋銀二拾兩　　三合和
行日新　　　　　　　　　　恒成鋪
永興魁　捐紋銀十九兩五錢三分　慶和烟鋪各捐紋銀十四兩八錢八分
四聚帽鋪　　　　　　　　　慶元號　捐紋銀十三兩九錢八分
生生作坊　　　　　　　　　晉興號
三合受　　　　　　　　　　合義號　各捐紋銀十三兩九錢七分
永和豐　　　　　　　　　　九貞號
永祥號　　　　　　　　　　宏順號
王魁聚　　　　　　　　　　益源號
隆泰局　　　　　　　　　　協泰號
萬盛興　　　　　　　　　　集成號　各捐紋銀十三兩九錢五分
謙亨號　　　　　　　　　　永泰號　捐元絲銀十五兩
利陞號　　　　　　　　　　協興號　捐紋銀十三兩零二分
南昌號　　　　　　　　　　九如號
柴義聚　　　　　　　　　　慶亨號　各捐紋銀十二兩零九分
　　以上俱紋銀拾八兩六錢　師義成　捐紋銀十二兩零五分
德盛王　　　　　　　　　　順德敏　捐紋銀十壹兩乙錢八分
亨利店　　　　　　　　　　興盛德
寧盛隆　　　　　　　　　　天成義

宏裕寬
　　以上俱元絲二拾兩
衍昌號　捐紋銀十八兩四錢
天錫公
　　　　各捐紋銀十六兩七錢四分
五美號
隆盛海味鋪捐紋銀拾六兩
裕泉店
遇魁通
興隆紬店
隆泰紬店以上各捐紋銀拾五兩

世泰鋪　捐紋銀十兩零六分
合順丹店
老日興
裕隆店
天裕店
恒昌泰
慶義店
裕昌號
和生作坊
三泰鋪
中信公
四美烟鋪
協盛作坊
茂盛號
楊義合
　　以上各捐紋銀拾兩
柴順昌　捐紋銀九兩三錢八分
元深長　捐紋銀九兩五錢
聚和成
源豐永

義成帽鋪
聖書號
恒足公
李魁聚
　　以上俱紋銀十乙兩乙錢六分
豐興號
錦長元
錦長鳳
義和興
務本公　以上各捐元絲銀十二兩

興泰油店
廣泰號
恒足誠
亨正典
義順典
隆盛典
北興盛
西興盛
晉泰號
交泰號
祥順號
義成公
敬勝號
天順王
公立號
世茂號
崇興店
　　以上俱紋銀九兩三錢
柴晉升
義合號

聚成奎	廣昌元
聚源永	太谷源興隆
謙益和	榆次源興隆
資深源	寧泰永
瑞興號	合盛永
軒盛號	廣興永
永元布店	錫成永
裴永盛	書業堂
源順德	翁慶蔚
天裕丹店	永福全

汶水永盛號	世裕號　捐紋銀九兩二錢
兩益義	濟美號
元利厚	景泰布號
以上俱元絲銀拾兩	魁勝鋪
泰來炭店	永盛號
益泰炭店	元亨店
統成炭店	立興號
聚成炭店	升恒號
永豐炭店	恒盛號
天成炭店	裕泰鋪
興盛炭店	三盛煙鋪
錦隆炭店	以上俱紋銀五兩
公順炭店	廣興玉　捐紋銀四兩七錢五分
三益炭店	興盛鈺　捐紋銀四兩七錢五分
敬成炭店	天章布店
以上共捐紋銀九十三兩四錢七分	永興源
大升號　捐紋銀七兩五錢二分	日昇皮店
順元蘭　捐紋銀七兩四錢八分	日增皮店
協盛衣鋪捐紋銀七兩四錢四分	永亨盛
新豐衣鋪捐紋銀七兩四錢四分	義順永

興字衣鋪捐紋銀七兩四錢
久盛亨　捐元絲銀八兩
源盛永　捐元絲銀八兩
久盛號　捐紋銀六兩五錢乙分
天吉號　捐元絲銀七兩
永裕號　捐紋銀六兩零三分
如意作坊捐紋銀六兩
恒興號　捐紋銀五兩五錢八分
永盛皮店捐紋銀五兩五錢五分
天祥鋪　捐紋銀五兩乙錢三分

寧和順
福順號
天成號
志誠號
晉源店
和盛號
元興號
大元號
吉升號
隆裕店

□興號
義成號
同成號
復太號
太和新
　以上俱紋銀四兩六錢五分
日增號
麗澤號
益興號
成盛號
大興號
裕盛號
　以上共捐紋銀二十七兩九錢
義興永
四合成
恒泰寧
柴恒盛
閆吉慶
段三元
長盛李

永元號
怡興號
　以上俱元絲銀四兩
和合號　捐紋銀三兩
天錫號
東來作坊
成美號
　以上俱紋銀三兩
集興店　捐紋銀二兩九錢
久成號
慶昌公
恒升號
　以上俱紋銀二兩七錢九分
德盛號　捐元絲銀三兩
正順茂　捐元絲銀三兩
增盛號
賈魁隆
南興盛
人和號
升立敬

慶成煥
悅和公
西裕成
恒豐號
李金山
　以上俱元絲銀五兩
三元店　捐紋銀四兩
洪成號　捐紋銀三兩七錢二分
新順成　捐紋銀三兩七錢一分
同泰號

四合公
長裕盛
安吉衣鋪
萬裕號
仁和號
吐玉號
增億號
湧泉源
錦太號
源泉號
中和意
　以上俱紋銀壹兩六錢
恒長號
隆盛成
張隆興
馬太和
張長泰
　以上俱元絲銀二兩
永隆煥
天章文

歸化同泰號
天興號
　以上俱紋銀二兩
永茂盛
聚源號
義新盛
福寧永
晉新號
和協深
三盛德

集成文
富豐永
心合隆
復興永
　以上俱紋銀壹兩
三元昌
永和公
集義生
元興成
戊成號
東圖書府
老翰墨林
張翰墨林
老圖書府
文蔚堂
永興號
聚順號
萬盛成
洪盛號
　以上俱紋銀九錢三分

樂全美	廣慶永
和生衣鋪	元紅號
文秀堂	永合魁
太和號	天成達
萬來永	萬順寧
和興號	以上俱元絲銀壹兩
東盛寧	
合義號	油工張清鏡　捐紋銀四兩五錢
恒盛寧	木工趙　聚　捐銀十二兩
上党店	

7. 嘉慶十四年《山陝會館衆商重修關聖帝君大殿 財神大王北殿 文昌火神南殿暨戲臺 看樓 山門並新建饗亭 鐘鼓樓序》

碑額：萬古流芳

　　山陝會館衆商重修　關聖帝君大殿、財神大王北殿、文昌火神南殿暨戲臺、看樓、山門並新建饗亭、鐘鼓樓序

　　國家重禮神之典，祈報隆立廟之規，我　皇上□民而致力於神肅雝奏格，上以答在天之靈爽，下以祈生民之福庥，典至鉅也。自鄉里以至通都大邑，罔不奉此□爲兢兢焉。東昌爲山左名區，地臨運漕，四方商賈雲集者不可勝數，而吾山陝爲居多。自乾隆八年創建會館，以祀神明而聯桑梓，迄嘉慶八年復從而修之。諸鄉友持其圖記，詣署中求序於余。時余尋蒙國恩，總督直北，猶憶丙寅歲奉　旨鎮撫江西，路出於此，邇時鳩工未畢，而工程之浩大，規模之宏整，已略可觀，未始不心竊喜之。夫莫爲之前其美弗彰，莫爲之後其盛弗傳，天下事皆然，而會館饗神爲尤著。余以爲茲之重修，非第故者新之，缺者補之等尋常之經營已也，蓋有修而取其新者焉，有修而求其修者焉。中殿祀　關聖帝君，其後建春秋閣，已勒諸貞珉，茲不復贅。北殿祀　財神、大王，南殿祀　文昌、火神，三殿居西，正大高明，爲諸神憑依之所；其東有演戲臺，而看樓對峙，山門屏列，此皆仍舊制而新之者也。殿前饗亭九間，陳俎豆於此，肅拜跪於此，聯鄉誼而飲福酒亦於此。至若禮動於上，

樂應於下，則鐘、鼓二樓列於戲臺之左右，此則增舊制而備美者也。其經營也，起癸亥，訖己巳，七年而工告竣。迹雖修也，而功倍於創。回憶初建之時，迄於今六十餘年，而廟貌煥然一新，甚盛事也。更可異者，山陝諸友輻輳而聚此地，其勢至渙也，而冥冥之中隱若有以萃之。當甫議此舉，人人皆有同心而樂於捐貲，復以鼇頭之銖積寸累者補其不足，是以取精多而用物宏，結構宏廠，遂開百世之偉觀。成功之易如此，雖曰人工，豈非神力哉。歲時逢　帝君諸神聖誕及朔望良辰，邀同人而襄祀事，既隆立廟之規，遂修禮神之典，庶幾自天祐之，共蒙　神麻於無疆也已。是爲序。

　　誥授光禄大夫兵部尚書兼都察院右都御史總督直隷等處兼管河道提督軍務糧餉紫荆密雲等處關隘兼管巡撫事加二級　太谷温承惠撰文
　　誥授通議大夫河南等處提刑按察使司按察使統轄全省驛傳事務加二級　介休馬書欣篆額
　　恩賜戊辰科舉人候補國子監學正　太平劉漢儒書丹

大清嘉慶十四年歲次己巳孟冬穀旦　　　　　　山陝衆商仝立

▋碑陰：

▋碑額：萬古流芳

　　今將衆號歷年共捐鼇頭千白銀開列於後：

興盛章	捐銀一千三佰七十三兩八錢二分	泰茂店	捐銀三佰六十八兩二錢二分
元吉正	捐銀一千二佰八十三兩五錢七分	世興號	捐銀三佰六十七兩六錢七分
公信鳳	捐銀一千二佰一十二兩五錢二分	宏興店	捐銀三佰六十六兩五錢六分
隆和號	捐銀一千一佰八十八兩五錢九分	萬興隆	捐銀三佰三十三兩二錢七分
福興和	捐銀一千一佰三十八兩四錢八分	瑞昌泰	捐銀三佰一十七兩八錢二分
公義先	捐銀一千零三十三兩五錢	萬盛全	捐銀三佰一十三兩八錢四分
大魁和	捐銀九佰七十七兩零三分	裕順公	捐銀三佰一十兩零九錢五分
偕義麟	捐銀九佰五十三兩四錢六分	祥泰店	捐銀三佰零四兩三錢二分
宗久合	捐銀八佰九十二兩四錢二分	永義店	捐銀二佰九十四兩
興隆祥	捐銀七佰四十四兩四錢四分	晉魁丹局	捐銀二佰八十七兩四錢五分

【山東碑文】

恒有聚	捐銀六佰七十九兩五錢四分	魁元店	捐銀二佰八十一兩五錢九分
永泰全	捐銀六佰四十八兩四錢二分	同泰全	捐銀二佰六十四兩九錢一分
咸寧號	捐銀六佰二十二兩一錢	玉隆德	捐銀二佰四十一兩六錢四分
日章號	捐銀五佰四十三兩三錢八分	聚源店	捐銀二佰四十兩零九錢六分
廣源隆	捐銀五佰二十兩零六錢八分	中信公	捐銀二佰四十兩零四錢二分
義順店	捐銀四佰九十七兩五錢五分	元恒豐	捐銀二佰四十兩零零三分
田萬盛	捐銀四佰七十八兩	元隆昌	捐銀二佰三十九兩
永興隆	捐銀四佰七十兩零九錢七分	久成玉	捐銀二佰三十七兩八錢四分
隆源店	捐銀四佰六十兩零三錢九分	三和店	捐銀二佰三十七兩零六分
隆茂京	捐銀四佰五十五兩七錢八分	永盛義	捐銀二佰三十六兩零六分
永茂川	捐銀四佰五十五兩一錢九分	宏聚店	捐銀二佰三十五兩八錢九分
錦成寧	捐銀四佰四十七兩五錢六分	至誠店	捐銀二佰三十三兩三錢三分
德合儀	捐銀四佰三十八兩九錢七分	永興魁	捐銀二佰三十二兩一錢三分
全泰公	捐銀四佰零七兩五錢七分	天生店	捐銀二佰三十一兩七錢八分
世隆店	捐銀三佰九十四兩零四分	鼎豐店	捐銀二佰零九兩八錢三分
長盛店	捐銀三佰八十八兩五錢八分	玉興茂	捐銀二佰零七兩七錢四分
中正仁	捐銀三佰八十八兩一錢	允升順	捐銀二佰零七兩一錢七分
日新岩	捐銀三佰七十六兩八錢一分	悅和號	捐銀二佰零六兩四錢五分
義隆店	捐銀三佰七十六兩五錢	福裕寧	捐銀二佰零五兩
晉成棧	捐銀三佰七十兩零八錢六分	珍泰店	捐銀二佰零二兩一錢九分
義和興	捐銀一佰九十六兩三錢二分	隆新店	捐銀一佰二十九兩四錢九分
永福全	捐銀一佰九十五兩	東成店	捐銀一佰二十九兩四錢
三茂號	捐銀一佰九十三兩九錢七分	光裕店	捐銀一佰二十八兩六錢五分
充盛泉	捐銀一佰八十七兩五錢三分	源隆允	捐銀一佰一十八兩八錢九分
尚聚玉	捐銀一佰八十三兩六錢九分	晉昌店	捐銀一佰一十八兩二錢三分
久成虹	捐銀一佰八十一兩	德隆法	捐銀一佰一十三兩三錢七分
師尚興	捐銀一佰七十九兩七錢八分	慶合號	捐銀一佰一十一兩一錢八分
豐太布店	捐銀一佰七十九兩七錢二分	解恒長	捐銀一佰一十兩零一錢五分
信成布店	捐銀一佰七十六兩九錢六分	洪成號	捐銀一佰零八兩零五分
文盛布店	捐銀一佰七十六兩六錢六分	玉成時	捐銀一佰零五兩一錢六分

永盛店　　捐銀一佰五十七兩七錢七分	和生紅紙局捐銀一佰零三兩六錢七分
晋昌號　　捐銀一佰五十七兩一錢	東四盛　　捐銀一佰零三兩三錢五分
魁聚發行捐銀一佰五十六兩八錢	柴恒興　　捐銀九十九兩七錢四分
協昌珍　　捐銀一佰五十六兩六錢五分	悠久號　　捐銀九十九兩四錢三分
永興仲　　捐銀一佰五十五兩零九分	宏遠號　　捐銀九十九兩三錢三分
慶茂號　　捐銀一佰四十七兩九錢九分	協盛衣店捐銀九十八兩四錢九分
健順店　　捐銀一佰四十五兩七錢一分	師義成　　捐銀九十八兩三錢九分
合隆店　　捐銀一佰四十五兩五錢七分	北興盛　　捐銀九十七兩一錢三分
福興裕　　捐銀一佰四十兩零五錢五分	永茂店　　捐銀九十六兩三錢
履吉店　　捐銀一佰三十九兩六錢	晋泰元　　捐銀九十五兩四錢
恒陞德　　捐銀一佰三十八兩八錢四分	公盛店　　捐銀九十五兩一錢二分
聚成奎　　捐銀一佰三十八兩六錢一分	西四盛　　捐銀九十四兩四錢四分
天昇號　　捐銀一佰三十五兩零七分	閆吉慶　　捐銀九十四兩零七分
義成趙　　捐銀一佰三十四兩九錢三分	朱鎮元利號　捐銀九十兩零一錢六分
隆盛海味鋪　捐銀一佰三十四兩四錢六分	德裕號　　捐銀八十八兩六錢九分
隆泰紅紙局　捐銀一佰三十四兩四錢五分	晋義正　　捐銀八十七兩九錢六分
永裕鋪　　捐銀一佰三十三兩一錢三分	雙和號　　捐銀八十七兩七錢六分
元生德　　捐銀一佰三十一兩九錢七分	錦長號　　捐銀八十四兩二錢六分
西裕成　　捐銀一佰三十一兩八錢	新豐衣店捐銀八十三兩七錢三分
悅來號　　捐銀一佰二十九兩八錢	長裕表箋局捐銀八十三兩一錢八分
恒足章　　捐銀八十二兩一錢一分	軒盛號　　捐銀五十二兩三錢二分
義盛店　　捐銀八十兩零三錢三分	長發號　　捐銀五十一兩九錢七分
萬元店　　捐銀八十兩零二錢三分	四合號　　捐銀五十一兩二錢四分
東晋義　　捐銀八十兩零一錢七分	源發號　　捐銀五十兩零七錢七分
宏順號　　捐銀七十八兩九錢四分	興盛炭店捐銀五十兩零零四分
裕昌春　　捐銀七十八兩八錢九分	四聚店　　捐銀四十九兩三錢六分
通泰號　　捐銀七十八兩一錢九分	裕泰鋪　　捐銀四十九兩零三分
永裕海味店捐銀七十六兩六錢五分	興字衣店捐銀四十八兩六錢八分
恒聚德　　捐銀七十五兩六錢三分	南恒昌　　捐銀四十八兩五錢一分
義隆公　　捐銀七十四兩五錢一分	興盛皮貨店捐銀四十八兩一錢九分

德義號	捐銀七十四兩二錢七分	恒益號	捐銀四十七兩八錢六分
永隆毡店	捐銀七十三兩五錢五分	統吉號	捐銀四十六兩五錢一分
世昌號	捐銀七十二兩八錢三分	合順丹店	捐銀四十五兩八錢四分
源昌引	捐銀七十二兩六錢二分	玉昇號	捐銀四十四兩四錢三分
老日興	捐銀六十八兩六錢三分	兩益號	捐銀四十四兩零四分
集成號	捐銀六十八兩零五分	湧泉店	捐銀四十三兩七錢六分
萬盛西	捐銀六十七兩九錢八分	豐登號	捐銀四十二兩八錢七分
六合店	捐銀六十七兩四錢三分	永豐號	捐銀四十一兩五錢三分
順昌海味店	捐銀六十六兩五錢五分	衍昌號	捐銀四十一兩二錢二分
協隆店	捐銀六十六兩五錢二分	義合號	捐銀四十一兩一錢九分
信泰號	捐銀六十二兩九錢五分	萬順號	捐銀四十一兩一錢七分
協泰號	捐銀六十二兩五錢	信成號	捐銀四十一兩零八分
魁聚和	捐銀六十兩零六錢五分	敬勝號	捐銀三十九兩六錢四分
世昌店	捐銀五十七兩七錢	豐盛號	捐銀三十九兩一錢七分
義生號	捐銀五十六兩八錢二分	遇魁通	捐銀三十七兩九錢五分
元昌號	捐銀五十一兩四錢一分	裕泰號	捐銀三十七兩九錢四分
西興盛	捐銀五十三兩六錢九分	公順炭店	捐銀三十七兩八錢六分
永隆如	捐銀五十三兩四錢九分	晋升海味店	捐銀三十七兩七錢五分
永昌合	捐銀五十三兩四錢二分	寧新海味店	捐銀三十七兩六錢二分
萬盛珍	捐銀五十二兩三錢九分	四興號	捐銀三十六兩九錢五分
四美烟鋪	捐銀三十五兩五錢七分	隆興號	捐銀二十五兩二錢二分
和盛恭	捐銀三十五兩一錢五分	統成炭店	捐銀二十五兩一錢一分
大成號	捐銀三十五兩一錢二分	美玉泰	捐銀二十四兩八錢五分
晋興號	捐銀三十四兩九錢九分	四聚帽鋪	捐銀二十四兩二錢三分
師集成	捐銀三十三兩七錢四分	慶陞號	捐銀二十四兩一錢二分
永成玉	捐銀三十三兩六錢三分	恒茂號	捐銀二十四兩一錢
朱鎮義興號	捐銀三十三兩四錢五分	恒成鋪	捐銀二十四兩零八分
劉元興	捐銀三十三兩三錢二分	恒盛海味店	捐銀二十三兩八錢三分
裕泉店	捐銀三十三兩二錢八分	世茂號	捐銀二十三兩七錢一分
源茂店	捐銀三十二兩四錢	魁元和	捐銀二十三兩三錢六分

有恒號　捐銀三十兩零零七分	朱鎮宏昌號　捐銀二十三兩二錢一分
怡興號　捐銀二十九兩五錢六分	書業堂　捐銀二十三兩一錢四分
天成皮貨店捐銀二十九兩二錢四分	楊和盛　捐銀二十三兩一錢一分
慶元號　捐銀二十八兩九錢七分	益興鉄貨店捐銀二十二兩九錢一分
長聚店　捐銀二十八兩八錢八分	天裕店　捐銀二十二兩八錢八分
源順皮貨店捐銀二十八兩七錢二分	劉文興　捐銀二十二兩七錢七分
麗澤鉄貨店捐銀二十八兩二錢六分	永元布鋪捐銀二十二兩七錢六分
志誠號　捐銀二十八兩一錢七分	義成帽鋪捐銀二十二兩六錢九分
聖書炭店捐銀二十七兩八錢六分	裕隆店　捐銀二十二兩六錢二分
致祥號　捐銀二十七兩四錢九分	立本號　捐銀二十二兩五錢三分
南昌號　捐銀二十七兩三錢八分	聚義號　捐銀二十二兩四錢七分
宏裕號　捐銀二十七兩一錢九分	隆泰油店捐銀二十二兩三錢
承裕號　捐銀二十七兩零七分	同泰永　捐銀二十二兩一錢五分
益源號　捐銀二十六兩七錢二分	合順店　捐銀二十一兩五錢八分
同春號　捐銀二十六兩五錢九分	永和公　捐銀二十一兩三錢四分
天錫公　捐銀二十六兩三錢三分	和泰號　捐銀二十一兩二錢九分
源盛永　捐銀二十六兩三錢	交泰號　捐銀二十一兩零八分
世泰鋪　捐銀二十六兩零七分	永盛皮貨店捐銀二十一兩
三立號　捐銀二十五兩六錢八分	魁盛鋪　捐銀二十兩零八錢四分
天聚號　捐銀二十五兩五錢九分	淺恒盛　捐銀二十兩零六錢三分
同興炭店捐銀二十兩零五錢二分	永盛仁　捐銀十五兩零七分
保太號　捐銀二十兩零一錢八分	柴義聚　捐銀十四兩九錢三分
天成炭店捐銀二十兩零一錢六分	德興號　捐銀十四兩七錢四分
慶義海味店捐銀二十兩零一錢五分	三餘號　捐銀十四兩六錢
崇興店　捐銀二十兩	張家口德盛王　捐銀十四兩五錢八分
天章布鋪捐銀十九兩八錢	積玉號　捐銀十四兩四錢八分
胡三合　捐銀十九兩七錢五分	萬新永　捐銀十四兩三錢四分
恒足公　捐銀十九兩六錢二分	亨利海味店捐銀十四兩一錢一分
永盛天　捐銀十九兩四錢三分	楊義合　捐銀十四兩一錢
乾元號　捐銀十九兩一錢一分	天津廣慶號　捐銀十三兩九錢九分

阿城雙興號　捐銀十八兩七錢六分　　悅來鉄貨店捐銀十三兩九錢六分
陝西廣盛號　捐銀十八兩七錢四分　　永興皮貨店捐銀十三兩六錢
　天裕號　　捐銀十八兩四錢五分　　茂盛公　　捐銀十三兩五錢二分
　恒慶衣店　捐銀十八兩四錢五分　　祥順號　　捐銀十三兩四錢八分
　雙茂號　　捐銀十八兩四錢四分　　慶和號　　捐銀十三兩四錢
大明重盛號　捐銀十八兩四錢二分　　聚成炭店捐銀十三兩三錢四分
　正昌典　　捐銀十八兩一錢八分　　恒裕號　　捐銀十三兩三錢一分
　太和成　　捐銀十八兩一錢一分　　廣太號　　捐銀十三兩二錢三分
　立興號　　捐銀十七兩九錢五分　朱鎮亨裕店　捐銀十二兩九錢六分
　永祥號　　捐銀十七兩七錢三分　　協盛表篆局捐銀十二兩九錢一分
　順元布鋪捐銀十七兩七錢二分　　　三太鋪　　捐銀十二兩八錢四分
　中和紅紙局捐銀十六兩六錢一分　　廣興號　　捐銀十二兩三錢六分
　三和炭店捐銀十六兩六錢　　　　　魁聚中　　捐銀十二兩三錢六分
　王九貞　　捐銀十六兩四錢　　　　德太號　　捐銀十二兩二錢五分
　協成店　　捐銀十六兩四錢　　　　興太號　　捐銀十一兩九錢五分
　德隆店　　捐銀十六兩二錢七分　　日增鉄貨店捐銀十一兩七錢五分
　天成篤　　捐銀十六兩零五分　　　合義號　　捐銀十一兩七錢二分
　正順烟鋪捐銀十五兩八錢五分　　　恒升錢店捐銀十一兩六錢四分
　德昇號　　捐銀十五兩四錢五分　辛莊元吉號　捐銀十一兩六錢二分
　協興義　　捐銀十五兩三錢三分　　萬豐號　　捐銀十一兩五錢一分

　聚和號　　捐銀十一兩三錢九分　　匯川號　　捐銀九兩零五分
　協裕典　　捐銀十一兩三錢八分　　日增皮貨店捐銀九兩零一分
　天益號　　捐銀十一兩三錢三分　　義和毡店捐銀九兩
　天源號　　捐銀十一兩一錢三分　　廣和烟鋪捐銀八兩九錢九分
　王義興　　捐銀十一兩一錢　　　　永發號　　捐銀八兩九錢五分
　和隆炭店捐銀十一兩　　　　　　　三元號　　捐銀八兩八錢八分
　日昌號　　捐銀十兩零九錢九分　張家口興太和　捐銀八兩八錢三分
　王義成　　捐銀十兩零五錢七分　　永豐炭店捐銀八兩六錢七分
　復盛號　　捐銀十兩零五錢三分　　源盛和　　捐銀八兩四錢
　洪興號　　捐銀十兩零四錢八分　　景新號　　捐銀八兩三錢五分

德政號	捐銀十兩零四錢三分	公利號	捐銀八兩三錢
公順號	捐銀十兩零三錢	三太號	捐銀八兩二錢五分
恒昌太	捐銀十兩零三錢	長太號	捐銀八兩一錢三分
萬如號	捐銀十兩零二錢	德盛王	捐銀七兩九錢四分
集太號	捐銀十兩零一錢一分	維新店	捐銀七兩八錢一分
意誠鋪	捐銀十兩零一錢	久盛號	捐銀七兩六錢四分
世寶號	捐銀十兩零零八分	慶成焕	捐銀七兩六錢一分
張家口合盛全	捐銀九兩九錢九分	永太號	捐銀七兩五錢三分
萬太號	捐銀九兩九錢二分	益隆泉	捐銀七兩三錢九分
魁元仁	捐銀九兩九錢	大成集	捐銀七兩三錢五分
隆和紅紙局	捐銀九兩八錢五分	□全盛	捐銀七兩一錢九分
五美號	捐銀九兩六錢二分	永裕號	捐銀七兩零八分
朱鎮合昌號	捐銀九兩五錢五分	鼎和號	捐銀六兩九錢九分
源源堂	捐銀九兩四錢	日盛店	捐銀六兩九錢八分
信豐號	捐銀九兩三錢三分	淺文盛	捐銀六兩九錢一分
廣聚號	捐銀九兩二錢	合興號	捐銀六兩九錢
敬成炭店	捐銀九兩一錢八分	豐和號	捐銀六兩八錢八分
長清萬盛號	捐銀九兩零八分	宏美鋪	捐銀六兩八錢七分
朱鎮虹興號	捐銀九兩零六分	合義號	捐銀六兩八錢四分
萬盛興	捐銀九兩零六分	聚成店	捐銀六兩七錢六分
錦隆炭店	捐銀六兩七錢三分	朱鎮太盛號	捐銀五兩一錢七分
三寧號	捐銀六兩五錢三分	雙福號	捐銀五兩一錢
朱鎮天生店	捐銀六兩五錢二分	集義號	捐銀五兩零四分
億成號	捐銀六兩五錢一分	天和號	捐銀五兩
萬益號	捐銀六兩四錢五分	大魁公	捐銀四兩九錢四分
富盛號	捐銀六兩三錢八分	天元號	捐銀四兩九錢三分
萬盛玉	捐銀六兩三錢七分	行日興	捐銀四兩八錢五分
朱鎮隆太號	捐銀六兩二錢九分	如昇號	捐銀四兩八錢四分
李公盛	捐銀六兩二錢九分	元順皮貨店	捐銀四兩七錢五分
興廣號	捐銀六兩二錢六分	立成號	捐銀四兩七錢

天祥鋪　　捐銀六兩一錢三分　　　元太號　　捐銀四兩六錢九分
隆裕海味店捐銀六兩一錢　　　　　永昌炭店捐銀四兩六錢六分
煥昇號　　捐銀六兩零六分　　　　洪盛號　　捐銀四兩六錢六分
鼎益號　　捐銀五兩九錢二分　　　久興號　　捐銀四兩六錢五分
賈義成　　捐銀五兩八錢　　　　　趙恒盛　　捐銀四兩六錢二分
日升號　　捐銀五兩七錢八分　　　五福號　　捐銀四兩六錢二分
晉盛海味店捐銀五兩七錢二分　　　三盛號　　捐銀四兩五錢九分
慶成號　　捐銀五兩七錢一分　　　義成永　　捐銀四兩五錢九分
三成號　　捐銀五兩六錢七分　　　雙隆號　　捐銀四兩五錢六分
順德號　　捐銀五兩六錢　　　　　王恒盛　　捐銀四兩四錢四分
久盛號　　捐銀五兩五錢二分　　　捷成號　　捐銀四兩二錢四分
益順永皮貨店捐銀五兩五錢　　　　信義號　　捐銀四兩二錢四分
玉興烟鋪捐銀五兩五錢　　　　　　朱鎮光裕店　捐銀四兩二錢一分
太來炭店捐銀五兩四錢九分　　　　永元號　　捐銀四兩一錢一分
既興號　　捐銀五兩四錢五分　　　捷盛號　　捐銀四兩零六分
正興衣店捐銀五兩四錢三分　　　　雙瑞號　　捐銀四兩零五分
天順號　　捐銀五兩四錢一分　　　公記號　　捐銀四兩零三分
三順號　　捐銀五兩四錢一分　　　九成皮貨店捐銀四兩
順有號　　捐銀五兩三錢　　　　　廣裕烟鋪捐銀四兩
胡太成　　捐銀五兩二錢一分　　　湧來號　　捐銀三兩九錢四分

慶亨號　　捐銀三兩九錢一分
和生衣店捐銀三兩八錢六分
永益祥　　捐銀三兩七錢九分
興玉中　　捐銀三兩七錢八分
東來作坊捐銀三兩七錢四分
復恒號　　捐銀三兩七錢四分
朱鎮恒裕號　捐銀三兩七錢四分
益盛號　　捐銀三兩七錢一分
益豐作坊捐銀三兩七錢
益興榮　　捐銀三兩六錢九分

瑞興號　　捐銀三兩六錢八分
朱鎮隆元號　捐銀三兩五錢八分
廣益號　　捐銀三兩四錢七分
新盛號　　捐銀三兩四錢六分
義成達　　捐銀三兩三錢九分
朱鎮興盛永　捐銀三兩三錢七分
玉興美　　捐銀三兩三錢一分
范永昌　　捐銀三兩三錢一分
義興鐵貨店捐銀三兩三錢
大昌號　　捐銀三兩三錢
恒太號　　捐銀三兩二錢九分
郭天合　　捐銀三兩二錢八分
三慶號　　捐銀三兩二錢七分
慶成德　　捐銀三兩二錢四分
廣成號　　捐銀三兩二錢
萬和號　　捐銀三兩一錢四分
祥和號　　捐銀三兩一錢四分
和合號　　捐銀三兩零三分
永成號　　捐銀三兩
日昇皮貨店捐銀三兩

8. 嘉慶十四年《會館大工告竣碑記序》

碑額：流芳百世

會館大工告竣碑記序

　　天下論事易而作事難，作事難而成事尤難，亦以托之空言不如見之實行，而有始無終，孰若聿觀厥成者之留傳奕禩也。會館修建，源流載在《春秋》，閣響亭者歷歷可考，胡爲復有銘石之序？蓋工程告竣，將垂其事於後也。余總閱前後，而竊嘆　神聖之威靈大矣。當夫善念一起，在　諸公方苦工役浩大，難以奏效。乃首議捐輸，而慷慨仗義者彼此如出一轍；次拔厘頭，而繩繩繼繼有加無已者層累而日上。至因前人之基址而擴充建造，俄而樓閣峰起，俄而殿宇輝煌，光明峻偉，煥然一新。休哉，何功之隆也。將見人工極而天心以通，託業茲土者可以久安，可以長盛，頌天保而歌九如，其履泰萃豐大有咸恒而靡可限量者，孰非 關聖帝君諸神之靈佑有以呵護之乎。詩曰：俾爾熾而昌，俾爾壽而臧，萬有千歲，蓋言此也。

恩賜丁卯科舉人候補國子監學正　史誥沐手敬撰並書

勸捐佈施厘頭人：

郭右賢	李　哲	郭光前	張鳳元	李　璋	劉　鍍
張紹周	李　玥	郭　峰	姚秉信	王登第	吳雲青
李天璲	李文桂	崔彭齡	高雲鷹	日增鉄店	楊思誠
宋　銓	李　咸	李若宿	劉　建	協盛衣店	高　海
閆成寶	馬發臣	王嗣鰲	張孔飛	盧　林	李芝齡
郭守謙	張逢年	馬　愉	賈定貴	王廷琰	衛宏功
杜萬安	賈連璧	高弗群	楊天賜	柴　蘭	

司理四季厘頭督工各號：

春季：
　　日章號　聖書炭店　世昌店
　　玉昇號　隆源店　　魁元店

夏季：
　　公義號　宗久號　　祥泰店
　　興隆號　義順店　　長盛店

秋季：
　　世興號　晋魁丹店　光裕店
　　興盛炭店　世隆店　萬元店

冬季：
　　長裕作坊　聚源店　德隆店
　　亨利店　　崇興店　宏興店

督理人：賈光選　賈　評
協理人：李汝椿
分理人：張　坦　李若宙

大清嘉慶十四年十二月吉日立

▌碑陰：

▌碑額：碑陰題名

東興號	捐銀二兩九錢八分	章元號	捐銀二兩五錢二分
介休永義號	捐銀二兩九錢六分	義豐號	捐銀二兩五錢二分
珍太號	捐銀二兩九錢四分	汴城太來號	捐銀二兩四錢八分
安吉衣店	捐銀二兩九錢一分	三合和	捐銀二兩四錢六分
太順號	捐銀二兩八錢八分	義錦號	捐銀二兩四錢五分
西路信成號	捐銀二兩八錢七分	福興衣店	捐銀二兩四錢三分
三益炭店	捐銀二兩八錢七分	王長盛	捐銀二兩四錢一分
天裕號	捐銀二兩八錢五分	東昌號	捐銀二兩三錢八分
吉成號	捐銀二兩八錢三分	祥盛炭店	捐銀二兩三錢七分
喬日新	捐銀二兩八錢二分	永仁號	捐銀二兩三錢三分
朱鎮大安號	捐銀二兩七錢	萬盛隆	捐銀二兩二錢九分
萬有號	捐銀二兩六錢五分	永和號	捐銀二兩二錢八分
東順號	捐銀二兩六錢四分	益祥號	捐銀二兩一錢九分
福太號	捐銀二兩六錢四分	義成公	捐銀二兩一錢八分
合恒公	捐銀二兩五錢五分	保和號	捐銀二兩一錢六分
長陞號	捐銀二兩五錢三分	萬茂號	捐銀二兩一錢六分
如意作坊	捐銀二兩一錢三分	汶水興隆號	捐銀一兩八錢二分
大元號	捐銀二兩一錢一分	靳口永盛號	捐銀一兩七錢九分
萬利號	捐銀二兩一錢一分	益元號	捐銀一兩七錢七分
成義號	捐銀二兩一錢一分	源茂作坊	捐銀一兩七錢四分
深州東日昇	捐銀二兩一錢	高義利	捐銀一兩七錢二分
玉久號	捐銀二兩零七分	九如號	捐銀一兩七錢一分
朱鎮際盛號	捐銀二兩零二分	長盛公	捐銀一兩七錢一分
新順成皮貨店	捐銀二兩	淺通盛	捐銀一兩六錢八分
晉原店	捐銀二兩	天祥號	捐銀一兩六錢六分
河南永昇號	捐銀一兩九錢六分	美玉公	捐銀一兩六錢六分
百合號	捐銀一兩九錢五分	咸陞號	捐銀一兩六錢三分

長盛膺　捐銀一兩九錢四分	美太號　捐銀一兩六錢
梁家淺通興號　捐銀一兩八錢九分	嘉茂號　捐銀一兩六錢
永盛隆皮貨店捐銀一兩八錢八分	萬茂號　捐銀一兩五錢八分
蒲台合盛號　捐銀一兩八錢八分	興聚號　捐銀一兩五錢八分
天裕丹局捐銀一兩八錢五分	永盛烟鋪捐銀一兩五錢五分
長茂作坊捐銀一兩五錢	廣成號　捐銀一兩一錢八分
合昌號　捐銀一兩四錢二分	合順號　捐銀一兩一錢七分
衛大成　捐銀一兩四錢一分	恒聚公　捐銀一兩一錢六分
謙益號　捐銀一兩四錢	恒義號　捐銀一兩一錢六分
關永昌　捐銀一兩四錢	泊頭元宏店　捐銀一兩一錢四分
周口萬盛號　捐銀一兩四錢	天利號　捐銀一兩一錢四分
聚盛號　捐銀一兩三錢九分	祥發成　捐銀一兩一錢三分
濮州永隆號　捐銀一兩三錢八分	朱鎮太和號　捐銀一兩一錢三分
永亨號　捐銀一兩三錢五分	允聚號　捐銀一兩零九分
三合號　捐銀一兩三錢四分	豐太鋪　捐銀一兩零八分
吉昇號　捐銀一兩三錢	元椿號　捐銀一兩零八分
協力號　捐銀一兩二錢九分	德玉生　捐銀一兩零七分
保珍號　捐銀一兩二錢八分	王永茂　捐銀一兩零七分
三長號　捐銀一兩二錢四分	玉美號　捐銀一兩零六分
錦春號　捐銀一兩二錢四分	生生表箋局捐銀一兩零六分
吳義盛　捐銀一兩二錢	白源興　捐銀一兩零五分
永益號　捐銀一兩零五分	誠意號　捐銀八錢二分
積成號　捐銀一兩零四分	敏成號　捐銀八錢一分
森茂鋪　捐銀一兩零一分	同心號　捐銀八錢一分
永源號　捐銀一兩	大吉士　捐銀八錢一分
本立皮貨店捐銀一兩	乾太號　捐銀八錢
生秀號　捐銀一兩	師遵德　捐銀七錢八分
美玉德　捐銀九錢九分	永茂祥　捐銀七錢八分
張恒盛　捐銀九錢六分	意誠號　捐銀七錢八分

協聚號	捐銀九錢二分	汶水孫和大	捐銀七錢六分
師恒義	捐銀九錢	裕和號	捐銀七錢六分
兩門三合號	捐銀八錢八分	廣興王	捐銀七錢六分
明盛號	捐銀八錢七分	西隆興	捐銀七錢六分
常行號	捐銀八錢七分	仁義號	捐銀七錢五分
恒昇號	捐銀八錢四分	謙恒號	捐銀七錢四分
同茂號	捐銀八錢三分	充實號	捐銀七錢四分
南興盛	捐銀八錢三分	和記號	捐銀七錢二分
隆茂同	捐銀七錢一分	益豐號	捐銀五錢五分
劉萬順	捐銀六錢九分	東昇號	捐銀五錢二分
朱鎮義聚號	捐銀六錢六分	立生號	捐銀五錢二分
朱鎮興隆號	捐銀六錢三分	濟義號	捐銀五錢一分
廣義號	捐銀六錢	李德盛	捐銀五錢一分
阿城同生號	捐銀六錢	聚茂作坊	捐銀五錢
萬恒太	捐銀五錢九分	天盛號	捐銀五錢
忠信號	捐銀五錢八分	洪太衣店	捐銀五錢
義盛號	捐銀五錢八分	廣合號	捐銀四錢九分
慶長號	捐銀五錢八分	太茂店	捐銀四錢九分
泊頭恒盛號	捐銀五錢八分	晋隆號	捐銀四錢八分
鄭口三元店	捐銀五錢七分	章邱和興號	捐銀四錢八分
朱鎮玉成號	捐銀五錢七分	牛源太	捐銀四錢八分
福慶號	捐銀五錢六分	德大號	捐銀四錢七分
濟美號	捐銀五錢五分	謙亨號	捐銀四錢七分
夏口德隆號	捐銀五錢五分	利陞號	捐銀四錢六分
永義全	捐銀四錢六分	義祥號	捐銀三錢八分
增盛號	捐銀四錢五分	萬盛合	捐銀三錢八分
晋元號	捐銀四錢五分	義興魁	捐銀三錢八分
積成公	捐銀四錢三分	朱鎮鼎豐店	捐銀三錢八分
允昌號	捐銀四錢三分	□□東隆興	捐銀三錢七分

富禮號	捐銀四錢三分	同德號	捐銀三錢六分
永生作坊	捐銀四錢二分	天全號	捐銀三錢六分
裕利號	捐銀四錢二分	東盛酒鋪	捐銀三錢六分
喬源興	捐銀四錢一分	義興號	捐銀三錢五分
三和公	捐銀四錢一分	宏義號	捐銀三錢四分
協豐號	捐銀四錢一分	壽昌號	捐銀三錢三分
合盛興	捐銀四錢	萬盛公	捐銀三錢二分
行太號	捐銀四錢	永盛公	捐銀三錢二分
豐合源	捐銀四錢	興隆公	捐銀三錢
振太號	捐銀三錢九分	大利號	捐銀三錢
豐大號	捐銀三錢八分	寶興號	捐銀二錢九分
天昌號	捐銀二錢八分	朱鎮恒盛號	捐銀二錢二分
北興號	捐銀二錢八分	天興號	捐銀二錢一分
越盛號	捐銀二錢八分	北建宇	捐銀二錢
義和陞	捐銀二錢七分	□和號	捐銀二錢
同盛號	捐銀二錢七分	義成西	捐銀二錢
升恒號	捐銀二錢六分	朱鎮永盛號	捐銀一錢九分
信盛號	捐銀二錢六分	轟儀號	捐銀一錢八分
複合美	捐銀二錢五分	東魁盛	捐銀一錢八分
慶昌號	捐銀二錢五分	魁隆號	捐銀一錢八分
通成號	捐銀二錢五分	元興美	捐銀一錢六分
振興號	捐銀二錢五分	永慶隆	捐銀一錢六分
隆興太	捐銀二錢五分	廣裕號	捐銀一錢五分
元深號	捐銀二錢五分	慶來號	捐銀一錢五分
方聚號	捐銀二錢四分	南興號	捐銀一錢五分
資深號	捐銀二錢三分	松源號	捐銀一錢五分
永合號	捐銀二錢二分	怡豐號	捐銀一錢四分
永信號	捐銀一錢四分	聚源號	捐銀九分
利貞號	捐銀一錢四分	洪□號	捐銀九分

閆永盛	捐銀一錢四分	□□號	捐銀八分
□□號	捐銀一錢三分	胡義興	捐銀八分
乾□號	捐銀一錢三分	大成遠	捐銀六分
順記號	捐銀一錢三分	慶隆號	捐銀六分
深澤世昌號	捐銀一錢三分	久成公	捐銀□分
德慶號	捐銀一錢二分		
成太號	捐銀一錢□□		
二酉堂	捐銀一錢二分		
鄭口三和號	捐銀一錢二分		
永聚號	捐銀一錢		
屈恒盛	捐銀一錢		
興盛合	捐銀一錢		
太成號	捐銀九分		
文錦號	捐銀九分		

大清嘉慶十五年歲次庚午二月上浣吉立

9. 嘉慶十五年歷年進出銀兩帳目碑[①]

會館功竣，今將歷年進出銀兩開列於後：

共收布施干白銀六千二佰九十四兩六錢四分

共收厘頭干白銀四萬二千九佰八十兩零二錢五分

共收利干白銀四佰二十二兩七錢九分

收衆號用物並房租共干白銀四佰九十五兩五錢二分

收房價長利干白銀壹佰三十九兩九錢二分

以上五宗共收干白銀五萬零三佰三十三兩一錢二分

一、買木料共出干白銀壹萬零八佰六十七兩二錢五分

一、買磚瓦共出干白銀六千八佰二十六兩六錢七分

一、買石頭共出干白銀二千三佰六十二兩零八分

---

① 該碑原無碑名。

一、買石灰共出干白銀壹千七佰三十四兩六錢五分

一、買鉄貨共出干白銀九佰三十一兩四錢

一、買煤炭共出干白銀八百一十兩零六錢一分

一、買顏料金共出干白銀二千二佰零八兩九錢六分

一、買地一段共出干白銀二十八兩三錢三分

敬神收 厘頭布施 並開光年節出利共出干白銀二千二佰零三兩四錢八分

一、買麻繩葦蓆共出干白銀二佰三十七兩四錢三分

一、做燈並買紬緞紗布共出銀二佰一十五兩一錢二分

一、買家具零物共出干白銀九佰四十四兩七錢一分

一、做鉄罩出干白銀三十六兩二錢二分

一、買木料石頭等物脚□盤費共出銀九佰零九兩九錢四分

一、付 張羅 騰房錢共出干白銀壹佰七十一兩七錢一分

一、立木花紅出干白銀壹佰四十四兩二錢五分

一、磨石頭佃河崖共出干白銀五十兩

一、修北院並油春秋閣共出銀壹佰二十三兩三錢四分

一、油木石鉄用物出干白銀十四兩五錢五分

一、木匠工價共出干白銀九千零九十三兩一錢三分

一、鉄匠工價共出干白銀七佰八十四兩零二分

一、石匠工價共出干白銀二千一佰零一兩五錢七分

一、油匠工價共出干白銀壹千七佰兩零九錢六分

一、匠人來回費用辭行伙食共出干白銀四佰七十一兩九錢

一、匠人零用物件共出干白銀六佰四十二兩九錢二分

一、匠人謝禮出干白銀四十二兩五錢

一、雜項共出干白銀三佰三十三兩六錢

一、蘇州捎物帶出銀壹千五佰兩

一、小伙並裁縫工價出銀二佰四十一兩二錢三分

一、伙食並劈柴麥稭共出干白銀九佰九十八兩八錢八分

一、出謝儀干白銀九佰零五兩

以上三十一宗共出干白銀四萬九千六佰四十三兩四錢壹分

一概共總除出净存干白銀六佰八十九兩七錢壹分

嘉慶十五年四月　　　　司事公具

10. 嘉慶二十二年《山陝會館接拔鼇頭碑記》

碑額：萬古流芳

山陝會館接拔鼇頭碑記

從來可大而不可久者，非良法也；能暫而不能常者，非美意也。古之人耕三餘一，耕九餘三，固嘗以三十年之通制國用已。果體此意以共成義舉，詎不足以垂久遠而善始終哉。山陝會館之修，得吾鄉諸君子之力，規模闊大，煥然一新。於嘉慶七年起工，歷八年告竣，前碑記之詳已。茲猶以需用浩繁，計除支銷以外所存無幾，誠虞來少去多，倘有修補，仍未免左支右絀。爰集衆商公同計議，既遵照舊拔四鼇之例，減為一鼇，約以五年為期，定於每歲夏、秋二季公同收取，輪流經營。將原始而要終，望慎終以如始，可不謂斟酌盡善、損益得宜者歟！茲五年之期已滿，又復議定減一鼇為三毫，以圖久遠，庶幾一切修補之費永取給於此。共襄盛事，協力齊心，則神之聽之，降爾遐福於以□我無疆也固宜。頃以書碑之辭囑余，余深嘉其善心之無替也，僭為一言，用勗我鄉人，且以告後之繼事諸君子。

賜進士出身資政大夫兵部侍郎都察院右副都御史現任巡撫安徽等處提督軍務兼理糧餉加三級　興縣康紹鏞撰文

賜進士出身奉政大夫刑部江西司郎中京察一等覃恩加二級　太平賈履中篆額

賜進士出身文林郎汾州府儒學教授前國子監博士覃恩加一級　曲沃李發英書丹

輪年司首：

晉魁丹店	永泰全	義順店	宏興店	永隆毡店	長盛店	世隆店
興盛章	元吉號	世興號	德合號	公義號	福興和	隆源店
天誠篤	日章號	宗久號	公信鳳	咸寧號	興隆號	聖書炭店
興盛炭店	錦成號	聚源店	魁元店	長裕作坊	祥泰店	光裕店

大清嘉慶二十二年歲次丁丑暮春之吉穀旦　　　　山陝衆商仝立

碑陰：

今將十六年至廿年衆號鰲頭干白銀開後：

公信鳳	捐銀四佰卅兩零五錢二分	隆源店	捐銀六十八兩六錢一分
元吉正	捐銀式佰九十五兩八錢九分	永興魁	捐銀六十六兩七錢
興盛章	捐銀式佰六十九兩四錢八分	遇魁通	捐銀六十四兩四錢四分
福興和	捐銀式佰四十三兩五錢四分	久成虹	捐銀六十六兩零一分
大魁和	捐銀式佰四十兩零六錢四分	魁元店	捐銀六十四兩五錢二分
隆和義	捐銀式佰零式兩九錢	泰茂店	捐銀六十四兩二錢四分
咸寧亨	捐銀一佰六十兩零三錢八分	恒昌賓	捐銀六十二兩一錢四分
公義先	捐銀一佰五十兩零三錢二分	玉興茂	捐銀五十八兩六錢三分
宗久合	捐銀一佰卅五兩三錢	永泰全	捐銀五十七兩六錢三分
偕義麟	捐銀一佰一十八兩五錢五分	元恒豐	捐銀五十七兩三錢九分
福裕寧	捐銀一佰一十六兩八錢五分	永義店	捐銀五十六兩九錢一分
日新岩	捐銀一佰零四兩一錢三分	中信公	捐銀五十五兩七錢八分
世隆店	捐銀一佰零三兩八錢	信成布店	捐銀五十五兩一錢二分
宏昌大	捐銀九十兩零六錢二分	元隆昌	捐銀五十二兩三錢三分
瑞昌泰	捐銀九十兩零六錢一分	晉魁丹店	捐銀五十二兩零一分
隆茂京	捐銀九十兩零一錢八分	全泰公	捐銀五十一兩四錢四分
恒有聚	捐銀八十八兩一錢五分	宏興店	捐銀五十一兩零一分
長盛店	捐銀八十八兩一錢	敬盛允	捐銀四十九兩一錢三分
錦成寧	捐銀八十六兩八錢一分	廣源隆	捐銀四十八兩一錢
德合儀	捐銀八十兩零八錢一分	裕泉店	捐銀四十七兩三錢七分
天誠篤	捐銀八十兩零五錢八分	永福全	捐銀四十四兩二錢一分
世興合	捐銀八十兩零三錢一分	萬興隆	捐銀四十三兩九錢一分
萬盛義	捐銀七十九兩八錢九分	宏聚店	捐銀四十二兩九錢九分
永興隆	捐銀七十八兩五錢七分	至誠店	捐銀四十二兩四錢
永茂川	捐銀七十四兩八錢二分	尚興號	捐銀四十二兩二錢七分
聚源店	捐銀七十式兩四錢	泰豐店	捐銀四十一兩九錢六分
義順店	捐銀七十一兩二錢二分	日章號	捐銀四十一兩一錢四分
祥泰店	捐銀七十一兩一錢四分	健順店	捐銀卅九兩六錢二分
永盛義	捐銀六十八兩六錢五分	西裕成	捐銀卅八兩八錢二分

三和店	捐銀卅八兩三錢八分	軒盛茶店	捐銀廿一兩九錢九分
尚聚號	捐銀卅七兩八錢一分	恒昌泰	捐銀廿一兩八錢九分
通泰長	捐銀卅七兩零九分	豐泰布店	捐銀廿一兩
聚義長	捐銀卅六兩六錢四分	裕隆店	捐銀廿兩零九錢三分
興隆祥	捐銀卅六兩五錢	隆泰紙局	捐銀廿兩零六錢三分
天昇號	捐銀卅五兩七錢六分	文盛布店	捐銀廿兩零二錢三分
光裕店	捐銀卅五兩零一分	永盛天	捐銀十九兩九錢六分
源昌引	捐銀卅四兩九錢七分	重盛布店	捐銀十九兩五錢一分
中正仁	捐銀卅四兩四錢二分	悠久和	捐銀十九兩一錢五分
義和號	捐銀卅四兩二錢	隆盛海味	捐銀十九兩零五分
長泰店	捐銀卅四兩一錢二分	興盛皮店	捐銀十八兩九錢一分
裕昌春	捐銀卅二兩六錢	履吉店	捐銀十八兩三錢九分
悅和公	捐銀卅二兩二錢三分	協昌珍	捐銀十八兩零五分
義成趙	捐銀卅二兩二錢二分	信泰全	捐銀十七兩六錢四分
珍泰店	捐銀卅一兩八錢六分	長盛義	捐銀十七兩零一分
長發祥	捐銀卅兩零九錢	長裕作坊	捐銀十六兩五錢
充盛泉	捐銀卅兩零八錢九分	義隆店	捐銀十五兩六錢
合隆店	捐銀卅兩零三錢一分	元利厚	捐銀十五兩五錢二分
玉成時	捐銀廿九兩八錢四分	師義成	捐銀十五兩五錢一分
天吉號	捐銀廿八兩八錢七分	和生作坊	捐銀十五兩四錢四分
元生德	捐銀廿八兩三錢九分	閆吉慶	捐銀十五兩二錢八分
天生店	捐銀廿八兩一錢七分	慶記	捐銀十五兩零三分
東四盛	捐銀廿七兩八錢五分	長盛和	捐銀十四兩五錢五分
義泰號	捐銀廿七兩八錢二分	四盛義	捐銀十四兩五錢二分
日昌合	捐銀廿七兩五錢六分	玉隆德	捐銀十四兩四錢七分
恒義永	捐銀廿五兩一錢一分	天泰店	捐銀十四兩一錢一分
協盛衣店	捐銀廿三兩	源隆允	捐銀十三兩九錢一分
萬盛西	捐銀廿二兩九錢一分	美玉瑞	捐銀十三兩六錢九分
公盛店	捐銀廿二兩七錢八分	合順丹店	捐銀十三兩三錢二分
義和正	捐銀十二兩九錢六分	鼎豐店	捐銀七兩一錢一分

新豐衣店捐銀十二兩五錢　　　順昌海味捐銀七兩零六分
福興裕　捐銀十二兩五錢　　　隆和作坊捐銀七兩零五分
源順皮店捐銀十二兩　　　　　肆美烟鋪捐銀七兩零四分
東晉義　捐銀十一兩四錢九分　萬盛全　捐銀六兩八錢三分
永隆毡店捐銀十一兩零二分　　永泰遠　捐銀六兩七錢三分
永裕海店捐銀十一兩零一分　　長吉大　捐銀六兩三錢五分
鼎義號　捐銀十兩零八錢九分　寧新海味捐銀六兩二錢
世昌號　捐銀十兩零六錢九分　廣泰號　捐銀六兩零八分
三茂號　捐銀十兩零六錢三分　福寧德　捐銀六兩零六分
老日興　捐銀十兩零四錢三分　承裕章　捐銀五兩八錢八分
大成皮店捐銀十兩零二錢六分　萬元店　捐銀五兩七錢九分
永裕鋪　捐銀十兩零二錢　　　裕泰鋪　捐銀五兩七錢三分
王大儒　捐銀九兩八錢八分　　麗澤鉄店捐銀五兩七錢
恒慶衣店捐銀九兩五錢　　　　宏遠號　捐銀五兩五錢五分
天裕店　捐銀九兩三錢八分　　德昌和　捐銀五兩三錢九分
恒陞德　捐銀九兩三錢七分　　天章布鋪捐銀五兩三錢一分
雙茂號　捐銀九兩三錢五分　　晉昌號　捐銀五兩二錢一分
裕順公　捐銀九兩三錢一分　　日增和　捐銀五兩二錢
萬聚號　捐銀八兩八錢四分　　悅來號　捐銀五兩零七分
恒成太　捐銀八兩八錢二分　　四聚店　捐銀五兩零一分
兩益儀　捐銀八兩四錢七分　　義成益　捐銀四兩九錢九分
正昌典　捐銀八兩二錢　　　　永隆趙　捐銀四兩九錢九分
書業堂　捐銀八兩一錢五分　　永昌號　捐銀四兩九錢九分
天合號　捐銀七兩八錢四分　　義生號　捐銀四兩九錢一分
義和鋪　捐銀七兩五錢　　　　雙寧號　捐銀四兩六錢七分
義興鉄店捐銀七兩四錢七分　　宏裕寬　捐銀四兩五錢八分
王魁聚　捐銀七兩二錢六分　　肆聚帽鋪捐銀四兩三錢
義興號　捐銀七兩二錢一分　　義興合　捐銀四兩二錢七分

益昌號　捐銀四兩一錢九分　　魁元號　捐銀二兩七錢二分
德泰號　捐銀四兩零五分　　　德隆法　捐銀二兩七錢一分

日增鉄店捐銀四兩零三分　　　永泰明　捐銀二兩六錢七分
三立晤　捐銀三兩九錢三分　　晋昇海味捐銀二兩六錢七分
德義號　捐銀三兩八錢八分　　永盛店　捐銀二兩四錢三分
泰昌號　捐銀三兩八錢一分　　合昌號　捐銀二兩三錢一分
怡興號　捐銀三兩七錢八分　　和泰號　捐銀二兩二錢八分
裕泰號　捐銀三兩七錢五分　　慶成號　捐銀二兩二錢八分
公順炭店捐銀三兩七錢五分　　如昇號　捐銀二兩二錢七分
天德號　捐銀三兩七錢三分　　聚和號　捐銀二兩二錢三分
信裕號　捐銀三兩六錢三分　　晋泰元　捐銀二兩二錢一分
晋成恒　捐銀三兩五錢六分　　德裕號　捐銀二兩零四分
興盛號　捐銀三兩四錢一分　　天德店　捐銀二兩零二分
隆裕號　捐銀三兩三錢二分　　景泰布鋪捐銀二兩零一分
元太號　捐銀三兩二錢七分　　恒升錢店捐銀一兩九錢二分
珍昌號　捐銀三兩二錢三分　　德義店　捐銀一兩九錢一分
義成帽店捐銀三兩二錢一分　　衍昌號　捐銀一兩八錢五分
永豐號　捐銀三兩一錢三分　　魁聚和　捐銀一兩七錢五分
天德漢　捐銀三兩一錢二分　　恒聚德　捐銀一兩七錢五分
廣豐衣店捐銀三兩零三分　　　天聚號　捐銀一兩七錢四分
萬泰號　捐銀三兩零二分　　　全盛號　捐銀一兩七錢二分
張萬盛　捐銀三兩零一分　　　慶成聚　捐銀一兩七錢一分
悦來鉄鋪捐銀二兩九錢八分　　全盛裕　捐銀一兩七錢一分
五昌號　捐銀二兩八錢六分　　和順號　捐銀一兩五錢九分
文興號　捐銀二兩八錢一分　　協盛作坊捐銀一兩五錢一分
晋盛店　捐銀二兩七錢八分　　新慶號　捐銀一兩四錢九分
李魁聚　捐銀二兩七錢七分　　三和號　捐銀一兩四錢八分
敬勝號　捐銀二兩七錢六分　　同泰號　捐銀一兩四錢二分
四興號　捐銀二兩七錢二分　　和泰盛　捐銀一兩四錢二分

三泰號　捐銀一兩四錢二分
義聚號　捐銀一兩四錢二分
永泰仁　捐銀一兩四錢一分

立本號　捐銀一兩四錢一分
蔚太慶　捐銀一兩四錢一分
天益成　捐銀一兩三錢九分
天亨太　捐銀一兩三錢七分
敦厚號　捐銀一兩三錢四分
天元號　捐銀一兩三錢三分
富盛如　捐銀一兩三錢二分
四合昌　捐銀一兩二錢九分
合昌號　捐銀一兩二錢四分
永興仲　捐銀一兩一錢九分
信義俊　捐銀一兩一錢八分
三泰永　捐銀一兩一錢二分
聖書號　捐銀一兩零二分
大吉號　捐銀一兩零二分
協隆店　捐銀一兩零一分
晉元錢店捐銀一兩零一分
世寶號　捐銀一兩零一分
集成號　捐銀一兩零一分
永興皮店捐銀一兩零一分
協裕典　捐銀一兩零一分
義長號　捐銀九錢七分
復盛號　捐銀九錢七分
長發成　捐銀九錢六分
廣德號　捐銀九錢六分
廣慶號　捐銀九錢四分
集泰慶　捐銀八錢七分

同心永	統吉號	文盛號	永德義
義昌公	復興號	李萬順	恒裕號
同豐號	三義號	永發號	保合號
益利號	武永盛	恒茂號	崔公順

恒太號	三元永	仁義昌	聚文堂		
雙盛號	本立先	洪成號	光裕號		
慶雲軒	永義公	王義興	增盛號	興盛炭店	捐京錢廿四千文
興隆油店	田永盛	保太號	元興烟鋪	隆和炭店	捐京錢三千文
義豐號	西晉義	景新號	隆茂同	同興炭店	捐京錢十八千一佰文
慶昌號	協興烟店	和盛號	王德隆	干興炭店	捐京錢十四千文
天源合	三合雲	益源號	元吉慶	長發炭店	捐京錢十四千文
同泰號	益源號	慶成號	萬順號	合興炭店	捐京錢五千文
永和公	肇豐號	衛大成	景昌號	統成炭店	捐京錢十三千文
雙義號	際盛軒	喬日新	協太號	公順炭店	捐京錢十四千文
恒聚號	久成仁	裕太信	源太號	聖書炭店	捐京錢八千九佰文
萬川順	協和號	廣興永	元昌號	和隆炭店	捐京錢式千文
義元錢鋪	晉元號	廣源泉	楊義合	天成炭店	捐京錢四千文
義生號	王義興	保珍號	德隆號	德合炭店	捐京錢三千文
東來號	西四盛	隆茂公	虹興號	裴永盛烟店	捐京錢一千文
玉成炭店	德盛王	東成店	全興號	裕魁炭店	捐京錢五佰文
福太號	白源興	湧泉店	豐盛號		
順有號	慶元號	恒裕號	益泰號		

以上八十八號共捐銀三十一兩三錢二分

11. 道光三年眾號鼇金碑①

今將廿一年至廿五年眾號鼇金開列：

福興□記	捐銀一百六十七兩四錢	魁元店	捐銀十六兩三錢五分
元吉正記	捐銀九十八兩五錢	福寧□記	捐銀十六兩三錢二分
興盛章記	捐銀七十一兩二錢一分	聚義長記	捐銀十五兩六錢一分
隆和義記	捐銀四十四兩四錢三分	宏興店	捐銀十五兩四錢八分
公義□記	捐銀四十二兩一錢九分	聚源店	捐銀十五兩零六分
福裕寧記	捐銀四十一兩六錢八分	晉魁丹局	捐銀十四兩九錢四分

① 該碑原無碑名。

宗久合記	捐銀卅九兩三錢五分	天誠篤記	捐銀十四兩六錢六分
咸寧泰記	捐銀卅六兩一錢三分	泰豐店	捐銀十四兩五錢
日新岩記	捐銀卅二兩六錢三分	中正仁記	捐銀十四兩三錢四分
公信鳳記	捐銀卅兩零五錢三分	健順店	捐銀十三兩四錢六分
瑞昌號	捐銀卅兩零零四分	尚興號	捐銀十三兩零九分
永泰全記	捐銀廿九兩五錢一分	玉興茂記	捐銀十三兩零三分
德合儀記	捐銀廿六兩零二分	元恒豐記	捐銀十三兩
長盛店	捐銀廿三兩九錢九分	福茂店	捐銀十二兩七錢一分
永興隆記	捐銀廿二兩二錢一分	軒盛茶店	捐銀十二兩五錢三分
□隆店	捐銀廿二兩零七分	協盛衣店	捐銀十二兩五錢
隆泰作坊	捐銀廿一兩六錢六分	元隆昌記	捐銀十二兩三錢三分
世興合記	捐銀廿兩零七錢三分	西裕成記	捐銀十二兩二錢八分
宏昌桂記	捐銀廿兩零六錢二分	至誠店	捐銀十二兩二錢二分
恒昌寶記	捐銀廿兩三錢九分	裕泉店	捐銀十二兩二錢
錦成寧記	捐銀廿兩零零七分	興盛皮貨店	捐銀十二兩
重盛布店	捐銀十九兩	萬盛慶記	捐銀十一兩八錢五分
祥泰店	捐銀十八兩八錢三分	三和店	捐銀十一兩四錢九分
義順店	捐銀十八兩六錢七分	源昌引記	捐銀十一兩三錢四分
永義店	捐銀十八兩四錢三分	隆源店	捐銀十一兩二錢七分
宏聚店	捐銀十七兩二錢二分	義和興記	捐銀十一兩零七分
隆盛海味鋪	捐銀十七兩零二分	泰茂店	捐銀十兩零九錢七分

永茂川記	捐銀十兩零八錢九分	萬盛義記	捐銀五兩三錢
光裕店	捐銀十兩零七錢六分	長吉號	捐銀五兩二錢三分
通泰長記	捐銀十兩零二錢八分	永盛義記	捐銀五兩
源順皮貨店	捐銀十兩	大成皮貨店	捐銀五兩
義和西貨鋪	捐銀十兩	益興□貨店	捐銀五兩
東四盛	捐銀九兩三錢八分	永隆趙記	捐銀四兩九錢八分
和生紅紙局	捐銀九兩二錢六分	泰誠店	捐銀四兩八錢四分
長泰店	捐銀九兩二錢一分	書業堂	捐銀四兩六錢
裕昌春記	捐銀九兩	隆和紅紙局	捐銀四兩六錢

日昌合記	捐銀八兩九錢八分	源隆□記	捐銀四兩五錢九分
天吉永記	捐銀八兩九錢六分	恒昌泰記	捐銀四兩五錢八分
公盛店	捐銀八兩七錢九分	永隆毡店	捐銀四兩五錢七分
正昌典	捐銀八兩五錢二分	永發西貨鋪	捐銀四兩五錢
振亨衣店	捐銀八兩五錢	日章號	捐銀四兩四錢
充盛泉記	捐銀八兩零八分	麗澤鉄貨店	捐銀四兩三錢
四盛義記	捐銀七兩七錢三分	全泰公記	捐銀四兩零九分
大魁昶記	捐銀七兩五錢	肆聚帽鋪	捐銀四兩
長裕紙局	捐銀七兩五錢	義成益記	捐銀三兩九錢三分
長興店	捐銀七兩四錢七分	裕興章記	捐銀三兩七錢一分
尚聚玉記	捐銀六兩九錢七分	永裕錢鋪	捐銀三兩七錢
日增和記	捐銀六兩九錢一分	永福全記	捐銀三兩四錢六分
天德店	捐銀六兩三錢四分	長盛和記	捐銀三兩四錢三分
敦厚號	捐銀六兩一錢八分	永泰遠記	捐銀三兩四錢二分
老日興	捐銀六兩一錢七分	五福義記	捐銀三兩四錢一分
興隆祥記	捐銀六兩零三分	合順丹店	捐銀三兩四錢
裕順公記	捐銀五兩八錢	恒聚號	捐銀三兩四錢
隆茂京記	捐銀五兩四錢六分	源有□記	捐銀三兩四錢
萬泰號	捐銀三兩二錢六分	廣豐衣店	捐銀一兩
萬興□記	捐銀三兩二錢五分	益本鋪	捐銀一兩
日興合記	捐銀三兩二錢四分	承裕號	捐銀一兩
義茂衣店	捐銀三兩一錢四分	寧新海味店	捐銀一兩
日增鉄貨店	捐銀三兩一錢二分	天章布店	捐銀一兩
聚文堂	捐銀三兩一錢	大豐有記	捐銀一兩
肆美烟鋪	捐銀三兩	慶　記	捐銀一兩
天昇值記	捐銀二兩九錢九分	玉隆德記	捐銀九錢八分
東晋□記	捐銀二兩七錢七分	義豐號	捐銀九錢八分
天德□記	捐銀二兩七錢一分		
永裕海味店	捐銀二兩七錢一分	興盛炭店	捐京錢十千文
書業成記	捐銀二兩五錢	同興炭店	捐京錢六千文

福昌號	捐銀二兩四錢九分	公順炭店	捐京錢五千文
裕泰益記	捐銀二兩二錢七分	統成炭店	捐京錢五千文
美玉瑞記	捐銀二兩二錢六分	合興炭店	捐京錢三千五佰文
世昌號	捐銀二兩零四分	裕魁炭店	捐京錢二千五佰文
長發祥記	捐銀二兩零四分	長發炭店	捐京錢二千文
雙盛皮貨店	捐銀二兩	福春陽	捐京錢一千六佰文
天合昌記	捐銀一兩八錢		
兩益義記	捐銀一兩七錢九分	三茂號	捐銀九錢七分
聚茂店	捐銀一兩七錢二分	源常□記	捐銀九錢
本立鋪	捐銀一兩七錢二分	元生德記	捐銀八錢七分
益泰昌記	捐銀一兩七錢二分	永豐號	捐銀七錢三分
天祥永記	捐銀一兩六錢三分	協隆店	捐銀七錢二分
雙茂號	捐銀一兩四錢二分	裕隆店	捐銀七錢一分
世和生記	捐銀一兩二錢五分	恒陞德記	捐銀七錢
益昌□記	捐銀一兩二錢三分	宏裕寬記	捐銀六錢七分
魁元號	捐銀五錢八分	敬勝允記	捐銀二錢五分
大魁和記	捐銀五錢八分	有恒號	捐銀二錢四分
集義號	捐銀五錢四分	裕豐號	捐銀二錢四分
日隆錢店	捐銀五錢一分	福隆元記	捐銀二錢三分
廣聚號	捐銀五錢	天聚榮記	捐銀二錢三分
湧泉店	捐銀五錢	元亨泰記	捐銀二錢三分
協昌號	捐銀五錢	泰來號	捐銀二錢三分
遇魁號	捐銀五錢	西興盛	捐銀二錢三分
四合昌記	捐銀四錢九分	協成號	捐銀二錢三分
裕泰□記	捐銀四錢四分	永和誠記	捐銀二錢二分
怡興號	捐銀四錢二分	永茂同記	捐銀二錢二分
集茂號	捐銀四錢二分	誠義號	捐銀二錢二分
保昌號	捐銀三錢八分	益成號	捐銀一錢八分
協成號	捐銀三錢七分	慶裕典	捐銀一錢七分
聚和合記	捐銀三錢七分	永發號	捐銀一錢七分

信義永記	捐銀三錢四分	和順號	捐銀一錢七分
義成趙記	捐銀三錢四分	新盛長記	捐銀一錢七分
義泰趙記	捐銀三錢四分	文盛號	捐銀一錢五分
隆裕公記	捐銀三錢四分	太和號	捐銀一錢四分
義茂和記	捐銀三錢四分	恒成號	捐銀一錢三分
同泰號	捐銀三錢四分	永濟號	捐銀一錢三分
裕泰德記	捐銀三錢四分	天順號	捐銀一錢三分
義興號	捐銀三錢	恒裕號	捐銀一錢三分
居易號	捐銀三錢	和茂號	捐銀一錢二分
恒泰號	捐銀三錢	禎祥號	捐銀一錢二分
東來信記	捐銀三錢	萬盛號	捐銀一錢二分
玉成時記	捐銀二錢九錢	允和號	捐銀一錢二分

晉元號	晉昌號	義成號
隆裕號	合興號	信義□
天聚號	大吉號	隆茂同
偕義號	廣泰號	協盛號
天源合	德昌錢店	天□號
恒裕義	公義合	□昌號
三合號	宏遠號	聚和號
玉美號	益源號	隆興□□
恒順號	信順全	公□號
四維東	鼎義號	錦春作坊
悠久號	永發號	履泰號
洪興號	義元號	文興號
義盛號	東成號	萬盛全
萬興元	慶昌號	天興號
協泰號	大成號	和泰號
和茂號	統吉號	

下録①四拾七號共捐銀三錢六分

道光三年八月吉日立

12. 道光二十五年《重修山陝會館戲臺山門鐘鼓亭記》

碑額：百世流芳

重修山陝會館戲臺山門鐘鼓亭記

傳曰：聖王先成民而後致力於神，謂人道邇，神道遠也。觀之象辭，則曰：聖人以神道設教，蓋神之聰明正直，人所敬畏。敬畏至，斯人心正；人心正，斯風俗厚，而教化即行乎其間，是故聖人重之。聊邑東南隅舊有山陝會館一所，背城面水。中奉 關聖帝君像，爲主殿；東向旁殿，分列南北；有樓、有閣、有庭、有堂、有獻殿、有復殿，刻桷丹楹，備臻美善，巍巍乎東郡一大觀也。道光庚子宰茌時，儀猶及見其全。越明年辛丑，儀以茌任交案，又至自營陵再詣館，則主殿前蕩然灰燼，不堪矚目矣。詢其故，則曰：正初演劇，優人不戒於火，延燒戲臺、山門暨鐘、鼓二亭。嗟乎，數載經營一朝毀之，物之難成易敗也如此哉。過此以往，求如前日之崇隆壯麗將不可復得。儀秦人，貧不能施金，徒相與徘徊觀望於其側，愧何如矣。今年春，奉檄移宰斯邑，甫下車，即虔叩 帝君前，爲邑民，非僅以山陝重也。禮畢，與董事者下階遍觀，其戲臺基廣十數弓，高出雲表，前三楹與 正殿對峙，上可容梨園子弟百餘。歲時報賽，霓裳羽衣，爭輝於金碧璀璨中，雖天上之瓊樓玉宇何讓焉。其山門、鐘鼓亭亦雄壯勝昔時。眾商因請誌之。儀曰：臺以戲名，其事近褻，其實取千古忠孝節義之寔，演於千百人所屬目之地，愚夫愚婦觀感興起，往往有督責所不加，訓誨所不及，而其人已翻然改、惺然悟者。則 帝君參天之忠義，愈有以彌綸宇宙而莫之或墜，斯其妥 神靈者至矣。又僅門牆之峻壯厥觀瞻，鐘鼓之音發人猛省已哉。或曰：東郡商賈雲集，西商十居七八，金易醵，故落成亦易，此又不知眾商之深者也。夫物，必敗於所忽而成於所不怠。斯役也，梓匠覓之汾陽，梁棟來自終南，積慮勞心，以有今日。今眾商聚集其中者，肫然藹然如處秦山晉水間，夫豈偶然者耶？然則禮神明於斯，篤鄉誼亦於斯，即所爲正人心而厚風俗，以仰副 聖天子設教之至意又未嘗不於斯。人耶，神耶，道固有分而不分

---

① 原文如此，疑爲"上録"之誤。

者。儀不文，不能以鄉人之故而辭之，是爲記。

賜進士出身現任東昌府聊城縣知縣加五級記録十次　洋川李正儀謹撰
敕授徵仕郎候選直隸州分州癸酉科選拔貢本科副貢　東敬郭汝楫書丹

勸捐佈施値年輪流協理厘金匠工：

德合儀　天興店　宗久合　公信鳳　福興和　尚聚玉　元吉正
聖書炭　永泰全　世興合　長發店　福寧德　天長作　興盛章
健順店　隆源店　永義店　榮興毡　公義先　中正仁　宗茂店
福裕寧　祥泰店　晋魁丹　聚源店　公盛店　長盛店　義順店

督　理　人：介賓東敬師夢説

大清道光二十五年歲在乙巳孟冬上浣之吉　　　　山陝衆商仝立

▎碑陰：

▎碑額：碑陰題名

今將十八年至二十四年衆號釐金佈施開列於後：

福興和	捐銀壹仟零三十四兩七錢三分	公盛店	捐銀一佰二十八兩四錢
萬盛成	捐銀五佰六十四兩七錢二分	元吉正	捐銀一佰二十六兩七錢八分
福寧德	捐銀四佰九十三兩五錢五分	聚源店	捐銀一佰二十二兩零九分
遇魁通	捐銀四佰三十二兩四錢八分	晋魁丹	捐銀一佰二十一兩三錢三分
信順全	捐銀四佰一十九兩七錢九分	胡永盛	捐銀一佰一十七兩零一分
宗久合	捐銀三佰二十一兩八錢七分	長發店	捐銀一佰一十六兩八錢
恒昌賓	捐銀二佰七十八兩九錢九分	四合昌	捐銀一佰零九兩一錢七分
興盛章	捐銀二佰七十七兩四錢四分	福順和	捐銀一佰零七兩四錢四分
福裕寧	捐銀二佰五十五兩三錢三分	復泰健	捐銀一佰零二兩五錢三分
源有聚	捐銀二佰五十四兩八錢一分	源茂卉	捐銀一佰兩零五錢八分
東四盛	捐銀二佰四十八兩零二分	復隆店	捐銀壹佰兩正
宏昌太	捐銀二佰四十兩零八錢九分	元亨泰	捐銀九十九兩五錢三分
永泰全	捐銀二佰二十九兩三錢四分	健順店	捐銀九十七兩五錢

【山東碑文】

公信鳳	捐銀二佰二十四兩四錢四分	成豐仰	捐銀九十五兩七錢六分
敬盛允	捐銀二佰零九兩四錢六分	裕順公	捐銀九十四兩六錢八分
隆源店	捐銀二佰零八兩二錢	聚成和	捐銀九十四兩三錢一分
祥泰店	捐銀一佰九十八兩三錢	德合儀	捐銀八十七兩二錢五分
裕泉店	捐銀一佰九十八兩二錢七分	恒聚源	捐銀八十三兩一錢五分
天興店	捐銀一佰九十兩	元隆昌	捐銀七十一兩三錢二分
長盛店	捐銀一佰八十九兩一錢九分	元恒豐	捐銀七十一兩一錢五分
宗茂店	捐銀一佰八十三兩二錢八分	日新巖	捐銀六十四兩四錢五分
恒成太	捐銀一佰八十二兩零四分	長順義	捐銀五十九兩七錢三分
瑞泰店	捐銀一佰八十一兩九錢五分	長泰店	捐銀五十九兩二錢一分
裕盛宗	捐銀一佰七十三兩三錢一分	天福永	捐銀五十七兩零七分
永茂川	捐銀一佰七十二兩三錢五分	新盛維	捐銀五十六兩四錢
協隆店	捐銀一佰六十九兩零八分	大魁和	捐銀五十五兩一錢
大來永	捐銀一佰六十八兩零六分	大興店	捐銀五十五兩
楊永盛	捐銀一佰六十四兩七錢四分	重盛布店	捐銀五十二兩六錢四分
中正仁	捐銀一佰五十七兩八錢	慶昌合	捐銀五十二兩五錢二分
永義店	捐銀一佰四十五兩四錢五分	尚聚玉	捐銀五十二兩一錢九分
成章達	捐銀一佰三十五兩二錢六分	錦成寧	捐銀五十一兩五錢八分
和順公	捐銀一佰三十一兩八錢六分	天成店	捐銀五十一兩二錢二分

源來昌		隆泰永	捐銀二十六兩一錢七分
星聚義		聚和店	捐銀二十四兩四錢八分
公裕公鹽店		兆豐店	捐銀二十四兩零九分
板店眾號		書業成	捐銀二十四兩零三分
以上每家捐銀五十兩		啓明作	捐銀二十四兩零一分
隆和作	捐銀四十七兩六錢六分	萬有全	捐銀二十四兩
永慶長	捐銀四十五兩五錢九分	永茂盛	捐銀二十四兩
義順店	捐銀四十五兩零四分	充盛泉	捐銀二十三兩六錢三分
天吉仁	捐銀四十三兩九錢四分	泰茂店	捐銀二十二兩八錢五分
西成永	捐銀四十二兩六錢三分	合順丹	捐銀二十一兩一錢九分
至誠店	捐銀四十兩零五錢	永錫作	捐銀二十兩零六錢五分

德茂店	捐銀三十九兩五錢八分	廣源隆	捐銀二十兩零四錢一分
世興粉	捐銀三十六兩一錢九分	謙益恒	捐銀二十兩零零九分
同春茶	捐銀三十六兩零八分	隆盛合	捐銀二十兩零零二分
禮太興	捐銀三十三兩二錢三分	德太店	
德隆懋	捐銀三十二兩六錢	興茂公	
和生德	捐銀三十二兩四錢二分	同升義	
大昌店	捐銀三十一兩	源盛隆	
懷德堂	捐銀三十兩零六錢三分	乾資堂	
隆昌當	捐銀三十兩零三錢	義和敬	
德安麗	捐銀三十兩零零七分	廣盛瓄	
監生牛允迪		錫福堂	
延慶當		恒源泰	
協和當		隆和義	
星聚當		乾泰生	
恩久當		明德堂	
源順德		合興川	
以上每家捐銀三十兩		興盛德	
慶昌永	捐銀二十八兩四錢一分	際盛昌	
全泰公	捐銀二十七兩九錢五分	瑞興魁	
公義先	捐銀二十六兩九錢五分	聚成泰	
世隆店	捐銀二十六兩二錢四分	義興永	
新泰厚		文豐恒	捐銀十二兩一錢三分
三元店		永福全	捐銀十二兩零七分
萬成和		和盛合	捐銀十二兩零四分
以上每家捐銀二十兩		天長作	
大魁昶	捐銀十九兩六錢	萬盛永	
光裕店	捐銀十九兩五錢四分	復盛正	
義和興	捐銀十九兩一錢一分	興盛王	
兩義恒	捐銀十八兩九錢四分	興盛源	
興盛鈺	捐銀十八兩四錢三分	豐泰成	

【山東碑文】

天德儀　捐銀十八兩一錢三分
同泰全　捐銀十八兩零三分
萬隆店　捐銀十八兩
義盛公　捐銀十六兩二錢五分
天合作　捐銀十六兩
吉泰合　捐銀十六兩
興盛合　捐銀十五兩六錢七分
豐永植　捐銀十五兩六錢
聚昌和　捐銀十五兩五錢五分
信義茶　捐銀十五兩零七分
萬豐店　捐銀十五兩
北興盛　捐銀十四兩九錢六分
宏裕源　捐銀十四兩六錢八分
既興永　捐銀十四兩三錢六分
廣源公　捐銀十四兩零一分
協隆作　捐銀十四兩
慶昌公　捐銀十三兩九錢一分
昌茂海　捐銀十三兩三錢五分
奕昌炭　捐銀十三兩二錢五分
書業堂　捐銀十二兩六錢三分
久盛亨　捐銀十二兩四錢一分
永興隆　捐銀十二兩三錢九分
西興盛　捐銀十二兩三錢

聚泉永
德裕生
福源遠
東成富
聚源永
升恒李
東德裕
聚興順
積成億
昌裕誠
萬春和
和成普
恒興順
義成德
祁廣興義
永懋義
永合魁
德泰全
德盛王
聚和成
泰盛永
全盛永
永盛漆

源茂公
德淳永
晉豐泰
晉恒益
興盛協
廣法亨
義和西貨鋪

楊永盛店
協豐店
明源店
萬興店
　　以上每家捐銀十兩
際盛軒　捐銀九兩六錢
尚興師　捐銀九兩五錢七分

以上每家捐銀十二兩　　　　　天德漢　捐銀九兩四錢七分
三盛紙　捐銀十一兩八錢　　　　榮興毡　捐銀九兩四錢四分
源隆泰　捐銀十一兩七錢七分　　元懋合　捐銀八兩九錢九分
福隆元　捐銀十一兩二錢四分　　珍昌號　捐銀八兩八錢三分
和順永　捐銀十一兩一錢八分　　福昌恒　捐銀八兩七錢六分
大來炭　捐銀十一兩　　　　　　天德元　捐銀八兩六錢五分
公盛常　捐銀十兩零七錢　　　　萬興昌　捐銀八兩二錢
謙和亨　捐銀十兩零七錢　　　　麗澤鉄　捐銀八兩一錢
銀色社　捐銀十兩零零五分　　　福毓茶　捐銀八兩零五分
天德慶　　　　　　　　　　　　祥符盛
益和公　　　　　　　　　　　　綴雲錦
晋興盛　　　　　　　　　　　　亨昌永
德合源　　　　　　　　　　　　永興義
永益合　　　　　　　　　　　　源盛昌
三元成　　　　　　　　　　　　錫成永
福隆德　　　　　　　　　　　　張菜鋪
時中義　　　　　　　　　　　　　以上每家捐銀八兩
同心協　　　　　　　　　　　　廣益鉄　捐銀七兩八錢
永順漆　　　　　　　　　　　　王義長　捐銀七兩七錢五分
泉興公炭　　　　　　　　　　　三盛公　捐銀七兩七錢三分
德聲炭　　　　　　　　　　　　咸懋恒　捐銀七兩六錢四分
祁錦成　　　　　　　　　　　　隆新店　捐銀七兩一錢
祁永盛　　　　　　　　　　　　萬順通　捐銀七兩零二分
珍盛炭　　　　　　　　　　　　文興鉄
老永興瑞　　　　　　　　　　　源茂燭

湧泉店　　　　　　　　　　　　傅振興
和順田　　　　　　　　　　　　德興號
　　以上每家捐銀七兩　　　　　永興號
泉福店　捐銀六兩五錢　　　　　趙洽壽
泰來店　　　　　　　　　　　　永發義

天和德
德泰林
長泰林
新泰成
聚和成
儀合店
元泰興
萬隆長
大興岐
資深達
　以上每家捐銀六兩
洪興泰　捐銀五兩四錢二分
協成老號捐銀五兩三錢九分
聚源公　捐銀五兩二錢
寶盛染房
復泰布
永泰興
魁泰布
興盛和
廣興鋪
重興店
天昇店
祁公盛隆
四寶坊
豐泰號
恒義號
胡永盛店

洪順德
復盛永
福聚成

德生永
　以上每家捐銀五兩
正茂魁　捐銀四兩九錢二分
榮泰號　捐銀四兩三錢九分
聚茂同
天豐泰
敬勝偉
益盛號
聚隆和
源珍店
湧泉源
源泉成
全泰隆
錦泰永
新泰合
　以上每家捐銀四兩
仁義全　捐銀三兩九錢三分
春和永　捐銀三兩六錢六分
豐興合　捐銀三兩五錢
兩益盛　捐銀三兩四錢一分
豐亨謙　捐銀三兩二錢九分
泰和仁　捐銀三兩零六分
中和仁
順興成
復興久
德慶永
　以上每家捐銀三兩

義源成　捐銀一兩零八分
德盛號　捐銀一兩零四分
肆聚帽　捐銀一兩

福增長
和順昌
義成永
謙和益
　　以上七家共捐銀二十兩
資生號　捐銀二兩八錢
天陞店　捐銀二兩五錢
興發永　捐銀二兩一錢八分
永成義　捐銀二兩一錢七分
福泰玉　捐銀二兩零五分
長春作
公裕茂
黃福堂
　　以上每家捐銀二兩
吉興號　捐銀一兩八錢七分
鈺興茂　捐銀一兩七錢八分
天成和　捐銀一兩七錢七分
萬盛王　捐銀一兩七錢二分
雙和合　捐銀一兩六錢九分
大興號　捐銀一兩六錢八分
萃珍豐
振遠長
廣盛公
同泰合
　　以上每家捐銀一兩五錢
世順源　捐銀一兩四錢八分
瑞興號　捐銀一兩二錢八分
長興順　捐銀一兩二錢六分
兩宜合　捐銀一兩一錢三分

永茂氈　捐銀一兩
源成合　捐銀九錢三分
隆興公　捐銀七錢九分
雙合成布捐銀六錢
太和號　捐銀四錢四分
崔聚盛　捐銀四錢三分
發盛號　捐銀四錢二分
宋永和　捐銀三錢八分
永協書　捐銀三錢八分
裕昌合　捐銀三錢七分
玉興號　捐銀三錢四分
天全德　捐銀三錢二分
福興當　捐銀二錢七分
協盛老號捐銀二錢
寶和號　捐銀一錢九分
德和義　捐銀一錢八分
永盛號　捐銀一錢六分
隆豐合
三合公
如昇大
東公正
恒泰隆
泰興玉
聚興魁
天合泰
　　以上八家共捐銀七錢九分

廣發炭店捐京錢五十四千文

13. 道光二十五年一應使費碑①

重建山門、戲臺、左右二門、南北殿、小鼓棚，重修春秋樓，墨摩油洗各處見新，一應使費開列於後：

一、大小木料杉槁板片　　使銀壹千九百九十五兩三錢九分
一、玻璃磚瓦脊獸　　　　使銀九百二十二兩五錢九分
一、石料石灰　　　　　　使銀五百七十一兩四錢七分
一、衆匠人來往騾脚盤費　使銀四百零八兩六錢八分
一、鐵貨鋼　　　　　　　使銀二百零四兩八錢四分
一、顔料油漆　　　　　　使銀六百六十三兩八錢
一、煤炭砟子燈油盬菸　　使銀八百一十兩零三錢四分
一、毡被蓆繩應用物件　　使銀三百零九兩零七分
一、立木花紅　　　　　　使銀五十五兩七錢八分
一、泥木匠工　　　　　　使銀五千五百五十八兩二錢
一、石匠工　　　　　　　使銀五百一十四兩零二錢
一、鐵匠工　　　　　　　使銀四百四十兩零四錢七分
一、油匠工　　　　　　　使銀壹千零九兩零六分
一、跐臺酧客一應雜項　　使銀五百六十五兩零五分
以上總共使千白銀壹萬四千零廿八兩七錢六分

建立旗杆、獅子碑使費開列於後：
一、旗杆木料　　　　　　使銀五十六兩五錢八分
一、石料　　　　　　　　使銀一百六十三兩六錢一分
一、桐油顔料木土油工　　使銀四十八兩七兩八分
一、炭菸油盬雜項　　　　使銀五十四兩一錢
一、鉄箍鉄器等物　　　　使銀十八兩六錢八分
一、立旗杆獅子碑雜項　　使銀十兩零四錢六分
一、石匠工　　　　　　　使銀四百二十九兩八錢八分

---
① 該碑原無碑名。

一、石匠路費　　　　　　使銀四十一兩
　　以上八宗共使幹白銀捌百二十三兩零九分

道光二十五年十一月　　　　　司事公立

14. 同治四年《山陝衆商會館續拔釐金碑記序》

碑額：永垂不朽

　　山陝衆商會館續拔釐金碑記序
　　聞嘗綜稽往籍，《書》紀圖終慎始之訓，《禮》詳耕九餘三之文，《易》垂利用爲大之經，《詩》載有備無患之義，以是知經始之難也，而繼緒尤不易。即釐金一事亦然。如山陝會館者，倘諸君子僅創於前，而衆善人莫爲於後，則需費浩繁，日久殆盡。將巍巍莫大之殿宇，何以永遠輝煌；穰穰多方之客商，何以安保福利乎？憶昔年來屢捐釐銀若干，其規模意義勒諸貞珉者已深切著明矣。特因多歷年所，唯恐左支右絀，爰集衆商公議，仍按舊例抽分，五年爲止，何思遠而慮深也。惟望藹藹吉人修多善而膺多福，懷永圖而利永貞，同心同德，共勷盛舉，斯不負前此奮興之雅意焉。豈僅爲梨園樂歌，娛一時之耳目；雕樑畫棟，壯四方之觀瞻云爾哉。矧赫赫在上，乃聖乃神，俾爾戩穀，庶幾河運通行，商賈日如雲集；財源輻輳，福祿時若雨淋，銖積寸累之功，豈曰小補之哉。則由前而美斯彰者，亦由後而盛必傳。以似以續，不惟廟貌千古，煥然可保其常新，即俎豆四時粲然，各見其備矣。凡百君子共沾福利於無疆也有以夫。

內廷行走大學士　文淵閣領閣事管理戶部三庫總理工部事務處加三級　祁寯藻撰文
欽加二品頂戴署山東巡撫兼都察院右副都御史兼提督銜兼理鹽政加三級閻敬銘篆額
賜進士出身　誥授通議大夫欽加三品頂戴翰林院編修加三級紀錄七次　田雨公謹錄
例授文林郎吏部候選知縣壬戌科舉人　　　　　　　　　　　尉朝霞書丹

輪年司首：	福興和	日新巖	福裕寧	宗久合	裕盛宗	乾德源	天興錦
	信順全	永泰全	天德隆	協隆店	天恒德	晉魁丹	興盛章
	遇魁通	瑞泰店	德豐厚	世茂大	天福永	隆源店	永義店
	福寧德	源有厚	正大中	廣成永	德興和	健順店	聚源店

大清同治四年歲次乙丑仲夏上浣之吉　　　　　　　山陝衆商仝立

碑陰：

碑額：□□□□

　　今將八年至元年衆商釐金開列於左：

福興和	捐銀五百五兩四錢九分	福源沛	捐銀四十四兩零五分
信順全	捐銀弍百七十四兩弍錢四分	復盛正	捐銀四十三兩八錢一分
遇魁通	捐銀弍百六十五兩弍錢九分	永茂元	捐銀四十三兩五錢二分
福寧德	捐銀弍百一十八兩七錢六分	福裕貞	捐銀四十一兩五錢
日新巖	捐銀一百八十六兩五錢	玉成泰	捐銀四十兩六錢七分
永泰全	捐銀一百六十五兩三錢六分	公和永	捐銀四十兩五錢七分
瑞泰店	捐銀一百五十七兩三錢四分	恒聚源	捐銀卅八兩七錢八分
源有厚	捐銀一百五十四兩八錢七分	晉興盛	捐銀卅八兩七錢
福裕寧	捐銀一百五十兩零三錢	璧合成	捐銀卅八兩零八分
通泉廣	捐銀一百四十弍兩九錢六分	復順永	捐銀卅七兩六錢二分
天德隆	捐銀一百卅一兩八錢八分	同春先	捐銀卅七兩四錢五分
德豐厚	捐銀一百卅一兩一錢	祥雲集	捐銀卅七兩一錢六分
正大中	捐銀一百二十九兩八錢一分	福源長	捐銀卅七兩零四分
宗久合	捐銀一百八兩零七分	興盛義	捐銀卅六兩七錢五分
協隆店	捐銀一百七兩六錢一分	元瑞永	捐銀卅五兩六錢五分
世茂大	捐銀一百六兩四錢二分	玉潤興	捐銀卅五兩四錢四分
廣成永	捐銀九十九兩六錢三分	廣興元	捐銀卅四兩五錢五分
裕盛宗	捐銀九十八兩零八分	豐亨謙	捐銀卅弍兩一錢一分
天恒德	捐銀九十六兩九錢一分	吉慶和	捐銀卅弍兩
天福永	捐銀九十三兩八錢弍分	和順裕	捐銀卅一兩八錢
和盛合	捐銀九十兩零五錢八分	興盛章	捐銀卅兩零八錢六分
健順店	捐銀八十八兩六錢八分	東興隆	捐銀廿九兩八錢一分
德裕號	捐銀八十一兩八錢一分	萬盛德	捐銀廿九兩七錢八分
廣興義	捐銀七十九兩八錢六分	萬億通	捐銀廿九兩五錢一分
德興和	捐銀七十九兩八錢五分	天德元	捐銀廿九兩四錢四分

永茂川	捐銀七十八兩六錢八分	原恒湧	捐銀廿九兩一錢
聚盛魁	捐銀七十七兩五錢三分	和順生	捐銀廿八兩五錢二分
乾德源	捐銀七十六兩六錢	萬盛成	捐銀廿八兩四錢三分
和生德	捐銀七十一兩弍錢七分	東德裕	捐銀廿六兩八錢八分
永隆公	捐銀六十八兩三錢三分	興盛和	捐銀廿五兩七錢
德合公	捐銀六十六兩四錢弍分	兩益昌	捐銀廿五兩六錢五分
永義店	捐銀六十五兩五錢三分	充盛合	捐銀廿五兩二錢六分
隆源店	捐銀六十三兩三錢九分	長育良	捐銀廿五兩
如昇同	捐銀六十弍兩三錢弍分	和盛益	捐銀廿四兩六錢一分
謙吉福	捐銀五十八兩六錢八分	充盛川	捐銀廿四兩三錢九分
德裕牲	捐銀五十五兩弍錢三分	天興錦	捐銀廿四兩零二分
聚盛泰	捐銀五十弍兩零八分	東發泰	捐銀廿三兩八錢一分
義成集	捐銀五十兩零一錢六分	合　記	捐銀廿三兩七錢二分
泰昌祥	捐銀四十八兩五錢七分	天德儀	捐銀廿二兩五錢五分
錦發明	捐銀四十七兩八錢八分	源隆永	捐銀廿二兩二錢三分
魁元昌	捐銀四十五兩八錢弍分	協豐祥	捐銀廿二兩零五分
萬泰鳴	捐銀四十四兩四錢七分	大來永	捐銀廿一兩八錢七分
恒信成	捐銀廿一兩八錢三分	德潤榮	捐銀十二兩零九分
永亨茂	捐銀廿一兩五錢七分	裕豐同	捐銀十一兩七錢九分
啓明升	捐銀廿一兩四錢八分	新泰成	捐銀十一兩六錢九分
五福厚	捐銀廿一兩二錢五分	錦隆協	捐銀十一兩六錢二分
源豐泰	捐銀廿兩零八錢七分	隆盛合	捐銀十一兩三錢二分
敬盛允	捐銀廿兩零七錢四分	三泰成	捐銀十一兩二錢七分
源茂興	捐銀廿兩零七錢三分	天芳升	捐銀十一兩一錢一分
福茂和	捐銀廿兩零六錢一分	合順丹	捐銀十一兩零一分
晉魁昶	捐銀廿兩零一錢三分	魯興聚	捐銀十兩九錢七分
德盛泰	捐銀廿兩零四分	隆昌源	捐銀十兩八錢九分
祥符盛	捐銀廿兩零三分	裕生成	捐銀十兩八錢四分
永泰昌	捐銀十九兩四錢一分	萬順通	捐銀十兩七錢六分
永茂盛	捐銀十九兩三錢一分	合盛裕	捐銀十兩六錢

鴻發鎰　捐銀十九兩
永隆符　捐銀十八兩七錢五分
福隆和　捐銀十八兩四錢五分
蔚盛義　捐銀十八兩二錢九分
泰和晟　捐銀十八兩二錢六分
萬有全　捐銀十七兩九錢五分
北興盛　捐銀十七兩九錢
薦陞　捐銀十七兩五錢六分
福毓和　捐銀十六兩九錢九分
復昌明　捐銀十六兩九錢四分
廣茂　捐銀十六兩九錢四分
興盛協　捐銀十六兩五錢七分
巨發源　捐銀十六兩四錢六分
三合成　捐銀十五兩七錢六分
永德合　捐銀十五兩七錢五分
新盛源　捐銀十五兩三錢一分
源盛昌　捐銀十五兩二錢
新泰厚　捐銀十四兩八錢九分
福成同　捐銀十四兩三錢四分
利永貞　捐銀十三兩八錢七分
信盛明　捐銀十三兩七錢三分
晉恒益　捐銀十三兩五錢五分
益和公　捐銀十三兩二錢九分
榮泰鈞　捐銀十三兩零一分
義昌永　捐銀十二兩九錢六分
德和公　捐銀十二兩八錢
裕盛合　捐銀十二兩四錢五分
廣順源　捐銀十二兩三錢七分
聚源店　捐銀十二兩二錢四分

乾盛亨　捐銀八兩一錢八分

協昌公　捐銀十兩四錢三分
時中義　捐銀十兩四錢
董公合　捐銀十兩二錢七分
永興隆　捐銀十兩二錢四分
復盛協　捐銀十兩二錢二分
恒發常　捐銀十兩零五分
廣益　捐銀九兩八錢七分
中興益　捐銀九兩六錢六分
興勝鈺　捐銀九兩四錢八分
萬順彩　捐銀九兩四錢五分
永甡政　捐銀九兩四錢三分
德新成　捐銀九兩二錢六分
恒昌久　捐銀九兩二錢三分
亨泰公　捐銀九兩一錢六分
大川泰　捐銀九兩一錢六分
天和泰　捐銀九兩五分
文興　捐銀九兩五分
麗澤　捐銀九兩四分
錦華公　捐銀八兩八錢五分
廣盛隆　捐銀八兩八錢三分
全興彩　捐銀八兩八錢一分
永隆合　捐銀八兩八錢一分
天義合　捐銀八兩六錢八分
恒豐義　捐銀八兩五錢九分
裕生大　捐銀八兩五錢八分
振源德　捐銀八兩五錢七分
三元成　捐銀八兩四錢五分
協盛合　捐銀八兩三錢九分
雙和公　捐銀八兩三錢

仁義豐　捐銀五兩六錢一分

五珠聯	捐銀八兩一分	信成厚	捐銀五兩五錢九分
源泉合	捐銀（此處殘損）		（此處殘損）
德聚興	捐銀（此處殘損）		（此處殘損）
兩益恒	捐銀（此處殘損）		（此處殘損）
振昇	捐銀（此處殘損）		（此處殘損）
永逢源	捐銀（此處殘損）		（此處殘損）
三發隆	捐銀（此處殘損）		（此處殘損）
錦泰興	捐銀（此處殘損）		（此處殘損）
廣益生	捐銀（此處殘損）		（此處殘損）
謙和成	捐銀（此處殘損）		（此處殘損）
張德興	捐銀（此處殘損）		（此處殘損）
長裕春	捐銀（此處殘損）		（此處殘損）
永德同	捐銀（此處殘損）		（此處殘損）
大德成	捐銀（此處殘損）	□□□	捐銀五兩一錢二分
慶成祥	捐銀（此處殘損）	義合和	捐銀四兩九錢三分
元興和	捐銀六兩七錢一分	源順森	捐銀四兩九錢一分
義泉長	捐銀六兩七錢一分	德盛東	捐銀四兩九錢一分
廣法亨	捐銀六兩七錢一分	萬豐店	捐銀四兩八錢八分
隆興昌	捐銀六兩七錢一分	文星當	捐銀四兩八錢一分
義順通	捐銀六兩六錢三分	福昇成	捐銀四兩六錢九分
雙盛任	捐銀六兩六錢二分	同心合	捐銀四兩六錢三分
廣泉慶	捐銀六兩五錢六分	安三盛	捐銀四兩五錢七分
萬盛興	捐銀六兩五錢	德淳永	捐銀四兩五錢七分
裕源聚	捐銀六兩四錢五分	晉益合	捐銀四兩五錢六分
豐盛源	捐銀六兩四錢五分	公義隆	捐銀四兩五錢五分
乾盛和	捐銀六兩一錢六分	義和永	捐銀四兩五錢二分
永益同	捐銀六兩一錢四分	隆昌作	捐銀四兩四錢八分
恒昌賓	捐銀六兩一錢四分	益盛衡	捐銀四兩三錢八分
德泰公	捐銀六兩四分	德泰全	捐銀四兩三錢七分
蔚盛長	捐銀六兩二分	協和興	捐銀四兩三錢五分
永成德	捐銀六兩	宗盛梧	捐銀四兩三錢四分

泰　來	捐銀五兩九錢六分	裕泰馥	捐銀四兩二錢六分
恒裕德	捐銀五兩八錢八分	誠正德	捐銀四兩二錢五分
長盛泰	捐銀五兩八錢七分	同人泰	捐銀四兩二錢四分
德順生	捐銀五兩八錢二分	三發永	捐銀四兩二錢三分
錦泰永	捐銀五兩八錢二分	永和公	捐銀四兩一錢六分
春發源	捐銀五兩七錢九分	景泰隆	捐銀四兩一錢五分
永盛誠	捐銀五兩七錢五分	義生慶	捐銀四兩一錢五分
聚和成	捐銀五兩七錢五分	天成漢	捐銀四兩一錢三分
天合永	捐銀五兩七錢三分	萬裕合	捐銀四兩零九分
靳公順	捐銀五兩七錢三分	明遠峻	捐銀四兩零一分

合泉芬	捐銀四兩一分	德　成	捐銀二兩九錢六分
德茂合	捐銀三兩八錢八分	集　成	捐銀二兩九錢五分
萬泉生	捐銀三兩八錢四分	春發長	捐銀二兩九錢四分
□雲錦	捐銀三兩八錢三分	張菜鋪	捐銀二兩八錢八分
□合公	捐銀三兩七錢九分	德裕成	捐銀二兩八錢八分
□泉源	捐銀三兩七錢八分	鍾聚源	捐銀二兩八錢二分
□成景	捐銀三兩七錢七分	天和義	捐銀二兩八錢一分
□興業	捐銀三兩七錢四分	雙盛厚	捐銀二兩七錢八分
□泰豫	捐銀三兩七錢一分	豐盛翊	捐銀二兩七錢七分
□盛元	捐銀三兩六錢八分	隆盛源	捐銀二兩七錢六分
□泰祥	捐銀三兩六錢六分	玉興長	捐銀二兩七錢三分
□裕泰	捐銀三兩六錢五分	萬春和	捐銀二兩六錢五分
□和裕	捐銀三兩五錢二分	積成億	捐銀二兩六錢一分
廣順和	捐銀三兩四錢四分	福春生	捐銀二兩六錢
復盛泰	捐銀三兩四錢三分	三盛楊	捐銀二兩五錢九分
源長春	捐銀三兩四錢二分	三盛明	捐銀二兩五錢九分
公盛謙	捐銀三兩四錢一分	三盛和	捐銀二兩五錢九分
長發隆	捐銀三兩四錢一分	三盛合	捐銀二兩五錢九分
永合魁	捐銀三兩四錢一分	田三盛	捐銀二兩五錢九分
同泰裕	捐銀三兩四錢	德　順	捐銀二兩五錢六分

永源公	捐銀三兩三錢七分	裕茂大	捐銀二兩五錢一分
協合當	捐銀三兩三錢七分	健順合	捐銀二兩五錢一分
莧　德	捐銀三兩三錢四分	常盛芳	捐銀二兩五錢一分
興聚當	捐銀三兩三錢四分	興隆德	捐銀二兩五錢
桂泰永	捐銀三兩三錢二分	復合元	捐銀二兩四錢四分
大興歧	捐銀三兩二錢九分	廣義隆	捐銀二兩四錢二分
壁和公	捐銀三兩二錢七分	德盛泰	捐銀二兩四錢一分
玉興魁	捐銀三兩二錢六分	新隆昌	捐銀二兩四錢
永興德	捐銀三兩二錢三分	長　春	捐銀二兩三錢七分
德　隆	捐銀三兩二錢一分	正昌大	捐銀二兩三錢七分
永興義	捐銀三兩一錢五分	德昌甲	捐銀二兩三錢六分
南益恒	捐銀三兩一錢四分	大川明	捐銀二兩三錢五分
永　興	捐銀三兩一錢	長泰林	捐銀二兩三錢五分
同興合	捐銀三兩七分	萬順店	捐銀二兩三錢二分
益昌德	捐銀三兩五分	同德興	捐銀二兩三錢二分
萬興店	捐銀三兩三分	明源店	捐銀二兩三錢一分
元　昌	捐銀三兩二分	世豐德	捐銀二兩三錢一分
全順公	捐銀三兩一分	永隆成	捐銀二兩二錢九分
振遠長	捐銀三兩正	巨和昌	捐銀二兩二錢五分
雙義合	捐銀二兩九錢八分	源聚泰	捐銀二兩二錢三分
天興瑞	捐銀二兩九錢八分	巨豐和	捐銀二兩二錢一分
福源湧	捐銀二兩九錢七分	福源成	捐銀二兩一錢九分
泰來昌	捐銀二兩一錢六分	益盛長	捐銀一兩六錢八分
晉泉長	捐銀二兩一錢四分	福昌恒	捐銀一兩六錢八分
樹德生	捐銀二兩一錢三分	德茂成	捐銀一兩六錢八分
廣大成	捐銀二兩一錢一分	聚盛源	捐銀一兩六錢六分
新順李	捐銀二兩零九分	新泰合	捐銀一兩六錢五分
和盛成	捐銀二兩零八分	謙恒益	捐銀一兩六錢三分
長發文	捐銀二兩零六分	乾盛晉	捐銀一兩六錢
源盛奎	捐銀二兩零五分	義盛德	捐銀一兩五錢七分

玉美正	捐銀二兩零四分	興盛健	捐銀一兩五錢七分
廣發炭	捐銀二兩零一分	慶昌永	捐銀一兩五錢六分
正興隆	捐銀二兩零一分	大有恒	捐銀一兩五錢五分
長泰合	捐銀二兩零一分	貴文堂	捐銀一兩五錢四分
恒有章	捐銀二兩零一分	兩合秀	捐銀一兩五錢二分
日　增	捐銀二兩零一分	德合昌	捐銀一兩五錢
錫盛合	捐銀二兩整	興盛德	捐銀一兩四錢八分
德豐隆	捐銀二兩整	恒慶長	捐銀一兩四錢六分
全泰和	捐銀一兩九錢九分	義積公	捐銀一兩四錢四分
天　成	捐銀一兩九錢八分	萬順昌	捐銀一兩四錢一分
咸泰生	捐銀一兩九錢七分	同義茂	捐銀一兩三錢六分
天豫恒	捐銀一兩九錢七分	崇裕厚	捐銀一兩三錢六分
瑞盛永	捐銀一兩九錢七分	永豐明	捐銀一兩三錢六分
協合永	捐銀一兩九錢四分	天慶和	捐銀一兩三錢六分
東成富	捐銀一兩九錢四分	義成和	捐銀一兩三錢五分
長盛祥	捐銀一兩九錢三分	日升樹	捐銀一兩三錢五分
福源遠	捐銀一兩九錢二分	永盛大	捐銀一兩三錢二分
三聚益	捐銀一兩九錢二分	廣聚峻	捐銀一兩三錢二分
東德裕	捐銀一兩九錢一分	福順和	捐銀一兩三錢二分
昶興泰	捐銀一兩八錢六分	義立永	捐銀一兩三錢一分
永順恭	捐銀一兩八錢二分	兩益公	捐銀一兩二錢九分
德慶長	捐銀一兩八錢二分	東昇瑞	捐銀一兩二錢九分
鼎　新	捐銀一兩八錢	德逢裕	捐銀一兩二錢八分
世興源	捐銀一兩七錢九分	德昌益	捐銀一兩二錢六分
永合王	捐銀一兩七錢六分	恒　盛	捐銀一兩二錢六分
乾和□	捐銀一兩七錢六分	啟　泰	捐銀一兩二錢五分
永合義	捐銀一兩七錢六分	慶瑞和	捐銀一兩二錢三分
翰墨林	捐銀一兩七錢五分	慶豐隆	捐銀一兩二錢二分
大錦全	捐銀一兩七錢四分	永聚益	捐銀一兩二錢
永順和	捐銀一兩七錢四分	和盛普	捐銀一兩一錢九分
森茂昌	捐銀一兩七錢二分	信　盛	捐銀一兩一錢八分

天順成	捐銀一兩七錢	瑞昌祥	捐銀一兩一錢七分
發祥瑞	捐銀一兩七錢	中興恒	捐銀一兩一錢七分
謙和德	捐銀一兩六錢八分	順興成	捐銀一兩一錢七分
百川合	捐銀一兩一錢六分	恒人廷	捐銀九錢
裕昌和	捐銀一兩一錢六分	生發趙	捐銀九錢
同茂泰	捐銀一兩一錢五分	豐　泰	捐銀八錢九分
義興隆	捐銀一兩一錢四分	瑞昌德	捐銀八錢九分
元興德	捐銀一兩一錢二分	天和恒	捐銀八錢九分
同義昌	捐銀一兩一錢二分	聚源公	捐銀八錢八分
玉成和	捐銀一兩一錢二分	德本生	捐銀八錢八分
元昌合	捐銀一兩一錢	元盛昌	捐銀八錢七分
元盛合	捐銀一兩九分	永　通	捐銀八錢五分
萬源恒	捐銀一兩八分	義和貞	捐銀八錢五分
聚和遠	捐銀一兩八分	永福川	捐銀八錢五分
德興和	捐銀一兩七分	合　義	捐銀八錢五分
三益永	捐銀一兩六分	元興正	捐銀八錢五分
萬益永	捐銀一兩六分	天佑德	捐銀八錢四分
瑞隆叙	捐銀一兩六分	同　興	捐銀八錢四分
天興和	捐銀一兩五分	三益成	捐銀八錢四分
天和益	捐銀一兩五分	德源慶	捐銀八錢四分
源長作	捐銀一兩三分	隆興東	捐銀八錢四分
元吉生	捐銀一兩三分	德慶齋	捐銀八錢四分
西盛春	捐銀一兩二分	豫大品	捐銀八錢二分
順天成	捐銀一兩二分	天裕恒	捐銀八錢一分
正　全	捐銀一兩二分	和順昌	捐銀八錢一分
順興合	捐銀一兩一分	公興順	捐銀八錢一分
正全隆	捐銀一兩正	正昌大	捐銀八錢一分
義和成	捐銀一兩正	東四盛	捐銀八錢
中和合	捐銀一兩正	日興盛	捐銀八錢
元　益	捐銀一兩正	萬盛昌	捐銀八錢

福德公	捐銀一兩正	和順雲	捐銀八錢
復　元	捐銀九錢七分	福源浩	捐銀七錢九分
東生泰	捐銀九錢七分	志盛和	捐銀七錢九分
允執中	捐銀九錢七分	全盛興	捐銀七錢八分
永聚玉	捐銀九錢五分	同新和	捐銀七錢八分
怡茂軒	捐銀九錢五分	長順隆	捐銀七錢八分
義盛成	捐銀九錢五分	義成永	捐銀七錢八分
鴻發裕	捐銀九錢四分	信復成	捐銀七錢八分
源泉長	捐銀九錢三分	德順成	捐銀七錢八分
大魁成	捐銀九錢二分	錫福成	捐銀七錢六分
天義合	捐銀九錢二分	福泰隆	捐銀七錢六分
賈雙合	捐銀九錢二分	公泰永	捐銀七錢五分
大德恒	捐銀九錢一分	立興大	捐銀七錢五分
悅　盛	捐銀九錢	隆興遠	捐銀七錢四分
天　魁	捐銀九錢	豐泰同	捐銀七錢四分

德合盛	捐銀七錢三分	永興恒	捐銀五錢八分
永興協	捐銀七錢二分	德隆泰	捐銀五錢七分
宏　興	捐銀七錢二分	□源湧	捐銀五錢七分
永瑞生	捐銀七錢二分	富深遠	捐銀五錢六分
元吉亨	捐銀七錢二分	萬順卿	捐銀五錢六分
懷德堂	捐銀七錢一分	茂盛成	捐銀五錢六分
德泰林	捐銀七錢一分	義昌德	捐銀五錢五分
通順如	捐銀七錢	豐泰成	捐銀五錢五分
恒茂祥	捐銀七錢	大湧玉	捐銀五錢四分
如□芳	捐銀六錢九分	合　興	捐銀五錢三分
新同盛	捐銀六錢九分	復興成	捐銀五錢三分
新泰厚	捐銀六錢七分	合盛溫	捐銀五錢三分
恒　昌	捐銀六錢七分	全興仁	捐銀五錢三分
悅來德	捐銀六錢七分	元吉仁	捐銀五錢三分
天立合	捐銀六錢六分	人□和	捐銀五錢二分

永懋義	捐銀六錢六分	萬　隆	捐銀五錢二分
復　盛	捐銀六錢六分	三和公	捐銀五錢二分
魁　泰	捐銀六錢六分	豐茂恒	捐銀五錢一分
恒　義	捐銀六錢五分	湧慶恒	捐銀五錢一分
德　盛	捐銀六錢四分	世合隆	捐銀五錢一分
信義公	捐銀六錢三分	公　記	捐銀五錢一分
萬盛魁	捐銀六錢三分	信　長	捐銀五錢
永興大	捐銀六錢三分	順　記	捐銀五錢
信興永	捐銀六錢三分	魁興協	捐銀五錢
萬義昌	捐銀六錢三分	允盛大	捐銀五錢
昌盛成	捐銀六錢二分	雙福隆	捐銀五錢
信復泰	捐銀六錢二分	永順同	捐銀四錢九分
聚和昌	捐銀六錢二分	中和厚	捐銀四錢九分
寶善仁	捐銀六錢一分	信厚泰	捐銀四錢九分
永裕書	捐銀六錢一分	源泉成	捐銀四錢八分
福臻昌	捐銀六錢	榮吉森	捐銀四錢八分
祥　泰	捐銀六錢	發祥合	捐銀四錢八分
祥泰永	捐銀六錢	萬鎰統	捐銀四錢八分
日　盛	捐銀六錢	康恒盛	捐銀四錢七分
源長春	捐銀六錢	萬裕德	捐銀四錢七分
成章豫	捐銀五錢九分	久成功	捐銀四錢七分
森深茂	捐銀五錢九分	正茂魁	捐銀四錢七分
同　泰	捐銀五錢九分	同心協	捐銀四錢七分
萬合泰	捐銀五錢九分	培泰李	捐銀四錢六分
百義合	捐銀五錢八分	恒興義	捐銀四錢六分
義順合	捐銀五錢八分	□隆盛	捐銀四錢五分
五　常	捐銀五錢八分	信厚成	捐銀四錢五分
□茂益	捐銀四錢五分	晋德成	捐銀三錢四分
春和永	捐銀四錢五分	義盛德	捐銀三錢四分
豐　和	捐銀四錢五分	四謙坊	捐銀三錢三分

【山東碑文】

同興永	捐銀四錢四分	萬興	捐銀三錢三分
長吉祥	捐銀四錢四分	裕德永	捐銀三錢三分
永順公	捐銀四錢四分	永昌聯	捐銀三錢三分
義興成	捐銀四錢四分	天興	捐銀三錢三分
源生湧	捐銀四錢三分	裕和永	捐銀三錢三分
萬和厚	捐銀四錢三分	錦成公	捐銀三錢二分
中和仁	捐銀四錢三分	萬益順	捐銀三錢二分
日興	捐銀四錢二分	福祥茂	捐銀三錢二分
福裕和	捐銀四錢二分	元興源	捐銀三錢二分
雙茂	捐銀四錢一分	恒源公	捐銀三錢二分
萬恒泰	捐銀四錢一分	永合成	捐銀三錢一分
興盛	捐銀四錢一分	源成	捐銀三錢一分
福記	捐銀四錢一分	常興	捐銀三錢一分
長益公	捐銀四錢正	同和	捐銀三錢一分
興盛元	捐銀四錢	源興	捐銀三錢
德盛東	捐銀四錢	永盛	捐銀三錢
和合永	捐銀四錢	全發興	捐銀三錢
恒德公	捐銀四錢	豐和合	捐銀三錢
福興成	捐銀四錢	祥瑞	捐銀三錢
毓盛合	捐銀四錢	聚隆永	捐銀三錢
天順公	捐銀三錢九分	義興洽	捐銀三錢
天盛永	捐銀三錢九分	永協合	捐銀二錢九分
福源簿	捐銀三錢八分	永聚合	捐銀二錢九分
永茂昌	捐銀三錢八分	雙裕同	捐銀二錢八分
天成德	捐銀三錢八分	廣來成	捐銀二錢八分
裕盛林	捐銀三錢七分	二合	捐銀二錢八分
協元永	捐銀三錢七分	同益	捐銀二錢八分
泰和公	捐銀三錢六分	協順成	捐銀二錢八分
閔記	捐銀三錢六分	明盛	捐銀二錢七分
天泰長	捐銀三錢六分	聚順公	捐銀二錢七分
日增盛	捐銀三錢六分	福隆店	捐銀二錢七分
合盛元	捐銀三錢六分	保合堂	捐銀二錢七分

永泰鎮	捐銀三錢六分	新聚義	捐銀二錢六分
天昌森	捐銀三錢六分	天生永	捐銀二錢六分
雲興東	捐銀三錢六分	復盛公	捐銀二錢六分
萬順合	捐銀三錢六分	義成元	捐銀二錢六分
德盛豐	捐銀三錢五分	永　順	捐銀二錢五分
萬順成	捐銀三錢五分	孫福臨	捐銀二錢五分
福隆泰	捐銀三錢四分	德良合	捐銀二錢五分
大　成	捐銀二錢五分	謙和恒	捐銀一錢九分
敬勝恒	捐銀二錢五分	永發福	捐銀一錢九分
吉仁堂	捐銀二錢五分	萬　豐	捐銀一錢九分
六儀齋	捐銀二錢五分	涌泉仁	捐銀一錢九分
義盛永	捐銀二錢五分	修王明	捐銀一錢九分
長盛豫	捐銀二錢五分	健　陞	捐銀一錢九分
天興永	捐銀二錢四分	福興合	捐銀一錢九分
永茂公	捐銀二錢四分	□　盛	捐銀一錢八分
公　和	捐銀二錢四分	恒義□	捐銀一錢八分
天泰魁	捐銀二錢四分	恒　昌	捐銀一錢八分
泰　增	捐銀二錢四分	豐豫□	捐銀一錢八分
聚成瑞	捐銀二錢四分	福元成	捐銀一錢八分
萬盛合	捐銀二錢四分	同心和	捐銀一錢八分
重興店	捐銀二錢三分	同祥泰	捐銀一錢七分
瑞隆貴	捐銀二錢三分	福隆泰	捐銀一錢七分
天昇永	捐銀二錢三分	永興合	捐銀一錢七分
益元貞	捐銀二錢三分	大成瑞	捐銀一錢七分
萬泉匯	捐銀二錢三分	信義茶	捐銀一錢七分
晉恒泰	捐銀二錢三分	德馨長	捐銀一錢七分
成　記	捐銀二錢三分	光裕公	捐銀一錢七分
東晉興	捐銀二錢三分	義德成	捐銀一錢七分
正　隆	捐銀二錢三分	裕順成	捐銀一錢六分
仁義成	捐銀二錢二分	慶　源	捐銀一錢六分
天和成	捐銀二錢二分	同順永	捐銀一錢六分

【山東碑文】

洪昌協 捐銀二錢二分	聚興德 捐銀一錢六分	
永　昌 捐銀二錢二分	和順永 捐銀一錢六分	
三合東 捐銀二錢二分	三和元 捐銀一錢六分	
永順成 捐銀二錢二分	世　美 捐銀一錢六分	
興成聚 捐銀二錢二分	通　源 捐銀一錢六分	
三德合 捐銀二錢二分	萬合呂 捐銀一錢五分	
長發公 捐銀二錢一分	長益公 捐銀一錢五分	
正泰合 捐銀二錢一分	萬益順 捐銀一錢五分	
萬　恒 捐銀二錢一分	萬　通 捐銀一錢五分	
天育堂 捐銀二錢一分	意誠當 捐銀一錢四分	
洪　順 捐銀二錢一分	泰　興 捐銀一錢四分	
長豫和 捐銀二錢一分	隆泰奎 捐銀一錢四分	
永　協 捐銀二錢	協和成 捐銀一錢四分	
旭昇公 捐銀二錢	同順合 捐銀一錢四分	
原合盛 捐銀二錢	天源成 捐銀一錢四分	
宏　盛 捐銀一錢九分	興盛和 捐銀一錢三分	
義盛趙 捐銀一錢九分	永發恒 捐銀一錢三分	
泰順合 捐銀一錢九分	義合永 捐銀一錢三分	

世隆如 捐銀一錢三分	福聚公	和　合
永盛遠 捐銀一錢三分	福盛全	南玉興
元盛魁 捐銀一錢三分	恒　源	藝林堂
恒慶義 捐銀一錢三分	福　興	以上各捐銀六分
泰　昌 捐銀一錢二分	榮　記	全興正
德大昌 捐銀一錢二分	鐘茂德	義　盛
隆　源 捐銀一錢二分	萬盛源	崇和德
信復兆 捐銀一錢二分	長　興	德　聚
合　盛 捐銀一錢二分	福順義	義興公
永福公 捐銀一錢二分	崇　昇	三合同
正興大 捐銀一錢二分	隆泰魁	統順成
德　興 捐銀一錢二分	興隆義	德全正
廣和源 捐銀一錢二分	四美公	東　興

際盛岩 捐銀一錢二分	毓盛茶	張萬泰
其德齋 捐銀一錢二分	永和成	發興
萬豐恒 捐銀一錢一分	以上各捐銀八分	萬順
德恒申 捐銀一錢一分	萬慶昌	義和
張萬昌 捐銀一錢一分	三義永	萬義恒
玉發源 捐銀一錢一分	寶天慶	以上各捐銀五分
永盛源 捐銀一錢一分	同興正	德合
增盛魁 捐銀一錢一分	寶盛	天成店
裕盛和 捐銀一錢一分	德豐豫	興茂
謙和益 捐銀一錢一分	充和公	義合
福寧駿 捐銀一錢一分	永昇恒	信豐益
德順魁 捐銀一錢	裕泰和	德和厚
同新永 捐銀一錢	晉泰	大義榮
義德泰 捐銀一錢	元盛德	積泰順
正泰 捐銀一錢	廣盛元	大盛遠
久遠長 捐銀一錢	聚和魁	宏盛永
隆昌郭 捐銀一錢	曹學周	晉升恒
九如 捐銀一錢	董逢泰	復興賡
復盛成 捐銀一錢	以上各捐銀七分	□泰和
義興煙 捐銀一錢	翟隆盛	長興和
魁利祥 捐銀一錢	福盛成	福隆昌
義興公 捐銀一錢	永成德	元亨
全泰公 捐銀一錢	正興	祥來信
永盛順 捐銀九分	大源成	北建宇
復泰義 捐銀九分	永順成	元恒義
源遠長 捐銀九分	湧泉長	敦育厚
德興裕 捐銀九分	添盛	以上各捐銀四分
發祥 捐銀九分	王德福	天和德
會元齋 捐銀九分	元亨義	泰記
廣集義	恒興成	
福義合	福如	

萬盛興	義茶店
晋興和	協順
天德和	永興
中興礼	豐泰
義聚	桂馨齋
義盛元	福盛永
關来来	益常德
三泰	正立當
元益	協聚
美祥	泰成和
資盛源	錦泰榮
三興	同順永
茂盛成	同茂林

以上各捐銀二分

源興和	世順德
遠記	興盛公
文茂公	通順全
文豐	同心泰
本源長	公盛義
恒源益	長盛昌
隆茂	榮成
興來	公興
豐昇源	久成聚

以上各捐銀三分

益和	天懋德
鴻順	公謙元
萬順福	西建興
泰順厚	錦泰魁
德聚隆	德和慶
麟盛	大盛店
和義	聚源恒
元吉	利隆
太和興	義慎公
	發盛

德昌大	德和昌
聚泰和	三元齋
萬合德	以上各捐銀一分
廣和元	
德聚成	
合元齋	
萬盛泰	石匠：孔廣和　　鐵筆：□□
同信永	

15. 同治六年衆號樂輸銀兩碑①

碑額：昭示來茲

重修旗杆大門一切使費與司事之家暨衆號樂輸銀兩成列於左：

頭班	二班	三班	四班
正大中	瑞泰店	廣成永	世茂大
裕盛宗	源有鳴	宗久合	福興和
福裕宵	永泰全	晉魁丹	遇魁通
德豐厚	新泰厚	乾德原	福宵德
日新岩	謙吉昇	信興順	天德隆
天福永	和生德	德合中	永順信
永隆公	協泰昌	協隆元	隆泰興

以上每家捐銀捌兩

慶來長	天德儀	廣興義	恒慶長
義成集	吉慶和	同泰和	書業德
永生瑞	魁元昌	德合瑞	永慶長
如昇同	隆盛合	世興大	文星當
永茂川	福源沛	合盛湧	啓明昇
誠玉明	大川明	瑞隆合	同春先

---

① 該碑原無碑名。

長育良	福裕貞	源有順	廣茂永
源恒湧	德益號	裕安泰	永泰昌
福毓和	泰昌祥	懷德堂	
和盛益	恒聚源	重盛號	

以上每家捐銀伍兩

廣豐和	中和厚	天昌森	復昌明
鐵貨店	書業公	天吉合	三盛王
春發長	天成隆	保合堂	利永貞
天泰厚	聚興源	源豐泰	充盛合
德裕號	慶豐和	兩益昌	天芳升

以上每家捐銀叁兩

宗盛樓　　　　　　捐銀貳兩

前宗共捐干白銀肆佰柒拾陸兩，撥入值年會

一、落旗杆立旗杆　　　使錢拾壹千貳佰文
一、煤五佰觔粉柒斤半　使錢拾叁千伍佰文
一、板鉄廣鉄釘子　　　使錢貳拾柒千壹佰壹拾八文
一、秀油桐油漆　　　　使錢玖拾九千零捌拾肆文
一、銀硃黃丹茶葉茶牌　使錢拾捌千壹佰肆拾文
一、石黃洋录鳔以及零星　使錢拾肆千陸佰貳拾四文
一、重果金水錫金夏布　使錢叁拾壹千捌佰八拾六文
一、板片耗錢散工酒錢　使錢拾貳千柒佰捌拾八文
一、油匠鐵匠木匠工錢　使錢玖拾貳千貳百捌拾文
一、石碑　　　　　　　使錢貳拾伍千文

共使錢叁佰肆拾叁仟柒佰貳拾貳文
作銀壹佰貳拾柒兩叁錢壹分

大清同治六年八月上澣之吉　　　司事仝立

16. 光緒二十年《重建山門外石欄杆序》

重建山門外石欄杆序

蓋聞莫爲之前雖美弗彰，莫爲之後雖盛弗傳。故貴有善作者，尤貴有善述者已。山陝會館山門外環以木檻，原爲借茲護衛，非徒壯其觀瞻。因歷年久遠，腐朽者故多，爲人所折毀者亦復不少。意欲仍舊貫不必改作，乃不數年新者舊而舊者復壞。功雖至微，有不勝其煩瀆者矣。遂公議易之以石，所費無幾，而其益甚大。此一勞永逸之盛舉也。將見徹始徹終永垂不朽之業，盡美盡善絕少踰閑之虞。是爲序。

優廩生晉太師慎徽撰文並書

今將施銀字號姓名開列於後：

文星當	捐銀拾兩整	公興棧	捐銀四兩整
恒乾當	捐銀拾兩整	廣興儀	捐銀四兩整
義和東	捐銀拾兩整	德益□	捐銀四兩整
隆盛和	捐銀拾兩整	天德儀	捐銀四兩整
和生德	捐銀拾兩整	聚興源	捐銀四兩整
誠玉明	捐銀拾兩整	麗澤號	捐銀叁兩整
懷德堂	捐銀拾兩整	福合裕	捐銀叁兩整
福興和	捐銀拾兩整	德生義	捐銀叁兩整
宗久和	捐銀拾兩整	合盛儀	捐銀叁兩整
信興順	捐銀拾兩整	益壽堂	捐銀貳兩整
書業德	捐銀六兩整	德昶義	捐銀貳兩整
福毓和	捐銀六兩整	德興源	捐銀貳兩整
啓明升	捐銀六兩整	天昌森	捐銀貳兩整
劉夢祥	捐銀四兩整	公合成	捐銀貳兩整

以上共捐銀壹百陸拾四兩，石欄杆連磚灰並工料雜費共使銀壹百九拾九兩二錢九分，餘欠款由　鉛元會撥入銀叁拾伍兩貳錢九分。

大清光緒二十年清和月上浣穀旦立石

（二）其他碑文

同治十三年《舊米市街太汾公所碑記》[①]

碑額：昭示來茲

  舊米市街太汾公所碑記

  聊攝爲漕運通衢，南來商舶絡繹不絕，以故吾鄉之商販者雲集焉，而太、汾兩府者尤夥。自　國初至康熙間來者踵相接，僑寓旅舍幾不能容。有老成解事者議立公所，謀之于衆，僉曰：善。捐釐醵金，購舊家宅一區，因其址而葺修之，號曰太汾公所。蓋不啻廣廈千萬間也。辛未春，余赴試禮闈，問道出聊攝，見有山陝會館，殿宇嵯峨，有碑爲之記，誠盛舉也。及與同鄉游，始知會館而外又有太汾公所。溯厥由來，皆能道之，而未嘗有所記也。余曰：嘗過通都大邑，見異鄉人建立公地，其初未嘗不善，至代遠年湮，失所考據，有爲豪强兼併者矣，有爲黍離茂草者矣，且有蓄妓女藏歌舞爲奸盜之藪者矣。目擊心傷，所在皆有。此前車之轍，即太汾公所後者之鑒也。余同鄉皆曰：吾輩早慮及此，已購得碑石，而文則子之責也。余自愧荒陋，然爲同鄉善舉誼，不得以不文辭，因爲之記。

  丁卯科舉人　晋人李弼臣撰文並書

	萬亨光	日新巖	聚興順
經理人：	積成億	萬盛德	東成阜
	悅豐厚	通泉廣	德純永

大清同治十三年歲次甲戌冬月吉立

[①] 該碑現存聊城山陝會館。

四 泰安鹽當會館碑文[1]

泰安鹽當會館

會館戲樓

會館拜棚

會館碑銘

---

[1] 這批碑銘現存泰安紅門山陝會館，筆者於1994年抄録，並依據吳志遠博士2011年所拍照片復核。

1. 康熙十年重修碑①

碑額：天眷善德

泰山爲古封禪之區，神宇鼎建，徧於國中，而我 帝君之廟實繁。有徒雖遐陬僻壤，編户小民，聞 帝君之英靈，未有不感慕懇服而願興起於其際也。先是一天門下舊有 帝君祠一座，明季善信以 帝君世皆晋産，於是擴其廟貌，廣其墙垣，視昔改觀。清初有許公者，復建殿前神樓一區，爲歲時伏臘祝贊演戲之所，亦稱巨觀。但規模稍隘，非所崇廟祀而表神庥也。近有高、宋二君慨訂重修，爰庀工材，晝夜不倦。於樓前廣開一楹，重軒疊翠，洞宇巍峨。登高一眺，山色嵐光俱在襟袖，空明蕩漾，如擴八□，誠岱下一麗境也。是可無記以表之哉？高君諱應節，宋君諱軾，二君皆晋之洪洞人，今家於岱，文經武緯，世□□□，蓋亦戩穀之報云。謹記。

　　丁未科進士　李　素書丹
　　廩　膳　生　員　張嘉禎撰文

峕康熙十年歲次辛亥夏四月吉日立石

　　　　　　　　領袖善人：高應節　四兩
　　　　　　　　　　　　　宋　軾　五兩
　　　　　　　　督工善人：宋　晟　十兩
　　　　　　　　　　　　　田德□
　　　　　　　　住持道人：常和安
　　　　　　　　　　　　　劉德秀

賈大盛	趙復財	燕光智
辛大興	田信年	張大忠
燕光玉	韓喬財	張□禄

---
① 該碑原無碑名。

常大有	武　強	張學魁	
宋□□	□　喜	任士聰	
賈士富　以上四兩	史登花	張大孝	
盧春魁	楊春清　以上二兩	刁進啓	
范守福	安　慶	張若麟	
□朝運　三兩	張奇□	郭力林　以上□兩	
郭大智	趙天和	趙學龍	
張昇恒	侯　俊　以上二兩五錢	荆栢泰	
文福耀	賈時全	李進□	
王來□	陳汝善	喬濟連	
祁學秉	邢國先	李生貴	
賈希旺	劉尚孝	遰邦仲	
郭官□	李鳳□	遰邦彩	
荆栢通	□加魁	李毓秀	
趙天慶	燕有功	喬萬盛	
鄭國芳	崔可觀	李孔□　□□	
郅承業	左茂隆	李守全	
秦家魁	張□□	景□興	
左復□	李如進	楊天科	
楊加璽	趙國□	□士動	任應富
王加明	李守鼎	史東進	任時強
景如常	馬文煥	陰尚志	李學春
賈復元	燕有山	景茂林	王承教
趙同周	遰金魁	景文秀	張光亮
張朝昇	郭大興	景如道	張明新
王奉才	趙三才	楊　龍	
景如□	吕加全	趙　才	
高大牛	□　珉	王□□	
邢國興	王進登	閻大□	

李如朝　　　　　王進魁　　　　　王　月

木匠：蔡□　　泥水匠：李現　　畫匠：劉俊英
　　　周至富

2. 康熙二十二年《創建關帝廟配殿碑記》（一）

▌碑額：萬古流芳

　　創建關帝廟配殿碑記

　　泰山之陽紅門以下舊有　帝君廟一座，凡有事於登岱者率必由此，蓋要地也。第以規模湫隘，廟貌慘淡，甚□□以昭盼嚮而妥神靈也。況　帝君者，天下正直之神，亦吾鄉誕降之神也，凡□在桑梓者莫不仰其英烈而荷其□陽。向也糾衆立會，鼎建大殿三楹，又恐歲時致祭娛神無具，復建戲樓以對之。但見棟宇巍煥，丹堊輝煌，視昔之湫隘慘淡者已大爲改觀矣。雖然，大殿其妥神者也，戲樓其娛神者也，倘配殿弗建，終廟□之厥也。是以去年四月間，左建一殿焉，置以　帝嗣關公；右建一殿焉，置以　帝將周公。仰觀俯察，臺閣互映，左顧右盼，鳥翬環拱。雖　帝祠之在岱下者不可枚舉，斷未有若此之輻輳者也。噫，亦勝地哉，可無以誌之乎？是以諸君徵言於予，予□就其巓末而娓娓陳之，一以見　帝之英靈不朽，一以見衆之精誠不替也云爾。是爲記。

　　　屴
康熙二十二年歲次癸亥五月穀旦

　　後學張嘉祝沐手撰　　督工善人：平陽宋晟　　男庠生　璋　薰沐書　施銀拾兩
　　　　　　　　　　　　　　　　　　　　　　　　　　　瑋

劉淑世　五兩　　　　閻天祿　　　　　　　邢國定
縣丞楊天正五兩　　　孔進泰　　　　　　　楊之翰
燕朝選　十兩　　　　李　秩　以上共三兩五錢　張建忠
劉天奇　五兩　　　　景茂清　一兩　　　　景茂林
燕光玉　　　　　　　田世隆　一兩五錢　　李奉元
郭大智　　　　　　　田福范　　　　　　　李守鼎　二位共

燕光智　以上各三兩	張書仁	宋起旺　一兩五錢
范　琦　四兩	趙　禎	李玉□
賈士貴　二兩	賈士忠　以上各一兩	王學鄉
張朝運　二兩	劉少宗等共一兩五錢	段居□
史登華	張奇禄	郭運振
張我德	高弘俊	儲士進
高弘儒　以上各一兩五錢	劉爾奇	任守富
李鳳翔　三兩	高弘哲	李鳳鳴
張奇福　一兩五錢	喬萬盛　以上各一兩	賈登漢
楊奇顯	許士達	左　謙　五兩
吳永茂		孫玉生
賈□兆	□承志	李洪才
楊□□	陳之□	呂登明
史□□	鄭同耀	馮聚□
張□□	燕慶畏	邢昒□
狥君會	靳學盛	任國□
景天榮	王良芳	史祥□
李　養	左復憲	史思□
邢悅建	王鳳才	陳登科
郝　瑞	李生秀	崔明鬥
刁進啓	郭大信	李文彬
盧克林　共十二兩	景如常	范　祥
王三統	喬履信	高登捷　以上各五錢
崔茂生	趙前禮	杜　榮
邢國宝	張三柱	白所賢
郭大賓	侯啓□	侯位乾
孫明先	趙□寶	王見坡
趙元璨	趙國璽	宋君實
宋建極	郭應錫	崔騰鳳

李定奇	郭養俊	袁運源
李珍霞	郝九崗	郭加禄
李得寶	郭俊禄	郭加禎
李榮先	□□福	喬魁明
郭俊奇	王君楚	宋時美
郭加增	劉枝榮	劉三琭
郭俊法	蓋方鬥	盧得金
郭 彪	申元貞	苑進廷
郭俊耀	崔正倫	郭明秀
宋法臣	陳時寶	霍文霞
侯 管	李奇全	張洪福
李 禄	宋君愛	景如海

郭洪道
劉福昇
馬全歌　　　　　住　持：劉得秀　徒：賈正
任得禄
范如崗　　　　　泥　匠：律應時
邢國興　　　　　木　匠：李　寶
邢國清　二位一兩　石　匠：李　科　　　　仝立
孫嘉□　　　　　油漆匠：李奉吾
高 廣　　　　　畫　匠：李春□
崔 正　　　　　窰　匠：劉冲霄
申 修　　　　　　　罰：史□□
王 敬　　　　　　　　宋彥□
曹維□　　　　　　　　郭興□
趙 □　　　　　　　　以上□□□
田得玉

3. 康熙二十二年《創建關帝廟配殿碑記》（二）

碑額：永垂奕襈

創建關帝廟配殿碑記

　　泰山南天門之下舊有　關聖帝君大殿三楹，原屬吾晋人所創造，而東西兩配殿則未有也。歷年以來，凡我晋人之居於岱下者日益多，其生計貨殖日益盛。念鉄□之來全思有以繼□人之志而補其所未逮，因以謀諸鄉親，無不歡欣踴躍，捐輸恐後。於是鳩工庀材，不數月而告竣。余既嘉衆人之尚善，又□□善果之速成，特志一言，用垂不朽，且使後之君子又有以繼吾等之志，或創或修，□期□□□敬供奉　聖賢□福澤綿遠，自當□□其報矣，豈徒在生計貨殖之間哉。時康熙癸亥五月十三日也。

　　　岱下庠生　張坦沐手撰　　　督工善人平陽　宋晟薰沐叩書

賈　廉	二兩	任恒盛		于得富	
賈　昌	二兩	張信義		韓自開	以上各六錢
武　正	二兩五錢	劉恒泰		劉奇英	
賈　玠		賈元興		張國祉	
馮□光		李公正		張文煥	
耿　□		武萬盛		李性善	
□□龍		賈恒吉		李長庚	
宋賢睿		李全盛		李　葛	
任　鏡		劉日亨	以上各一兩	張應俊	
曹仁祥		荊栢通		任洪禎	
武凝祚		荊栢順		任布尹	
王大輔		劉應長		趙宗干	
任大成		賈志臨		李雙美	
郝建中		劉長人	以上各七錢	梁　魁	
安　慶		荊栢泰		賈奇芳	
賈志禎		王大興		馬復命	

【山東碑文】◎

賈永盛	馬大恒	何　珍
任大興	鄭恒盛	郝　臨
武際虞	郝有本	曹□化
劉福耀	郝務本　以上各四錢	李玉寶
宋賢智	李化麒	張　麟
宋賢讓	田永興	張嗣昌
宋賢舉	何之蟾	劉興古
宋士秀	張克明	王　達
王經世	鄭　進	李萬順
李明元	李臣任	蔚子昌
田俊賢	曹復榮	常　遜
李明亨	司王治	張彥文
李　榮	皇甫聰	張惟白
田俊有	曹仁祚	楊　福
宋之杰	曹仁祺	馬如獅
曹應文　以上各五錢	曹仁祉	魏體仁
劉萬啓	宋　勳	郭　貞
劉漠祚	劉大士	張應科
程德富	任心聰	郝鼎鉉
李大盛	曹鶯化	賈希旺
荆栢和	李時梓	
任兆元	李如攀	郝繼開
郭元弼	鄭　遜	張進江
任夔隆	郭　相	張文斌
武國祚	李尚印	武有智
任天□	侯正英	鄭士奇
任天禄	劉三爵	張維元
曹永盛	呂謙吉	曹自富
□明道	劉昇質	張進翰

三六一

□興盛	樊冲漢	武應魁
李□啓	何之宮	武應元
李自榮 以上各二錢	何之林	耿啓貴
劉福俊	李明禎	魏彰彩
郝士桂	劉倫士	崔玉珍 七錢
徐宗□	田應秋	賈志□ 五錢
李發龍	任國安	馮元慶
呂　鼎	李□□	邢漢州
郝廷芝	□□功	武　强 一兩

住　持：劉得秀　　徒：賈正

泥　匠：□應時
木　匠：李　實
石　匠：李　科　　　仝立石
油　匠：李□□
畫　匠：李春□
窑　匠：劉冲霄

4. 康熙年捐款碑①

□□□□商人：

李永太	李用和	柳有恒	張三觀	楊國興	周長禄	共出□□□
□□□	王奎□	以上□□	□□□			□□□
□□□	□□□	以上具施銀叁兩				
□學實	周篤生	申承門 以上施銀五兩	武林□	師□□ 各施銀□兩		
□　□	銀□兩	周篤生寺 施銀錢八千六百				
李茂進	秦正顔	侯萬寧	謝世爵	任萬善	□萬勝	李有□
□□□	□□□	□□				

---

① 該碑原無碑名，亦未見年款。其形制與康熙各碑大體一致，估計應爲康熙年間所鑴。

朱仲禧　　張茂　　張貴　　劉我仁　　薛希賢　　苑□鼎　　郭應龍
劉名昌　　張□□　　□□□　　□□□

濟寧州右營標下旗鼓姚邦定施銀拾兩

信官：

李洪才　　姚邦進 具施銀拾兩　　登雲□ 施銀拾伍兩

信士商人：

張起鵬 生員宋魁　　顧得勝　　衛承□　　□□興 以上具施銀伍兩
袁三才　　邢之俊　　李　大　　辛□□　　孫維昱　　李廷才　　郭大勝　　李□春
郭奇觀　　□□□　　□嘉元 以上具施銀貳兩　　申時常 施銀□□

歷城縣揆商：

鄭德良　　鄭□章　　□廷哥　　王永德　　趙同太　　中□春　　李芝芬　　□□
□□　　　□□　　　□□　　　□蔡　　　許思可　　郭　孝　　段□□ 以上具施銀式兩
賈有秋　　馬祥龍　　賈應如　　侯□忠　　張壽□ 以上各施銀式錢
范大倫　　范大經 以上具施銀乙錢　　□　□　　以上具施銀□□

滕縣商人：

袁三省　　張金□　　吉龍耀　　張□明　　□時運 以上具施銀壹兩

兗州府商人：

許光運　　喬起元　　喬起鴻　　范弘經　　楊國成　　李之□　　□明教　　李邦太
師明□　　李　同　　任□□　　賈三詔　　李永選　　李加卉　　劉克讓　　申承林
薄守貴 以上具施銀五錢

□州商人：

許□盛 銀□兩　　張時科 五兩　　楊應盛 十兩　　高應鄞 七兩
田成辛　　張休□　　王堯忠　　亢時皋 各五兩　　師邦順 四兩　　孟養素
燕光王　　李承業　　師朝忠　　史登花　　田成文　　徐尚禮 各三兩　　楊明清
燕承業　　韓眷棟　　趙天□ 各三兩
吉一付　　高大萬　　范盛景　　范承□　　燕其德　　王進學　　喬登舉 二兩
燕其盛 銀貳兩　　靳尚忠 銀一兩伍錢　　楊春清　　邢煥章　　楊　芳　　任時強
張鳳齡　　周長祚　　石茂才　　宋孟魁　　張大□　　□□□
楊春澤 二兩　　張茂□ 銀三兩　　張大全 一兩　　孫承寵 一兩
趙克□　　賈時全　　高大先　　任時全　　范繼祿 具施銀壹兩　　張騰雲 三兩
王忠興　　史東道　　張進福　　宋　耀　　何明玉　　王進山　　寧維新　　張從義
楊□□　　趙天智　　趙天慶　　王自勵　　王毓隆　　任三德　　王進登　　郭文□

李□□							
韓尚祖	劉孔忠	李□福	景守全	王時珍	張奇真	燕國賓	趙平昱
宋永富	燕光照	燕光明	張進滿	胡天祐	段國勝	趙汝梅	燕光智
燕光□	燕□□						
張伏廣	任大程	任其言	高元玉	張朝寧	張洪監	張九宗	趙國□
王汝魁	李元翠	李天臣	陳進木	李常貴	李進崗	銀五錢	劉□吾
田時香	□□□						
張大忠	劉興道	郭文運	楊□昇	司承義	師明才	焦會	凡天錫
侯俊	李生貴	韓四	李方秋	任進玉	李應龍	李尚全各二錢	
范守□	錢一千	張天□	□□				

以上捐銀善人俱係山西各府州縣人氏，見在泰安州生理寄住

　　　　　　　　　　　　　　　　　□□□□□

5. 康熙壬申（三十一年）關帝廟地基豁糧碑①

碑額：永垂不朽

　　泰安州紅門下古有　關帝廟一座。被奸惡賈文智欺神□□□□□□□□□□年十一月十六日閹……恩批：照準立碑□永杜後患事：切照紅□□□□□廟宇，自明季時盭、當兩商捐資建……錢糧，蒙　前任傅□爺清丈地畝豁免，明□□□冊可質，今五十餘載。陡有奸惡賈文……市圖騙詐，朦朧具告，幸遇天臺老爺明如□鏡，重懲奸惡。商與道人等恐異日惡心……以垂永遠，庶奸惡屏迹而神人共賴以□矣。激切連名上禀，蒙署泰安州事吳批：關帝廟基，查舊案除糧，積有年所。何物土棍輒敢垂涎，豈不畏天株，敢再肆……碑，永遠豁糧爲照。

　　計開：

　　關帝廟地基一段，東至大街，西至大路，南至李雲起，北至閆邦禮。

　　路東住持□□石基一段，東至河崖，西至官路，南至張應奇，北至張旺。係劉……，糧在張晋保。

　　又路東□□□房宅基一段，東至河崖，西至□□，南至張應奇，北至張應奇。□□□□□，糧在封保。

---

① 該碑原無碑名。碑文漫漶嚴重，此係據筆者1994年之抄件。

又廟東□□南北坡地一段，□柴廠，東至河崖石天爵，南至老君□，□至田虎，北至河崖。糧在□□□□。

廟後宅基一段，計地折征糧地一畝。東至官街，西至□□，南至□□陳折魁，糧在張晋保。

	宋恒太	王世榮		
	燕光智	范　□		
	師朝遠	荆柏太		
閣州塩當兩商：	宋　□	郭　洎	住持：□□秀　暨徒：	田耿治
	張奇□	王義合		李正□
	王　□	侯萬全		
	高　□	許世達		

康熙歲次壬申□□丁未吉旦　　　　　　　　　　石匠：陳得□

6. 乾隆五十九年《新建神馬□□》[①]

碑額：□□

新建神馬□□

盖聞莫爲之前雖美弗彰，莫爲之後雖盛弗傳，此其理於建置尤著焉。岱陽紅門之下有　關聖帝君行祠，故創始於山□□□諸君子□□其後者方復時□修，盖至今殿宇輝煌，□□莊嚴。爲互警晨昏者則有鐘鼓之樓，□□者則有演劇之臺。余與同志者遊□瞻拜其下，以爲甚□心也，甚盛舉也。第念　帝君爲蜀漢奏偉績，馳騁戎行，赤兔與有功焉。而帷□未施，似乎於義缺□。甲寅秋，貿易諸君子殷然及此，乃於戲臺後西向架二檻，中爲瞻拜者□降浴，其兩旁則有□□□以安其神。夫古之好馬不□□□□□其骨，況壯士愛良馬，尤情所鐘。是舉也，豈惟建置之地同□，必乃當於帝君意。余故因其功之竣而爲之記，以表諸公之敬□□□帝君有加無已也。

泰山後學　施緒高手撰並書

起義：	鹽　□	仇士驄	馬雲祥	□世□	丁聖儒	陳同章	□丙寅	張瑞麟	□□泰
	當　□	陳建璧	許清俊	張　堠	仇文通	張保康	□建基	楊　玫	□□淮

---

① 該碑漫漶嚴重，此係據筆者1994年之抄件。

督工：	魏三科	□□遠	□思道	程思恕	張林修	高居達	□大誼	喬有□	張廷選
	馬孔阜陽人	□□成	宋大順	宋恒泰	喬聚成	宋恒昇	于恒盛		

當商：□泰吉　　當行：公□盛　□祥泰　張泰來　承和永　公和盛
　　　□泰和　　　　　□永和　宋恒遠　楊茂東　賈光裕　張恒長

公鹽：捐錢式佰千　　公豐源　公鼎吉　張泰恒　公義和
公當：捐錢叁佰餘千　賈德盛　王魁泰　宋恒全　趙□全　王隆盛
各鋪行：捐錢壹佰餘千　宋□□　左廣成
　　　　　　　　　　　楊元昇　公萬盛
　　　　　　　　　　　□義合
　　　　　　　　　　　梁豐裕

乾隆五十九年歲次甲寅吉旦立

　　　　　　　　　　　　　　　　　　　　　　　□　工：徐世坤
　　　　　住持道會：劉□校　徒：王垠　孫：朱傳廷　石　作：柏興智
　　　　　　　　　　張□松　　　吳安　　　劉傳祥　木　作：冬丙付
　　　　　　　　　　　　　　　　　　　　　　　　　　瓦　作：張　□

7. 道光二十八年重修關帝廟碑[①]

碑額：流芳百世

　　蓋聞莫爲之前雖美弗彰，莫爲之後雖盛弗傳。泰山盤路初起處，舊有　關聖帝君祠宇，盐、當商人因其基而恢廓之，廟貌崇閎，神像莊嚴，爲盤路中第一禪觀。積惡餘殃，積善衍慶，赫赫監□，莫不響應。至於降瑞錫祉，調風布霖，膚寸澤乎，遐邇彌天，飽其至德。雖曰　元君之所暨及，未始非　帝君之所默佑也。其西偏建爲盐當會館，每逢祭期，虔修祀典，吾儕致齋於斯，省牲於斯，即飲福於斯，執事者於斯，展誠愙都人士於斯，瞻禮儀焉。第歷年久遠，風雨摧殘，雖未至於傾頹，而金碧減色，殊不足以妥神靈而肅觀瞻。凡我同人目所及覩，心抱不安。於是

[①] 該碑原無碑名。

鳩工庀材，殘者修之，缺者補之，越月餘而煥然聿新焉。兹工竣勒石，非敢垂不朽也，庶後之君子有所觀感而興起也云爾。是爲記。

庚子科舉人候選知縣　王克敬撰並書

總理：李太良
督工：泰盛典　晉豐典
　　　李學印　聚盛典
　　　禮裕典　左履昇
　　　廣茂典　魏蘭桂
　　　洪緒號　楊　戀

鹽行公捐錢數目列後：
劉洪緒　捐錢五百六十五千文　　左履昇　捐錢二百九十二千文
順　昌　捐錢一百二十八千六百文　祁義和　捐錢二百八十八千文
全　緒　捐錢一百零六千文　　　　天　泰　捐錢六十四千文
榮安泰　捐錢一百零六千文　　　　公　和　捐錢六十千文
義合昌　捐錢五十四千六百文　　　同　泰　捐錢三十九千八百文
魁　泰　捐錢五十二千文
　當行公捐錢貳千肆佰肆拾陸千文
禮裕典　晉豐典　聚盛典　萬來典　恒長典　全盛典　永順典　興益典　恒泰典
泰盛典　廣茂典　恒順典　公盛典　振興典　允泰典　三和典　吉成典

道光貳拾捌年歲次戊申桂月

■碑陰：

　　　　　　　　　　　　　　　鄭貴
　　　　住持道會司：于岱合　徒：顯　　徒孫：周陽春
　　　　　　　　　　　　　　　任齡
　　　　　　木　匠：張起寧
　　　　　　石　匠：李廷智
　　　　　　油　匠：唐　起　張同義
　　　　　　泥水匠：錢立禄

8. 咸豐九年《重修關帝廟鐘鼓戲樓垣墻碑記》

▍碑額：永垂不朽

重修關帝廟鐘鼓戲樓垣墙碑記

通天雲譎，神工也，以居人則褻矣。廊廡璀璨，人境也，以對神則重矣。岱麓舊有 關帝廟，康熙初塈、當行擴廟北迤，西地另建大殿，前立拜棚及鐘、鼓、戲三樓，戲樓下層作馬廄。嗣屢經重修。道光二十八年，兩行善士敬神念切，重修大殿及拜棚，備極□費，而他工猶未暇。今歲鳩工，整理外裝。原廟既已曲意奉神，使游居兩妥矣。內繕鐘、鼓二樓，俾猛□驤騰，靈龜風動，考擊之盛，神聽頓覺暢然。至演劇一樓，尤念侑 神之重，補葺藻繪，則使金碧與舞衣爭輝，即笙歌與朱弦並奏，對越至此無憾矣。復將馬廄向前擴，弓地改作山門，外及帬墙，俱使頹壞飛文，觀瞻一肅。是役也，工非特起而匠繁費夠者，備物事 神，典至重也。廟規益密，即 神感益深，將來 帝君降祉，不獨胙饗於我同志，亦且葳蕤於四方，民間不朽之盛業也。爰述梗概，留諸貞珉。

己酉科□貢進士候選訓導古菟□　馮秉嶠沐手撰文
歷下庠生　　　　　　　　　　畢承儼沐手書丹

捐錢字號：　公業隆　公泰興

督工：　塩行：郭振基　于璋　劉汝明　魏儀
　　　　當　　　王兆淮　李太良　白子睿　張得三

咸豐玖年歲次己未桃月穀旦

▍碑陰：

　　　　住持道會司：于岱合　暨徒：任齡　顯孫：周揚春　曾孫：劉靜蘋
　　　　　　　　　　　　　　　　　李長

梁 緒		亓 珞	蒲 寬
傅 紀	暨徒：	崧	孫：岱
魏 紀		張 珠	張 勤
張崧巖	徒：郭岱選		

鐵　工：王立柱

木　工：張起寧

石　工：姜朝鳳

泥水工：張國柱

油畫工：唐　起

9. 光緒二十一年關帝廟碑記①

碑額：關帝廟碑記

　　泰山之陽舊有　關聖帝君廟，考其原始，泰邑業鹺務者皆晋人，因　聖帝有桑梓之誼，特建　殿宇以奉祀者。繼因泰境各當店亦皆係晋人生意，願附祀其中，遂於　殿宇西偏拓建數楹，以爲齋宿之地。此公所之所由昉也。迨咸同年來地方不靖，西當生意以次收回，廟中祀事並一切經理遂仍爲鹺局專責。然至此時，鹺局同仁實亦不皆晋人矣。夫　聖帝之赫聲濯靈無遠弗□，所謂凡有血氣莫不尊親者也，豈僅桑梓之人思恭敬乎。今　殿宇不修又多年矣，鹺局東、西兩省諸君子相謀更新，罔不踴躍輸將。於是鳩工庀材，殘者修之，缺者補之，不數月而蕆事。從此美輪美奐，上可以妥　聖帝之靈，而諸君子齋宿之所亦不虞乎風雨矣。工既竣，因敬敘其事而直書之。

光緒二十一年歲次乙未冬月穀旦立石

---

① 該碑原無碑名，以碑額爲名。

▎碑陰：

▎碑額：關帝廟之碑陰

　　　衆善同登　　　　　　　　　　　石匠：泰安劉□□
欽加　四　品　銜　分省補用知州乙酉科優貢生　　歷城縣茅雍熙
欽加　運　同　銜　候　選　知　州辛酉科舉人　　歷城縣關守約
欽加　同　知　銜　候　選　知　縣　　　　　　利津縣尚嘉言
賞戴　花翎二品職候選同知　　　　　　　　洪洞縣范汝霖
欽加　五　品　銜　光　禄　寺　署　正　　　　洪洞縣李慶琨
欽加　五　品　銜　候　選　州　　同　　　　章丘縣張思孝
　　　布　　政　　司　　理　　問　　　　　歷城縣李安慶
　　　增　　　　　　　　　　　生　　　　　洪洞縣劉維屏
　　　附　　　　　貢　　　　　生　　　　　臨汾縣樊長齡
　　　附　　　　　貢　　　　　生　　　　　洪洞縣景肇業
欽加　翰林院待詔銜前任茌平縣教諭癸酉科拔貢生　歷城縣茅景熙
賞戴　藍翎盡先都司庚辰科武進士　　　　　　歷城縣尹世甲
賞戴　藍翎三品銜盡先都司　　　　　　　　洪洞縣景裕業
　　　分　　省　　試　　用　　縣　　丞　　歷城縣金鳳紀
　　　監　　　　　　　　　　　生　　　　　洪洞縣邰居辰
　　　候　　選　　從　　九　　　　　　　　洪洞縣劉思誠
　　　監　　　　　　　　　　　生　　　　　歷城縣侯慶餘
　　　監　　　　　　　　　　　生　　　　　歷城縣王鳳陽
　　　監　　　　　　　　　　　生　　　　　洪洞縣鄧殿魁

　　　　　　　　　　　　　　　　住持道會司：張岱□

10. 民國二十五年重修關帝廟碑[①]

晋人業商於斯者盖有年矣。泰山之麓創建關帝廟，規模宏整，殿西廳舍數楹爲同人歲時聚會，故又謂山西會館焉。殿東道院後有古柏一株，天橋偃盖，鬱鬱蒼蒼，希見物也。民國六年特建北堂屋三間，額曰：青未了軒。越三年，又建屋五間，俾遊人到此咸得休憩。會館之西南增修北屋三間，東西屋各五間，大門一座，名同壽堂，以備旅櫬不克遽歸晋里者暫行停置。同□廟貌一新，頓改舊觀。惟廟外東廳獨付闕如，同人議由公業隆挪借京錢弍千緡，生息成數，再行續修。詎時局變更，商業蕭落，公業隆將借款收回，前事遂寝。□數年所獲利息用於臨時修繕，所存無幾。同人懼事之久而無聞也，爰誌之如此，猶望吾鄉賢者擘畫進行，是□淶幸也夫。　　　　涮東周受祺書丹

中華民國二十五年八月同人公立

▍碑陰：

民國六年捐款姓氏：

鹽　商公業隆	歷城縣關際泰	泰安縣嚴西彪
洪洞縣范文華	臨汾縣梁松林	洪洞縣南佩經
洪洞縣左龍賓	歷城縣關伯嵐	洪洞縣胡希昭
歷城縣芇慰辰	洪洞縣劉維翰	洪洞縣喬瑞禧
洪洞縣景鴻逵	洪洞縣段士藝	歷城縣賈之濟
洪洞縣李邦憲	洪洞縣宋　源	歷城縣劉　炎
洪洞縣劉廷鈞	歷城縣金鳳紀	歷城縣索立鏞

　　　　　　　　住持：洒揚清　　石工：李孟夏

[①] 該碑原無碑名。

五　蓬萊閣碑文

光緒十年《重修天后宮記》碑

光緒十年碑碑陰

咸豐九年《登州天橋口捐廉挑沙記》碑文

1. 光緒十年《重修天后宮記》①

碑額：重修天后宮記

重修天后宮記

登州城北二里許，舊有蓬萊閣。前踞丹崖，後臨滄海，高極數十丈，遠眺千餘里，稱勝境焉。宋崇寧間，於蓬萊閣西偏，敕建□祥寺，祀海神。曆元暨明，□賜碑額。越至今，崇封尤渥，遞加護國庇民妙靈顯應宏□寧濟福佑群生□，每春秋致祭。誠以廟□海□，帆舶往來如織，一遇風濤危險，禱求輒應□之，荷帡幪者能□□感□□哉。道光十六年不戒於火，張守英公一律重修。迄今垂五十年，風剝雨蝕，漸至凋殘，廟之近西南□□□龍王宮坍塌尤甚。董事諸公勸集各□船户、沿海紳商募資修葺，仍虞經費不足。適逢升任奉天山海關道續公、督理牛庄權政銘三、奉北洋大臣直隸督憲李委辦海關差務，燕見之暇，偶爲談及，蒙續公首□倡捐，因勸海、遼、沈、蓋及各省行商同襄盛舉，共得制錢肆千餘緡。遂庀材鳩工，自正殿以至山門，□舊者新之，頃者整之，丹艧堊□，氣象煥然。於光緒六年興修，十年蕆事，共用制錢叁千伍佰餘緡。餘錢□□□，復撥修城南東嶽廟，□□爲補苴云爾。董事諸公黃宗敬、張健對、吳大□、張對、趙汝瀚、張吉甫、李□□、□恩紹，其捐資姓氏悉登諸區，以爲後來好善者勸。

欽加同知銜直隸知望都縣事　邑人□銘三敬撰

大清光緒十年歲次甲申八月穀旦

碑陰：

　　　　募　化　題　名
營口：張麓泉　　李緯堂　　孫松友　　葛輯五
　　　姚冠三　　王涇陽　　周儀堂　　孫維金
　　　喬卓堂　　司□堂

---

① 該碑位於蓬萊閣天後宮大門內，筆者於2003年抄錄。

遼陽：劉樹馨　　張丹甫
盖州：趙季侯
庄河：劉金聲
洋河：姜逢原　　沙鴻昌
瀋陽：韓正也
海城：于耀清
寬城：李琴亭
煙台：王敏軒
長山：謝少白　　宋右泉
水城：諸棧店　　陶愛山　　丁子勤　　王藹堂

2. 咸豐九年《登州天橋閘口捐廉挑沙記》①

登州天橋閘口捐廉挑沙記

　　大禹之治水曰疏、曰瀹、曰決，皆挑也。故必使無壅塞而後水可治，而舟楫之出入順利，亦以去淤爲第一義。登郡戶鮮蓋藏，向來奉天米物商運接濟。水城天橋閘口爲商船出入門户，每日久沙淤，未至者不得入，既至者不得出，或停泊大洋，致遭風浪漂没。而貨船不時至，米物短絀，居民遂困。雖歷示商船帶沙外運，而經費不繼，淤塞依然，往往候潮出入，□目民天。因倡捐銅制錢叁百千發典商取息，同商之所捐錢文統由董事者經理，爲每歲挑沙費。不經吏胥之手，庶此患永除。不惟水患有備，而豐歲亦得米物充裕。此守土者分所應爲，蓋仿大禹治水之法而小用之。繼事者以時督察，勿棄前功，則惓惓之意所厚望於將來者爾。

　　其章程別具於後：

一、天橋口挑沙應備公項，經本府捐錢文，發商生息，所有息錢由該董事按季赴當支取，並將該處進口商船所捐錢文統歸該董事經管支用。

一、商船所捐錢文，向係散存水城各棧房。每月朔望，由蓬萊閣紳董收交該董事柳同興鋪內彙存，此次悉循其舊。如商捐錢文，水城各棧房或有挪虧遲延，應責成該董事稟官究追。該董事徇情不稟，著落賠補。

一、收支錢文帳目首宜清楚，應將每半月商船所捐錢文若干，每季支取息錢若干，

---

① 該碑位於蓬萊閣天後宮碑廊，筆者於2003年抄錄。

每次大挑僱夫若干、用錢若干，及零挑僱夫名數、錢數，分晰登記，不得遺漏舛錯。俟年終核結總帳，送呈府縣查考，以昭覈實。

一、挑沙自本年六月起，嗣後每年春、秋大挑二次外，遇有淤淺處所隨時大挑。凡遇大挑時，由該董事認真督率，務使出入船隻順利無滯，並先期報明府縣，以憑稽查。至每年春、秋二季官船出進，仍照舊案由蓬萊縣僱夫挑挖，不在此例。

一、僱夫零挑，現經該董事議定，每年三、四、五、六、七、八、九共七個月，僱夫三名，仍由各棧房輪簽照管，該董事一體查察，以免人夫偷閒，有名無實。

一、挑沙必須擇地安置，今議定或存放教場之北、沙城之南，或用小船載赴山西口拋棄，毋得堆積兩旁，以至隨潮壅塞。

咸豐玖年六月　　鹽運使銜候選道登州知府　如皋汪承鏞記

直隸碑文

一　天津碑文

天津中山公園碑廊

嘉慶十一年
《改建山西會館序》
（局部）

天津吕祖堂

吕祖堂碑廊

吕祖堂藏碑

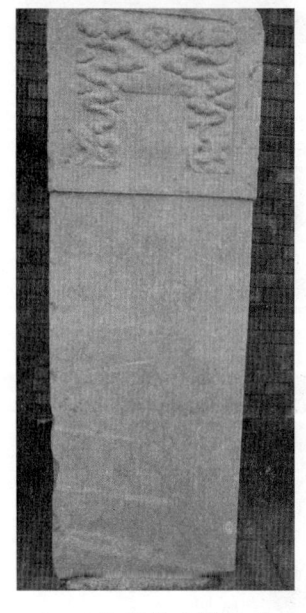

《公所落成记》碑

《建修春秋大楼
捐过布施号名银数碑记》碑

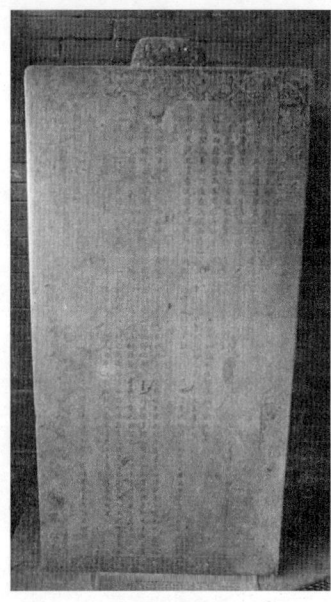

《总成会馆后段楼院碑记》碑

天津廣東會館

廣東會館碑廊

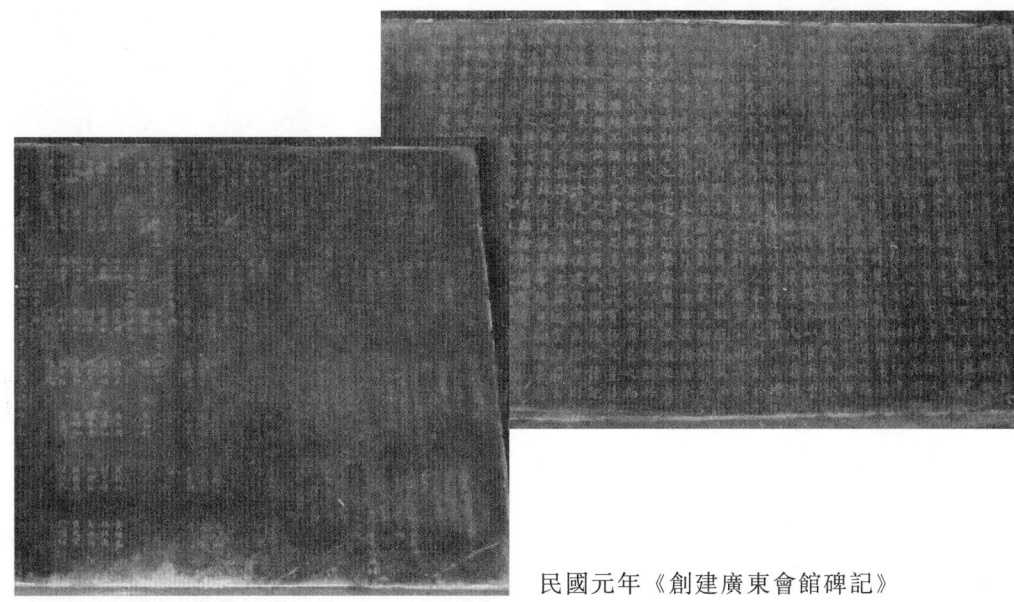

民國元年《創建廣東會館碑記》

山西會館匾額　　　　　　　　懷慶會館匾額

豫章會館－1999年攝於天津北門外萬壽宮胡衕，今已無存

光緒二十八年《重建天津萬壽宮記》碑

（一）糧店街山西會館碑文[①]

1. 乾隆二十六年《創建晉都會館記》[②]

碑額：百世流芳

創建晉都會館記

　　余自筮仕後宦遊四方，所歷名邦大郡及市鎮商賈輳集之所，每見有會館之設。詳厥由來，所以報神恩、聯鄉情，誠義舉□。庚辰春，余告假家居。有鄉人馮君諱承凝字敬之者，由津寄言於余曰：吾同鄉旅寄天津者甚夥，但各事其事，各業其業，里許咫尺間歲不一晤，致鄉情日離而不相聯矣。且　關聖帝君爲吾鄉正神，吾儕蒙福占恩，焉可不報。但無棲神之處、會聚之所，雖欲報無由，欲聯實難也。然則會館之建，誠有□□□者矣。凝等同發此願，已非一年。因於乾隆乙亥同賈君漢英、宋君昌魁等，相率鄉人貿易天津者各捐資財，共成勝事。幸□人尚義，三閱寒暑而事已告竣。茲館建於天津河東三里地方，坐震向兌，大門一間，匾曰"晉都"。門房一間、客廳三間、儀門一座、南北厢房各三間，正廳三間，過道、偏房各一間，茶房、厨房各一間。後餘空地一段，尚可營造，俟徐圖之。今正廳中安　帝君神位，每年四月八日設供獻戲，會聚鄉人公同拜祝，每朔望亦必焚燃香火。雖　神恩難報於萬一，而鄉情或可由是少聯乎。惟恐日久事弛，且衆義舉無聞，必列之貞珉，庶可永久流傳，兼使後來者有所觀感云爾。若曰□功，則吾豈敢，敢煩先生爲之記。余閱，既嘉其義，服其行，稱善再三。見誼不可辭，即如其言以記之。

　　　　原任分巡太順廣等處地方兵備道兼管水利河道事務神山　張體中拜撰
　　　　　　　　　　　　　　　　　上黨龍麓後學　王聖訓薰沐書篆

首事：宋君魁　楊　珍
　　　馮承凝　畢尚貴　等仝立石
　　　賈漢英　譚文義
　　　佐廷選

[①]　這批碑銘原位於糧店街山西會館，現存天津市河北區中山公園碑廊。
[②]　該碑碑陰風化嚴重。

大清乾隆二十六年歲次辛巳清和上浣穀旦　　　　　玉工：徐廷錫鐫

▎碑陰：

▎碑額：永垂不朽

彖□信□□□捐銀數開列於□

□□□　　　　□□□　　　　□□□　　　　□□□
李　□　　　　□□□　　　　□□□　　　　□□□
□□□　　　　□□□　　　　□□□　　　　□□□
□□□　　　　□□□　　　　□□□　　　　□□□
□□□　　　　張□□　　　　□□□　　　　□□□
梁□□　　　　梁□□　　　　□□□　　　　□□□

石□□　　　　□□□　　　　□□□　　　　張□□
張□□　　　　崔　□　　　　□□□　　　　石□□
楊懷謹　　　　鄭文廷　　　　□□□　　　　□□□
傅之□　　　　□弘玉　　　　李□□　　　　□□□
張□□　　　　石□□　　　　□□□　　　　杜大禮
□□□　　　　□□□　　　　王　仁　　　　□□□
陳紹□　　　　□□□　　　　鄭　前

　　　　　　　　　　　　　　　　　以上合共捐銀貳百陸拾□□

公義局　捐銀叁兩　　　存義當　捐銀壹兩　　　□□□　捐銀貳兩
天成店　捐銀叁兩　　　□□當　捐銀壹兩　　　□□□　捐銀貳兩
長義□　捐銀貳兩　　　張業本號捐銀肆兩　　　□□□　捐銀貳兩
永成鍋店捐銀貳兩　　　三義號　捐銀貳兩　　　永□□　捐銀壹兩
張瑞生　捐銀八錢　　　□合□　捐銀貳兩　　　天成號　捐銀壹兩
義和號　捐銀五錢　　　□□號　捐銀貳兩　　　□成號　捐銀壹兩
源□義　捐銀壹兩貳錢　武城永盛號捐銀貳兩　　廣□號　捐銀壹兩

□□□	□□□□	□□□	□□□□	三□號	捐銀弍兩
□□□	□□□□	□□□	□□□□	張□□	捐銀弍兩
□□□	□□□□	□□□	□□□□	□□號	捐銀弍兩
□□□	□□□□	□□□	□□□□	□□□	捐銀弍兩
□□□	□□□□	□□□	□□□□	中□號	捐銀弍兩
□□□	□□□□	□□□	□□□□	□□□	捐銀壹兩八錢
□□□	□□□□	田□□	□□□□	□□□	□□□□

□□□	捐銀壹兩七錢二分	成順號	捐銀壹兩□□
劉興耀	捐銀壹兩五錢	李生□	捐銀壹兩□□
□□□	捐銀壹兩五錢	譚可任	捐銀□□□□
吳義信	捐銀壹兩五錢	秦文燦	捐銀□□□□
□□□	捐銀壹兩五錢	□□□	捐銀□□□□
□□全	捐銀壹兩五錢	公之□永廷捐銀□□□□	
□□□	捐銀壹兩叁錢	□□□	捐銀□□□□

永□□	捐銀十九兩五錢	佐廷□	捐銀□□□□	楊□□	捐銀捌錢九□
源□□	捐銀□□□□	李純萬	捐銀□□□□	□□□	捐銀□□□□
□□□	捐銀	馮□□	捐銀	□□□	
□□□	（以下漫漶）				

2. 乾隆三十七年《重建晉都會館記》①

碑額：萬古流芳

重建晉都會館記

　　蓋以桑梓之衆而懋遷於大邑名郡，雖地位各殊，營爲迥異，而一遇相識，即歡然道故，義氣殷殷懇懇，不啻骨肉，是豈僞飾周旋哉，亦天性然也。爰自乾隆辛巳年間，有翼城承凝馮君、曲沃漢英賈君等，誠敦厚長者，奮然興曰：吾儕遠離鄉井，而歲時伏臘不□與同人一會，甚屬歉事。且羈旅經營，惟祈　神佑，不宜公設

---

① 該碑碑陰風化較嚴重。

會館，供奉　聖帝，上酬　神惠，下聯鄉情乎？因而協同舉義，在天津之河東三里公置院基，雖有庭□，規模較狹，礙□□□□畫□像，然顏之門首，居然爲"晋都會館"，於兹十數年矣。君魁宋公、建周張公、右京馮公等遂憤□□□創基於前，豈不宜□大於後耶？用是共勸募，諸鄉友無不欣然樂從，各捐已貲。興工督理，重建大殿三間，塑　聖帝於中龕，祀　財神、海聖於左右；並添廊廡，兼造樂亭。每歲仍於四月八日設供獻戲，即每月朔望亦必展拜盡禮；或自願酬報，不拘月日，庶瞻拜有籍而鄉情永聯。經始於辛卯，落成於壬辰。工竣問記於余，以垂永久。是自舉也，承先啓後，豈必碧瓦丹楹，而視舊已加備焉。況　關聖帝君，朝廷典祀春秋；財神、海聖，閭閻常虔五内，可不□乎！因叙其始末而爲之記，且敬銘曰：惟神秉正，萬古名揚。記□□錫，如邪逐狂。義哉鄉裔，公建斯堂。財神海聖，分祀於旁。惟我夫子，位震中央。□時□□，俎豆煌煌。後之來者，顧此勿忘。威靈赫赫，惠普無疆。

賜進士出身翰林院庶吉士原任奉天錦州府知府天津府知府加三級　金文淳拜撰

禹都後學　王　昭熏沐敬書

首事：
李守祖　□□桂
趙雲鵬　秦　璉
畢尚貴　張學成　仝立石
王憲姚　譚　祥
　　　　馬士溫

大清乾隆三十七年歲次壬辰荷月上浣穀旦　　　　玉工：王趙玉鐫

碑陰：

碑額：永垂不朽

衆□□□□捐銀數開列於□：

義□□　捐銀拾兩　　　　□□□　捐銀肆兩
合盛號　捐銀拾兩　　　　□□□　捐銀肆兩
道生號　捐銀拾兩　　　　□順□　捐銀肆兩
□□□　捐銀拾兩　　　　□□□　捐銀叁兩
恒□號　捐銀拾兩　　　　□□□　捐銀叁兩

通昌號	捐銀拾兩	□□□	捐銀叁兩
張□□	捐銀拾兩	大和號	捐銀叁兩
公義局	捐銀捌兩	隆順號	捐銀叁兩
鄭□□	捐銀捌兩	□泰號	捐銀叁兩
東沽局	捐銀陸兩	三順號	捐銀叁兩
義盛館	捐銀□兩	玉盛號	捐銀叁兩
天成□	捐銀□兩	日順號	捐銀叁兩
□源□局	捐銀□兩	永裕號	捐銀叁兩
徐如□	捐銀伍兩	□□□	捐銀叁兩
林生號	捐銀伍兩	□□□	捐銀貳兩五錢
王□□	捐銀貳兩	□□□	捐銀貳兩
郭廷□	捐銀貳兩	□□□	捐銀壹兩五錢
□興號	捐銀貳兩	通□號	捐銀壹兩五錢
同安號	捐銀貳兩	恒太號	捐銀壹兩五錢
□全義	捐銀貳兩	意□□	捐銀壹兩五錢
□興號	捐銀貳兩	□□□	捐銀壹兩五錢
□成號	捐銀貳兩	□□□	捐銀壹兩五錢
裕順號	捐銀貳兩	□□□	捐銀壹兩五錢
協□□	捐銀貳兩	□長盛	捐銀壹兩五錢
□□□	捐銀貳兩	□□□	捐銀壹兩五錢
□□□	捐銀貳兩	□□□	捐銀壹兩五錢
鄭功盛	捐銀貳兩	大順號	捐銀壹兩五錢
聚義當	捐銀貳兩	李方定	捐銀壹兩五錢
賈長盛	捐銀貳兩	□□□	捐銀壹兩五錢
通豐號	捐銀貳兩	太興號	捐銀壹兩貳錢
協順□	捐銀壹兩貳錢	□□□	捐銀壹兩
大順□	捐銀壹兩	天□號	捐銀壹兩
□□□	捐銀壹兩	□永祿	捐銀壹兩
崔□□	捐銀壹兩	四□號	捐銀壹兩

□□□ 捐銀壹兩	德□號 捐銀壹兩
□□□ 捐銀壹兩	□□□ 捐銀壹兩
□□□ 捐銀壹兩	□□□ 捐銀壹兩
□□號 捐銀壹兩	□□□ 捐銀壹兩
和□□ 捐銀壹兩	□□□ 捐銀壹兩
□□□ 捐銀壹兩	和順號 捐銀壹兩
□□□ 捐銀壹兩	李則敬 捐銀壹兩
□□□ 捐銀壹兩	福□號 捐銀壹兩
□盛號 捐銀壹兩	王君□ 捐銀壹兩
李　際 捐銀壹兩	趙□仁 捐銀壹兩
公□號 捐銀壹兩	楊之壁 捐銀壹兩

□□□ 捐銀壹兩	□□□ 捐銀□□
□□□ 捐銀壹兩	□□□ 捐銀陸錢
□□號 捐銀壹兩	□□□ 捐銀□錢
□□□ 捐銀壹兩	□□□ 捐銀伍錢
□□□ 捐銀壹兩	□興號 捐銀伍錢
四□合 捐銀壹兩	興盛號 捐銀伍錢
□□□ 捐銀壹兩	中和號 捐銀伍錢
□□□ 捐銀壹兩	□宗周 捐銀伍錢
永順號 捐銀壹兩	劉□□ 捐銀叁錢
□□□ 捐銀壹兩	王□山 捐銀叁錢
□盛廣 捐銀壹兩	
□□□ 捐銀壹兩	
□□號 捐銀捌錢五分	
吉大記 捐銀捌錢五分	
通順號 捐銀捌錢五分	
合盛號 捐銀陸錢	

　　以上共捐銀叁百貳拾叁兩□錢□分

□柱	捐銀拾柒兩伍錢	趙□□	捐銀拾兩
□和號	捐銀拾貳兩	源順號	捐銀□兩
□興號	捐銀拾貳兩	□□記	捐銀□兩
□□□	捐銀拾貳兩	馬盛號	捐銀□兩
永□□	捐銀拾貳兩	張建周	捐銀捌兩
□□□	捐銀拾壹兩	□□□	捐銀柒兩
永順號	捐銀柒兩	鄭建池	捐銀肆兩
賈凌雲	捐銀柒兩	李仲俊	捐銀叁兩貳錢
□增盛	捐銀陸兩貳錢	原□□	捐銀叁兩
萬盛號	捐銀陸兩	□□□	捐銀叁兩
□□□	捐銀伍兩	□□□	捐銀叁兩
□□□	捐銀伍兩	□□□	捐銀□兩
□□號	捐銀貳兩	牛忠□	捐銀壹兩
□□□	捐銀貳兩	□□號	捐銀壹兩
□□號	捐銀貳兩		
□□□	捐銀貳兩		
□□□	捐銀壹兩		
□□□	捐銀壹兩		

以上共捐銀壹百捌拾□兩□□

3. 嘉慶十一年《改建山西會館序》

碑額：永垂萬古

改建山西會館序

　　且夫天地之間事，有必當仍舊者，強欲改作之而不可。亦有必當改作者，雖欲仍舊焉而不得也。斯會館也，所不可仍舊而必當改作者也，何則？其初，此館名曰"晋都會館"。前人之創建，殿宇位乎上，樂亭豎於前，兩廂倒座分配環列，當年製作未嘗不□盛□善。但地勢偏小，規模狹隘。而我晋人來津貿易者，紛紛絡繹，較之以前增廣倍蓰。每遇節焚香、逢時宴會，未免人稠地□，咸興齟齬之感。幸財神勝會積有餘資，爰是僉相公議，於甲子之冬輪會積餘金，以價銀五佰柒十五兩在本館之南□置院基之一所。東西長十五丈柒尺，儘東南北寬三丈四尺，儘西南北寬三丈二尺五寸，四至契載分明，而基址備矣。乃營□之資尚無所出，因之公同募化，凡本津之晋賈及外鎮之西商聞此義舉，無不欣然樂施，共捐千有餘金。隨於乙丑之□置料鳩工，移原舊之兩厢改立偏院之南房，西軒、東厨建造俱備；而本館之内重蓋兩廊、舞樓，後厰另爲擴造，鞏固翔直，有如竹苞松茂、鳥革翬飛者矣。由是改其門匾曰"山西會館"。較以前之局度，恢恢乎其闊大，巍巍乎而可觀。且也□屬會於同堂，崇隆祀典；通省聯爲一契，敦重鄉誼。廟貌與鄉威而共處，神靈偕人心以胥歡。美哉奂焉，□哉！□□於斯，宴於斯，集桑梓尚義氣於斯，三晋一家，詎不暢然而和樂哉。是爲序改建之始末，以垂不朽云。

國子監太學生　翼邑常櫛甫密庵撰書

財神會聚金經理人：

楊生茂	續秉建	趙拱斗	石君信	畢　鈞
馬士温	杜建勛	賈　題	張立榮	馮殿臣
田　桂	蘇　建	宋　雯	鄭　榮	
張　純	李長禎	霍賜禄	萬順號	

總理人：續日隆

督工首事：

晋成棧	廣興號	西興號	隆泰號	三義號	萬盛號
恒隆當	興順號	興和號	德隆號	柏三和	侯帝宰
天昇當	鎮昇號	武思侯	雙興號	郭永禄	魁元號
大成號	興盛號	張　宣	興發號	公義號	聚義當
通昇號	日昌號	文新當	東九合	中和號	通豐號
大有號	王萬盛	張金題	九和號	合盛樓	
晋元號	興隆號	永春當	福元號	雲江號	

復昇號	三和號	天元號	通義號	馮殿臣
杜建勳	隆順號	和興號	月盛號	
晋興號	張廷貴	復興號	三慶號	

募化人：

續建麟	常　櫛	郭永禄	王迺倉	焦天軼
田藝模	王寶柱	趙宏量	常國棟	馮殿臣
蘇　愷	霍思達	王天財	馮士安	
李日增	賈學程	張　武	薛　楠	

大清嘉慶十一年歲次丙寅冬至月穀旦　　　　　闔會仝立

4. 同治十年《重修山西會館碑文》①

碑額：萬善同歸

重修山西會館碑文

析津之東有會館焉，創自乾隆二十八年，迄今百十餘載。風飄雨泊，非□□□□□□□□，吾鄉人目擊神傷，艱於補救。時有介休吳公名豐年，寄業於源泰□□不□□□□衆號酌捐外，又議在津貿易諸君逐日各施制錢一元，以爲集腋成裘之□，名曰□□□□形勢，大興土木。擇吉於甲子年八月中旬開工，先將大殿、罩棚等處次第建修；□□□□□□停工，復向各號續捐，再圖興作。詎料吳公言歸，竟爾逝世。於是在事之臨汾□王□□□其事而成之。計自乙丑年二月吉日起，至丙寅年六月而大工告成。是舉也，皆□□□□□營之力也。第念在事者之勤勞不可泯，而捐輸銀錢之姓名尤不可以不紀，允宜□□□。

　　修職郎試用訓道　臨汾縣侯□□□□
　　國子監太學生　　臨汾縣程□□□□
　　例　授登仕佐郎　介休縣楊□□□□

---

① 該碑碑陽下部以及碑陰漫漶嚴重。

董事人：
王天錫　溫如惠　楊□□　□慶祥　□□□
吳豐年　李學曾　關□□　溫榮光　□□□
韓宗泗　侯作棟　□□□　續　岳　□□□
鐘紹魁　曹際瀾　李和春　茹炳堯　柏□□

大清同治拾年歲次辛未五月

■碑陰：

■碑額：永垂不朽

□□□捐錢□□
□□□　　　　　　（此處漫漶）　　　　　　（此處漫漶）
□□□捐錢□□
□□□
□□□　　　　　　　　　　　　　　　　　　□□□　捐錢陸拾肆千
□□□　　　　　　（此處漫漶）
□□□　　　　　　　　　　　　　　　　　　□□□　捐錢陸拾肆千
□□□
同元當　　　　　□□□　捐錢伍拾□千　　□□□
順昌當　　　　　□□□　捐錢伍拾伍千　　□□□　捐錢伍拾叁千
萬順當　　　　　□□□　捐錢伍拾伍千　　劉　□
中興當　　　　　□□□　捐錢伍拾貳千　　□□隆　捐錢伍拾壹千
豐盛當　　　　　□昇太　捐錢伍拾貳千　　日興昌
廣成□　　　　　太盛號　捐錢伍拾貳千　　萬盛永　共捐錢伍拾千
萬合□　　　　　皮貨行　捐錢伍拾千　　　元茂源　捐錢貳拾肆千
□□□　　　　　德隆號　捐錢肆拾捌千　　日升恒
□□□　　　　　東如昇　捐錢肆拾貳千　　德興永　捐錢肆拾捌千
□興當　　　　　永信蔚　捐錢肆拾貳千　　德發永
廣盛當　　　　　謹信義　捐錢肆拾壹千　　順盛號　共捐錢柒拾伍千
中和當　　　　　玉慶和　捐錢肆拾壹千　　天盛義
□成當　　　　　裕興蔚　捐錢肆拾壹千　　悅來號　捐錢貳拾貳千

□□當	□□□ 捐錢叁拾捌千	東萬盛	捐錢肆拾貳千
□□當	順□□ 捐錢叁拾捌千	義盛成	
□□當	□昇□ 捐錢叁拾陸千	天源號	捐錢肆拾□千
□慶當	□□泰 捐錢叁拾陸千	德興號	
□盛當	□興魁	長發合	
□昇當	□□□	玉和號	共捐錢陸拾壹千
□昌當	□□□	義興號	
□□當	□□□	平山□	捐錢貳拾千
□□當	□□□	晉德亨	捐錢貳拾千
永全當	□□□	昌美□	捐錢貳拾千
□盛當	□□□ 捐錢壹百柒拾伍千	天成德	捐錢叁拾陸千
源和當	□□□	裕□□	
以上三十家	□□□ 捐錢陸拾捌千	萬□□	捐錢叁拾柒千
共捐錢□千□百千	□□□ 捐錢陸拾捌千	□□□	捐錢叁拾肆千

□□□	巨興□	□□□	捐錢
□□□	協成□	永裕號	
□□□	志成□	日昇號	捐錢
□□□	義盛□	三盛記	捐錢
□□□	元豐□	天興城店	
□□□	蔚豐□	□□公號捐錢	
□□□	日昇□	義照成	
萬成號	蔚泰□	聚和昌	
□盛合	新泰□	萬豐德	
長慶號	九家捐錢壹百貳拾肆千	興盛厚	
十家捐錢壹百柒拾千	久興□ 捐錢拾貳千	□益公	
晉和順 捐錢拾伍千	元章□	裕泰昌	
協和號	大□□	永益號	
公正號 捐錢叁拾千	復泰□ 共捐錢叁拾肆千	協成玉	
益和號	復□□	慶興協	
□□□ 捐錢貳拾千	□□□ 共捐錢貳拾貳千	萬□順	

三益□	□□□　捐錢□千	□豐泰
永慶號	公□□	□興發
德源號	□□□	□美公
長盛號	□□□	福慶德
順昌號　捐錢貳拾柒千	（此處漫漶）	德興順
信□號　捐錢拾叁千	（此處漫漶）	以上十五家
魁隆城店	（此處漫漶）	共捐錢壹百伍拾千
豐□裕號捐錢貳拾□千	（此處漫漶）	利興盛
協□慶	□□□　捐錢	西興居
合□元	張□□	
□吉昇	李□□	
蔚長厚	（此處漫漶）	（以下漫漶）
蔚盛長	（此處漫漶）	
會成□	（以下漫漶）	
百川通	（此處漫漶）	
協和信	（此處漫漶）	
聚興成	（此處漫漶）	
永裕厚	（此處漫漶）	
十家共捐錢□百□□□		
□□□	（此處漫漶）	
□□□	（此處漫漶）	
□□□	（此處漫漶）	
□□□	（此處漫漶）	
□□□	（此處漫漶）	
□□□	（此處漫漶）	
□□□	（此處漫漶）	
□□□	（此處漫漶）	
□□□	（此處漫漶）	
□□□	（此處漫漶）	
□□□	（此處漫漶）	

□□□	（此處漫漶）
□□□	（此處漫漶）
□□□	（此處漫漶）
□□□	（此處漫漶）
□□□	（此處漫漶）
永聚昌	（此處漫漶）
聚合義	（此處漫漶）
同心合	東興隆
□□□	公盛常
□□德	宗盛儼
元盛合記	福凝書
同茂義記	常盛芳
天□公記	晉義合
公義合記	信成合
天有信記	三合成
□□□	□□號
（以下漫漶）	（以下漫漶）

5. 光緒六年《重修山西會館碑文》

碑額：流芳百世

重修山西會館碑文

且事之謀於前者爲之創，而事之圖於後者爲之繼。莫爲之前，雖美弗彰；莫爲之後，雖盛弗傳。然則營造修葺之賴乎人也，固不重哉。溯查津郡河東山西會館創建於乾隆年間，規模初成，殿宇未宏，且歷有年所，摧圮堪虞。爰有吳公名豐年者，乃吾鄉介休人也，倡議重葺。於同治甲子之歲，庀材鳩工，將大殿基址抬高數尺；又復創建罩棚一座，以期久遠而壯觀瞻。然當日罩棚鋪頂所用乃係洋鐵，上淋下蒸，易於齙朽。迄今僅二十年，其滲漏頹廢，幾無完處。若不及時興修，則前功既歸烏有，且亦不足以妥神靈。於是，後有前次佐理之陽曲李公學曾、臨汾王公天錫、徐公士杰，邀集大衆公同商酌，僉謂備修。息本原爲建造而設，今將應修各工坐視不顧，夫豈慎重之道乎？當諏吉於光緒己卯春二月十有二日屬工興事。將罩棚改爲木頂，以蔽風雨；戲樓墊高地基，以興宏廠。用不濫材，工不曠役，越七十日而工落成。第見垣宇所設，增其庫、植其傾；木石所施，汰其朽、任其壯。滌之堊之，頹者由斯而整；丹之臒之，卑者由斯而崇。煒煌輪奐，祀事孔虔矣。雖然，桷楹之刻鏤既已煥乎改觀，而器俱闕如，究非美備。用是慕義者爭先恐後，交相鼓□，貲助玻璃燈、彩紅呢圍靠，俢重修會館南墻、義地、房屋等工。百廢俱興，百用俱備，功雖重修，而事洵無異於創始。以故除提用息本外，尚不敷津錢一千五百餘千文。當斯時也，處斯境也，不得不呼將伯之助，冀免匱空之虞。幸賴各行商、賈好義急公，量力資助，俾得彌補欠款，而成義舉。則會館之幸，亦吾鄉同人之榮。然而是役也，雖藉若商若賈之輸將，其始終襄理底於厥成者，蓋李、王、徐三公之力爲尤多。假令後之戀遷於此者，讀斯文而念前人經營之難，屢加葺治，永存弗替，實有所厚望焉。茲當工程告竣之時，爰將董事暨捐輸姓名勒之貞珉，永垂不朽，是爲誌。

  鴻臚寺序　班　臨汾縣張鳳藻沐手撰文
  誥授朝議大夫　陽曲縣李學曾沐手校閱
  國子監肄業生　介休縣高恩齡沐手書丹

	王天錫	侯作棟	楊廷詔	王維墭	范□注	張晉昌	張捷英	
董事人：	李學曾	鞏緯	時玉衡	王源豐	侯壽鴻	董雲麟		仝立
	陰濡榕	石振青	張捷元	閆致和	裴定唐	王遇亨	蘇修真	

大清光緒六年歲次庚辰九月穀旦

▎碑陰：

▎碑額：**樂善同施**

晋盛堂	捐錢壹百貳拾千	萬興當	天源號
集義堂	捐錢壹百千	□慶當	廣順號
春輝店	捐錢肆拾千	恒升當	以上十家
恒裕號		萬通當	各捐錢貳拾千

同豐號	益盛當	新泰厚	
中和號	星盛當	蔚文厚	
以上三家	□成當	協同慶	
各捐錢叄拾千	豐盛當	日昇昌	
萬益當	源慶當	蔚盛長	
日升當	天盛當	元豐玖	
順昌當	天聚當	合盛元	
涌慶當	萬合當	巨興隆	
協成當	中泰當	大德興	
義豐當	中義當	三晋源	
裕興當	廣盛當	蔚泰厚	
萬順當	以上三十二家	蔚豐厚	
中盛當	各捐錢貳拾千	乾盛亨	
德合當	錢帳行	百川通	
萬德當	恭和店	松盛長	
德茂當	玉興□	興泰□	
天錫當	和順昌	□□□	
東昌當	晋有孚	□吉□	
聚和當	長慶號	協和信	
中興當	天成號	以上十九家	
中和當	景興號	各捐錢貳百千	

□□□	恒盛號	徐世杰	□□□
義盛公	德源公	景盛榮	□□行
和順通	以上二家	王□墀	楊廷詔
通順永	各捐錢肆千	□□滋	王仰鬥
□蘭昌	正興號	高元□	王源豐
天盛公	□豐號	高仰桂	薛金□
潤泉□	恒義和	桯蔭堂	張捷英
敬盛允閆記	祥德號	楊發春	閆致和
以上八家	永信蔚	張全仁	譚恒德

楊春發
師傅耀
張培風
德義誠鄧□倫
春暉店
吳觀亨
以上三十九位
各捐錢捌千

張捷元
楊步廷
朱頌聖
張子安
張晉昌
吉天錫
張純□
李東□
蔭□裕
任如棟
□□唐
王□□
□□桂
□玉□
石□□

以上伍家
各捐錢叁千
公盛合
春發號
德興長
玉和號
泰慶昌
天□號
福興源
同興永
以上八家各捐錢
各捐錢貳千

各捐錢拾千
順成號　捐錢柒千
積盛公
日升恒
義豐和
日昌德
東如昇
如松茂
日興昌
如昇太
□□成
□□□
□□□
以上十二家
各捐錢伍千

（二）鍋店街山西會館碑文

1. 道光九年《初建山西會館碑記》①

初建山西會館碑記

　　古稱津地爲幽燕沙漠之區，僻處荒涼，人烟絶少。自國朝定鼎以來，海宇永慶昇平，居民漸臻繁茂，而遠方來貿易者雲集其間，至今稱極盛焉。西商輻輳，事劇人稠，凡所以仰沐神庥，理應報祀。上輸國課，須集衆思，兼之辦公事、聯鄉誼，

---

① 該碑文轉録自寺田隆信《清代北京的山西商人——附天津估衣街的山西會館》一文，未見原碑。據寺田隆信介紹：仁井田陞博士在1944年12月訪問鍋店街山西會館時，見到有二塊道光年間的石碑。仁井田陞的調查日記記有"見到鍋店街路北的山西會館，其東側的一部分爲私立山西小學校。從其入口進入，一進門便令人喫驚者，是其宏偉重叠的會館，高大的關帝殿在北面，戲臺在南面，中間有牌樓式的大門，門與關帝殿的厢房之間，各自對立一塊道光碑。根據碑文來看，是道光年間建立的。神殿内懸掛許多巨大的匾額，殿前有鐵香爐，書有碑文，匾額的一部分也有書寫文字。"這兩塊碑"均有道光九年六月的日期，面對神殿的左邊，題爲《續完會館工程碑記》，右邊爲《初建山西會館碑記》。作爲資料，後者更爲有用，我想將之全文介紹如下"。該文全文轉録了《初建山西會館碑記》。

歷久分散借地，從無定所。雖河東建有會館，又苦於地勢偪窄，隔水不便。爰是相其陰陽，度其原隰，於嘉慶十二年公同立議，創起會館。購買鍋店街至侯家後地址，長五十二丈，前寬十一丈四尺，後寬九丈二尺，先建聖帝祠宇，列神旁殿。其時築基唯恐不堅，則多加土灰，以固根本；庀材唯恐不修，則大求木石，以壯奇觀。即此購辦物料，監視工作，諸同人之櫛風沐雨，不辭勞瘁，已可概見。迨至規模甫就，而需費亦雲浩繁，計所捐金實已不逮，勢不得不暫行中止，以期稍緩復修。延及二十年間，適首事李芳林猝遭變事，一時董率無人，經理無力，旁觀者咸慨然於工程日形頹隳，餘料漸即消磨，以爲前功一棄，繼起維艱。且因官事牽連，將出入底帳並捐銀疏簿全歸升任道憲案下。厥後事經釋然，稽查一切財簿，渺矣失存，其猶故宮之銅駝，具在典籍無征者乎。董其事者不能不引爲愧，而繼其美者幸卒能藏厥功。至道光三年，雜貨衆號西裕成、閻永壽等，復起而倡之，鹽、當諸商並各行字號又從而和之，僉曰：凡事之靡，不有初者，鮮克有終。是創始之勤勞不可沒，而捐疏之銀數、姓名尤不可不紀也。於是啓知衆號，煩查帳簿，冀將施數詳開備載。無如日久年深，變遷多故，間有記憶者，焉得人人而備考其詳。茲僅括綜，以示來茲。凡我同人必能見諒云爾。是爲記。

　　岜

龍飛大清道光九年歲次己丑六月穀旦

2. 道光九年《總成會館後段樓院碑記》[①]

總成會館後段樓院碑記

　　館以會名，義取諸萃，蓋公地也。而係之以山西，則吾同鄉敬　神議事於是乎在。既有爲之前者，壯威□□□□□□昭美備，皆示以萃而不渙之義也。其建樓於斯，何？殿後舊有地址，數年來蹂躪闃茸，心實慨然。今率作□□□□□□□□以答　神庥而邀福蔭，而又不敢等於齊□□□□□□□□乎。以春秋名樓，《春秋》，魯史也。經　前聖人筆削之後，左氏從而傳之，歷□□□□□□，多有注解，然能明其大義者卒鮮。　聖帝以天授之資，當亂離之際，獨取《春秋》經傳，恒晝夜誦讀不輟，於以繼褒貶予奪之心傳，於以定君臣父子之名分。今雖時異世遷，而在天之靈，日鑒在茲。登斯樓者，忠孝友愛之心其有不油然而興者乎？是斯樓之建

[①] 該碑原位於鍋店街山西會館，現存於天津市紅橋區文管所。

也，所係者甚大，而所及者甚遠也。外此則接連平樓，三面設罩棚於其間，旁有游廊，中有戲臺。每值報賽之期以及歲時伏臘，吾鄉人聚集於此，肅然起敬，所爲奏樂獻爵之地也。樓前有宮門，宮門之西南隅建公所二處，非僅曰祈餕餘以斗酒慰勞也，亦謂完　國課、平市價，俾出入交易之有經，得公議之可以集衆見而有益。且樓之東西有箭道，後門之兩旁有群房，臨街續置有空址，兼起照壁、廠棚，以爲之障蔽焉。是役也，創自嘉慶十二年，□□□□□將前段落成；乃於道光七年構備物料，八年春季興工，九年八月告藏。仰見春秋大樓一段工程□□□□□□□□□熙朝之依徵，而足爲吾同鄉後世之大□。然則伊□之力歟，後之人□有同志嗣而葺之，庶斯樓不朽也。是爲之勒石以記。

龍飛大清道光九年歲次己丑九月穀旦

3.《建修春秋大樓捐過布施號名銀數碑記》[①]

天津城守營都司郝　謙捐銀貳拾兩　　天津候補鹽知廳張日仁捐銀捌兩

西河雜貨衆號復捐銀伍千兩　　　　　通　州
　　　　　　　　　　　　　　　　　京　都雜貨衆號復捐銀伍百貳拾叁兩捌錢陸分
　　　　　　　　　　　　　　　　　河西務

武茶莊衆號復捐銀壹千貳百壹拾伍兩捌錢柒分，又捐公所銀壹千伍百兩

恭和店　復捐銀壹千貳百兩　　　　　晉逢源　捐銀壹千兩

晉六吉　捐銀陸百肆拾兩　　　　　　黃德隆　晉原泉　晉和源　各捐銀叁百兩

鹽　務　公捐銀貳百兩　　　　　　　郭霖普　泰銓堂各捐銀貳百兩

景在兹　捐銀壹百柒拾兩　　粗茶衆號捐銀壹百零肆兩　　皮　行　公捐銀壹百伍拾兩

合興當　仁盛當　晉昌當　聚順當　永安當　長慶當　公興當　裕順當　三義當
德裕當　恒裕當　萬成當　德聚當　萬隆當　四衆當　源和當　又新當　成□當
源成當　恒泰當　隆慶當　四成當　慶春當　廣源當　廣來當　廣昌當　天錫當
同元當　奕和當　永成當　公慶當　恒昌當　豐泰當　德元當　復成當　萬昌當
日升當　順昌當　泰來當　共捐銀肆千柒百兩

晉有孚　晉玉成　張翚源　呂宗楚　晉源逢　蘇遐昌　廣順布店　各捐銀壹百兩

---

① 該碑原位於鍋店街山西會館，現存天津市紅橋區文管所；該碑未見年款，從碑銘形制看當即是《總成會館後段樓院碑記》的捐款部分。

范永盛　捐銀柒拾肆兩　公盛號　捐銀柒拾貳兩伍錢

長順成　天慶德　和美勝　昌美公　順昌協恒裕永　復聚裕　各捐銀陸拾貳兩伍錢

降振伍　降振世　降振韜　降萬殊　晉兆泰　各捐銀陸拾兩

天成豐　源美號　晉德豐　晉裕豐　晉恒德　春暉店　永信號　如松號　如升號　各捐銀伍拾兩

錢帳行公捐銀伍拾兩

敬勝號　捐銀肆拾兩　源和公　捐銀叄拾陸兩　恒美裕　捐銀叄拾伍兩

萬昌號　天和諧　各捐銀叄拾貳兩

日昌德　廣興樓　晉義順興　各捐銀叄拾兩　和美號　捐銀貳拾捌兩

萬盛永　永隆裕　萬和光　同春號　永德恒　興盛和　永復新　各捐銀貳拾柒兩

蔚泰號　復興號　萬順號　張映閣　鄧玉書　慶興布店　各捐銀貳拾四兩

恒足號　晉永耀　永信店　聚隆美　涌源鍋店　各捐銀貳拾兩

（三）廣東會館碑文

民國元年《創建廣東會館碑記》[①]

創建廣東會館碑記

人生斯世，不能離群而獨立。士就燕間，農就田野，工就官府，商就市肆，群萃而州處，其常焉者也。大丈夫志在遠圖，天地四方，皆其所有事；隻身萬里，航海梯山，群之萃者有時。而煥然一聞鄉音，感情斯動，從可知桑梓之誼。既有同心，業務之聯更需群策渙也。而使之萃，則必有地焉以爲聯屬。然後無事則杯酒言歡，有事則同人協贊，形式所存，精神斯寄。族有祖祠，鄉有公約，客居有會館，其揆一也。粵東風氣勇於公義，尤喜遠征。天津爲北洋要衝，舟車既便，來者日衆。衆則勢易散渙，情易睽隔，必有以維持於不敝，乃可使散者聚而隔者通。唐君少川，深悉厥旨，爰集同人，力謀創設。此議一倡，雲合響應，頓集巨款。遂相度於舊運使署，購地貳拾叄畝叄分伍釐壹毫，鳩工庀材，規模備設。門塾拱護，翼以長廊；中爲正間，後爲歌舞臺；前畫高樓，下列廣座，同人讌集，皆萃於此。右旁則外繚長垣，周廬遞列；左旁尚餘一區，增設房舍，界在東南，是爲南園，以爲

[①] 該碑位於廣東會館（現爲天津市戲曲博物館）院內，爲嵌牆碑，共六塊，後三塊漫漶嚴重。

鄉人養病之所。別於東、北二面劃地捌畝零三釐九毫，創一廣業公司，建造房屋。劃出之地即作爲股本銀壹萬兩，另招股貳萬兩，每歲所入三分取一，以爲公産計。創始於光緒癸卯年十二月廿七日，落成於丁未年正月十四日，共用白金九萬兩有奇。登斯堂也，深邃宏敞，整齊嚴肅，恭敬之意油然自生。又喜旅津人士時集於此，得以斟酌規則，共圖公益，默化其此疆尔界之私，兼收乎集思廣益之助。後之君子繼續而擴充之，幸福之造曷其有極，又豈徒周覽遊憩，藉圖絃歌酒讌之樂云爾哉。同鄉諸公請記於余，爰誌顛末，以詒來者。是役也，倡建值理爲唐少川、凌潤苔、梁炎卿、馮商盤、陳子珍、周壽臣、蔡述堂、梁崧生、陳簡持、鄭翼之、黃雲溪、鐘清溪、梁孟亭、陳日初、鐘學周、鄧鳴謙、徐雨之、楊海儔、曹希麟、徐靜瀾、黃燮臣、黎季裴、周東生、張彌士、蘇星衢、謝夢池、盧仲之、張榕軒、陳敬臣、梁震東、李炎卿、麥佐之、屈桂庭、陳祝齡、嚴兆楨、鐘紫垣、鄺鏡河、葉亮卿、梁獻臣、陳百熙、張憩伯，暨宏遠堂、生和泰、常豐盛、祥發源、德泰、裕記、捷茂各商號。至建造諸務則梁炎卿等實任其事，若南園則麥佐之等所續成者，例得備書。

順德余瑩撰並書

中華民國元年二月吉日

董事：馮商盤　黃培之　麥佐之　梁彬如　楊文昭　吳□三　仝勒石
　　　梁炎卿　李序東　徐靜瀾　羅三佑　蕭仰宣　陸雲清

第二塊碑：

謹將創建會館捐款臚列：

梁炎卿陸千兩　　唐少川肆千兩　　陳子珍肆千兩　　梁崧生叁千伍百兩
蔡述堂叁千兩　　黃雲溪叁千兩　　鄭翼之叁千兩　　徐雨之叁千兩
張榕軒貳千捌百叁拾玖兩伍錢　　陳日初貳千兩　　鐘清谿貳千兩
馮商盤貳千兩　　梁孟亭壹千玖百玖拾伍兩　　黎季裴壹千捌百捌拾玖兩肆錢柒分
凌潤台壹千伍百壹拾玖兩壹錢叁分　　張彌士壹千叁百伍拾兩　　謝夢池壹千叁百伍拾兩
蘇星渠壹千貳百捌拾叁兩零叁分貳厘　　楊海籌壹千貳百兩　　周壽臣壹千貳百兩
鄧鳴謙壹千兩　　鐘學周壹千兩　　陳間持壹千兩　　黃燮臣壹千兩
常豐盛公幫壹千兩　　葉亮卿壹千兩　　曹希麟玖百玖拾柒兩伍錢　　周東生玖百柒拾壹兩玖錢貳分
北京廣東會館玖百伍拾柒兩捌錢捌分　　嚴兆楨捌百兩　　宏遠堂柒百貳拾兩

盧仲之陸百肆拾壹兩伍錢壹分陸厘　　屈桂庭陸百兩　　陳祝齡陸百兩
麥佐之陸百兩　　陳敬臣陸百兩　　李炎卿陸百兩　　張憩伯陸百兩
徐靜蘭伍百玖拾捌兩伍錢　　裕記伍百伍拾兩　　德　泰伍百兩　　捷　茂伍百兩
鐘紫垣伍百兩　　鄺鏡河伍百兩　　祥發源伍百兩　　生和泰伍百兩
梁獻臣肆百玖拾柒伍錢
關竹明　恒和昌　東盛和　陳錫之　恒茂泰　祥　興　李玉臣　東泰亨
有　豐　范德盛　義德昌　就　成　徐玉麟　永利威　德　生　全　興
元　發　　　　以上每捐銀叁百兩
顏韵伯貳百玖拾捌兩伍錢　　鐘伯勤貳百壹拾兩
徐杏裳　伍少垣　聊　昌　羅恒益　黃祝生　正　隆　中和棧　陳宇琴
長發棧　梁彬如　王雲衢　阜源隆　黃蔭芬　楊雪松　恒豐盛　鄭公臣
詹春誠　信怡昌　吳述三　興昌隆　遠興順　轟伯典　大昌和　廣□□
冼題閣　　　　以上每捐銀貳百兩
劉月初壹百玖拾肆兩零伍分　　　廣發源壹百玖拾玖兩
盧貽堂　黃季才　穗和祥　鐘勉之　陳澂川　生合利
　　　　　　以上每捐銀壹百伍拾兩
羅三祐　崔心海　協茂德　黃菊田　招霱呈　廣永興　黃乾初　黃培之
廣興源　石獻吾　陳常德　普源公　戴仲球　馮卓如　利亨祥　林祝南
何謙牧　天泰昌　周季彤　何曉生　信利厚　關賡堂　杜舜臣　義興泰
蕭吉生　馮子何　裕成隆　胡炎卿　李琴軒　簡泗合　梁燕蓀　黃芝堂
楊樂初　趙佐朝　鄧毅亭　何綱堂　溫子經　薛慶榆　鐘子琴　關鶴舫
羅孝錫　公　裕　黃在田　何懷德　恒　記
　　　　　　以上每捐銀壹百兩
黃小宋玖拾玖兩伍錢　　徐麗周玖拾玖兩伍錢　　馮孔懷玖拾玖兩伍錢
李應岐　天佐堂　恒慎立　聚寧堂
　　　　　　以上每捐銀柒拾貳兩
柯祖賡陸拾肆兩壹錢伍分貳厘　　曾文畹陸拾伍兩　　李榮光陸拾兩
公安祥　胡士秋　黃鶴亭　永和行　吳華甫　吳惠常　廣生利　劉祝三
駱秀石　溫孝生　曾愛之　怡　泰　曾務初　易德泉
　　　　　　以上每捐銀伍拾兩
馮應堂叁拾伍兩　古鴻年叁拾伍兩

梁禮如　曾景然　德　記　高奕琴　廣生泰
　　　　　　　以上每捐銀叁拾兩
關弼如貳拾柒兩貳錢　　梁志和貳拾伍兩
鄧清浦　王述堂　譚仲餘　梁如柏　楊瑞康　張甫田　霍子祥　黃□□
彭春生　謝心泉　楊揖三　張堯廷　黃佐朝　胡少波　怡芳和　記
憲　記　高　晋　冼琼石
　　　　　　　以上每捐銀貳拾兩
梁靄雲　古文山　鄧照初　李序東　周榕滔　王聿修　吳亮寶　孫吉寶
麥雲羅　　　　以上每捐銀壹拾伍兩
曾穎生壹拾叁兩陸錢　　陳澤之壹拾叁兩陸錢
黃慶雲　梁錦堂　呂叔禮　潘蔚文　張鑄顏　關善亭　葉鑑純　劉錦泉
郭星岩　程楚卿　陸喬香　戴恪生　王仁初　高麗笙　楊貫如　□□□
陳盤石　馮柳波　鄭裕明　陳翊庭　戴澄波　黃伯憩　羅康南　楊鳳梧
陳保持　麥禮棠　鄭宗蔭　梁賚生　嚴榮昌　鄭顯初　梁應奎　□雨生
鄭　垣　梁耀奎　黃芹馨　鄭　熾　鄒澤樨　張長石
　　　　　　　以上每捐銀壹拾兩
容達生捌兩陸錢　李雲燦捌兩陸錢　蔡海平捌兩陸錢　任樹榮柒兩貳錢
任　德柒兩貳錢　鐘承樞柒兩
陳日東　林炳桐　鄧鳳池　李惠友　高篤初　彭阜文　□顯廷　陳晋□
陳植卿　徐雲琴　吳壽康　趙壽喬　張雲超　吳應樞　恒□元　何景雲
黃植堂　崔墨農　崔述卿　韓叔平　任新德　孔叔儀　□□和　黃樹緣
任煜培　馮兆燕　任幹廷　程善廷　郭性存　陳鑑堂
　　　　　　　以上每捐銀伍兩
廣榮昌肆兩　　　傅耀廷叁兩陸錢　傅業卿叁兩陸錢　郭渭泉叁兩陸錢
梁其珍　古鳳儀　鄭錦泉　潘心湖　陳紹恒　黎堯初
　　　　　　　以上每捐銀叁兩
鄧交泰　何衡甫　陳錫倉　黃日輝　何朋杰　張兆樑　任友梅　高榮森
廣源利　莫桂生　陳蔭階　以上每捐銀貳兩

第三塊碑：

錢葵生　梁玲昭　任兆德　梁銓衡　任□良　以上每捐銀壹兩

【直隸碑文】◎

梁震東壹千伍百員　　陳百熙壹千員　　　孫錦芳伍百員　　　陸雲清貳百壹拾員
譚伯蓀貳百員　　　　張耀垣貳百員　　　唐梓華壹百陸拾員　　鄺星池壹百伍拾員
莫熾南壹百伍拾員　　王錦屏壹百伍拾員　梁幼南壹百伍拾員　　吳亮疇壹百肆拾貳員
佛照樓壹百叄拾玖員　孫儀芳壹百貳拾員
唐山孫東成經手唐山較車樓諸君未列名銜合捐洋陸拾員零叄角伍分
□少皋　李來賀　梁仲雲　黃學珍　孫玉芳　孫文奕　蔡□堂　彭秀文
江良鵬　程玉堂　楊壽南　盧昭林　辛紀雲　歐陽子田　阮荔村　鄭達泉
　　　　　　　　以上每捐洋壹百員

盧頌三捌拾員　　林儉卿捌拾員　　陳重餘柒拾員　　　鄭其鑾柒拾員
鄺仲才陸拾員
關健夫　梁景昌　胡少枝　唐偉生　徐吉軒　游敬森　黃寶山　施秉常
羅錫鴻　孫玉成　蔡天福　葉　福　李光亨　謝康龍　劉遠珍　唐彥侶
□大佐　蘇文卿　黃寶樂　凌述之　潘勵紳　鄺日初　陳崑亭　鄧達盧
劉鴻鑒　唐國□　林聯光　關心民　陳植初　孫立坤　朱廣蘭
　　　　　　　　以上每捐洋伍拾員
何炳光　李竹君　吳惠農　廣吉祥　廣同興　海　生　唐祝初
　　　　　　　　以上每捐洋肆拾員
馬華盛叄拾伍員　張賜平叄拾伍員　黃　標叄拾伍員
陳茂權　　容文瑞　唐璞卿　黃澄川　鄭鴻勳　歐陽銘謙　蔡健卿　容文瀚
歐陽墨池　蕭仲溪　陳耀山　孫惠祥　居秋海　陳祝泉　　陳毓英　容頌祥
黃友于　　洗雲初　梁季銘　杜勵隅　羅寶農　林翠山　　任桂村　孫文畧
□禮廷　　程賢賞　梁袞昭　黃湘甫　陳少廷　鄭咏陶　　黃少南　陳善寶
文仲達　　　　　　以上每捐洋叄拾員
元　□貳拾柒員柒角玖分　　　熾　昌貳拾柒員
曾子青　黃仕榮　唐震裕　陳慕良　以上每捐洋貳拾伍員
廣義昌貳拾壹員伍角　　徐光秋貳拾員零捌角
關和棠　簡雲章　簡時仿　林大榮　謝幹伯　袁禮棠　陳錦文　唐仁相
王滋源　鄔景雲　林杏臣　廣隆祥　黃露亭　林篤生　古輝廷　王子湘
韋逸初　孫文昶　馮漢平　譚述周　陳信夔　陳灼均　譚國華　陳芳園
孫文彬　孫灼棠　黃錦鵬　孫俊威　董　恩　盧□邦　彭鏡泉　□福泰
梁少初　鄒乾波　梁展鴻　廣信安　江景華　孫星海　陸海洲　盧昭棣

李芝圃	李均榮	曹紀常	梁子緣	孫東成	廓丙欽	何爵廷	黃兆霖
孫文芝	唐業孫	兆　記	有　安	袁冠南	黃悅新		

以上每捐洋貳拾員

劉務農	張英記	梁保之	余振棠	招慶藩	盧心存	徐揆臣	袁宗壽
余秉仁	鄭雲逵	黃玉鳴	黎蔭棠	區炎生	袁少彬		

以上每捐洋壹拾伍員

李樂初壹拾肆員叄角

冼紳軒	陳焯南	廣萬和	李雲衢	羅金壽	蔡煥章	林昌裕	陳敬光
羅錦耀							

以上每捐洋壹拾肆員

謝勉餘壹拾叄員玖角壹分　徐建亭壹拾叄員

梁澤深	謝卓朋	陳松雲	陳能之	陳冕英	梁叔和	以上每捐洋壹拾貳員

阮物華壹拾壹員伍角　　　陳　創壹拾員伍角

陳獻墀	盧志香	孔伯朋	唐耀東	廓乾三	黃錦祥	黃兆霖	陳雲門
鄭伯良	吳芷衡	盧仕盤	余鏡棠	陳禮卿	劉叙堂	周仙航	劉守廉
盧召農	高鳳山	馬松軒	劉善達	吳遜參	黃澤霖	易灼廷	黃鏡湖
徐召南	蔡承培	黃頌類	黃澤文	陳冕南	黃啟藩	李少松	莫瑞堂
程玉山	莫章□	程禮章	譚麗泉	崔幹廷	馮頌如	馮芝軒	周少珍
譚吉生	馮子寶	唐德禧	馮忠弼	鄧啟祥	容獻三	宋應賢	歐陽捷三
趙輝如	楊瑞渭	沈鏡秋	侯成勳	王景雲	何桂川	蔡鶴齡	薛其晃
沈鑑記	李少蘭	程寶三	廣和堂	黃輝山	郭焯南	廣如意	孫文悅
葉玉生	譚光連	徐伯平	孫溶芳	孫植芳	李添滿	趙霱亭	梁　文
程植在	布積臣	陳　扣	唐貽深	陳忠琼	林葉初	陸春如	陸紹周
程連開	陳春光	黃熙南	林廣卿	黃敬脩	陳忠喜	廣安堂	梁用之
陳竹泉	鄧鶴年	孫彩芳	時　昌	孫泰開	張心陶	程谷章	李永文
孫均□	李寬明	梁統江	廓達三	楊　桃	盧派朝	陳金體	孫星垣
梁述先	梁凱先	黃啟祥	何廷新	何廷浩			

以上每捐洋壹拾員

孫玉麟玖員伍角

程閏開	孫綏球	林仁山	陳章照	以上每捐洋玖員

陳忠達捌員伍角　李麟平捌員伍角　陳耀南捌員貳角

袁亮祺	周善者	袁金啟	周三興	孫文理	孫文錫	唐必興	梁　松

鄭　七　陳忠體　阮熾榮　甘帝基　程光照　簡　揚　甘　邦　林成富
甘　勳　林開良　孫步雲　以上每捐洋捌員
李家業柒員柒角
譚錫泉　陳玉垣　孫灼芳　蕭灼廷　孫渭濱　孫國深　孫文學　林國良
林　厚　鄧文翰　張家成　陳創求　譚萬春　唐啓陸　榴　郭金廷
孫　晋　陳寶銳　陸鳳林　以上每捐洋柒員伍角

第四塊碑：

李恩平　孫文□　□□□　□□□　□□□　孫　祐　孫順合　□□□
　　　　　　　　以上每捐洋柒員□角
宋鎮賢　梁耀南　馮□□　□□□　□□□　□伯仁　歐曉初　李佩紳
何秩三　梁□臣　譚□□　□□□　　　　　羅定光　冼琼甫　李志坤
譚萬福　□□□　□□□　□□□　　　　　黄成泰　孫□朗　孫瑞基
王緣熙　阮□□　□□□　□□□　　　　　□□□　程開□　程守□
孫玉衡　孫舜□　□□□　□□□　　　　　麥　珍　蕭　□　李雄作
□　根　甘　達　□□□　□□□　　　　　歐陽兆章　李家□　陸華軒
□德彩　□□□　□□□　以上每捐洋□員
□頌章陸員捌角　麻　葉陸員捌角　　譚觀林陸員捌角
程帝陞　徐其光　□□□　孫□□　孫國□　□　□　孫瑞岐　梁　解
唐　平　簡奎□　□□□　□□□　□□□　陳錫成　□□□　程輝堂
陳俊賢　林廣川　□□□　□□□　林廣倫　□□□　　　　　陳利光
李雲有　李發有　□□□　孫　鳳　□□□　□□□　□□□　孫□怡
陳　焕　林　三　　　　　以上每捐洋陸員伍角
陸有棣陸員叁角　　方　有陸員叁角　　□□□陸員□角　　□□榮陸員貳角
陳日興陸員貳角　□□□　陸員□角
譚金明　陳順□　□□□　□□□　□□□　□□□　□□□　□□□
孫文恩　陳焰□　孫□友　□□□　□□□　□□□　□□□　孫　昌
黄甘平　黄　錦　□□□　□□□　□□□　□□□　□□□　阮棣江
卓源生　馮慶南　□□□　□□□　□□□　□□□　□□□　陳□□
梁帝炳　梁□廷　□□□　□□□　□□□　□□□　□□□　□昆
譚文發　趙瑞棠　□□□　□□□　□□□　□□□　□□□　陳榮深

陳以□	李□平	□□	□□	□□	□□	□□	許球
欧阳连合伍員柒角伍分		□□伍員柒角伍分			鐘金盛伍員柒角		
程帝彩伍員柒角	□五□伍員陸角伍分		李金毓伍員陸角		黄爐伍員□角		
譚存惠	孫凡仔	黎國培	孫用章	譚活萬	孫文佐	孫林根	陳萬
孫發明	譚毓堅	譚王	譚□	陳滿朝	阮照	陳忠琴	陳□
蕭□初	吴炳光	□□玉	錢□	高瑞麟	黄泰來	阮在	程廷昌
黄炳祥	陸榕	陸世榕	□南	梁田	梁帝良	程榮□	陸其通
唐進才	程國良	□發	程天啟	林耀□	許作彬	陳長壽	許德宏
孫發照	許炳	□權	李來杏	李□	□□	李其芳	李□
林元樂	林旺	李其	林星桃	李星□	陸裔	李□之	李□
楊以□	劉□□	梁述	以上每捐洋伍員伍角				
陳尊炳	□□□	陳觀□	陳□□	以上每捐洋伍員叁角			
陳忠球	梁□□	許安	陳觀凌	李□	李文見	以上每捐洋伍員貳角	
李帝謙伍員		甘任□伍員壹角		□□	□潮	□□	□□
劉□	郭念□	楊□	楊晏南	李俊成	□榮	□□	□苞南
馮國康	張□存	鄭□□	唐光卿	李禄生	黄伯□	□子	陳顯廷
劉仲彭	□心存	林□南	唐錦□	唐澤生	黄应可	□□	李子香
□伯□	□福廣	楊□□	孫星海	簡德庸	□□继	□□	□豐
黄□可	呂□州	林文□	馮通朝	譚連俊	譚子怡	□朗	□瑞萃
馮仲拜	□錦川	李樂□	□鶴亭	陳□□	曾□□	□□	□□
□□山	□□□	蔡芳甫	□麗藻	□□	許子祥	□□	□□
許鉅泉	楊□常	唐□□	蔡冶□	□□	□然	□□	□□
羅慶祥	黄福初	鄭祥□	賀□□	陳昌	□論忠	□□	□□
孫桂元	杜仰□	劉□	孫興	孫祥	□□	□光	□□
梁得勝	李寶	李壽平	□勝	□□	□□	□□	□□
李深	李松輝	李和	李虎	□□	李鋭	李然	□□
許□	林富	許儒寶	林祥	梁□	林銓開	鄧然	盧亮
林□山	卓國	何錦	孫□	□□	方有	□秋	阮倫
陸□	林喜漢	陸北	陸尭	梁□□	盧允	潘九	□芳
賴成	容叛	唐□康	余秉	余□元	□桂萊	阮□根	唐仕□
唐運生	廣安昌	□贊廷	甘達昌	鄧士發	□□焕	陳作英	甘就成

歐□　　廣慶和　陳□四　　程　基　陳定□　　□□□　　陳　海　陳尊源
卓照群　□□□　　□□其　陳□□　　□□□　　□　□　　□觀得
胡文基　□□□　　□□□　譚文□　　□□□　　□□賡　鄭安楊　陳石□
李雄福　陸文□　　□□□　　□耀南　陳錫□　　陸少佐　程□□　陳□□
程□箕　　□英□　梁尊□　嚴□潤　以上每捐洋伍員

孫玉球肆員玖角

陸洪懷　　□之煥　阮厚祥　以上每捐洋肆員捌角

王鴻□肆員柒角伍分

梁益士　陳□吉　陸九儀　□□□　　□□□　　□□□　　□□□
　　　　　　以上每捐洋肆員柒角

程玉初　李金□　□□□　　□□□　　□□□　　□□□　　□□□
　　　　　　以上每捐洋肆員陸角

□□□　　□當如　袁□□

第五塊碑：

□□□　陳順堯　譚廷悅　蕭帝本　許閱□　　□□□　　陳□登　陳有奇
陳□□　　□□申　□□池　歐陽盛　陸宗耀　周柱□　　□　紅　阮帝照
□□□　　□　□　蔡□□　　□仁　陳里　程貴榮　蕭雲　黃九
林桂連　朱安　陸祥　程友祖　許四　程□□　程桂廷　蕭禮
陳□□　林金活　□　□　何□□　程□錢　張斌　李　□　□兆順
程帝□　□□□　□□□　李金□　李□有　孫鳳祥　梁來大　阮　培
　　　　　　以上每捐洋肆員伍角

陳　□　林□平　林書平肆員肆角

□□□　　□依陳　□楊仁軒　陸元　嚴昌　以上每捐洋肆員叄角

□□□□員□角伍分

□福祖　□□□　　□□□　　陳冠□　李□璽　楊匯生　錢德培

□□□　　□□□　　□□□肆員貳角

□□□□員壹角捌分

黃□□　□□□　陳　品　□□□　　陸□□　以上每捐洋肆員壹角

余蘭□　□達伍　陳　順　□□□　陳煥□　陳　袍　吳會芳　陳定烜
陳　昌　□樹南　余元梁　□□寬　陳寶深　程慶□　歐陽東關　陸慶南

陳□□	□燦	蕭鑑勳	□□□	黃文□	程香培	梁功勳	阮煜
□□□	陸□□	鄭權	鄭□□	□裕正	梁謙	鄭寧	鄭清
譚□□	程□□	馮炳安	李□□	□□□	關炳照	吳祥	溫楊
□定文	李瑞	李技	□□□	李忠	張□□	程□昌	程桂
何盛	程潤海	許添	□□□	許□利	馮□□	林□	林日芝
孫勝	賴添	盧冠臣	□□□	馮煒	李□□	莫□	李廣
李金明	趙捷才	李□勝	□榮□	□柱	陸觀勝	馮□南	李連甲
甘□邁	黃□						

以上每捐銀肆員

| 孫根发 | 孫觀□ | 陸文怡 | 李國□ | □□□ | □□□ | □□□ | |

以上每捐洋叁員玖角

陸觀寶叁員捌角

孫詳□	嚴炳歇	唐棟南	陸世標	黃耀廷	梁鏡容	張兆□	許帝

以上每捐洋叁員陸角

□月□	孫溶金	李炳乾	譚明居	李國權	譚球	□炳泉	譚科
陳□	李□耀	李廷	李才	孫寶鑑	陳照	李錦田	陳帝綿
陳有□	程耀寶	程觀棠	羅生	鄭旺	黃菊初	賴恒	□□
梁亞良	歐陽罗根	朱紹光	唐海明	王金□	□廷芳	謝兆康	蔡耀
黃良	□敦□	黃橋	梁忠	陳明	□□□	□□□	□□□

以上每捐洋叁員伍角

譚萬華	鄧其雄	李吉才	陳作儉	許林福	□□□		

以上每捐洋叁員叁角

梁園山	李祖北	歐陽寶	程慶棣	陸開	許杏		

以上每捐洋叁員貳角

孫桔芳叁員壹角陸分

梁□□	吳資卿	陳□□	唐□海	黃何	許熙如	嚴友進	歐陽□
周桂□	譚興□	□有月	方章□	陳□□	陸善忠	徐□	□□□
□□□	盧寶堂	曾紀良	陸華章	□□□	陸慶培	梁炳森	□康廟
劉□□	程毓□	劉□□	程毓	鄭錫	□帝	唐文	許□
□康□	王□連	吳□□	林□□	林□裕	□萬	李盛發	譚煒堂
陳灼勳	李張顯	孫□卓	李□□	□□□	□□□	譚□盛	李金
歐陽芳	□光廷	劉□	□□□	□□□			

以上每捐洋叁員壹角

李觀瑤貳員玖角

鄧文□　黃□□　孫煇芳　□□□　劉俊□　程名印　□□林　□□□
□　□　□□煥　以上每捐洋貳員捌角

李光□貳員□角伍分

孫□□　鄧世雄　□□□　□□□　□□原　□□□　□□□　□□□
□葵花　□　耀　□□□　以上每捐洋貳員柒角

孫觀曉　□□□　□□□　林和□　□□□　以上每捐洋貳員陸角

梁金水　□□□　□□□　陳成元　鄭□□　□□森　陳耀培　□□□

歐　捷　陳祥有　□帝　許　□　程□□　以上每捐洋貳員伍角

林□蘭　□□創　□有□　陳□盛　陳□□　林忠□　黃明熙　高懷昌

□章　陸交　程□□　陸瑞彪　以上每捐洋貳員肆角

李□□貳員叁角　陸　□貳員叁角

□文□　□　洪　陳　□　□□慶　程　恩　以上每捐洋貳員貳角

王天門貳員壹角　鄺維成　李□□　□□生貳員壹角

黃□□　林慶堯　□慶鯤　□□□　□　□　麥　接　湯順恩　孫□□

陳□倫　孫□然　陳吉榮　陳　□　□　□　陳官懷　倪若逸　黃汝珍

梁芝休　□三公　□□□　黃□□　□　□　□□□　楊　□　□□□

□□□　□□全　陸　安　□　□　□　□　梁　□　程康根　梁□□

□□□　□□□　□連洲　梁□□　□　□　鄧鳴年　鄭　□　□□□

李通□　□　□　□□□　方　□　□□□　歐陽天扶　程范勝　□□□

以上每捐洋□員

程炳君貳員□角

第六塊碑：

□□□　程□洪　□□□　□□□　□□□　□□□　□□□　□□□

□□□　李永國　李□□　□□□　□□□　□□□　□□□　□□□

□□□　□□□　□□坤　□□□　□□□　□□□　□□□　□□□

□□□　□□□　□□□　高桂□　□□□　□□□　□□□　□□□

□□□　程　初　程　□　□□□　□□□　□□□　□□□　□□□

以上每捐洋□□□□

陳公輝	李少槐	王天開	□□□	□□□	□□□	陸□□	□□□	
陳 占	楊瑞原	□ 堂	□□□	□□□	□廷	李□□	楊阿容	

以上每捐洋□□□

□□□	□□□	□玉□	□□□	□□□	□廷□	楊□□	□□□
孫慶藻壹員叄角		□□堂壹員叄角	許□勳壹員叄角		孫品□壹員叄角		
孫 漢	□□□	陸□章	陳振和	陳□聰	□炳華	□□□	陳□□

以上每捐洋壹員貳角

□□□	□□□	李華焜	王康巧	程□深	□□□	□□□	阮觀常
李□珍	□□□	陳子芬	以上每捐洋壹員壹角				
□□池	□□□	孫觀明	歐陽寶章	孫帝廉	□□□	歐陽□□	吉□
□觀谷	□□□	孫觀天	孫□□	陳 照	□□□	歐 成	
□□有		黃 □		□生		陳觀勝	歐
羅 章	□□□	陸帝甲	程□□	昌□	□□□	林 煒	林羅忠
□□□		程萬勝			黎□文	程觀平	楊□□
□東□	□□□	馮 福	□□□		陸 廷	季寶南	□□□

以上每捐洋壹員

□□□玖角	□□□玖角	程炳欽玖角
□□□	王兆北	廓□堂 譚□□ □□佐 鄭□□ 鄭耀

以上每捐洋□□

程貴良洋染角	□□□洋柒角	李亞樓陸角	譚 清陸角
陳亞□陸角	□□□陸角		
□萬勝	□□□	壽□□ 歐陽□	

以上每捐洋伍角

□□利	□□□	程□□ □連□□□ 益□□ □□□	

以上每捐洋肆角

送來物件芳名列：

廣帮公帳送來枝木大小公座椅肆套，連繡花椅□俱全

□□□送來神□□□□□□人共……全副……

潮帮公帳送來……

□□□合送來神枱貳座

……

廣發源送來燒青磁瓶
唐少川送來大地毡□張
陳簡持送來抱柱木□壹對，又四尺字屏四條、六尺屏拾貳條、山水……
梁崧生送來抱柱木□壹對
□□□送來抱柱木□壹對
蔡□□送來抱柱木……
梁□亭送來抱柱木□□□，又……
原廣東會館送抱柱木□□對
□學周送來抱柱木□□對
陳士珍送來抱柱木……
北洋留學生送來……
□□□□
黎□□送來□□中堂叁幅
□□之送來……
梁炎卿送來□國大火爐……
□應海送來大條案壹副
陳文超送來錫蠟□壹對，又炕踏□貳張
□□□□ □□□□□ 李如國 □□成 張書年合送來抱柱木□壹對
駐北洋綏□同鄉公會送來匾壹懸
□□李□□會 □□□□ 王長高 郭□勳 □□柏諸君合送木長聯壹副

（四）其他碑文

1. 康熙丙戌（四十五年）濟寧會館捐款碑①

……銀貳千伍百壹拾陸兩

……叁百伍拾叁□叁錢，其□

---

① 該碑原位於糧店街濟寧會館，現存天津市紅橋區文管所；該碑原無碑名，漫漶較嚴重。

……時陸
……時衆
……以開載孰重
……儲備仍每標
……同人再爲樂捐置□田□□爲長久之計方畫善耳

王永寶	捐銀□拾兩	興祖	京□	泰來
宋順字	捐銀□拾伍兩	公興	永順	永豐
衡天裕	捐銀拾貳兩	□□	□□	明敬
公□	捐銀拾貳兩	□□	□順	益泰
□□	捐銀捌兩	□□	周魯	遇□
□□	捐銀捌兩	□興□	亮字	恒盛
久大	捐銀柒兩	□興	□合	□□
□字	捐銀柒兩	興□	寶□	□□
恒隆	捐銀柒兩	大□	□興	□士
中□	捐銀七兩	□興	□字	全盛
公正		王興	公□	公正
□□		信順	明盛	長□
□□		昇恒	□興	晉順
茂□		廣順	明善	□□
□福		□興	義興	心恒
正興		中正	五福	萬全
中和		人和	大興	廣潤
永成		信義	鳴盛	廣興
和恒		通順	同心	元亨
□合		□□	復周	□生
□□		泰□	定遠	利盛
廣□		永興	小□	益義
□宜		大亨	公盛	協盛
明□		印信	義和	鼎興
同□	各捐銀四兩	益順	樊敬	大成
生生		上魁	永裕	三合
五信		大有	世德	古盛

□字	福盛	興順	奪成
□□	恒□	王正	慶冶
□□ 各捐銀三兩	隆盛	和順	黃澤
□□	□□	大興	□順
□字	和順	天成	□源
□□	永□	華豐	萬順
□□	□興 銀一兩五錢	萬順	
□成	萬成 銀一兩五錢	恒昇	
□山	興盛 銀一兩五錢	福森	

以上各捐銀壹兩

首事總理與執目獻會姓氏並書於後：

秦榮先　　陳　愫
郭金□　　□文錫　　苗昌穀　　李啓性　　常思忠
孔龍祥　　范穀世　　張　恂　　關□□　　張　恒
趙　□　　張□星　　路世炘　　張士俊　　侯天植
嚴□□　　來方□　　張榮善　　貫　瑚　　白超玉
許□寶　　李廷柱　　霍弘道　　貟際順

　　　　　　　　　住持□：道域　　徒：得寧

康熙丙戌夏之□　　　　　　玉工：□□□

2. 濟寧會館捐款碑[①]

收入捐款數目列後：

靳總理翼青　　助洋伍百元
褚督辦蘊山　　助洋伍百元
潘居士對鳧　　助洋肆百元

---

① 該碑原位於糧店街濟寧會館，現存紅橋區文管所。該碑原無碑名，立碑時間不詳。

熊省長潤丞　　　助洋壹百元
周道尹敬甫　　　助洋叁百元
吳道尹韞山　　　助洋壹百元
曹縣長少坪　　　助洋壹百元
譚處長淞艇　　　助洋壹百元
張統領漢臣　　　助洋捌拾元
王道尹慕周　　　助洋壹百元
王司令景韓　　　助洋叁拾貳元
劉處長韻樵　　　助洋捌拾元
莊先生樂峰　　　助洋壹百元
呂會長靜之　　　助洋捌拾元
駱先生午堂　　　助洋壹百元
黃先生深父　　　助洋壹百元
李處長西亭　　　助洋捌拾元
郭先生捷三　　　助洋伍拾元
劉先生錫三　　　助洋伍拾元
　以上共收洋貳千玖百伍拾貳元正

　開支數目列後：
看會館趙姓　　　洋貳百伍拾元
資助同鄉　　　　洋捌拾元
同鄉川資　　　　洋貳拾元
重修會館工料　　洋壹千玖百壹拾元
雜項開銷　　　　洋壹百貳拾元
監工車資、購物　洋叁拾元
會館夫役三個月工食　洋叁拾元
會館夫役三個月雜費　洋柒元
賞幫看會館　　　洋拾元
建臥碑、制楹聯　洋玖拾伍元
　以上共支用現洋貳千伍百伍拾貳元
　除支下餘洋肆百元，匯濟充慈善院基本金

3. 嘉慶壬申（十七年）《公所落成記》①

碑額：永貞茲石

公所落成記

　　夫興事難，董事尤難，興衆人之事而以一人董之其勢更難。吾鄉戚友貿易於津門者甚夥，久欲同立公所一區，爲歲時虔祀　神明之地，而苦無其基。蓋不惟難其地，實難得其督事之人也。遲至嘉慶十六年，始得城北孫氏舊宅一段，公同置買，然而墻垣傾圮，屋宇摧頹，荒廢多年，莫蔽風雨。同人相顧咨嗟，無有能摠其事者。錫五溫公，素以慨爽正直爲鄉人所推；昌慶王公、尚德曹公深知其能□□，懇之溫公，銳然任其事。並擇同勞監工者八人，於嘉慶十七年三月興工起修，一切裁度悉□於心。或剗而去之，或起而築之，或崇其址而增新之，日持圭尺與匠作輩雜處木石污穢間，斷斷焉口指而手摩之，至於舌焦唇敝。凡一椽一甓，位置務求精當。與監事諸公晝夜勤勞，歷六月而工始竣。落成之日，置盃酒招同人而觀之，計正廳三楹，循其舊宇；別起群房十間，園墻十丈。其爲制也，樸而不華，堅而持久，豐儉胥協於中，同人顧而樂之。因相與感嘆之曰：公所之設非一人之事，乃衆人之事也。衆人之事，衆皆斂手畏其難，溫公獨以一人肩其任，此人情之所難也。倘有美弗彰，奚以報成勞乎？況地經久遠，此後數十百年，凡吾鄉之來游茲土者，行其地懷其人，問曰：此何人所締造耶？何人所增新耶？何人所經營而結構耶？無有能知之者，則溫公與監事諸公一片勞瘁苦心，不幾湮没弗彰乎？咸曰：唯唯。爰勒諸石，以告後日之游茲土者。

督事：介休溫公福成字錫五

監事：
| 汾陽李廷輔 | 汾陽張士文 | 介休董子智 | 介休張　麟 |
| 靈石梁明遠 | 介休封鎮吳 | 介休黃樹成 | 鄭州朱奎揚 |

嘉慶壬申年九月十五日　　　　　　　　　當行公立

---

①　該碑原位於侯家後中街，現存天津市紅橋區文管所。

4. 光緒元年《懷慶會館重修記略》①

懷慶會館重修記略

嘗思商賈往來，每仰賴夫 神庥，而春秋祭賽，宜崇隆乎祀典。吾郡藥幫之貿遷於津也，歷有年矣。每際酬神之時，常無肅敬之所。是此，同治七年夏五月，張連堂、劉相成等遂會同當時值年泰順理、雲合興、復泰合公同商□，置曲店街公所一處，計房屋大小三十間，東至劉姓，西至周姓，南、北均至臨街，各按老城舊址爲界；水道滴水，仍照舊日流行。祇以房間逼窄，參差不齊，於本年八月動工重修，將後院東、西廂房各四間、中房四間，前院東、西廂房各三間，改爲東廂房九間、西廂房九間。通力合作，衆擎易舉，於九月間將次完工，未及五旬而煥然一新。自是以往，答 神貺於斯，議幫規於斯，聯鄉誼亦於斯，固非徒爲美觀瞻已也。謹將上年購買及本年重修略記勒石，以期永垂久遠，後之來者其知勉諸。

　　　　　　　　泰順通
　　值年首事：錦盛正　謹志
　　　　　　　　東興□

龍飛光緒元年九月下□□穀旦

5. 光緒二十八年《重建天津萬壽宮記》②

碑額：永垂不朽

重建天津萬壽宮記

吾鄉距京師三千餘里，章、贛二水與番湖會，折而注之於江。南通衛河，北接渤海，皆以津門爲鎖鑰。百貨輻輳，商務日繁，穰穰勞勞，殆無虛晷。自有明中葉世重宣窯，而江右新平遂以名磁聞海內。糧艘之寄載，估客之往來，咸取道於津

---

① 該碑原位於曲店街懷慶會館，現存天津市紅橋區文管所。
② 該碑係筆者於1999年抄錄，當時立於萬壽宮胡衕與估衣街相交處的墻角，現存天津市紅橋區文管所。

門，以馳日下。官斯土者率多南籍南州人士，冠蓋相望。津之有　許真君殿，爲吾鄉官□會萃宴游之地，固其所也，顧以香火閣梨。主持不職，中更多故，搆衅有年，寸壤尺基幾爲有力者攫去。吾鄉皮君輔位訟之官求□，得其基乃無恙；復集鄉董醵金脩葺，塈而新之，而廟貌一變。光緒庚子，邪拳肆毒，火及通衢。會館在北門外，適當其衝。兵燹所遭，僅前院鋪房數間不戒於火，而神龕、享殿巋然獨存。論者咸謂　真君之靈，又安知非吾鄉人在官之廉，居商之善，有以致其福而昌其業耶！方今　國家維新伊始，百廢俱興。會館面五□而負九達，中通馬路，若仍其舊，非所以煥新□也。於是在津磁幫籌集巨資，乃毅然提倡興修，起任其事。闢門於□而起殿於北，其前爲罩棚；再前爲劇臺，兩旁爲游廊，其上爲樓；自臺以後歷十數武前抵大門，遮以欄楯；迤東庖厨一所，樓房附焉；其西十八間，則就舊日廟基□歸鋪户賃之，以爲春秋祭祀之需及常年經費之用者也。計起工以至蕆事甫及一年，而土木之需不下萬計。嗚呼！是邦自庚辛亂後，連年被兵，聯軍入□，名城墮壞，一□之市化而爲墟。其服官如南金、如崧生類，皆各保疆土，出其萬死一生之力，或羈縻於臨事，或消弭於無形，曲盡其心，始無他害。至經商之旅，多轉徙於異地，或旋返於鄉邦，生計蕭條，不絶如綫。重賴鑾輿西返，要地復完，一切官商悉如其故。滄桑轉瞬，靈光片土獨保全於刼灰既燼之餘，鄉人猶以爲歎。重經締造，且更新焉，詎不可厚幸矣乎。後之官□游於此者，庶合觀前後興廢之由，知同人之雅意，以俾斯舉於不朽云。

賜進士出身誥授奉政大夫歷任吳橋、交河知縣前定州知州　鄭崧生謹撰
賜進士出身誥授奉政大夫歷任萊水、任縣知縣正任柏鄉縣知縣　江南金謹書
　　　　　　　吳協興　協昌明
　　　天津值年磁幫：樂盛大　瑞增祥　董士皮祖功　同倡修
　　　　　　　瑞昌祥　修盛魁

大清光緒二十八年歲在元默攝提格陽月立

6. 光緒三十年天津府《告示》①

碑額：以垂久遠

賞戴花翎候補府正堂署天津鹽漕河捕清軍府兼理天津府正堂加五級紀錄十次沈，爲　出示曉諭事。照得案奉　道憲札飭以奉　督憲批，本道詳覆核議，慶長順斗紀曹寶善等與大昌斗店金秀廷等互控移集一案，令即出示曉諭，並行縣傳諭：大昌仍遵原案，於年內移回本街頭保原集原場，倘至年底限滿仍行延宕，或飾詞稟請展限，即行查封。嗣後沿河二堡及西碼頭二處地方，無論何人，均不准設立斗店，並飭原有各處斗店均照原定額界，不得任意挪移增設，以杜爭端等因。本兼理府查，大昌斗店前以存糧尚多，賬目一時未能清理，經商務公所爲其代請展限，乃竟任遷延，又欲朦混移集，寔屬刁巧。除行縣傳諭外，合亟出示曉諭。爲此示仰闔津各舊斗紀知悉，爾等須知天津舊西門迤西統謂之河西集，向有額設斗紀八名，爲沿河四名，距河較遠者四名，均有一定界限，不准任意挪移。大昌斗店金秀廷，限令年內移回原認舊牙王鈐大街頭堡原集原場；倘至年底不移，定將該斗店查封。嗣後各斗店無論認退接交，均應遵守定界，不准圖利挪移；沿河二堡及河西碼頭二處地方，無論何人，一概不准設立，以杜爭端而符原案。如敢故違，定照違禁把持例懲辦不貸。各宜凜遵，切切。特諭。

右　諭　通　知

光緒三十年十月初四日
　　告　示

7. 宣統二年天津縣《告示》②

欽加同知銜、特授天津縣正堂兼理四鄉巡警副提調加十級記錄十次胡，爲　出

---

① 該碑原位於育德庵大街，現存天津市紅橋區文管所。
② 該碑原位於營門東馬路窯窪砲臺旁，現存紅橋區文管所。

示曉諭事。□據文泰永、萬春斗店稟稱,竊商等前控王鳳池攪亂集市一案,蒙恩斷結,令伊另擇妥協地基開設,不準在商等界内□□妨礙攪擾等因,在□□勝□□,鐵案如山,皆宜遵□。□思王鳳池詭計百端,誠恐復在商店界内朦混設店,其地址一日不清定,其所在即一日不免有妨礙攪擾商等各店情事。商等查有東礆台以東及王鳳池原指窰窪矗公祠後慶記機器磨房一帶,其地□□□碼頭,最稱便宜,且與商等各不相擾。爲此□陳原委,叩懇仁天,總期早日定其店□□,争端自可杜絶。謹將兩店地界劃清附繕,呈請憲鑒立案,以防攪擾。並懇恩准出示,商等遵立界□,以垂久遠而保商業,則感大德□。既□等□□此,當將兩造傳案訊明,因□□案。前據王鳳池稟請在原集原界開設斗店,嗣因不按原稟開設,狡攬界址,經本縣□閉,不准在文泰永、萬春兩店妨礙處所開設,並取有切結存案。兹據文泰永等斗店具稟前情,該王鳳池故智復萌,擬在該兩店妨礙處所□□開設斗店,勢必□滋事端。□經切寔申明,只准王鳳池按照原稟在原集原界開設斗店,所有北營門外一帶界址,不許王鳳池復行攪擾,以斬葛藤而免争訟。除諭飭遵照外,合行出示曉諭。爲此示仰該處商民人等一體遵照,毋違。特示。

右　仰　知　悉

宣統二年二月十八日
　　告　示

8. 民國十一年鮮貨商研究所碑①

蓋聞聯絡衆商乃能集思廣益,結合團體要貴因時制宜。鮮貨亦人生食品一大種,營此業者大小不下百餘家,不有以聯合而研究之,何以謀商業之進步而日見發達。所以我津商董有鑒於此,創建天津鮮貨商研究所,研求事實,究察貨品,誠益舉也。在清宣統二年九月間,正議長祁秀山、議員劉養泉等帖請　天津商務總會轉稟　勸業道,詳請　農工商部查核立案。是年十月間,蒙　直隸勸業道孫,照會商會云:奉　督憲陳札開,據詳已悉,候咨　農工商部立案等因。旋又照會,奉　督憲札到該道,蒙　農工商部准予立案,轉飭該商遵照等因。從兹糾合同業,時常假地開會,評議本行諸務,乃得折衷,裨益非淺。詎本津鮮貨行牙紀累年擾索,纏訟不休。經劉養泉等據理力争,爲求脱累。以致　前縣長姒　函知商會,屢勸本所接

---

① 該碑原位於歸賈胡衕原鮮貨商研究所所在地,現存紅橋區文管所。該碑原無碑名。

辦牙行。故劉養泉聯絡韓邦祥、褚聘三、王吉菴等再三磋商，設法抵制。公同議決，於本行業中召集三十五家，所來鮮貨按件抽費，由本所存儲。不在此列之商號亦得來所與議，並不外視。以本所存款，每年分兩季報效學費洋八百元正。爲脫離牙行關係，故於民國五年三月間，就此本所名義，更改章程十六條，協商正議長祁秀山及各議員等重新整頓。帖請　天津總商會據情移請　前縣長姒，賞發明示；並詳各上憲立案，發給腰牌三十五箇，蓋具縣印，載明各商領貨不納牙用，有退所者頂補等因。蒙　前縣長姒核准照辦，與牙紀無涉。各情節有案。本所成立有年，至今由旅滬明遠堂本商扶助，始得購此相當地點，遂起蓋樓房，將縣示、所章、置房原契及組織人員俱勒之於石，以垂千古。望後起者繼續而擴充之，本所幸甚，各商號幸甚。是以援爲之序以誌之。

　　縣示、章程、人員、原契臚列於後：

直隸天津縣行政公署布告第　號

　　爲出示布告事。案查前准　天津商務總會函開：敬啓者，案據鮮貨商研究所義順合等三十五家帖稱：竊商等素業鮮貨，入集與否，向聽自便。緣本貨係屬水果，稍躭延時日，易致腐壞，窒礙生意，諸多不便。況牙行定章，任客投主，貨由客便，凡過路等貨向不納用。適奉縣長以官款短絀，請由貴會勸令商等接任鮮貨行事務，交納官款。惟商等均係商界中人，照料商業尚不假給，實無擔任牙行能力。惟迭承貴會開議商酌，商等於無可如何之中勉就。本商舊有之研究所，由本所各商集貨報效，情願每年提交公款洋銀八百元正，分爲四季，呈由貴會轉交縣署，作爲津貼學費之款，以盡義務。擬在本所各商由外購辦鮮貨，無論船裝車載以及火車所來，凡運入本津各地，概不交納牙用。即有時貨行於路，或在該行集前路過，亦不准牙紀過問。若梨棧來貨，外客購貨，以及不在本所之各商運來之貨，皆不在此例，一任憑牙紀照章抽用。至於西瓜、山芋、鮮棗、白菜四種，本所向不購辦此貨，亦不在此列。伏思本所各商號額數以三十五家爲限，倘日後間有歇業，隨即頂補他號，以歸原數，意在充足公款。且本所各商來貨須帶本所腰牌，以示區別。仍懇轉請縣恩蓋印，以爲憑證而防假冒。此係商等爲報效公款，預防擾累，便商起見。理合據情，除將本所舊章改定十六條呈交貴會備案外，公懇移請縣恩核准，賞發示諭，並轉詳各上憲立案，以納公款而維商業，實爲公便等情。查來帖陳述各節，核與前議辦法相符。該研究所制備腰牌，呈請縣長蓋印以爲憑證，俾示區別，所擬辦法亦尚周妥。除俟腰牌備妥送會轉呈辦理外，相應函致貴公署查照立案，並請賞發示諭，轉詳財政廳立案，實紉公誼等因。准此，當經咨請商務總會轉知照辦。去後，茲復准天津商務總會函覆以據該鮮貨商研究所帖稱：竊敝所前因縣公署勸認學款，所有來往貨物與鮮貨行經紀無涉，已蒙貴會轉請允准，自應遵照辦理。茲將填注字號腰牌三十三張，懇乞轉請蓋印發給。又空白腰牌二張，轉請備案。並祈轉詳立案，一面出示曉諭等情，呈由商務總會檢同送到各腰牌，函請核辦前來。覆查無異，除將填注字號腰牌蓋印咨送商務總會，轉發應用，並將空白腰牌存案備查，一面諭飭鮮貨行經紀查照暨候轉詳外，合行出示布告。爲此，告仰各鮮貨行及販運鮮貨商人等知悉，嗣後該鮮貨商研究所義順合等三十五家，如有由外購辦鮮貨，凡船裝、車載以及火車所來，運入本津各地，全憑腰牌領貨，各鮮貨行不得向該所各商抽用。倘有藉端勒索，違章擾累情事，准由該所各商稟請究辦。該所各商亦不得有包攬、冒充、隱射、蒙混各情弊，致干併懲。其各凜遵，切切。特告。

右　仰　知　悉

中華民國五年八月三日

本所簡章十六條列後：

一、本所名稱天津鮮貨商研究所。

一、本所專研究本商生意應如何發達，物品應如何改良爲宗旨。

一、本所地址由清宣統二年冬月在天津北門西福安里設此研究公地，今公擬遷移，仍設在北門內外一帶。如置購本所房地，係公共之產，不許私相典售等事。

一、本所各商額數以三十五商號爲限，用投票法於各號中選舉正議長二員、副議長二員，餘皆爲本所議員。另聘文牘一員，辦理所中事務。

一、由本所各商籌備經費以交官款爲至要，不許推拖貽誤。

一、本所每年經費應由在所各號量來貨多寡，每簍納費定有準數，確係公衆承認，不許絲毫短欠。如查有影射，以多報少，許帖請商會送縣審理處罰。

一、本所各號如有歇業，須擇其殷實商號以頂補其缺，爲不誤公款計。然亦不得逾其額數。

一、本所各商號原以公辦公本，商等所來之貨每簍應納費若干。如查有偷漏者，以二十倍處罰。

一、本所各商如由外購來鮮貨，須領本所腰牌，以便領貨入境，免與他號相混。而不在本所之商號不準借用。

一、本所一切事務皆由正、副議長管理，然遇研究要件可否贊駁，總以多數爲標準。如有難以決定者，須用投票法公決。

一、本所公同議決，預擇一星期之日下午二鐘，通知各號開會研究，五鐘閉會。倘遇有緊要事件，不拘何日，務先通知，特開臨時會。

一、本所每逢開會日期，或由甲號倡議，或由乙號演說，或由丙號辯駁，或由丁號贊成，總之擇善而從，以期商業日有進步。設遇疑難難決之事，須由正、副議長核定，以免兩歧。

一、本所正、副議長及議員，每屆開會之期均須親到。如實有要事不能到所者，正議長託副議長替代；副議長有事，應請員中老成者代職。正、副議長仍以一年爲滿任，滿任後再由議員內公推接替。倘辦理完善，仍應續任；半途有故出所，挨次升補。

一、本所所收各來貨之費，須寄存殷實銀號，以備本所交款及公益之需。無論所內何人不許任意支取、挪用、假借等事。

一、本所有提議之事到所時，須先聲明己見，報告文牘員，以便登簿，俾開會時得以挨次提議。如事關緊要，須提前開議。

一、本所現行簡章，係由本商公同決議，自應共相遵守。如有不守所章或犯有禁例者，應視所犯之輕重科罰多寡，罰金充作本所經費。雖犯在正、副議長，亦照章處罰。

以上十六條歸爲臨時簡章，如見有未盡善處，須隨時改良，以期完密。

本所發起人：

裕記號于振聲	集勝和韓少泉	鴻記順李榮生
厚記號張秉權	長義號金鳳藻	華記號房樹華
杜利源杜學仁	萬成號張春浦	東來順褚鳳明
周起泰周清泰	元慶昌單執如	德發號邵仲三
東昌源劉養泉	華生祥郭鳳池	興茂號張秋棠
義順合祁秀山	陳大生陳楚湘	盛興號師伯章
天祥裕韓邦祥	德生祥王金石	三合成王樹棠
義成號王吉庵	祥順合郎維章	雙盛號張　琨
裕順合程子才	永興號關少軒	起翼順高起亮
德順成李竹生	寶合順李寶慶	同發成丁繼周
關記號關月庭	起盛號蔣起昇	寶順合張玉珍
榮合昌張榮山	四順合于春生	

旅滬創辦明遠堂人：	李晏園	陳俊田	周從網		
	楊壽山	李澤清	尚竹軒		
旅港志遠堂贊成人：	范仲三	郭鳳榮	李聘鄉	金綉	于海亭
	劉鴻年	楊秉巨	盧潤田	閻静峰	李寶珍
	張之俊	紀貴	王文藻	祁雅亭	劉子珍
	劉輔仁	房錫九	牛福臣	宋錦波	金俊
旅滬明遠堂贊成人：	杜翰章	周永順	王瑞安	崔寶明	陳少軒
	史獻廷	陳筱波	薛蔭午	韓文禮	李國章
	楊金聲	朱恩波	曹杏三	王治文	
贊成人：	高聚五	褚聘三	齊耀廷	王玉珊	
	劉趾雲	陳雅泉	王静波	杜雲樵	

本所原買契列後：

立杜絶賣房並地基契約人秀山堂祁寶玉，今經中人李仲元等説合，將價買有恒堂郭孫氏坐落歸賈胡同内灰房一所，路西大門箭道夥走，坐西大門過道壹間、院内北房伍間、南平廈壹條、東平房壹間、西平房壹條、院基壹段，其房門窗户壁俱全，日後起蓋各按原城舊址爲界，水道滴水照舊行走通流，憑中説合賣與天津鮮貨商研究所名下管業。同中三面議定，時值賣價銀洋叁仟捌百拾陸元陸角伍分。其洋筆下交足，並無短少。自賣之後，如有重契、盜典、盜賣以及指産借貸官款私債暨遠近親族人等爭競等情，俱有賣主一面承管。欲後有憑，立此賣房並地基契約爲證。

四至： 東至翟姓，南至賣主，夥走箭道 西至三槐堂王，北至王姓。 本契批明現買主北房後檐滴水，在北鄰王姓院内行走通流。

弓尺： 西面由南頭至北頭貳丈玖尺肆寸，南面由西頭至東肆丈玖尺，毗連箭道；
由西至東頭壹丈捌尺， 北面由西頭至東翟姓肆丈柒尺；
東面由箭道南頭至北頭貳丈玖尺陸寸，大門南北寬伍尺柒寸。

中華民國拾年九月廿二日　　立賣房契約人：祁寶玉　　地方：曾起泰

中華民國拾壹年五月吉立　　　　津門趾雲劉成麟撰序並書

二 祁州藥王廟碑文[①]

祁州藥王廟
——牌坊和鐵旗杆

藥王廟

藥王墓亭

---

① 這批碑銘現存安國市藥王廟，係南開大學2007級本科生劉小朦同學於2009年收集整理，筆者於2010年前往考察並復核。

藥王廟碑廊

藥王廟碑廊

藥王廟正殿

藥王廟其他存碑

1. 同治四年《河南彰德府武安縣合帮新立碑記》

碑額：德洋恩溥

河南彰德府武安縣合帮新立碑記

蓋聞太上有立德，其次立功，次立言，顧功與德非言不傳。往哲前賢其功德之不可見者，而載籍猶炳若日星，使非有立言者以爲之繼，即功德亦將終泯焉。立言顧不重乎哉？祁州南門外舊有　藥王廟一座，奉祀　明靈昭惠顯佑藥王。相傳　神自有宋時以醫術鳴世，多所存活。迨後遇有沉疴醫治莫效者，祈禱頓瘳，　神之惠濟蒼生者不勝僂指。土人建廟祀之，自有宋而元而明，迄今　國朝，曆數數百餘年之久，未嘗或廢。非功在生民，德足壽世者，其孰能與於斯。自廟之既建，每歲春秋二季商賈雲集，稱盛會焉，而藥行尤鉅。凡客商載藥來售者各分以省，省自爲帮，各省共得十三帮，而河南彰德府之武安帮獨闕有間。咸豐辛酉冬，李公久青，其同行之孔公廣能、胡公連元、梁公玉堂，倡議興立，又有同籍藥行數家亦樂爲之勸理，而慫恿之；一時義舉樂輸者三百餘家，則皆由於李公等一言之倡也。自辛酉迄癸亥，共捐資若干，復得彰德帮解囊相助，共成義舉。於是張燈懸彩，演劇醻神，自是武安帮遂因以成立。公議首事者四十二家，每歲以六人值年，輪董其事。凡帮中有争競凌侮事，首事者爲之彌縫其缺而正其是非。以故歷會之始終鮮有以不平起釁者，則又諸公之義有以激之，而首事者之能持其平也。余與梁公爲世好，甲子秋，以武安帮之成來請記於余。余惟是舉也，始倡于李公等之一言，又得諸家樂爲之助，而　神之功德在民，遂賴以俱永。故曰：惟功與德非言不傳。即諸公之倡立是帮，固當與貞珉並壽，是又舉功與德而兼之矣。後之來者因時紀理，毋使廢墜，則是帮之成庶可期諸久遠，其好義亦當與諸公等，而功德與言亦庶乎其不泯焉。余多李公等之義，故歷綜其始末而樂爲之記。

誥封奉政大夫軍功欽加同知銜山東汶上縣署理淄川縣事　　古遂張錫綸撰文
欽加五品藍翎銜候選直隸　州　州同　　　　　　　　　　古陽邑董昀書丹
保陽郡樊興儒學生員軍功賞加七品銜　　　　　　　　　　常春亭篆額

會首：
榮豐泰　興順誠　合義恒　雙和祥　三合義　公義合　德玉沛
韓新順　楊春和　廣德永　天意成　順發成　義盛德　吉慶恒
泰和李　六合祥　徐永泰　廣和恒　廣和公　慶合順　錦和慶

苗興盛　永順安　胡恒聚　胡統順　廣盛永　常統順　靳同和
會祥成　祥盛公　馬廣義　劉正泰　春和正　萬順發　義生堂
三益堂　胡恒盛　吉祥號　同和公　連合順　洪源泰　廣魁恒

首事：李久青　九品梁玉堂　　　等敬立
　　　孔廣能　　胡連元

經理：閆　照　　　　西河村鐫工：邵洛陳

大清同治肆年端陽月吉日穀旦

碑陰：

碑額：碑陰

今將各號捐助錢文開列於後：

三合義	錢壹拾捌千六佰	胡恒聚	錢柒千弍百
霍靄雲	錢壹拾六千六佰	吉慶恒	錢柒千弍百
合義恒	錢壹拾叄千八佰	萬順發	
榮豐泰	錢壹拾叄千八佰	會祥成	
德玉沛	錢壹拾叄千六佰	同和永	
永順安	錢壹拾弍千		以上三家各捐錢六千八百
祥盛公	錢壹拾弍千	順發成	
苗興盛	錢九千八百	錦和慶	
德順恒	錢八千	六合祥	
雙和祥		廣魁恒	
公義合		義盛德	
韓新順		興順誠	
同和公		洪源泰	

廣和公	統順常
天德永	中和李
胡恒盛	胡恒順
廣盛永	德聚成
馬廣義	胡統順
梁雙興	孔廣義
同心永	以上十三家各捐錢六千六百
廣和恒	李泰和
三益堂	義生德
春和正	孔廣和
廣德永	以上三家各捐錢六千四百
楊春和	春和號　錢六千弍百
吉祥號	廣合順
天意成	聚和遠
以上十八家各捐錢柒千六佰	以上二家各捐錢陸千
中興成	劉正泰　捐錢七千二百
孔德和	萬和成　捐錢三千九百
雙和成	廣裕恒
以上三家各捐錢五千六百	同興發
劉永豐	高　會
育興堂	以上三家各捐錢三千六百
以上二家各捐錢五千四百	苗長盛
魁興隆　捐錢五千弍百	孔泰和
龍興盛　捐錢五千	隆盛義
李萬盛　捐錢四千八百	廣義興
霍永集	三盛德
六合公	以上五家各捐錢三千四百
連合順	三合堂
長慶恒	榮德泰
雙和楊	雙興公

隆盛祥
宋義和
　以上七家各捐錢四千六百
楊全興　錢四千五百
苗仁和　錢四千四百
靳順成　錢四千式百
德隆慶
三和堂
恒茂公
廣全堂
和合同
同昇利
　以上六家各捐錢四千

連雙盛　捐錢式千八百文
徐永泰　捐錢六千六伯文
順義劉
梁雙盛
韓新合
宋元興
李永盛
廣昌永
清和成
恒興永
和興正
　以上九家各捐錢式千六百
霍恒泰
孔萬興
育亨堂
義和成
永豐德

以上三家各捐錢三千式百
永興李　捐錢四千
孔義盛
聚盛和
三義永
益盛公
德順張
永福昇
杜和合
　以上七家各捐錢叁千
楊廣興
東興德
　以上二家各捐錢式千八百
協盛張
元亨泰
李義興
萬芝堂
合盛隆
新泰昌
慶和成
永盛隆
天德誠
源和周
秦茂盛
源順公
廣和成
義順郝
三元成
合盛德
德慶和

協泰永
朱泰和
　　以上七家各捐錢弍千四百
李長盛
劉天增
趙義興
郭廣盛
通泰號
　　以上五家各捐錢弍千弍百
德生堂　錢弍千乙百
泰和合
泰和裕
　　以上二家各捐錢三千四百

慶祥合
問松堂
德順楊
雙盛永
恒隆趙
萬育堂
惠興成
萬順和
保和堂
興合玉
楊三盛
　　以上十一家各捐錢壹千六百
封和盛
常協盛
　　以上二家各捐錢壹千七百
趙永盛
常元亨

魁興義
興盛永
福慶隆
新盛號
復慶堂
崇盛東
李義全
　　以上廿四家各捐錢兩千
郝東昇
天成公
　　以上二家各捐錢壹千八百
王源興
泰和隆　各捐錢兩千

胡和興
連玉興
慶祥劉
　　以上三家各捐錢弍千
義泰隆　捐錢壹千四百
馮新盛　捐錢壹千三百
恒盛永
德和公
楊公盛
泰和周
魁錦元
連源盛
德盛和
李恒茂
霍復泰
濟世堂
蘭全盛

以上二家各捐錢壹千五百　　霍仁和

德合堂　　同興永

廣和成　　　　以上十三家各捐錢壹千式百

彭壽堂　　王合興

益興公　　義順張

霍永茂　　德興公

天德堂　　三義成

封義興　　義順和

萬和堂　　章文富

霍義泰　　張順興

永泰恒　　同心和

苗秀然　　徐長發

以上十一家各捐錢壹千四百　　永盛和

山東陽□德馨堂　　大年會　捐錢壹千式百

南關靳老鳳　　玉義盛　捐錢九百文

大生堂　　杜文盛

廣來號　　楊元盛

聚盛和　　德成公

萬□昌　　再生堂

裕順号　　劉永盛

韓新盛　　房玉盛

大有慶　　德盛昌

萬生堂　　三益和

全盛館　　保和堂

楊同興　　封裕盛

復盛堂　　霍双和

廣盛聚　　永興李

義和堂　　義興公

慶長和　　楊全盛

趙萬興　　福星集

封永和	以上十五家各捐錢八百文
德和堂	楊合盛　捐錢壹千
泰和堂	樹德堂
義成李	李長興
慶和永	廣盛和
王宗貴	利仁堂
張同義	常和興
勝興永	恒盛和
李廣義	趙興成
興義順	趙永和
隆泰恒	韓永和
義盛昌	慶合永
統盛和	常盛和
德慶和	雙發成
三合堂	劉成益
松竹堂	永興成
以上四十三家各捐錢壹千	
孔興盛	德順祥
萬源盛	常元亨
永旺隆	趙永盛
春慶堂	元恒泰
双興成	濟生堂
同和慶	以上五十二家各捐錢六百文
德盛公	興義順　捐錢五百文
源順和	翟双盛
孔盛興	王双興
協恒陞	顧全興
統順公	楊天順
昌成全	發盛恒
秦慶盛	永盛德

德和天	李朝宗
天順利	王發廣
堂壽全	發長封
封義成	張元泰
同興和	張泰来
孫臨盛	慶義泰
長發源	元太德
郝義盛	天裕堂
聚成号	元合祥
復慶成	順興和
德育堂	郝長泰
義合堂	玉清堂
永茂盛	清和成
同泰号	宋文堂
廣和堂	萬芝生
春和号	天義申
劉和興	慶合堂
左長盛	天義堂
天興堂	李元起
長順興	張義合

楊義發	封益泰　捐錢八百
封德盛	李順統
德盛和	德順昌
公聚昌	郭義順
萬源盛	張思源
聚成号	德新合
双和公	□化堂
福盛成	復盛永
保和堂	封源興
以上三十五家各捐錢四百	永和公

李同安		崔中和
李瑞安		以上十家各捐錢弍百
高同泰		順盛公　錢一千
以上三家各捐錢三百		趙仁和
馬義全	廣源興	以上二家①各捐錢壹百
霍同興	苗廣興	天順恒
義盛魁	各捐錢三仟	萬源堂
華北堂	慶昌永	培元堂
袁順興	興順成	壽朋堂
高廣義	姜源盛	恒聚大
復元張	泰和亨	三義成
義泰公	慶昌和	福興堂
致和遠	各捐錢弍仟	李廣興
義成李	興盛韓	永太和
廣慶和	仁義堂	以上各捐錢一千文
保和福	三和孔	李玉柱
源慶堂	保三堂	捐錢六百文
長盛永	義新昌	蘭全興
晉濟成	永興和	捐錢四百文
孔義順	義興恒	
恒發育	李文元	
成和楊	和合李	
以上十八家各捐錢弍百文	翠榮興	住持：趙至芳　仝立

　從咸豐拾壹年冬廟起至同治三年冬廟，一舉通共捐錢玖百零四千壹百文

共置　懸匾帳幔幃棹香爐供器板箱手本帖套
　　　獻戲燈籠碑銘上香供饌擺席毡條石工　一應通共花費錢捌百叁拾六千四百六拾六文

---

① 原文如此，此處僅見趙仁和一家。

2. 光緒六年《增修明靈昭惠顯祐王廟碑記》

碑額：德潤生民

增修明靈昭惠顯祐王廟碑記

祁之崇祀藥王也，自宋迄明，而獨隆於當代。赫聲濯靈，歷久彌□，甚盛典也。惟舊存碑碣均未詳其巔末，識者憾焉。考之邑乘，王爲光武時二十八將之一，邳姓肜名，邑南關有王之故墓在，遂祀焉。宋建中初封靈貺侯，尋封公，咸淳六年加封明靈昭惠顯祐王。夫王佐世祖成帝業，功蓋天下，聲施爛然。生而英，死而靈，其昭兹來□者亦固其所。況吾祁爲桑梓之鄉、發祥之地哉！故春秋兩季，南北藥賈奔走而來徧海內，則益信王之所布護者大而遠。固不□□一時，榮一邑也。道光初年，和中公卜氏謂　神庥既普，廟貌宜崇。爰集同人暨各省商賈量力賞助，鳩工庀材，而神宇以廓。又於殿前建兩廡，以歷代名醫配之：其左則季漢華元化、唐孫林金、劉河間、張子和、明張惠卿；其右則黃普世□列國、秦扁鵲、漢張仲景及唐之孫思邈、徐文伯。祀典煌煌，洵祁邑一勝迹也。顧增修既久，剝落漸多。公之侄鳳鳴公暨公孫名兆晋者，懼終無以妥神棲而承先志也，復倡議捐貲，增其式廓，而規模愈宏壯矣。自癸酉迄己卯而工竣，函至京師，屬爲文勒石，以垂久遠。因不揣譾陋，即以考之邑乘者記之如右。

　　壬戌科進士戶部山西司主政欽加郎中銜　沈鳴珂撰文
　　　　　　　　　　歲貢生　劉景向書丹
　　　　　　　　　　文　生　卜金泇篆額
　　　　　　傅金科
　　首事人：卜兆晋
　　　　　　張光亨

□□□	□□□	傅□科	□桂滿		
□□□	□□□	□□□	□□□		
南關首事人等：	□□□	□□□	李□□	□□□	敬立
□□□	□祥	李□□	□□□		
□□□	□□□	□□□	□□□		

大清光緒六年歲次庚辰孟夏穀旦

碑陰：①

……光緒五年布施碑記

3.《同治十二年起至光緒五年眾商義捐布施碑記》（一）

關東帮捐施銀錢列後：

積德堂　銀十五兩，又十五兩，又五兩
徐和發　銀廿兩，又十四兩，又錢八千
□合堂　銀十兩，又七兩，又錢二千

春和堂　銀十五兩，又十兩，又錢八千
順發成　銀十五兩，又十兩，又錢八千
萬盛裕　銀十五兩，又十兩，又錢八千

世一堂　銀十五兩，又十兩，又錢八千
三益堂　銀十二兩，又八兩，又錢四千
寶善堂　銀十五兩，又十五兩，錢八千

廣生泰　銀十五兩，又十兩，又錢八千
濟生堂　銀八兩，又六兩，又錢三千
天德堂　銀十五兩，又十兩，錢八千

榮德堂　銀十五兩，又十兩，又錢八千
天益堂　銀十五兩，又十兩，又錢八千
延壽堂　銀十五兩，又十兩，錢八千

永壽堂　銀十兩，又七兩，又錢八千
源和泰　銀十兩，又七兩，又錢三千

---

① 碑陰爲捐款，因風化較嚴重，未及錄入。

台□廣生堂　　銀八兩，又二兩，錢一千

廣利恒　　銀十五兩，又十兩，又二兩
意誠正　　銀六兩，又四兩，又錢一千
聚成福　　銀六兩，又二兩，錢二千

福成慶　　銀三兩，又二兩，又錢二千
萬合堂　　銀二兩，又一兩四錢，錢一千
永升合　　銀十兩，又五兩，又一兩，錢一千

興順成	銀六兩，又四兩	育生堂	銀十兩，又錢五千
德成合	銀十兩，又錢四千	和興正	銀六兩，又四兩
錦春堂	銀十兩，又七兩	錦和慶	銀六兩，又四兩
大生堂	銀十兩，錢二千	慶昌永	銀四兩，又二兩八錢
福源永	銀十兩，又二兩	廣德堂	銀四兩，又錢二千
金正堂	銀二兩，又錢一千	大成堂	銀四兩，又錢一千
晴雨堂	銀二兩，又二兩	榆關寶善堂	銀二兩五錢，錢一千
蘆王莊濟生堂	銀三兩，錢一千	大安堂	銀二兩，又一兩四錢
成和堂	銀二兩，又一兩四錢	任福記	銀二兩，又一兩
鴻裕堂	銀四兩，又錢四千	長記	銀二兩，又錢二千
福春永	銀一兩，又二兩	裕成福	銀三兩，又四兩
天聚德	銀二兩，又一兩	東興誠	銀五兩，又二兩
雙發成	銀二兩五錢，又錢一千	信成福	銀二兩，又一兩
興合玉	銀二兩，又一兩五錢	興聚源	銀二兩，又錢一千
永生隆	銀八兩，又五兩	魁發堂	銀二兩，又二兩，錢一千
吉林益成福	銀二兩，又一兩	吉林東興誠	銀六兩，錢二千
吉林益成福	銀二兩，又錢二千	乾元堂	銀十兩

豆成福	銀二兩，又錢三千	朝陽廣生堂	銀八兩
會盛德	銀二兩，錢二千	馬瓜榆樹 寶生堂	銀八兩
錦州寶生堂	銀六兩，錢三千	世昌永	銀八兩
		洪源泰	銀六兩
		吉林萬泰成	銀十二兩

義聚成	銀八兩	萬順增	銀四兩
大亨正	銀二兩	鳳鳴樓	銀二兩
德馨昌	銀五兩	義聚長	銀五兩
東興德	銀二兩	同恩福	銀一兩
同和慶	銀二兩	全興朋	銀五兩
撫邑濟生堂	銀四兩正	順發堂	銀一兩四錢

公　記	銀二兩	福東德	錢一千
萬泰成	銀三兩	三合堂	銀一兩
中和堂	銀一兩	永發福	銀一兩
源盛永	銀五兩	吉盛榮	銀一兩
義聚成	銀三兩	福興正	銀二兩
興聚源	銀一兩四錢	蘊成玉	銀二兩正

永和祥	銀一兩	東興發	銀二兩
同成魁	銀一兩	登州呂日章	銀一兩
公合記	銀二兩	同發和	銀二兩
李　堂	銀一兩	朱朋記	銀四兩
福源慶	銀二兩	寶山昌	銀二兩
富有號	銀四兩正	會盛德	銀六兩正

振發福	銀二兩	永和廣	銀二兩
田合記	銀二兩	東生瑞	銀二兩
萬和順	銀二兩	福德祥	銀十兩
福成慶	銀四兩	福順號	銀四兩

永聚魁	銀二兩	悦陞福	銀二兩
福星玉	銀一兩正	邊福盛	銀二兩正

德興廣	銀三兩	永發福	銀一兩
和　記	銀一兩	王　記	錢三千
全盛福	銀二兩	同和堂	銀一兩
萬和順	銀一兩	福順號	銀一兩
李合記	銀一兩	瑞昌號	銀五兩
會川福	銀一兩正	義和堂	錢八千正

春和育	錢四千	東興泰	錢一千
天聚德	錢二千	益信成	錢一千
德泰福	錢一千	恒裕興	錢二千
義成福	錢一千	永源堂	錢一千
合盛福	錢二千	大來堂	錢二千
公盛永	錢二千正	天德堂	錢一千正

裕和堂	錢一千	源升合	錢二千
保元堂	錢一千	福源永	錢二千
保成堂	錢一千	義聚成	錢一千
成和堂	錢一千	同興福	錢一千
萬順增	錢一千	同茂德	錢一千
正發福	錢一千正	廣森茂	錢一千正

天增茂	錢一千	廣生堂	三次銀三十五兩，錢八千
天一號	錢一千	萬育堂	三次銀三十五兩，錢八千
福林堂	錢一千	寶和堂	三次銀三十五兩，錢八千正
二合號	錢一千	吉林永德和	三次銀三十五兩，錢八千
福泰和	錢二千	大德生	四次銀六十兩，錢八千
吉盛永	錢一千正	晋徐承德堂	三次共銀五十五兩正

寶和堂代捐字號施銀列後：

裕德堂　銀二兩	豫泰隆　銀二兩	福星堂　銀二兩
恆昌店　銀三兩	成元會　銀三兩	永泰德　銀二兩
萬盛增　銀四兩	興隆園　銀二兩	永泉燒鍋　銀三兩
大有玉　銀四兩	廣和慶　銀二兩	永餘長　銀二兩
順源永　銀二兩	廣生利　銀二兩	公順元　銀二兩
永裕店　銀三兩	重興利　銀二兩正	同春堂　銀二兩正
廣盛店　銀三兩		
廣成店　銀三兩正		

古北口外幫捐施銀錢列後：

長春堂　銀四兩，又錢四千	永安堂　銀三兩，又錢四千
萬全瑞　銀四兩，又錢二千	平泉同仁堂　銀三兩，又錢二千
春生堂　銀三兩，又錢二千	建邑存仁堂　銀三兩，又錢四千
同仁堂　銀四兩正	萬全堂　銀四兩正
大和堂　銀三兩，又錢四千	天成永　銀一兩，又錢一千
熱河仔仁堂　銀二兩，又錢三千	新春堂　銀二兩，又錢二千
崇德堂　銀二兩，又錢二千	葆生堂　銀一兩，又錢一千
西萬全　銀二兩正	萬德堂　銀一兩正
春山堂　銀一兩，又錢一千	仁育堂　銀二兩，又錢四千
廣德堂　銀二兩，又錢一千	京東世德堂　銀二兩，又錢二千
平泉存仁堂　銀四兩，又錢四千	遵化順壽堂　銀二兩，又錢二千
天和堂　銀一兩正	增壽堂　銀一兩正
福元堂　銀三兩，又錢三千	永合堂　銀二兩，又錢四千
萬春堂　銀一兩，又錢一千	德壽堂　銀三兩，又錢四千
永生堂　銀三兩，又錢四千	經棚萬全堂　銀二兩，又錢二千
德裕店　銀一兩正	仁壽堂　銀二兩正

同和堂	銀一兩,又錢一千	純仁堂	銀二兩,又錢二千
熱河同春堂	銀三兩,又錢三千	永安堂	銀二兩,又錢四千
錦泰堂	銀一兩五錢,又錢二千	協義堂	銀二兩,又錢一千
德元堂	銀二兩正	天祐增	銀三兩正
長春廣	銀三兩,又錢三千	恒德堂	銀一兩
萬泰生	銀三兩,又錢三千	閆德芳	銀一兩
德裕堂	銀二兩	裕盛隆	銀一兩
閆崇堂	銀二兩五錢	永發源	銀二兩
福源隆	銀二兩	天錫和	錢一千
		廣順號	錢二千正
廣生堂	錢四千	回春堂	錢二千
晉興號	錢二千	福東堂	錢二千
通興永	錢一千	半積堂	錢一千
天慶林	錢二千	壽春堂	錢一千
天福堂	錢二千	慶隆堂	錢一千
杏春堂	錢一千正	福聚店	錢一千正
同春堂	錢一千		

二年又共捐施錢七十四千二百文,四年又共捐施七十四千

武安幫捐施銀錢列後:

德玉沛	銀六兩,又銀六兩	德順恒	銀三兩,又三兩
成興達	銀五兩,又銀五兩	德隆慶	銀二兩,又二兩
義盛德	銀四兩,又四兩	德和慶	銀三兩,又三兩
德聚成	銀五兩,又五兩	祥盛公	銀五兩,又四兩
三盛店	銀五兩,又二兩	統順恒	銀二兩,又二兩
孔廣和	銀三兩,又三兩	胡天德	銀二兩,又二兩
孔廣義	銀二兩,又一兩五錢	連合順	銀一兩,又一兩
苗興盛	銀二兩,又一兩五錢	胡恒盛	銀二兩,又一兩

太和李	銀一兩，又一兩	梁雙興	銀二兩，又二兩
馬廣義	銀一兩，又一兩	公義和	錢五千，又五千
劉正泰	銀二兩，又二兩	耿茂盛	銀一兩
廣盛永	銀一兩，又一兩	瑾玉堂	銀一兩
		永興德	銀五兩
二合成	銀一兩	同盛公	銀一兩五錢
萬茂店	銀二兩	協順永	銀一兩
集義店	銀二兩	新泰恒	銀一兩
義和堂	銀一兩	孔廣魁	銀一兩
積王公	銀一兩	苗仁和	銀一兩
新合成	銀一兩	連雙盛	銀一兩
廣德永	銀二兩，又銀二兩	春和亨	銀一兩
永豐泰	銀一兩	元順和	銀一兩
孔泰和	銀六兩	同發和	銀四錢
楊春和	銀二兩	永鎰厚	銀一兩
金生廣	銀一兩	雙和祥	錢五千
		東安廣和公	銀一兩
正心和 義盛昌	銀一兩	復元堂	銀一兩
胡恒順	銀一兩	廣義興	銀一兩
行仁義	銀二兩	清和成	銀一兩
德興公	銀一兩	杏林堂	銀一兩
廣裕成	銀一兩	源和□ 永盛□	銀一兩
霸州廣和公	銀一兩	泰和合	銀一兩
同興發	銀一兩	義泰公	銀二兩
彭壽堂	銀一兩	彰德泰昌永	銀一兩
靳順成	銀一兩	春和正	銀一兩

亨茂公　銀一兩　　　　　　　　慶和成　銀一兩
守誠然　銀一兩　　　　　　　　增盛祥　銀一兩
福興堂　銀一兩　　　　　　　□□廣隆永　錢八千

崇德堂　銀一兩
二年又共捐施錢一百千，四年又共捐施錢五十千

甘草行捐施銀錢列後：

蔚州春和盛　錢十千　　　　西口義成昌　錢二千
　丁國海　錢六千　　　　　　雙盛公　錢二千
大同大東店　錢二千　　　　懷仁管世元　錢五千
　永盛德　銀二兩　　　　　大同大順魁　錢二千
　天興成　錢四千　　　　　　義源店　錢二千
渾源德慶店　錢五千　　　　　復盛永　錢二千

渾源德慶元　錢二千　　　　曲陽永順昌　錢一千
大同時中義　錢二千　　　　大同德盛明　錢三千，又一千
　真興成　錢二千　　　　　　義和成　錢三千，又一千
懷仁萬裕昌　錢一千　　　　　三合永　錢二千，又二千
渾源德盛益　錢一千　　　　　天德成　錢二千，又一千
　義源成　錢一千

寧波幫捐施銀錢列後：

餘源潤　銀二十兩
和泰號　銀二十兩
恒鎰號　錢二十千
鼎亨號　錢十四千
葛仲賢　銀一兩

江西幫捐施銀錢列後：

恒義泰　銀二十兩，又十五兩，又十五兩，又五兩　泰記號　銀三兩，又一兩

程育之　銀五兩，又五兩	乾和號　銀三兩
榮茂號　銀三兩	和春號　銀一兩二錢二
濟春堂　銀三兩正	恒茂號　銀二兩
	正盛源　銀四兩正

詒德合　銀八兩	同和盛　銀三兩
鄔志有　銀二兩	義聚隆　銀一兩
德昌和　銀二兩	永興源　銀一兩
全盛和　銀一兩	太元堂　銀十兩，又二兩
趙恒興仁銀一兩	
萬茂鈺　錢三千四百	

豫　章

羅萬春　銀三兩　　　　恒興仁　銀三兩　　　泰記義　銀三兩
同治十二年又共捐銀一百兩正

4.《同治十二年起至光緒五年衆商義捐布施碑記》（二）

懷幫捐施銀錢同列於後：

杜盛興　銀五十兩，又銀五十兩，又銀廿五兩，又錢廿四千
永盛魁　銀二十兩，又廿兩，又四兩
永興德　銀五兩

中三成　銀二十兩，又銀二十兩，又銀十兩，又錢六千
德興號　銀十兩，又七兩，又四兩
興隆德　銀十兩

協盛西　銀十五兩，又銀三兩，又銀十五兩，又錢二千
永泰恒　銀十五兩，又十兩，又六兩
興隆合　銀十兩

生和成　銀五兩，又銀五兩，又銀二兩，又錢二千
仁興西　銀八兩，又八兩，又四兩
大生德　銀五兩

崇興寅　銀二兩，又銀二兩，又銀二兩，又錢二千
雲合興　銀六兩，又三兩，錢四千
三合仁　銀一兩

人和敬　銀六兩，又銀六兩，又銀三兩，又錢二千
衛聚泰　銀四兩，又二兩，錢二千
三合成　銀一兩

廣昇瑞　銀廿五兩，又銀廿五兩，又銀十一兩，又錢十二千
美成申　銀五兩，又五兩，錢二千
天泰店　銀四兩

協盛全　銀二十兩，又銀二十兩，又銀四兩，又錢二千
徐新合　銀五兩，又二兩，錢一千
德合隆　銀三兩

義聚祥　銀八兩，又銀八兩，又銀二兩，又錢二千
全泰長　錢十千，又十千，銀三兩
源生瑞　銀一兩

長興公　銀三兩，又銀三兩，又銀二兩，又錢二千
雷盛公　銀八兩，又八兩，又二兩
廣聚合　銀三兩

泰順茂　銀四兩，又銀四兩，又銀三兩，又錢三千
王長興　銀三兩，又二兩，錢二千
三合元　銀二兩

杜雙和　銀二十兩，又銀二十兩
集成德　銀五兩，又銀五兩
曹雙盛　銀二兩，又一兩，錢一千
泰順通　銀三兩

謙益儒　銀五兩，又銀二兩　　　　榮盛永　銀一兩，又銀一兩
積成合　銀三兩，又錢一千　　　　萬成堂　銀三兩，又錢二千
瑞聚合　銀一兩五，又三兩，錢二千　恒豐和　銀二兩
盛興德　銀二兩　　　　　　　　　恒興和　錢一千
　　　　　　　　　　　　　　　　增盛源　錢一千

天和順　銀五兩，又銀二兩
宣盛慎　銀四兩，又錢三千
杜同興　錢一千
新茂仁　錢一千
王成復　銀一兩五

山東幫捐施銀錢：

同治十二年共施錢四百千，同治十三年又共施錢四百千

光緒二年又三次共施錢三百一十千

四年共內中四十三家又各自捐施錢

公順成	十千	萬盛公	一千	福成德	一千
永　吉	二千	美成公	一千	峻德堂	五百
金城利	十千	三益成	五千	東同泰	五千
青州仁德堂	一千	源隆號	五千	廣盛堂	一千
天成德	十千	世濟堂	一千	臨朐天德	一千
德　聚	十千	東同興	五千	楊復興	一千
德興堂	二千	同長號	五千	育生堂	一千
三益成	五千	恒興堂	五百	六和泰	二千
邊廣盛	一千	半積堂	一千	廣育堂	一千

王德興 五千	異芝堂 二千	東興公 五千
登仁堂 二千	章丘益生 一千	永德堂 一千
亳州李同太 四千	德慶西 一千	
淄川天 德 一千	利泰昌 二千	
萬成堂 五百	恒仁堂 一千	
萬順張 一千	普生堂 一千	
于廣濟 一千	廣德堂 一千	

畢義和	公 益	三義堂
利興號	德州廣德	武定同順堂
德和棧	滔 義	德生堂
明德堂	東永德	和合堂
恒德堂	公 和	三義堂
德誠公	天一堂	太和堂
利津梅 林	臨朐永 德	人和堂
濱州保 合	滔 宜	萬鎰利
益生堂	東同仁	育化堂
貞記長	恒益堂	廣生堂
章丘三 和	永德堂	東濟生

贊化堂	回春堂	陵縣怡 壽
南皮仙芝	齊東永益	寧晉育 仁
樹德堂	中和堂	舊縣廣 盛
淄川永 慶	永成泰	太 元
義昌煙店	天元亨	藤縣同 和
恒春堂	武定惠 元	邱縣義 興
懷德堂	培德堂	威縣春 和
恒吉堂	泰安仁 德	濟寧洪 記
順義號	寧晉恒 德	仁和堂
懷仁堂	采 芝	
田恒興	慶德棧	

四年另外廿二家又新捐施錢

泰興東　銀一兩五錢

天和義　五千	義昌號　一千	公和棧　一千
義和公　五千	天德堂　一千	復　記　一千
東興德　五千	萬增永　二千	天福堂　一千
永德昌　一千	德全堂　一千	福成公　一千
義和祥　一千	同和堂　一千	同德堂　五百
永德堂　一千	順義堂　一千	沂水天德堂　五百
廣仁堂　二千	福隆泰　二千	恒義堂　五百

山西幫捐施銀錢：

太谷廣升聚　銀二十兩，又二十兩	太谷富有恒　銀十五兩，又十五兩
廣茂隆　銀二十兩，又二十兩	廣和全　銀二兩
廣慶和　銀二十兩，又二十兩	金蘭合　二兩
乾德廣　銀廿兩，又廿兩	雲錦成　二兩
	保生晉　一兩

協泰和　一兩	聚全大　一兩
中興蔚　一兩	元和久　一兩
恒泰洽　二兩	日升亨　二兩
崇德慶　二兩	永和允　二兩
裕成生　二兩	永和成　二兩
體仁長　二兩	永泰和　二兩
裕豐永　二兩	謙和協　二兩

永和德　二兩二錢	太和堂　二兩
義成隆　一兩	永合堂　二兩
恒泰魁　一兩	永和公　二兩
仁壽堂　二兩	永和貞　二兩
體元仁　二兩	積順生　一兩二錢
三義合　二兩	福泉店　一兩二錢

源盛泰	一兩	永成和	二兩
廣成隆	一兩二錢	公盛永	一兩二錢
福壽李	一兩二錢	復盛號	一兩二錢
廣濟權	二兩	資治堂	一兩二錢
裕生泰	二兩	九成源	二兩
廣源泰	一兩二錢	成裕東	一兩二錢
廣仁號	二兩	全德堂	一兩二錢
德生泰	一兩二錢	永和德	一兩二錢
仁盛永	二兩	德壽堂	二兩
湧合店	一兩二錢	萬和堂	二兩
廣生堂	二兩	富有豐	二兩
復生和	二兩	仁和堂	一兩二錢
復和隆	一兩二錢	廣育堂	二兩
永合堂	一兩	德生堂	一兩五錢
德生堂	二兩	同仁堂	一兩二錢
連生號	一兩二錢	祥泰凝	一兩
泰和堂	一兩二錢	義泉長	一兩二錢
永春源	二兩	廣生基	一兩二錢
義盛店	一兩二錢	義仁堂	二兩
永和公	一兩	廣育堂	二兩
復和信	一兩	仁德堂	二兩
蔚和泰	一兩	廣恒號	一兩二錢
元亨□	二兩	裕仁王	二兩
萬滕堂	一兩二錢	福壽德	二兩二錢
益壽堂	一兩二錢	三和堂	二兩
合興源	一兩	廣成號	一兩二錢
隆茂成	一兩二錢	普信堂	錢二千

大合永	一兩二錢	萬春元	二兩
養和合	三兩	仁壽永	一兩二錢

三合堂	二兩	傅思□	錢二千
天壽元	二兩	泰來昌	一兩二錢
晉泰和	一兩五	慶隆長	一兩二
仁裕堂	二兩	萬盛隆	一兩二
育生永	二兩	泰和亨	二兩
閆永祚	錢二千	王勝李	三兩
同和永	二兩	天一堂	一兩

成德堂	二兩	金正堂	二兩
泰和永	一兩二錢		
四合成	三兩		
增盛隆	一兩		
雙永魁	一兩五		
恒豐合	錢八千		
養餘軒	一兩		

十三年又共捐施錢二百千

光緒三年又共捐施錢三百千，四年又共捐施錢二百二十千

京通衛捐施

同仁堂	銀十兩，又五兩，又四兩	義泰局	銀二兩，又二兩，又二兩
徐萬方	銀五兩，又三兩，又三兩	濟生堂	銀二兩，又二兩，又一兩
朱太和	銀五兩，又四兩，又二兩	人和號	銀一兩，又一兩，又二兩
聚豐號	銀十兩	和泰順	銀廿兩

博聚堂	銀一兩，又一兩，又一兩	天惠參局	銀五兩，又銀五兩
余源潤	銀二十兩，又銀一兩	福同泰局	銀五兩，又銀三兩
和豐參局	銀一十兩，又銀五兩	同源參局	銀五兩，又三兩

徐三益　銀五兩

亨和參局銀三兩，又二兩
隆興長　銀三兩，又銀二兩
仁泰號　銀四兩，又三兩
公　源　銀一兩，又一兩

永成公　銀三兩，又二兩
恒源陞　銀三兩，又銀一兩
豐源永　銀一兩，又二兩
瑞　泰　銀一兩，又一兩

正元堂　銀二兩，又一兩
慶泰福　銀一兩，又銀一兩
同茂義　銀一兩，又一兩
東盛參　銀二兩，又二兩

全泰公　銀二兩
合盛永　銀一兩
世　昌　錢一千
廣　盛　銀一兩
慶泰來　銀二兩
德興參　銀五兩

天液堂　銀一兩
公泰慎　銀一兩
育宣堂　銀八兩
恒　益　錢廿千
和豐慎　錢十五千

永　和　銀一兩，又一兩

萬春堂　銀四兩，又三兩
南山堂　銀一兩，又銀一兩
育和堂　銀二兩，又二兩
興　盛　銀一兩，又一兩

復泰參　銀二兩，又二兩
廣泰參　銀五兩，又銀五兩
隆源參　銀一兩，又一兩
永盛參　銀二兩，又二兩

仁一堂　銀四兩
峻興號　銀二兩
同豐參　銀一兩
洪興參　銀一兩
合興成　銀三兩
忠興參　銀二兩

久大行　銀二兩
永和號　銀二兩
乾元堂　銀二兩
隆裕堂　銀一兩
泰和號　銀二兩
楊同記　銀一兩

天興公　銀一兩
永興裕　銀一兩
同　記　銀一兩
公盛合　銀一兩
洽聚源　銀二兩

陸友直　銀五兩　　　　　　　體乾堂　銀一兩

豫昌號　銀一兩　　　　　　　隆昌德　銀一兩
協成號　銀三兩　　　　　　　義盛局　銀一兩
得有局　銀一兩　　　　　　　萬全堂　銀三兩
德益局　銀一兩　　　　　　　聚益厚　銀三兩
興　隆　銀一兩　　　　　　　中興號　銀一兩
聚　和　銀一兩　　　　　　　附同仁　銀四兩

義豐參　銀四兩　　　　　　　京益大　銀五兩，又銀四兩
世昌合　銀二兩
聚盛參　銀三兩
大興參　銀四兩
永盛財東銀四兩
德□參　銀二兩

天津衛

存興慶　銀六兩，又五兩，又二兩　　寶　生　銀六兩，又五兩，又四兩
隆順榕　銀六兩，又五兩，又四兩　　寶　心　銀六兩，又五兩，又四兩
上　德　銀六兩，又六兩，又四兩　　仁德號　銀四兩，又三兩，又四兩

瑞　記　銀四兩，又三兩，又三兩　　德生號　銀四兩，又三兩，又三兩
同仁東棧銀四兩，又三兩，又四兩　　德育號　銀四兩，又三兩，又三兩
義生號　銀四兩，又三兩，又二兩　　順　記　銀四兩，又三兩，又四兩

聚泰和　銀四兩，又三兩，又三兩　　存生德　銀二兩，又三兩
生　記　銀三兩，又三兩　　　　　　天佑新　銀六兩，又四兩
德隆號　銀二兩　　　　　　　　　　福生號　銀四兩，又三兩
復和慶　銀四兩　　　　　　　　　　蘊隆長　銀三兩
合　記　銀二兩，又二兩

陝西幫捐施銀錢

際盛隆	銀廿兩，又廿兩，又錢十千	吳同興	銀四兩，又四兩，又錢三千
廣發昌	銀六兩，又六兩，又錢五千	復瑞昌	銀四兩，又四兩，又錢五千
義興合	銀五兩，又三兩，又錢二千	長盛益	銀四兩，又四兩，又錢五千
保元全	銀五兩，又二兩	新盛合	錢五千
同盛魁	銀四兩，又四兩	世德堂	錢二千
合盛隆	銀一兩，又錢一千	廣泰和	錢五千
嘉會全	銀四兩	三益成	錢四千
永盛純	錢五千	懷德堂	錢二千
		懷濟永	錢二千
		頤壽堂	錢二千

德星昌　錢二千

陝西臨潼縣大盛元施銀二十兩，又銀二十兩，又錢二十千

光緒二年又共捐施銀四十兩

5.《同治十二年起至光緒五年眾商義捐布施碑記》（三）

黃葦幫捐施銀錢列後：

人和堂	銀十五兩，又十五兩	敦生堂	銀六兩，又三兩
德新昌	銀十兩，又五兩	永和生	銀五兩，又三兩
太和春	銀十兩，又七兩	西天錫	銀五兩，又三兩
中和李	銀十兩，又七兩	永順堂	錢三十千
道生德	銀十兩	三源店	銀五兩，又銀三兩
三合堂	銀十兩	永　記	銀五兩
天錫和	銀六兩	復恒義	銀四兩
聚成福	銀八兩	隆豐號	銀四兩
三合興	銀六兩	雲祥和	銀三兩正
楊國興	錢二十千		

高洛玉	銀四兩	孫玉海	錢四千
東來永	錢二千	三盛德	銀三兩
聚盛和	錢四千	山西德慶元	銀二兩
義興福	錢四千	德和公	銀四兩
趙獻清	錢四千	恒盛公	銀二兩
韓萬金	錢四千正	萬和堂	錢四千正
同春堂	銀五兩，又五兩	德恒生	銀五兩
天錫老號	銀四兩，又三兩	德勝鎔	銀一兩
永和魁	銀五兩，又二兩	永生德	銀二兩
永和泰	銀二兩，又一兩正	永興億	銀一兩
		廣順李	銀三兩
		萬憶成	銀五兩正
保源□	銀三兩	謙和泰	銀七兩
慶豐號	銀四兩	益成源	銀一兩
德義源	銀三兩	義和堂	銀五兩
仁和厚	銀五兩	永升德	銀三兩
德義恭	銀三兩	錦成業	銀一兩
積德堂	銀一兩正	萬清堂	錢八千正
天益號	銀五兩		

光緒二年又共捐施銀三十兩，四年又共捐施銀三十兩

又黃蓍幫列後：

德興慶	銀十五兩	德盛堂	銀三兩
德和公	銀三兩	永合泰	銀一兩
趙洛魁	銀三兩	廣慶堂	銀三兩
萬和永	銀一兩	德慶源	銀二兩
王 殿	銀一兩	張 布	銀一兩
根深茂	銀二兩正	馬廣義	銀一兩正

左殿魁	銀一兩五錢	四美堂	銀一兩
德盛公	銀一兩	通生庄	錢二千
德和成	銀一兩	同興茂	銀二兩
復成堂	銀一兩	劉步清	銀一兩
居仁堂	銀二兩	三和堂	銀一兩
三元堂	銀一兩五錢	三益公	銀一兩五錢
焦 栢	銀二兩	三合義	錢一千
三義堂	銀一兩	雙盛公	錢一千
李洛邁	銀一兩	常生堂	錢一千
王萬三	錢二千	三德當	銀二兩，又一兩
仝起富	錢二千	興盛铁店	銀五兩，又一兩五錢
九德堂	銀一兩五錢		

廣昌幫捐施錢列後：

同治十二年共捐錢三十千，十三年又共捐錢三十千

光緒元年又共捐錢十千，二年又共捐錢三十千，四年又共捐錢二十五千

五台廠幫捐施錢列後：

同治十二年共捐錢五十千，十三年又共捐錢五十千

光緒二年又共捐錢三十千，四年又共捐錢二十千

山貨行捐施錢列後：

同治十三年共捐錢一百千

光緒元年又共捐錢一百千，二年又共捐錢五十千，四年又共捐錢五十千

估衣行捐施錢列後：

同治十二年共捐錢一百千，十三年又共捐錢五十千

光緒二年又共捐錢四十五千，四年又捐錢二十千

皮貨行捐施銀錢列後：

福慶長	銀二兩	全順成	銀三兩

永德成	銀二兩	永興元	銀三兩
合盛忠	銀二兩		
天盛昌	銀二兩	光緒二年又共捐錢十五千	
德義長	銀一兩二錢	四年又共錢一十千	
德聚生	銀二兩		

四外衆客號幫捐施銀錢列後：

南宮恒壽堂	錢三千，又三千，又三千	冀州同德泰	錢二千，又三千，又三千
冀州同春堂	錢二千，又三千，又三千	育德堂	錢二千，又三千，又三千
束鹿萬壽堂	錢三千，又三千	束鹿杏春堂	錢一千，又一千
長生堂	錢一千，又一千	廣生堂	錢二千，又二千
束鹿張德堂	錢二千，又三千，又三千	冀州謙福堂	錢二千，又二千，又二千
增壽堂	錢二千，又二千，又一千	磨頭不二堂	錢一千，又二千
深州延壽堂	錢二千，又二千	交河春旭堂	銀一兩，又一兩
福壽堂	錢一千，又一千	南宮裕仁堂	銀二兩，又錢一千
南宮書德堂	銀一兩，錢一千	束鹿壽德堂	錢一千，又一千
永順興	銀一兩，錢一千	慶和堂	錢一千，又一千
牛它潤生堂	銀二兩，錢二千	永生堂	錢一千
南宮德裕仝	銀三兩五錢，又錢五千	廣生堂	錢一千
		萬和堂	錢一千正
冀州春和堂	錢二千	冀州保芸堂	錢一千
恒春堂	錢一千	安平泰和春	錢一千
慶祥德	錢一千	束鹿太生堂	錢一千
育元堂	錢一千	天益堂	錢一千
德華堂	錢一千	寶生堂	錢一千
松源堂	錢一千正	深州人和堂	錢一千正
深州壽春堂	錢一千	定州順和堂	銀一兩

恒昇堂	錢一千	晋州廣泰成	銀一兩
永和成	錢一千	正定多壽堂	銀一兩
衡水盛德堂	錢一千	渾源湧源長	銀三兩
饒陽牛維一	銀二兩	曲陽集瑞店	銀一兩
高維乾	錢一千正	天德店	銀二兩正

五台宮麵鋪	銀一兩	交河萬春堂	銀一兩
萬順源	銀一兩	武强興源堂	銀一兩
德聚榮	銀一兩	泊頭寓仁堂	銀一兩
定州恒德堂	銀二兩	南宮仁德堂	銀一兩
張齊珠	銀一兩	崇德堂	銀一兩
利興瑞	銀四兩正	同德堂	銀一兩正

南宮盛興堂	銀一兩	山西大東店	銀二兩
威縣永生堂	銀一兩	福順喜	銀二兩
曲陽春和堂	銀二兩	德盛明	銀一兩
獲鹿全盛堂	銀一兩	德泰成	銀一兩
保府安懷堂	銀一兩	德慶瑞	錢五千
三合永	銀一兩五錢	萬德公	銀一兩五錢

山西德盛店	銀一兩	山東武輔堂	銀二兩
寧邑潤生堂	銀二兩	京都聚義公	銀一兩
潤德堂	銀二兩	武安廣全堂	銀一兩
深州集義堂	銀一兩	獲鹿普濟堂	銀一兩
清苑靈和堂	銀一兩	復合堂	銀一兩
中興永	錢二千正	平山雙和盛	銀一兩正

臨城再生堂	銀一兩	禹州天興永	銀二兩
贊皇尚松堂	銀一兩	鹿泉聚誠號	銀一兩
□城復元堂	銀二兩	□州靳順成	銀二兩
京都隆源號	銀一兩	順郡天德堂	銀二兩

寧晋大生堂	銀二兩	定州鎖海宇	錢四千
光裕堂	銀二兩正	平定裕慶堂	銀一兩二錢
武安楊春和	銀一兩	新河永昇德	錢一千
廣和公	銀一兩	普濟堂	錢一千
隆盛祥	銀一兩	同聚堂	錢一千
定州同仁堂	錢一千	冀州恒春堂	錢一千
趙州萬聚東	錢一千	寧晋三益增	錢一千
正定崔洛良	錢一千二百	晋州同和合	銀一兩二錢
無極九多堂	錢一千	中州廣興元	錢一千
尚德堂	錢一千	禹州葛永興	銀五兩
篤信堂	錢一千	山西復盛公	銀一兩
束鹿萬春堂	錢一千	永濟仁術李	銀二兩
深澤張廣茂	錢八千	義和公	銀一兩
萬裕昌	銀一兩五錢	成都張永元	銀一兩正
寧遠色裕興	銀一兩	隆平人和興	銀一兩
林和堂	銀一兩	寧晋同瑞堂	銀三兩
泊頭天真堂	銀四兩	廣昇堂	銀三兩
寧晋復興裕	銀一兩	天元堂	銀一兩
萬育堂	銀一兩	裕慶合	銀一兩
□鎮德化堂	銀二兩正	萬春堂	銀一兩三錢
藁城三合堂	銀一兩	阜城濟壽堂	銀一兩
候城敬信堂	銀一兩	寧晋人和堂	銀一兩
寧晋萬盛堂	銀一兩	義合堂	錢六千
永盛碗店	銀五兩	束鹿敦化堂	銀一兩
仁和磁	銀四兩	交河廣育堂	銀□兩
祁州陳仁和磁店	銀一兩	武强育春堂	錢二千正

保府同春堂　銀三兩　　　　　吉林祥和發　銀二兩
　廣生堂　　銀三兩　　　　　欣州德泰永　錢二千
　永和堂　　銀一兩　　　　　宣化豐和永　錢一千
　天德堂　　銀一兩　　　　　小石口義盛長　錢一千
渾源源合店　銀一兩　　　　　望都李　棠　錢三千
寧晉恒興隆　銀一兩正　　　　張洛樹　　　錢五千正

明月店全仁堂　錢六千　　　　辛集萬壽堂　錢三千
深州福壽堂　錢二千　　　　　舊城太和堂　錢一千
　萬興隆　　錢二千　　　　　　雙興號　　銀一兩
　欲生堂　　錢二千　　　　　祁州同德堂　錢三千
束鹿仁壽堂　錢一千　　　　　辛集太和春　錢一千
　永濟堂　　錢一千正　　　　　同和興　　錢三千三百

蔚州泰和李　錢二千　　　　　冀州天卉堂　錢一千
蠡縣郭永全　錢一千　　　　　　天德堂　　錢一千
　三興堂　　錢七百　　　　　　廣興堂　　錢一千
南宮敦化堂　錢三千　　　　　束鹿雙慶堂　錢二千
　仁術堂　　錢一千　　　　　　大生堂　　錢一千
臨邑通順永　錢六千八百　　　獲鹿永裕畵　錢三千四百

深州福春堂　錢一千　　　　　饒陽松壽堂　銀一兩
　瑞和堂　　錢一千　　　　　梅花三合堂　錢二千
　萬興隆　　錢一千　　　　　木邱德慶堂　錢一千
旧城萬和堂　錢一千　　　　　滄州貞吉堂　銀二兩
藁城同義和　銀一兩　　　　　武邑強恕堂　錢一千
張崗義昇號　錢三千四百　　　　仁和堂　　錢一千正

武邑天真堂　銀四兩　　　　　順德德盛隆　銀一兩
　復興裕　　銀一兩　　　　　　楊鳳翔　　銀二兩
　萬育堂　　銀一兩　　　　　　萬茂店　　銀三兩

德化堂	銀一兩	協順永	銀一兩
義合堂	錢三千	晋州保和堂	錢一千
天元堂	銀一兩正	固城橘元堂	錢一千正

辛店杏林園	錢二千	山東保壽堂	錢一千
京都公記	錢一千	忠恕堂	錢二千
祥和	錢一千	興業堂	錢二千
蜜行張僕清	錢二千	張懷 劉繼凱 等	錢十千
蠡縣福壽堂	錢一千	玉喜堂	錢六千
宣化劉萬育	錢二千正	山查行	錢一千五百

易州長太和	銀一兩	小陳德和公	錢八千
口外正興和	銀一兩	薛積生	錢二千
固城泰和堂	錢一千	口外萬盛發	銀一兩
辛集廣德堂	錢一千	束鹿祥聚成	銀五錢
衡水敦化堂	錢一千	閆德成	銀五錢
□□隆	錢四千正	保府雙盛號	銀一兩正

太平縣同心和	銀一兩	肅寧張洛素王洛端	錢一千
獲鹿永裕書	銀一兩	束鹿耐久堂	錢一千
正定晋興傑	銀一兩	永和堂	錢一千
饒陽劉洛馨	錢十千	同濟堂	錢一千
關東魁發永	銀四兩		
代郡姚錫金	銀一兩正		

南藥市捐施銀錢列後：

苑三益	錢十千，又十千	劉久興	錢五千，又五千
霍常興	錢十千，又五千	劉興盛	錢三千，又二千
蔡順德	錢十千，又十千	三益公	錢三千，又二千
恕昇聚	錢十千，又四千	尹裕和	錢四千，又四千
郭永興	錢四千	尹盛公	錢二千

長德號　錢四千，又四千	蔡三益　錢二千，又二千
準義號　錢七千，又七千	剛德永　錢五千，又二千
信德誠　錢五千，又五千	許源長　錢五千，又五千
張洛聚　錢一千，又一千	呂洛德　錢一千，又一千
閆恒盛　錢三千	濟和堂　錢五千

四合成　錢四千，又四千	順興義　錢十五千，又十千
趙福生　錢一千五百，又一千三	王機生　錢十千，又五千
椿　堂　錢一千，又一千	呂義和　錢二千，又二千
廣豐裕　錢六千，又六千	王洛玉　錢一千，又一千
三合公　錢三千	張萬和　錢三千

李洛明　錢一千，又一千	義慶祥　錢四千
苗機生　錢十千，又五千	李洛剛　錢一千
徐世德　錢六千	洪裕隆　錢二千
張萬盛　錢二千	趙洛芹　錢一千
聚盛堂　錢二千	雙盛公　錢一千
尹明治　錢一千	許洛梅　錢一千五百文

萬成堂　銀三兩	源興號　錢四千
震興隆　銀六兩	孟洛振　錢二千
雙和祥　錢六千	呂洛學　錢一千
永盛公　錢三千	薛積生　錢二千
許洛鳳　錢一千	王濟和　錢五千
王青書　錢一千正	杜盛永　錢一千正

太興東　銀一兩
保太和　錢二千
張廣茂　錢六千
同春堂　錢二千
申天成　錢四百文
光緒二年又共捐錢六十千，四年又共捐錢四十千

6.《同治十二年起至光緒五年衆商義捐布施碑記》(四)

雜貨行捐施銀錢列後：

源盛店	銀十五兩，又十五兩	恒源號	銀四兩，又四兩
復合店	銀十五兩，又十五兩	源盛號	銀三兩，又錢九千四百
德泰店	銀十兩，又五兩	德豐元	銀三兩，又二兩
雙盛號	銀四兩，又四兩正	仁厚德	銀二兩，又二兩正
雙興號	銀一兩，又一兩	萬泰和	銀一兩，又一兩
玉成魁	銀一兩，又一兩	豐盛號	銀一兩五錢，又一兩五
三慶成	銀一兩，又一兩	萬興基	銀一兩，又一兩
中興義	銀三兩五錢，又三兩五錢	德泰公	銀一兩五錢，又一兩正
裕和長	銀一兩，又一兩	明盛號	銀一兩，又一兩
隆泰永	銀一兩，又一兩	豐裕和	銀一兩，錢二千
祥聚成	銀一兩，又一兩	天和號	銀一兩，錢二千
潤德成	銀一兩，又一兩正	西晉興	銀一兩，又一兩正
永隆公	銀一兩，又錢二千	泰昇店	銀十兩
福隆公	銀一兩，又一兩	義興源	銀十兩
永貞孚	銀一兩，又五錢	興盛店	銀六兩
通順永	銀二兩，又一兩正	蔚州衆字號	銀十二兩
		福壽堂	銀一兩
		恒盛合	銀一兩正
三盛號	銀一兩	合盛益	銀一兩
恒源號	銀三兩	德懋公	銀三兩
賞竹軒	銀一兩	德恒店	銀三兩
永盛號	銀一兩五錢	天順昶	銀一兩

復泰成	銀一兩	大盛魁	銀一兩
通順永	銀一兩正	德裕號	銀一兩五錢

大泰源	銀一兩	德源成	銀一兩
永泰昌	銀一兩	四盛公	銀一兩
廣德生	銀一兩	長益厚	銀一兩
恒泰長	銀一兩	復春號	銀一兩
樹本齊	銀一兩	恒泰號	銀一兩
泰興合	銀一兩正	六合號	銀二兩正

順興德	銀一兩五錢	德泰號	銀一兩
裕源店	銀三兩	裕慶成	銀一兩，又銀一兩
金成嗛店	銀三兩	合成店	銀三兩
昪和堂	銀一兩	四合成	銀一兩
同興永	銀一兩	天豐號	銀一兩正
劉洛同	銀一兩正		

義順永	銀一兩	永茂裕	銀五錢
魁隆店	銀三兩	萬泰和	銀五錢
大茂乾	銀一兩	雙和號	銀一兩五錢
三益號	銀二兩	恒源德	銀二兩
陳兆祥	銀五錢	興盛店	銀六兩
新盛興	銀五錢正	三合盛	錢四十一千

義昌永	錢二十千	同心和	銀一兩
永興號	錢十五千	宗世花	銀一兩
義成永	錢十千	協義永	銀一兩
永盛號	銀一兩五錢	永泰長	銀一兩
芝蘭昌	銀一兩	福源店	銀一兩
三成□	銀一兩正	東元慶	錢二千正

德裕號　銀一兩	新盛興茶店銀一兩
萬泰隆　銀一兩	和興合　銀一兩
義順隆　銀一兩	裕興茶店銀一兩
三盛永　錢三千五百	順興茶店銀一兩
趙永記　銀一兩	四合號　銀二兩
義順永　銀一兩正	復春魚店銀一兩正
異和堂　銀一兩	永裕書店銀一兩
恒興隆　銀一兩	四盛公　銀一兩
三義公　銀一兩	三盛合　錢一千
成興益　銀一兩	合盛玉　錢一千
四盛恒　銀一兩	豐裕成　錢一千
東晉興　銀一兩正	復慶店　錢一千正
四合公　錢一千	文順成　錢二千
四合永　錢五百	陳懷珠　錢二千
益福隆　錢二千	裕盛永　錢二千
元慶昌　錢二千	豫德馨　錢二千
惠貞裕　錢二千	待　記　錢二千
德本裕　錢二千正	雙□恒　錢二千正

永信生　錢二千
義恒德　錢二千
元聚隆　錢二千
敬勝永　錢二千
光緒四年又共捐施錢九十千

北大會捐施銀錢列後：

萬錦成　錢十五千，又十五千，又三千，又三千
同盛永　錢八千，又七千，又二千，又二千
萬成和　錢十千，又十千，又二千

豐和齋　錢八千，又八千，又一千，又一千
步瀛齋　錢八千，又八千，又一千，又一千
德和棧　錢十千，又十千，又二千

隆泰長　錢四千，又四千，又一千，又一千
復盛陳　錢十千，又二千，又一千五，又一千
義興順　錢四千，又四千，又一千

裕興號　錢三千，又一千，又五百，又五百
恒聚合　錢八千，又八千，又三千
餘慶豐　錢五千，又二千
聚益祥　錢五千

同德義　錢八千，又八千，又二千　　　永隆金店銀五兩，又五兩
興盛永　錢七千，又三千，又三千　　　日昇金店銀五兩，又五兩
通興號　錢八千，又三千，又三千　　　常盛金店銀四兩，又四兩
恒昇齋　錢二千五百　　　　　　　　　福隆泰　錢八千
　　　　　　　　　　　　　　　　　　恒慶昌　錢十二千

積德興　錢八千，又八千　　　　　　　三盛館　錢一千五百，又一千五百
氈　行　錢二千，又二千六百　　　　　萬順館　錢一千五百，又一千五百
萬豐永　錢一千，又一千　　　　　　　積玉成　錢二千四百，又一千
永興益　錢九千　　　　　　　　　　　全仁堂　錢六千
福元館　錢一千五百　　　　　　　　　同興育　錢三千正

洪盛爐　錢六千　　　　　　　　　　　興順染坊錢十二千
萬和店　錢六千　　　　　　　　　　　增興號　錢五百
李洛沛　錢四千　　　　　　　　　　　晉義源　錢二千
合興永　銀一兩　　　　　　　　　　　同興齋　錢一千
永茂號　錢二千　　　　　　　　　　　義興帽　錢一千
和天成　錢一千　　　　　　　　　　　慶陞齋　錢五百

萬全永　錢七千　　　　　　　萬成恒　錢二千

義新齋　錢七百五十
恒昇齋　錢七百五十
萬成增　錢二千
德和成　錢二千
隆陞齋　錢一千
晉源泰　錢二千
楊洛進　錢一千三百

南大會捐施錢列後：
同治十二年共捐施錢一百五十千，十三年又共捐施錢一百二十千
光緒二年又共捐施錢三十千，四年又共捐施錢二十千

食店行捐施錢列後：
順興館	錢七千，又七千	鄧三盛館	錢三千五百，又一千七百
四合館	錢四千，又一千	杜洛望	錢四千
義興館	錢三千，又二千五百	程永和	錢七千，又七千
三合館	錢三千，又三千	閆三盛	錢八千，又三千六
四興館	錢四千	王洛百	錢三千

仁和興	錢八千，又七千	三鮮館	錢三千五百
永順館	錢七千	雙盛館	錢三千五百
同盛館	錢七千	德興館	錢三千五百
常順館	錢七千	三義館	錢三千五百
茶湯鋪	錢三千	如意館	錢三千五百
安和館	錢三千五百文	田洛仲	錢三千

河南三盛館	錢十千	義和永	錢一千五
聚元館	錢十千	仁義車	錢三千
曹魁元	錢一千	陳洛魁	錢五千

六合成	錢一千	勝芳同仁堂	錢四千
梁萬豐	錢七千	平定德盛永	錢一千
聚合成	錢四千	王洛安	錢一千
劉義興	錢三千	陳洛玉	錢二千
孫洛可	錢二千	義和館	錢三千
劉洛蘭	錢一千	永和公席	錢四千
劉洛朋	錢二千	雙盛館	錢一千
陳洛全	錢一千	洪盛爐	錢六千
公義館	錢七千	福盛爐	錢六千
三合興	錢一千	劉洛泰	錢三千
萬聚館	錢四千	火　會	錢六千

鄰封州縣字號人名捐施銀錢列後：

定州裕德堂王	錢一百千	子位合興永	錢六百
中古屯	錢二千	隆興誠	錢一千
泉邱村	錢十千	王洛輜	錢一千
曹　村	錢二千	王洛梅	錢一千
子位孚盈恒	錢一千	餘慶堂	錢六百
長盛號	錢一千	楊發春	錢四百
增益德	錢一千	鹽　店	錢四百

子位合村	錢十三千五百	大□路董家街	錢七千六百
龐　村	錢八千	東馬頭	錢四千
寨裡村	錢三千	小五女村	錢四千
東亭村	錢八千	西趙庄	錢三千
元光村	錢六千	大辛庄	錢四千
李村店	錢二千	翟　城	錢四千
西堤陽	錢四千	土梁村	錢二千
南劉良庄	錢四千	北賈村	錢一千八百

馬家庄	錢四千		南坦村	錢二千四
北坦村	錢二千		東內堡	錢七千二
陳村營	錢一千		合誠店	錢廿千
三大定	錢五千		東望村	錢卅千
吳家庄	錢四千		西　城	錢四千
堤陽村	錢二千		東　城	錢六千
胡家付才	錢一千六		介陽趙洛國	錢六千
東付才	錢三千二		李洛連	錢一千
馬付才	錢一千六		李洛敏	錢一千
西城庄	錢四千		趙洛泰	錢一千
介陽趙洛周	錢三千		邢洛連	錢一千
趙洛塘	錢三千		東王洗	錢三千二
高洛樹	錢四千		劉家庄	錢二千四
東內營 劉洛光 王洛緒	錢一千		博野北堤圈	錢十五千
中趙庄	錢二千四		蘇家莊頭	錢八千
博野李村	錢十千		王家營	錢五千五
小店村	錢十千		庫房	錢一千
東墟村	錢七千		小莊頭	錢三千
莊頭營	錢三千		于堤	錢五千
董家庄	錢四千		馮村	錢七千五
北南邑	錢十一千五		璩洛香	錢三千
南樓	錢二千九百		劉洛登	錢二千
杜各庄	錢六千二		祥慶當	錢二千
李鵬程 馬東陽	錢十千		博野城內	錢四千五
城東村	錢五千五		恒成布	錢一千
西章	錢三千		東興局	錢二千
白家庄	錢二千		興聚當	錢一千

同成布	錢一千	南白沙	錢四千五百
興盛銀炉	錢一千	肅家庄	錢一千三
三盛號	錢五百	吳王庄	錢一千五
劉洛朋	錢五百	程六市	錢一千二
胡家庄	錢一千	郭洛會	錢五千，又五千
夾河村	錢一千	張洛顯	錢二千
于森亭	錢一千		
八里庄	錢一千	石洛常	錢一千
羊村劉洛茹	錢三千	羊村傅喬遷	錢二千
劉洛生	錢二千	傅覌正	錢二千
劉洛木	錢二千	傅通今	錢一千
劉洛耀	錢二千	傅興午	錢三千
王洛海	錢一千	小西章村	錢二千
石洛恩	錢一千	崗子上	錢一千一
東西沙窩	錢九千	李崗公議會	錢二千
祁州灘頭村	錢五千	陳洛式	錢一千
蠡县王正才	錢一千	白尺公議會	錢二千
公議會	錢二千	張洛魯	錢一千
興德隆	錢一千	李范九	錢一千
任彤廷	錢一千	王重三	錢一千
宋洛泳	錢一千	沈鳴琴	錢一千
沈洛永	錢一千	郭永全	錢一千六百
益壽堂	錢一千	符家左	錢三千
全洛成	錢一千	三益號	錢一千
陳葆南	錢一千	義永號	錢一千
齊玉璽 李蓮峰	錢二千	廣裕恒	錢一千
趙裕重 馮會友 趙思□ 王文明	四人錢六千	鹽店	錢二千
		壽山堂	錢一千

景盛尚	錢一千	東盛號	錢一千
天裕和	錢一千	小陳興衣當	錢三千
恒昌號	錢一千	興茂德	錢三千
恒義號	錢一千	興茂隆	錢三千
和生泰	錢一千	東興局	錢二千
義和號	錢一千	恒成布	錢二千
集義生	錢一千	興順號	錢二千
元成布	錢二千，又錢一千	天成店	錢二千，又錢五百
增興號	錢二千，又錢五百	同豐號	錢二千
興元布	錢二千，又錢一千	劉市村	錢六千五
同成店	錢二千	德和成	錢一千
		瑞興全	錢一千
		恒源店	錢二千
同和店	錢五百	深澤益德裕	錢一千
同元號	錢五百	復盛陳	錢一千
益元號	錢五百	同興泰	錢一千
深澤恩恒當	錢五千	益和興	錢一千
德和昌	錢一千，又四百文	聚益號	錢一千
同泰益	錢二千	德源永	錢一千，又錢四百
萬全店	錢一千，又四百	恒泰號	錢一千，又四百
永泉店	錢一千	德隆號	錢一千
五福成	錢一千	慶隆樓	錢一千
張洛待	錢五百	袁洛庸	錢五百
袁洛俊	錢一千	胡洛廣	錢一千
張洛琴	錢一千	李洛尚	錢一千
袁洛建	錢五百	賈家庄	錢二千
清蔭堂	錢二千，又二千	萬源裕	錢五百，又四百

永泉洪	錢一千	寶興樓	錢一千
通盛油店	錢五百	義昇德	錢五百
張洛士	錢五百	張洛書	錢五百
郝洛廷	錢五百	高洛朝	錢一千
翟洛七	錢一千	斗行市	錢五百
西固羅	錢一千六	恒泰永	錢四百
正心德	錢四百	義成糧店	錢四百
協德永	錢四百	段家庄	錢三千
天德永	錢四百	餘蔭堂	錢一千
恒泉湧	錢四百	順聚成	錢五百
四合斗	錢四百	太和堂	錢五百
慎德堂	錢八百	新盛源	錢五百
慶餘堂	錢八百	合益當	錢一千
德合油店	錢四百	安營村	錢二千八百
德逸堂	錢一千	聚益長	錢一千
位伯合盛號	錢五百	□□福源店	錢五百
隆興泰	錢五百	束鹿公合聚	錢五百
泰興昌	錢五百	恒聚和	錢五百
長興店	錢五百	長豐樓	錢一千
益聚昌	錢五百	益興泰	錢一千
永聚昌	錢五百	安平陳洛興	錢五百
霍洛煥	錢二千	陳弼藩	錢五百
□□庄窠頭	錢八千	清苑縣殷洛侍	錢十五千
北郭村	錢五千	陳調元	錢八千
王洛集	錢三千	崔錦江	錢五百
張洛瑞	錢五百	崔企曾	錢五百
陳洛雅	錢五百	王芳桂	錢一千

辛洛和	錢五百	王洛紹	錢五百
秦聚魁	錢五百	張洛貫	錢五百
清苑縣小營	錢五千四百	清苑縣北李各庄	錢三千
連三元	錢二千	公益當	錢三千
大營村張胡氏	錢五百	望都南貫村	錢二千四百
望都王文村	錢二千	孫洛純	錢三千二百
保安堂	錢五百	李洛呂	錢五百
聚和堂	錢五百	李洛秉	錢五百
清苑縣王世昌	錢一千	清苑縣北王力	錢八百
□盤三戒堂	錢十千	□□大營	錢一千六
望都南六宿	錢四千	望都个安村	錢二千
北六宿	錢五千四百	城東蔣士濟	錢四千正
城東萬源號	錢一千	孔店合會人	錢七百五
北伯尺	錢二千	温仁趙茂林	錢十千
石門保慶當	錢二千	博野郭洛居	錢三千
天津李耀棠	錢一千	王有才	錢一千
洪善堡公議會	錢二千	洪善堡合會人	錢一千四
西張崗劉門李氏	錢一千	李門劉陳李氏	錢二百五十
劉家佐魏廷章	錢五百	劉仕趙門郝宋氏	錢二千
魏品儀章	錢二千	獻縣曹門李氏	錢二千
固城龐清泰	錢一千	孟洛言	錢一千
許洛任	錢一千	張洛進	錢十千
洪善堡永泰店	錢五百	紀洛濟	錢五十千
蠡縣張七屯李宅	錢五千文	許洛公	錢十千
		喬洛德	錢廿千
保府沈粟園	銀八兩	完縣賈永齡	銀五十兩，又捐紅土四車
陳雲卿	銀四兩	陳九成	銀卅兩

陳毓山　銀四兩　　　　　吴國福　銀二兩
李振卿　銀五兩　　　　太谷韓炳南　銀四兩
錢子貢　銀四兩　　　　　張　筵　錢十千
高陽郭大貴　錢一千　　汾陽梁逢珠　錢六千
王九齡　錢一千

　　晉州右堂高　棠代捐施錢列後：
王夢環　錢四千　　　益德裕鹽店錢四千六百文
劉艮翰　錢一千　　　合益當　錢一千六百文
忠義全　錢八百　　　德成泰　錢四百
廣泰成　錢八百　　　益盛昌　錢四百文
保和堂　錢四百
大成號　錢八百

7. 經紀捐款碑（一）①

同治十二年春會共一百七十六名，共捐錢五百七十七千；十二年冬會共一百廿名，共捐錢二百四十四千；十三年冬會共三百一十……；光緒元年春會……共捐……

□□□　□□□□□　　　　□□□　□□□□□
□□□　□□□□□　　　　□□□　□□□□□
□□□　□□□□□　　　　□□□　□□□□□
□□□　□□□□□　　　　□□□　□□□□□
□□□　□□□□□　　　　□□□　□□□□□
□□□　□□□□□　　　　□□□　□□□□□
□□□　□□□□□　　　　□□□　□□□□□
□□□　□□□□□　　　　□洛□　二次錢六千
□□□　□□□□□　　　　劉大邦　二次錢四千

---

① 該碑原無碑名，碑文漫漶嚴重，格式與經紀捐款碑（二）相類似，從時間來看此碑應排在前面。

		黃青山	二次錢三千
□□□	□□□□□	□千倉	四次錢八千
□□□	□□□□□	張步雲	三次錢六千
□□□	□□□□□	張洛宗	三次錢十五千
□□□	□□□□□	劉文元	□次錢三千
□□□	□□□□□	□洛進	四次錢十九千
□□□	□□□□□	王□信	□次錢九千
□□□	□□□□□	程洛承	□次錢九千
□□□	□□□□□	劉洛倫	二次錢四千
□□□	□□□□□	王忠惠	三次錢四千
□□□	□□□□□	馮殿魁	三次錢三千
□□□	□□□□□	單金波	□次錢四千
□□□	□□□□□	□洛花	二次錢九千
□□□	□□□□□	李憲章	□次錢二千
□□□	□□□□□	劉洛休	四次錢九千
□□□	□□□□□	□□□	四次錢七千
□□□	□□□□□	□□□	四次錢十二千
□□□	□□□□□	□□□	□次錢八千
□□□	□□□□□	□□□	四次錢十一千
□□□	□□□□□	□□□	□次錢十千
□□□	□□□□□	□□□	□□□□□
□□□	□□□□□	□□□	□□□□□
□□□	□□□□□	□□□	□□□□□
□□□	□□□□□	□□□	□□□□□
□□□	□□□□□	□□□	□□□□□
□□□	□□□□□	□□□	□□□□□
□□□	□次錢七千	帥木仁	□次錢四千
李□□	□次錢八千	王洛鳳	三次錢十千
程洛□	□次錢九千	李承祖	二次錢七千

李洛坤	二次錢五千	李修身	□次錢九千
陳程林	三次錢七千	石上德	二次錢四千
沈洛□	三次錢五千	李進臣	二次錢六千
李□田	二次錢四千	李坤山	二次錢六千
呂洛成	二次錢五千	劉均沾	三次錢十千
□洛□	三次錢十四千	鄭廣昇	□次錢三千
鄭克□	三次錢三千	張長發	□次錢廿九千
石洛德	四次錢十四千	張長桂	三次錢十七千
石玉常	二次錢四千	張長明	二次錢十三千
車洛平	二次錢四千	李廷桂	三次錢九千八
戴禮章	四次錢八千	張進祥	二次錢六千
田洛建	三次錢五千	李洛義	二次錢六千
張洛捷	三次錢四千	帥廷芳	三次錢四千
趙洛代	三次錢五千	帥廷柱	三次錢七千
□□□	三次錢四千	江玉恒	二次錢四千
□□□	□次錢四千	王懷仁	三次錢九千
□□□	□次錢四千	王勤學	三次錢六千
賈清岐	二次錢六千	張洛木	二次錢六千
賈書意	二次錢六千	張德壽	二次錢七千
霍□祥	三次錢九千	邰煥然	二次錢八千
李全秦	二次錢八千	王繼宗	三次錢六千
□洛貞	三次錢九千	劉洛點	三次錢六千
張洛□	二次錢四千	王允昇	四次錢八千
王洛□	三次錢六千	孫洛捷	三次錢六千
□□□	二次錢四千	焦洛順	三次錢五千
□玨□	三次錢十三千	張洛多	二次錢六千
□□□	三次錢二十二千	黃金錫	二次錢五千
□□□	三次錢五千	梁玉成	□次錢六千五
□□□	三次錢四千	李德□	□次錢四千五
□□□	二次錢五千	谷殿□	□次錢三千五
□□□	四次錢五千	郭□堂	三次錢六千

□□□	二次錢四千	王春堂	三次錢六千
□□□	二次錢四千	王洛同	二次錢三千
牛進才	二次錢八千	張洛貴	錢十千
王廷珍	二次錢八千	田四兒	錢六千
李桂花	三次錢十三千	劉□生	錢十五千
姬仁發	三次錢三千五	靳如□	錢三千
于洛海	二次錢□千	靳如綱	錢五千
于焕然	□次錢四千	呂發生	錢三千
羅洛凱	□次錢五千	金洛清	錢五千
許洛焕	三次錢七千	張德成	錢三千
于洛更	三次錢三千	張洛萬	錢十千
楊順然	三次千七千	王洛廣	錢五千
楊隆河	二次錢五千	張好中	錢四千
袁好信	三次錢四千	張登科	錢四千
霍鳳林	三次錢七千	□□□	錢□千
喬洛懷	三次錢八千	石洛□	錢□千
喬洛龍	三次錢十五千	瞿洛□	錢□千
耿洛萬	二次錢五千	王洛信	錢十千
李洛邁	三次錢十三千	陳洛調	錢三十千
紀洛月	二次錢九千	靳廣泰	錢□千
劉連德	二次錢五千	賀□□	錢□千
李洛經	二次錢五千	張□亭	錢□千
孫洛清	□次錢七千	臧盡奉	錢四千
葛慶和	□次錢□千	肖洛萬	錢九千
靳洛生	□□□□□	党存仁	錢□千
靳喜祥	□□□□□	張洛琴	錢□千
盧洛孝	二次錢十一千	劉洛□	錢七千
侯廷先	三次錢七千	劉洛和	錢□千
趙洛□	三次錢四千二	張洛義	錢十千
侯洛良	三次錢五千	周洛至	錢九千

王清□	□次錢四千	何洛順	錢□千
□錫田	三次錢五千	許洛閘	錢□千
鄭洛春	二次錢八千	牛壽義	錢七千
趙連科	三次錢□千	劉□彥	錢□千
劉大□	二次錢四千	□洛□	錢□千
李福□	□次錢十□千	□□□	錢□千
□□□	□次錢八千	□□□	錢八千
張□順	□次錢卅二千	□□□	錢十二千

□□□	□□□	□□□	□□□
□□□	□□□	□□□	□□□
□□□	□□□	□□□	□□□
□□□	□□□	□□□	□□□
□□□	□□□	□□□	□□□
□□□	□□□	□□□	□□□
□□□	□□□	□□□	□□□
□□□	□□□	□□□	□□□
□洛默	錢□千	□□□	□□□
謝休□	錢□千	□□□	□□□
王洛□	錢□千	□□□	□□□
賈洛溫	錢□千	□□□	□□□
□洛□	錢□千	□□□	□□□
田□□	錢四千	□□□	□□□
張□□	錢□千	□□□	□□□
張□□	錢□千	□□□	□□□
□洛□	錢□千	□□□	□□□
張洛□	錢□千	□□□	□□□
張洛□	錢□千	□□□	錢六千
張錫□	錢四千	□□□	錢六千
王洛沛	錢□千	張洛化	錢十□千
周洛□	錢□千	□□□	錢二千

李洛花 錢□千		□□□ 錢三千	
孟洛□ 錢九千		金□□ 錢□千	
宋洛德 錢八千		張□□ 錢□千	
劉甲□ 錢□千		楊洛□ 錢□千	
馬□□ 錢十千		王洛□ 錢□千	
王洛白 錢五千		□□山 錢□千	
□洛月 錢九千		林洛義 錢四千	
祁洛言 錢四千		劉洛省 錢四千	
劉洛鳳 錢□千		劉洛嶺 錢三千	
劉洛□ 錢二千		李洛開 錢三千	
宋德聚 錢□千		李應□ 錢三千	
王洛彩 錢二千		□玉閱 錢三千	
劉□情 錢五千		張洛興 錢二千	
劉洛□ 錢四千		張洛□ 錢□千	

以下風化嚴重，已無法辨識

8. 經紀捐款碑（二）①

……碑記五年冬會收四年冬會經紀布施共一百二十二名，共捐錢三百零二千六百文；五年冬會收經紀又上布施共捐錢一百五十三千六百文。

□□□ 錢□千	史善瑞 錢二千	李祥永 錢三千
劉□□ 錢二千	傅青書 錢二千	王瀛洲 錢二千
張□明 錢二千	王進才 錢三千	金廷選 錢一千
劉洛□ 錢二千	呂兆林□波 錢三千	王洛九 錢七千
劉洛俊 錢二千	馬允升 錢三千	殷洛體 錢三千
于洛涵 錢二千	李玉成青山 錢三千	孫洛祝 錢二千

① 該碑原無碑名。

王洛錫	錢二千	于春含	錢二千	田洛振	錢二千
李洛茂	錢二千	劉洛平許□	錢三千	張洛修	錢一千
王洛任	錢八千	焦鳳□許洛□	錢四千	劉山	錢二千
喬玉堂	錢三千	王信學	錢一千	馬立田	錢一千
張瑞峰	錢三千	□德聚王彩□	錢二千	劉桂江	錢二千
楊明蘭	錢三千	石洛平	錢一千	劉生景	錢二千
紀洛之	錢三千	孫連升□林	錢四千	劉洛□	錢四千
楊順彥	錢三千	于夢來	錢六千	劉士奎	錢四千
王德山	錢三千	王于洛同更	錢四千	趙興	錢二千
王俊峰	錢二千	張瑞鳳	錢二千	李洛丹	錢二千
趙錫齡	錢四千	許廣太	錢二千	呂聘三	錢二千
劉洛望	錢十一千	王玉清	錢一千	王連登	錢二千
石進和	錢四千	王吉祥清波	錢四千	張樑棟	錢三千
趙瑞和	錢二千	焦洛朝	錢二千	姬關發曹洛魁	錢二千
李慶有	錢二千	李景向	錢二千	張輝山	錢一千七
王洛蘭	錢三千	劉洛玉	錢三千	王洛玉成四	錢四千
薛立景	錢二千	王洛敏	錢二千	李有富	錢三千
沈茂源	錢一千	王青蓮	錢三千	馬鳳閣山	錢十四千
王福	錢三千	郝連秀	錢三千	王彩文	錢二千
高洛萬	錢四千	喬懷義	錢二千	牛山海	錢二千
魯懷德	錢九千	馬育林	錢二千	臧洛東	錢一千
袁希孟	錢四千	王洛掌	錢二千	王洛福	錢二千
王榮身	錢二千	崔進賢	錢二千	裴殿國	錢二千
李洛興	錢三千	高青錢	錢二千	劉德盛	錢二千
戴洛芬	錢二千	楊龍河	錢二千	劉喜齊	錢二千
仝洛登	錢二千	劉洛紅	錢五千	劉喜仁	錢二千
李喜桂	錢六千	邵洛賓	錢二千	劉德發	錢四千

田洛善	錢三千	張聚生	錢二千	張有德	錢二千
郭培元	錢五千	王盛永	錢五千	王騰甲	錢一千
許廷選	錢二千	王鴻學	錢四千	郭茂蘭	錢一千
張連科	錢二千	金清山	錢五千	王洛行	錢二千
張進喜	錢二千	王清太	錢二千	張□□	錢拾二千
戴臨漢	錢二千	邵國柱	錢三千	李春成	錢一千
侯洛宣	錢二千	李學國	錢一千	張慶初	錢一千
楊永清	錢四千	田洛欣	錢一千	王洛輔	錢一千
張和生	錢二千	于勤學	錢三千	王允信	錢一千
李文星 劉洛林	錢六千	王狗兒	錢二千	趙文炳	錢一千
王心海	錢二千	張洛祥	錢二千	許洛記	錢一千
劉廷和	錢一千	王青雲山	錢五千	王洛達	錢一千
宋聚德	錢二千	何洛壽	錢一千五	王洛鳳	錢一千
程倫常	錢四千	許上林	錢二千	李洛奉	錢三千
李儉	錢二千	李香然	錢二千	邵洛爲	錢一千
王洛賢	錢一千	張清林	錢二千	郝洛達	錢一千
王仁孝	錢二千	李發	錢二千	田成己	錢三千
郝洛均	錢一千	李昌榮	錢二千	張文德	錢二千九
馮寧廉	錢二千	刘廷舉	錢三千四	趙維和	錢一千
張連成	錢一千	李洛全	錢二千	刘金堂	錢六千
張致中 王中和	錢四千	龔玉善	錢二千	呂洛瑞	錢一千
裴義臣	錢二千	王洛東	錢二千	郭升堂	錢一千
劉永順	錢二千	張洛清	錢一千	刘喜修	錢五千
王廷貞家仁	錢四千	王同心	錢四千	王中和	錢三千
霍進山	錢四千	張青山	錢三千	張致中	錢一千
王洛達	錢一千	王邦彥	錢四千	崔洛文	錢一千
婁三鳳	錢一千	馬洛注	錢一千	張洛一	錢一千
李學曾	錢一千	刘長發	錢一千	趙洛夢	錢一千
孟洛和	錢五千	□洛平	錢一千	刘德盛	錢五千

田祥發　錢一千	邵洛冰　錢一千	許継臣　錢一千
劉連惠溥　錢二千	王思成　錢二千	趙洛聚　錢一千
張錫川　錢一千	張錫書　錢一千	趙洛棟　錢一千
程倫禮　錢六千	戴洛彩　錢一千	郭洛奎　錢一千
孟洛蘭　錢二千	龔洛善　錢一千	王洛廣　錢三千
郭洛義　錢四千	宋洛成　錢六千	邵國棟　錢四千
馬夢蘭　錢一千	張守玉　錢三千	劉洛山　錢一千
李家雲　錢二千	紀明德　錢三千	牛洛遜　錢一千
王懷德　錢四千	李洛彬　錢一千	李洛庸　錢六千
王洛長　錢二千	張洛振　錢五千	郝連峰　錢四千
李　英　錢二千	楊洛廷　錢一千	許茂德　錢二千
王和有　錢二千	郝蘭泰　錢一千	張洛佩　錢二千
張洛合　錢一千	楊善榮　錢三千	張洛昭　錢六千
張馨明　錢二千	張騰輝　錢三千	劉洛和　錢一千
張潤魁　錢二千	李廷祥　錢四千	宋洛運　錢五千
田洛明　錢二千	崔洛從　錢一千	金茂德　錢一千
劉清和　錢二千	梁玉成　錢一千	牛進才 李殿魁　錢四千
王洛可　錢五千	耿元孚　錢二千	李義同　錢三千
石洛盈　錢五千	王麟趾　錢二千	張長發　錢十千
許洛廣　錢一千	紀曉如　錢一千	侯良弼　錢三千
王廷珍　錢一千	許洛友　錢二千	熊錦堂　錢四千
王焕成　錢三千	侯一位　錢二千	許振邦　錢二千
李希文　錢一千五	張珮環　錢三千	許金聲　錢二千
鄭洛春　錢二千	李洛修　錢二千	党存德　錢三千
張逢源　錢七千	姬天家　錢三千	季鳳鳴　錢三千
劉洛順　錢九千	楊善養　錢二千	李景碧　錢二千
馬清海　錢三千	李洛殿　錢八千	王蘭芳　錢四千
張洛明　錢三千	郭鳳韶　錢三千	馮殿魁　錢二千
張洛言　錢二千	郭文學　錢二千	李蘭蕙　錢二千
張洛桂　錢三千	李清林　錢二千	王清攀　錢二千

井洛周	錢三千	劉德發	錢二千	張好禮	錢一千
李玉臣	錢一千	李冬立	錢二千	謝永修	錢二千
帥廷秀	錢二千	李青山	錢二千	陳兆麟	錢三千
單中和	錢二千	紀榮和	錢二千	党鳳翔	錢二千
裴殿英	錢一千	趙連科	錢三千	刘綸音	錢三千
張鳳來 許起源	錢一千	刘洛占	錢三千	王在指	錢二千
李洛豐	錢四千	李三友	錢二千	刘連泰	錢二千
張洛花	錢一千	崔継武	錢二千	許步雲	錢二千
刘德順	錢二千	田祥兒	錢二千	王聚有	錢二千
韓鳳臺	錢一千	王文炳	錢三千	徐尊賢	錢二千
程倫正	錢一千	郝洛常	錢二千	張聚生	錢二千
王思温	錢二千	刘墨林	錢二千	郝殿明	錢二千
熊洛聚	錢四千	李義發	錢二千	張廷左	錢二千
焦洛同	錢六千	刘洛雨	錢二千	張致中	錢二千
王家幹	錢二千	李中采	錢二千	李培基	錢四千
刘邦泰	錢二千	張書田	錢五千	沈元瑞	錢一千
蕭洛太	錢三千	王文然	錢四千	張存心	錢三千
李洛開	錢二千	牛楓培	錢三千	尹步雲	錢二千
刘思文	錢二千六	張建亭	錢二千	鄭獻瑞	錢二千
王洛章	錢二千	郝墨林	錢二千	張子逢	錢二千
張洛玉	錢三千	曹玉衡	錢七千	季黑醜	錢二千
許玉成	錢五千	刘新河	錢三千	張位育	錢四千
許樹元	錢四千	姬占鳳	錢四千	王懷義	錢二千
趙　興	錢二千	焦寅靖	錢三千	劉懷信	錢二千
呂裴然	錢三千	張洛祥	錢二千	郭鳳梅	錢五千
孟玉昆	錢二千	張光玉	錢二千		
靳海瀾	錢二千	宋學海	錢二千		
徐玉鈴	錢二千	王振文	錢二千		
党金方	錢三千	刘中和	錢三千		
胡金聲	錢四千	宋德榮	錢二千		

張好忠	錢二千	王保成	錢二千
張盛清	錢二千	石峰奇	錢二千
焦鳳池	錢五千	李希文	錢二千
王國平	錢二千	趙錦華	錢二千
王和有	錢二千	趙維和	錢二千
靳海波	錢二千	張殿修	錢三千
李瑞蘭	錢二千	馮殿元	錢二千
康從善	錢三千	殷体仁	錢一千
劉清海	錢二千	劉守成	錢六千
袁景文	錢二千	張增福	錢二千
袁景新	錢二千	何知恒	錢二千
李暢和	錢三千	劉凌閣	錢一千
張凌霄	錢二千	尹振興	錢二千
張源清	錢二千	宋上達	錢二千
劉桂芳	錢三千	張輝山	錢二千
王思成	錢二千	張泮清	錢二千
張書純	錢二千	金孔林	錢三千
許國興	錢五千	尹鳴岐	錢二千
郝連慶	錢二千	劉宗曾	錢三千
王魁元	錢二千	呂振剛	錢二千
王思榮	錢二千	龔廣文	錢二千
劉廷舉	錢一千六	滑美成	錢二千
李玉臣	錢三千	墨文同	錢二千
李大臣	錢二千	劉喜仁	錢二千
葛東海	錢二千	許思孔	錢二千
王問臣	錢二千	戴廣元	錢三千
于夢龍	錢三千	楊斐然	錢三千
牛山海	錢二千	馬鶴材	錢二千
李　順	錢二千	王家彥	錢二千
楊學進	錢二千	丁福林	錢二千
劉長發	錢五千	田身修	錢五千

靳清海	錢二千	刘國信	錢十五千
馬蘭□	錢二千	□□□	□□□
□□□	錢二千		

9. 光緒六年《同治拾貳年春會至光緒伍年冬會客幫銀錢捐項碑記》

同治拾式年春冬會共收客幫	銀貳仟肆伯捌拾兩零玖錢□，合京錢捌仟伍伯零玖千伍伯文 錢壹仟伍伯玖拾壹千文
同治拾三年春冬會共收客幫	銀壹仟零零貳兩柒錢貳分□，合京錢叁仟叁伯零捌千玖伯文 錢壹仟肆伯捌拾玖千肆伯文
光緒元年春冬會共收客幫	銀伍伯式拾玖兩肆錢□，合京錢壹仟捌伯千文 錢肆伯捌拾伍千式伯文
光緒式年春冬會共收客幫	銀伍伯零柒兩伍錢□，合京錢壹仟伍伯式拾式千伍伯文 錢捌伯壹拾伍千捌伯文
光緒三年春冬會共收客幫	銀伍拾陸兩□，合京錢壹伯六十五千式伯文 錢壹仟壹伯肆拾千文
光緒四年冬會共收客幫	銀伍拾式兩□，合京錢壹伯伍拾陸千文 錢壹仟零叁拾肆千捌伯伍拾文
光緒五年春冬會共收客幫	銀式拾陸兩□，合京錢柒拾捌千文 錢陸拾式千捌伯陸拾肆文
光緒六年春會共收客幫	銀叁拾兩□，合京錢玖拾千文

同治拾式年春會至光緒三年冬會共收城關四鄉錢伍仟陸伯捌拾壹千玖伯伍拾文
同治拾式年春會至光緒五年冬會共收藥行經紀錢伍仟陸伯陸拾柒千捌伯文
　　以上通共收一切佈施京錢叁萬叁仟伍伯玖拾捌千玖伯陸拾肆文

同治拾貳年春會至光緒六年一概花費等項：

支買磚瓦	京錢	肆仟陸伯叁拾陸千叁伯肆拾式文
支燒琉璃瓦	京錢	式仟零壹拾伍千叁伯陸拾文
支買一概木料	京錢	式仟玖伯叁拾陸仟柒伯柒拾肆文
支買青白灰	京錢	式仟伍伯肆拾千零肆伯捌拾式文
支買石頭	京錢	捌伯壹拾壹千肆伯文
支買土坯	京錢	式伯肆拾壹千零玖拾文
支買蔴刀繩席葦子	京錢	壹仟壹伯式拾千零柒伯式拾式文

支買一概鐵器	京錢	捌伯叁拾陸千弍伯柒拾肆文
支買顏料金漆桐油	京錢	叁仟肆伯柒拾肆千玖伯陸拾弍文
支車脚	京錢	伍伯壹拾弍千伍伯叁拾捌文
支犒賞工人	京錢	肆伯柒拾弍千弍伯柒拾弍文
支碎磁瓦片	京錢	玖千柒伯捌拾陸文
支買煤炭柴炭	京錢	壹伯玖拾陸千壹伯捌拾肆文
支買干草麸料	京錢	柒拾壹千弍伯伍拾捌文
支瓦匠工錢	京錢	伍仟柒伯玖拾陸千零肆拾陸文
支小工雜夥	京錢	叁仟弍伯弍拾陸千玖伯捌拾弍文
支畫匠油匠工錢	京錢	弍仟壹伯伍拾肆千陸伯陸拾文
支木匠工錢	京錢	壹仟伍伯肆拾弍千肆伯玖拾陸文
支石匠工錢	京錢	肆伯柒拾捌千捌伯文

支藥王神前開光一切花費京錢壹仟壹伯壹拾千零弍伯弍拾捌文

以上自同治拾貳年至光緒六年通共一切花費共支京錢叁萬肆仟壹伯捌拾肆千陸伯伍拾陸文

除收净虧錢伍伯捌拾伍千陸伯玖拾貳文

收入同治柒年復盛公存圍工錢壹伯千文

光緒六年歲次庚辰秋七月穀旦

附：道光九年鐵旗杆銘文

南旗杆底座銘文：

　　盖聞欲使　神明之呵護，自　廟貌宜新；欲彰　帝德之高深，亦旗常宜建。兹南關　藥王神廟已更舊址，盡煥新規，所有山門外旗杆二根，歷年久遠，亦屬傾頹。爰謀諸同人，重鑄鉄旗杆壹對。財則募於四方，工則鳩於三晉。既具土以作模，復備爐而裝炭，綢繆既至，鼓鑄克成。論其高可上干雲霄，語其堅可平垂億萬。特恐其久而無稽也，聊贅數語以誌不朽云。

　　大清道光九年吉月吉日，鑄造旗杆壹對，重六萬有餘；永保四方平安，吉慶有餘。

北旗杆底座銘文：

捐納布衆善士：

大藥市、陝西帮、京通衛、雜貨行、山東帮、山西帮、黄芪帮、關東帮、古北口外、五臺厰、皮袄行、估衣行、蔚州厰、曲陽厰、四路各客商、首飾行、甘草行、施銅鐵衆善、四路各州縣村莊

董事人：張顯□ □中□ □ □ 張□生　並合關人等

住持道人：劉明玉　徒：趙芳張至元付來　孫：李恒張□成付□明許玉　募化四方

住持道人：孫明全　徒：呂至祥

陝西同州府華陰縣金火匠人：徐秉魁　徐秉健　李天貴　牛長清

附　錄

附録一　解州關帝廟碑文[1]

結義園牌坊

琉璃龍壁

關帝廟端門

關帝廟御書樓

---

[1] 這批碑文現存山西解州關帝廟，筆者於2002年抄録，並於2012年前往復核。

關帝廟之春秋閣

氣肅千秋牌坊與刀樓、印樓

同治九年紳商布施碑

筆者在解州抄碑（2002年）

1. 乾隆二十七年《重修解州關聖廟記》

碑額：皇清

重修解州關聖廟記

國朝文、武二廟並重，闕里解梁爲　先聖發祥地，廟貌尊嚴，祀事孔肅。顧文廟在郡邑，民間不得專祀。惟武廟遍列中外，忠義精爽，實足以攝人心而風百世。密邇桑梓，祖壠巋然，家尸户祝，亦固其所。州西門外大廟創自宋祥符年間，康熙壬午回禄，　聖祖西巡，特發帑金修復舊制，欽頒御書"義炳乾坤"匾額。　世宗踐祚，恩綸載沛，追封三代，爰及苗裔，世襲博士。　今上龍飛以來，正謚加封，歲給祭銀，典禮克崇幾與孔林並峙。守土有司遠溯　神功，仰承　聖化，聿昭誠敬，庶上以事　神即下以治民。乾隆十八年知州韓桐來守是邦，築城建學，百廢具舉，而於　聖廟尤致力焉。督率紳士，共襄斯役，增修廢墜，規模大備，惟廟南結義園有志未逮。如泗承乏厥後，補葺經費，鑿池建閣，俾四方人士瞻仰之餘憩息有所，而大功皆韓牧一手運籌者也。泗竊維山川雄偉，奇傑之氣磅礴鬱積，風雲際會，則必篤生偉人，以扶持世教、振動人心。自古忠義正直率爲奸邪所陷，其精英不可磨滅，往往屈於一時而伸於萬世。　公爲解產，解地逼近中條、涑川，鹺海廻環縮結，而又復大河繞外，砥柱當中，山雄水闊，地脈鐘靈，亘千古而生　公一人。其雄勁闊達，嶽峙淵渟，適與山川形勢相肖。且　公爲夏大夫龍逢後，大夫以直諫被禍，林墓近在安邑，世澤貽庥，克昌厥後，天挺神武，再造漢室，忠肝義膽，一脈流衍，水木本原，有自來矣。所謂明德之後必有達人，天不變則道不變。中條、涑水當與東山、泗水同其高且長可爾。我　朝以神武定鼎，同符合德，以故　公靈應丕昭，屢徵顯異。而解廟實　公枌榆在天之靈默默憑依。宜乎，典禮優崇，度越前代，凡我有位職在典守，何敢不敬謹將事，無曠厥官，仰答　神貺。如泗以賢蔭起家，守公故里，作令時曾爲韓牧屬吏，目擊締造維艱。廟工告竣，伐石未鐫，何以示後？謹盥手恭紀。前任知州韓，諱桐字兆鳳，河南武安縣人，由拔貢知縣，陞任解州，調任忻州云。

山西直隸解州知州軍功加一級　言子七十五世孫如泗謹識
　　直隸解州州判　　　　　　　　　　熊名相篆額

安邑縣知縣楊國翰　夏縣知縣李遵唐　平陸縣知縣陳慶　芮城縣知縣莫溥
解州學正張錫錦　吏目韓極　鹽池巡檢黃斌　長樂巡檢孫之震　城守司殷思功
督工紳士：董伊志　馬詒端　蒲耀祖　喬壽愷　焦　蘭　介玉澤　李　涌
　　　　　張知勉　李一謙　閆士毅　馬若熊　　　　書丹：張　棆

乾隆二十七年歲次壬午閏五月吉旦
　　　　　聖裔五經博士關金鐘　　　道正：盧祥釗　馬信妥　季嘉智　王信賢

碑陰：

碑額：□□

捐輸地名開列於後：

州城四關：紳士商民共捐銀二百六十兩零九錢二分，經收道人姬信祿、張宗鳳、張信韓、閆加卓。

正東路：紳民共捐銀三百七十八兩六錢九分，經收道人于信應；原任浙江衢州府龍游縣知縣甲午科亞魁馬允尚、妻孺人張氏夙願樂輸。

東北路：紳民共捐銀二百五十二兩九錢九分二厘，經收道人張智瑤；帝廟工程銀五十兩，子貢生詒端遵命於乾隆廿九年捐助故里牌坊。

正西路：紳民共捐銀三百二十六兩九錢六分三厘，經收道人徐信還。

西北路：紳民共捐銀三百零六兩二錢六分七厘，經收道人王信成。

南　路：紳民共捐銀一百六十一兩七錢四分八厘，經收道人燕智欻。

北　路：紳民共捐銀一百九十兩零二錢四分八厘，經收道人衛智寶。

四月會：客商共捐銀二百零三兩六錢一分七厘，紬行廊租二百八十九兩，故衣行廊租一百七十四兩一錢五分，又捐銀一十二兩，經收道人胡義經。

運　城：官捐銀八兩，經收道官盧祥釗。

安邑縣：紳民共捐銀三百六十七兩八錢，經收道人蔡信泰、謝智冬。

夏　縣：紳民共捐銀一千一百八十七兩七錢，經收道人張加正、王祥怡。

平陸縣：官民共捐銀三百一十五兩二錢五分一厘，經收道人王信愛、□加武。

芮城縣：紳民共捐銀三百九十五兩二錢二分，經收道人趙信開、王加德。

澤州府：官捐銀二十四兩，經收道人王祥吉。

絳　州：紳民共捐銀三十二兩七錢，經收道人任信有。

絳　　縣：官民共捐銀一百六十六兩五錢，經收道人李信顥、李祥瑞。
聞喜縣：紳民共捐銀四十六兩二錢，經收道人劉祥進。
臨汾縣：紳民共捐銀四十兩，經收道人黃嘉華、王禮敬。
曲沃縣：紳民共捐銀六十八兩九錢二分，經收道人孫信壽、李祥春。
洪洞縣：劉紳捐銀五十兩，經收道人呂禮貌。
太平縣：官民共捐銀八十一兩三錢二分，經收道人王信賢、楊智甲。
襄陵縣：紳民共捐銀十三兩一錢六分，經收道人呂禮貌、喬信周。
翼城縣：官民共捐銀一百一十八兩八錢，經收道人朱宗麟、李祥生。

運司商人：
　　范天錫　郭順昌　劉集成　郭恩順　郭豐泰　尉世隆　劉阜和　許晋魁
　　樊公正　□廣昌　郭永益　王恒泰　李玉隆　劉公樸　翬振鐸
　　公捐銀八百兩
乾隆二十九年十一月□光號佈施廟內旗傘鑾架全副，計工料式百伍拾兩

2. 同治九年《關帝廟重建春秋樓碑記》①

碑額：皇清

關帝廟重建春秋樓碑記

解梁爲　關聖大帝故里，城西郭外　帝廟在焉。規模宏闊，最後春秋樓七楹，復棟重檐，上凌霄漢。洵足與闕里□□□□□□。同治己巳正月，煐履任茲土，入　廟瞻拜，時值興工修葺。詢諸司事，以　帝廟自宋祥符間創建，迄　國朝以來，屢圮□□□□，□光乙酉重修，今閱四十年矣。風雨飄搖，樓將傾圮。久欲修治，而鄰氛不靖，籌費維艱。咸豐九年，前州牧葉公筱珊，□將廟中餘利□□□備工用，積弊深重，未能盡除。每年僅積銀貳百金，傅公伯、韓署篆請於　前道憲楊公鐵臣，從鹽綱籌銀三千兩，乃克諏吉修建，而經費不敷尚鉅。程公立齋到任，又會同紳耆，邀集士庶客商，或計資、或按地、或分鋪戶，定施助之多寡，共集銀一萬四千五百餘兩。始於同治六年庀材鳩工，經年尚未告成，則以工多費鉅，所用猶

---

① 該碑右下角略有殘損。

不給也。煐聞之竊用慨然，蓋帝廟每年房地租銀爲數略計二千兩，何聽其悉歸烏有？每遇大工，動須國帑民貲方能舉辦。噫，此司土者之責也。爰不辭怨謗，剔積弊、定章程，即於是年四月會毅然舉行。孝廉方正董清海等均能不憚煩勞，實心經理，年終核計存銀一千四百兩有奇。然當時未能停工待此也，因先請李道憲仍從鹽綱續籌銀四千兩。紳董等乃克竭力從事，刻日竣工。不惟春秋樓仍復舊觀，凡廟宇、廊房、牌門、樓閣靡不煥然一新，金碧照耀。又常平廟、結義園，均藉此一律修飾完竣。園內舊有池，池栽芰荷，仍疏鑿種植，以復其舊；并植桃百餘本，誌當年勝蹟焉。工竣，董事舉人馬百度等請一言誌其事。煐思是役也，始於咸豐九年，前牧之籌畫，諸紳之經營，與夫捐貲者之樂善不倦，至同治九年而落成。於□豈偶然哉？廟中歷年積弊從此一清。值年紳商等但恪守定規，每年可存銀一千數百兩；積之數年，即可得貲巨萬。以後興大工、需大費，可無庸士庶客商傾囊解槖矣。煐知聖帝在天靈爽實式憑焉。爰序其顛末，並將定規十二條刊石，以敬告來者。是爲記。

賞戴花翎候補知府解州直隸州知州　臨桂朱　煐撰文
賜進士出身前工部右侍郎兵部侍郎山東巡撫　朝邑閻敬銘書丹
　學正延棠　署學正趙守愚　訓道陳其封　城守司景瑞　督捕廳沈以鏞　署督捕廳王澂

督工：馬百度　王澤厚　李錫齡　侯乙鵬　馬維翰　李震清
　　　高昆玉　介狷　介培堂　馬邦俊　衛樹榛　李修德
總理：董清海　選擇：王枋　劉遇斡　李琛　道正：介宇健
　　　　住持：王宇鴻　馬宇僖　張宇宣　段宇休　李理輝　李亨秀

大清同治九年歲次庚午七月吉日立

碑陰：

碑額：永垂

告　示

　　州正堂朱，爲酌定廟規，以垂永久事。照得州城西門外　關聖帝廟，爲　神靈式憑之所，理應隨時修飾，以昭誠敬。前因　春秋樓及各處殿宇、廊房，歷年久遠，漸就傾圮。經紳士舉人馬百度等，稟請道憲籌欵修理。而工程浩大，經費不敷。又復沿門勸募，按地攤捐，極力綢繆，始克庀材興修。今內外樓殿、廊房雖已煥然一新，而念前工之難，不得不爲後日之計。查　聖帝廟本有自然之利，因無人經理，所收租稞年年浪費無存。遇有應修工程，未能隨時舉辦；及至坍塌日甚，始議修葺，而經費動需鉅萬，不得不多方募化。若每年將自然之利除公用外妥爲存積，以備歲修之用，何致工多費鉅，上動庫款，下累商民耶？爰與紳士等熟商，將廟中自然之利以後仍歸廟中，酌定規程十二條，合行出示曉諭。爲此，示仰紳士商民並道士人等知悉，自示之後，爾等務各秉公實力遵辦。庶幾神工有賴，廟貌常新。勿違，特示。

　　計開：

　　一、廟內廊房地基租銀向由道士經收，以充公用。乃樓房殿宇並未隨時修葺，每年租銀不知用於何處。茲選擇公正紳士八人，鋪商四人，分爲四輪，每年派紳士二人、鋪商一人公同經理。□客商賃占房基，須向值年董事領取執照。若查無執照，即係私賃，不准該商在廟□賣貨物。如業由該董事給發執照，應將客商字號、租銀數目逐一注簿，以備稽查。

　　一、廟內大、小廊房二百四十一間。原定四月大會大廊房每間租銀三兩，小廊房每間租銀一兩五錢；小會減半經收。客商中有曾經捐貨者，經紳士公議酌減。東西筒瓦房，大會每間定租銀一兩，小會租銀六錢；東西大廊房，大會每間定租銀八錢，小會每間租銀六錢；小廊房，大會每間定租銀四錢，小會每間租銀三錢。如日後原賃客商中有歇業及更改字號者，其房應歸董事，照原定房價另租；不准私自轉賃，以杜偷典私賃之弊。至廟外鐘鼓樓內廊房三十八間，西洞門外廊房二十三間，大會每間定租銀三兩，正、七等月小會鐘鼓樓廊房定銀一兩五錢，西洞門外廊房定銀一兩。其東洞門外及廟內外各處地基，由董事量生意大小，秉公估租。以後租錢即以本年所收數目爲准，不得增減，致滋弊端。

一、廟內應設立公局一處，以便會期董事等齊集辦理公事。局中應設伙食，四月會准動用錢四十千；其正、七、九、十一、十二月等會，每會准動用錢十二千。至會期應用公費，仍照舊章辦理。此外不得藉端妄動公項。

一、會期客商甚多，值年董事未便沿門收討租銀。兹定大會派道士八人，小會派道士四人代爲收討，隨收隨交董事登帳。大會道士一人給工食銀二兩，小會給工食銀一兩，以示體恤。至會完之後，董事等應將本會經收過租銀若干、用過雜費銀若干、餘存銀若干，逐一開列清單，貼示廟前，俾衆共知，以免物議。

一、每會所收銀錢，會完之日董事等公同將賬算明，即將錢文按照時估合銀。除零數暫存局中以備雜用，如足百兩之數即應交鋪生息。至局中所存零銀，不准挪借分厘，致啓虧空之漸。

一、每年定於十二月十五日，各董事俱齊集公所，公同查算本年出入各項賬目有無舛錯不實。查算清楚，舊董事即將帳簿、銀錢照交新董事接收，一面將舊管銀錢若干、新收銀錢若干、開除用項若干、實在現存銀錢若干，交於某號生息，逐項開具總數，貼示公所；一面登簿具稟存案，以備查核。至董事中或有其人難期得力，或有因事未能辦公，諸紳商即於是日公擬妥適之人，稟請定奪，另派接辦。

一、每年十二月算賬之期，舊董事備酒席二棹，前三日知會各董事，屆期齊集公所，不准托故不到。公同清算帳目之後，即同赴各處殿閣、樓房並結義園詳細查勘有無應修工程，其常平廟俟清明日查勘。倘有應修之處，即行稟請勘估，俟春暖擇吉開工。務期　廟貌常新，以肅觀瞻而昭誠敬。

一、發商生息銀兩，紳商等不准徇私借貸，地方官亦不准假公挪用。如舊董事或有擅改規程，通同作弊，以致銀錢虧短，帳目不清，新董事查核明白，即據實稟請傳案追究。不得扶同徇隱，含混接收。倘經後來董事查出稟按，即惟接收之紳商是問，必須照數追賠。各宜慎重，勿貽後悔。

一、每年所收租銀除祭祀等費外，計可存銀一千數百餘兩。兹定每年提銀三百兩給解梁書院，津貼生童膏火。大科之年加銀二百兩，以資鼓勵。此外，惟遇荒年賑濟窮民准公議酌量動用，他事不得擅行挪動。

一、廟內產業除鹹地二十五畝八分，鎮山坊砂地一畝八分九厘，五龍峪砂地二十畝，馮家莊地四十六畝四分五厘五毫五絲，俱已失沒，無從查考。其常平廟砂地一頃零四畝二分八厘七毫，租糧仍歸常平廟道士經理；三十里鋪地二十六畝六分五厘，租糧仍歸三十里鋪道士經理；廟後平地一頃二十餘畝，仍由大廟道士自行耕種。所有西砂地五十五畝一分二厘，廟西南砂地四畝八分，廟西砂地十畝三分六厘，崇凝坊砂地六分，史家庄砂地一畝八分，狄子峪砂地九十二畝五分六厘，上凹庄平地一十畝九分，以後俱歸紳董經理，免致年久再有失没。所有每年應收租稞麥穀，仍令道士經收，以爲養膳。惟除麥十石，爲敬神之用。其糧銀俱由公中完納。至廟前砂地七畝四分五厘，每年租銀八兩；泰康坊平地九畝四分七厘九□，每年租銀三十兩；中凹庄地二頃零九畝四分，每年租銀三十兩，應由董事經收，完納糧銀。

一、御書樓、春秋樓、大殿、寢宮及刀、印樓、東西鐘鼓樓、午門、大門、端門、兩角門等處，仍照舊規，各派道士二名，每日經理打掃。至功德祠道士，仍令照看結義園，園中蓮藕桃菓即給該道士，以□□□□。

一、廟内道士必須年過三十以上，方准□□□□□□□□□。不准違例多收，免致徒衆繁多，滋生弊竇。該道官宜隨時稽查管束，倘有不守戒律，不安本分，立即驅逐，或勒令□□□□□情容隱，致干查究。

大清同治九年歲次庚午八月初八日勒石

3. 同治九年《重建春秋樓並礁樓四坊布施碑記》①

碑額：皇清

欽加布政使司銜分守河東兵備鹽法道楊寶臣　籌銀三千兩

欽命接辦防務署理山西提刑按察使司鹽運使銜分守河東兵備鹽法道李慶翱　籌銀四千兩，捐銀九百兩

欽加按察使司銜調署河東兵備鹽法道分守冀甯道王　溥

原任潞安府知府前任解州直隸州知州葉桂芬

候補知府隰州直隸州知州前署解州直隸州知州傅廷琦

大同府知府前任解州直隸州知州程　豫

候補知府解州直隸州知州朱　焜

① 該碑碑陽無碑名，此係碑陰之碑名。

平陽府知府龔嘉儁　捐銀六兩
曲沃縣知縣賀澍恩　捐銀六十二兩
夏　縣知縣陳世綸　捐銀一十六兩

太平縣知縣章壽嵩　捐銀一十二兩
翼城縣知縣徐炳華　捐銀一十二兩
署芮城縣知縣金文沂捐銀一十兩

解州儒學訓導陳其封　捐銀一十兩
芮城縣儒學訓導武善長捐銀二兩
鄉寧縣知縣俞承奎　捐銀一十兩

大清同治九年歲次庚午七月吉日立

碑陰：《重建春秋樓並砲樓四坊布施碑記》

碑額：永傳百世

重建春秋樓並礅樓四坊布施碑記

　　　　禮賢坊

陳學亮	董　雯	關嚴祗
李在連 各捐銀四兩	董　霖	衛學武
楊培壎	孫守恒	張采福
祥福臨 各捐銀三兩	劉四好	聚義和

李在澐 各捐銀二兩	董　霽	孫　璋
劉克復 捐銀一兩五錢	范邦傑	董　露
董鎮海	閻爾珍	隆興公
孫鐘岐	董志康	李在河

鶴年堂	德發永	孔　旼 各捐錢一千文
董樹林	致盛成 各捐銀一兩	侯鏡清

雷應春	順德染房	李在楨
李在渭	郭生花	武丙建
五福花店	董殿邦	馮佩璋
衛　俊	李煥文	萬鎰源
董校林	譚希賢	史立樹
董震陽	劉俊河	太吉昌
張邦彥 各捐銀五錢	趙一清	史廷法
侯毓謙	董照魁	李福林
呂克禮 各捐銀四錢	衛學周	李昺增
李慶壽	李正豐	姚生貴
李慶林	王登元 各捐銀三錢	張萬富
馮毓華	董觀鼎	吉慶祥
衛喜慶	李景福	馮海鴻
孫立法	馬采芹	史廷賢
衛林娃	寇金奎	馮蕭氏
趙金盛	衛樹榛	董應彪
相安邦	李毓斗	董觀益 各捐銀二錢
侯錫堂	李成林	董榮慶 捐銀一兩

崇凝坊

白貨行 捐銀八兩	蔡聞道 各捐銀二兩	興成祥
贊育堂	李祥泰 捐銀一兩七錢	壹心成
李如松 各捐銀二兩	五福魁	德盛永
泉□玉	義興德	忠心元
柳廷和	蔡凝福	廣生堂
京藥行	羅興順	長盛合
恒元茂	同興合	新盛元

| 邺祥□ | 同□□ | 協盛和 |

魁盛紙局	德懋正	昌興染房
永慶祥	會文堂	增順仁
介廷崙	永泰成	天成祥
鄧□傑 各捐銀一兩二錢	和泉湧	衛秉廉
永富堂	蔡　庚	恒興泰
景德福	隆興合	復興號
天順成	王福增	珠慶成
天慶樓	天順染□	新興紙局

寶翰堂	李鑰鎖	德泰湧
合順永	白廷智	復興永
吉慶魁	李萬枝	忠興永 各捐銀八錢
明順合	馬中矩	寧安財
李天俊	劉克績	天興合 各捐銀六錢
劉丙離	張新義	和盛昌
公忍堂	趙太和 各捐銀一兩	四合號
薛鳳鳴	張廷花	三盛帽鋪

王天鵬	壹心誠	王明盛
許三義	恒興源 各捐銀五錢	徐太祥
楊喜成	史作賓	馬隆盛
馬中規	李煥林	瑞興號
馬中律	衛六鎖	同心協
孫春和	馬中倫	清盛和
宋六娃	李春芳	雙盛館
衛公盛	王寶善	張文蔚

| 蔡建森 | 閻生武 | 呂得陞 |
| 蔡建元 | 楊兆隆 | 秦汝敏 |

王萬昇	韓添鈺	王世義
裴學禮	張岐鳳	李□貞
王開成	李金玉	吳大魁
李魁元 各捐銀三錢	史重祿	馬中清
蕭樹春	張永泰	張德芳
恒心公	郭文彩	王永清

苑新興	大成德	蔡文博
王世俊	萬和合	蔡迎照
秦士英	長盛順	李德盛
秦汝寬	王福祥	李生財
蕭禿娃	王張鎖	楊收成
仁義堂	四盛合	楊金鰲
同德堂	荆文光	王春和
宋玉西	金仲□	□□□ 各捐銀三錢

程金銘 捐銀□□	王串娃	史清源
□天順	當全盛	楊跟卯
張普雲	馬小項	李育春
李彩珠	崔羊娃	劉元娃
荆好成	孫跟娃	呂萬斗
李有娃	王　裁	裴福成
黃永盛	張月盛	秦成祥
劉□明	侯□□	黃□興

史奉章	雷振河	高起興
李全德	楊　貴	李新年
蒲八龍	許海寬	張忙娃
相秉鈞	蘇隨娃	仁義福
王務勤	雷春動	忠和永
薛長盛	梁天祿	王安國

李守道	張開成	三益盛
趙立□	宋強娃	王修吉
薛執谷	李元泰	
孔自立	馬萬和	
王養隆	羅金月	閻新茂 捐銀二兩
閻致中	邺喜林	侯如林 捐銀一兩
梁起昇	蔡敬寬	
暢福祥	武德盛	
暢清海	王俊泰 各捐銀一錢	
崔月耀	袁萬富 捐銀四兩二錢	

鎮山坊

侯乙□	楊育正 捐銀三兩五錢	錢雨皋
郝俊乂 各捐銀五兩	侯乙鴻	左大典 各捐銀三兩
侯丙輻 捐銀四兩	宋萬興	李　璿
李　瑞	趙秉彝	侯乙鶒
李錫齡	侯乙鷥	喬貞泰
李昌齡	張凌雲	源泉永
六合櫃	張恩錫	大生堂
李學義	德泰統	李爾齡
呂夢星	全盛德	王貽□
王林梧 各捐銀二兩	李作睿	張恩陞
侯方城 捐銀一兩五錢	張德發	李振煌
樊九成	喬千祥	侯汝□
張文燦	王萬年	李來儀
李春心	介九域	樊廷俊

馬原濟	□生貴	恒德□
劉永祥	介世德	梁起興
張培綿	史建□	劉立賢
衛□西	李□永	馬□□
史書銘	董　政	介長序
樊邦俊	連維漢	介李氏
侯以約	同德合	介峻極
喬粹善	李　鑫	李敬修 各捐銀一兩
喬克明 各捐銀一兩	董玉貴	史振鐸
侯述職 捐銀二兩	樊奉璧	喬思善
楊世泰	蔡世俊	侯書城
郭長餘	衛隆海	宋玉潤 各捐銀五錢
王長庚	侯崇城	

泰康坊

福來和 捐銀四兩	張□□	昌興廠
連□陞	□□□ 各捐銀□□	□□□
袁俊□	雙盛合	元泰合
□□□	春茂□	馬甲駟
馬世澤	繼盛源	王德□
王德明	泰順成	宋玉海
薛逢時	新盛□	閻在禮
邺春傑	新盛麵店	袁□□

□□□	高全盛	□天順
李□□	劉□□	□盛店
連羅氏	聚成厚	連□氏
□□□	張明□	□□□
趙慶宅	衛宗禹	閆敬善 各捐□□□
劉□□	崔春元	劉□□
相金法 各捐□□二錢	張秀元	邺文□
劉□□	連□和	□□□
相金□ 捐银□□	李長泰 捐銀□□	
□□□		

木　工：相金鏞　王務勤　邺文林　秦士英
　　　　劉太義　閻生花　梁育祥　常遇泰

泥　工：李清江　王長喜　相昇祿
　　　　王祥太　呂應圍

琉璃工：呂長泰　張鳳燕

鐵　工：李　興　陳有興　王辛榮
　　　　陳継魁　趙學禮　柳鉄匠

油畫工：楊普清　武鳳鳴　衛天林
　　　　李鍾萼　李克岐　董增華

石　工：杜榮貴　馬景元　王春和

大清同治九年歲次庚午七月吉日立

4. 同治九年《重建春秋樓並建礆樓六路地畝布施碑記》

重建春秋樓並建礆樓六路地畝布施碑記

正東路

順城關	捐銀一十兩	十里鋪	捐銀三十五兩一錢
東下園	捐銀五兩	胡家嶺	捐銀二十六兩七錢
社東村	捐銀七十五兩三錢	柳馬村	捐銀三十兩
邺家坡	捐銀二十四兩	二十里鋪	捐銀二十三兩
砂窩村	捐銀四十五兩	雷家坡	捐銀三十兩
杜家坡	捐銀三十二兩八錢	趙　村	捐銀五十四兩四錢
下堡頭	捐銀一十七兩	王馬村	捐銀四十四兩七錢
庄頭村	捐銀三十五兩六錢	羊　村	捐銀四十一兩六錢
杜甫村	捐銀二十六兩四錢	東張耿	捐銀三十兩
東辛庄	捐銀七十兩零七錢	西張耿	捐銀二十四兩一錢

東北路

鄭費車盤	捐銀五十二兩七錢	南華村	捐銀三十二兩
東膏腴	捐銀四十六兩	袁家庄	捐銀四十兩又三兩
三家庄	捐銀三十二兩	西袁庄	捐銀一十六兩三錢
龍居村	捐銀四十六兩八錢	大張塢	捐銀六十五兩二錢
東龍居	捐銀一十二兩	贖馬村	捐銀八十兩
鄭小庄	捐銀一十兩零二錢	麻　村	捐銀一十七兩五錢
王吞村	捐銀廿五兩	長樂村	捐銀四十兩零七錢
小曲村	捐銀三十四兩七錢	尚義庄	捐銀三十八兩二錢
南庄村	捐銀五十五兩	中四庄	捐銀五十一兩
下張耿	捐銀三十兩零七錢	下四庄	捐銀二十四兩三錢

正北路

薛車盤	捐銀四十兩零四錢	義勝庄	捐銀九兩
小張塢	捐銀二十四兩二錢	羅乂村	捐銀六十兩
西膏腴	捐銀四十三兩	長江府	捐銀二十四兩六錢
馬李庄	捐銀六兩六錢	衛唐村	捐銀二十兩
赤社村	捐銀五十四兩一錢	新營庄	捐銀二十六兩
南扶村	捐銀四十二兩	茂盛庄	捐銀廿八兩二錢
王南村	捐銀三十一兩	北曲樊	捐銀三兩七錢
東曲樊	捐銀三十二兩		
美王村	捐銀四十二兩二錢		
西曲樊	捐銀二十九兩		

西北路

北膏腴	捐銀一十六兩一錢	西王村	捐銀一百八十七兩 又銀六十一兩
北高鋪	捐銀六兩一錢	侯　村	捐銀五十兩
大井村	捐銀三十八兩	朱小張	捐銀三十八兩
洗馬村	捐銀二十八兩	萬家庄	捐銀一十兩
衛褚村	捐銀六十兩三錢	三婁寺	捐銀五十九兩
西安頭	捐銀三十一兩四錢		
東安頭	捐銀三十九兩一錢		
張鎖村	捐銀六十兩零八錢		
清健庄	捐銀八兩		

正西路

西門外	捐銀二兩	郊斜村	捐銀四十九兩六錢
城西村	捐銀三十兩	西辛庄	捐銀二十六兩
柴家窰	捐銀一十三兩	東胡村	捐銀三十五兩二錢
郭家村	捐銀一十八兩	喬家庄	捐銀三十四兩八錢
席張村	捐銀一十九兩六錢	西胡村	捐銀二十五兩八錢

北賈村　捐銀二十八兩六錢
底張村　捐銀四十五兩
許賈村　捐銀二十兩
南賈村　捐銀二十兩六錢
南營村　捐銀三十二兩

　　正南路

南門外　捐銀五兩三錢　　　　　常平村　捐銀一十二兩七錢
董家庄　捐銀一十七兩七錢　　　宸鄭庄　捐銀十九兩一錢
南山底　捐銀四十三兩二錢　　　曲　村　捐銀三十七兩
蠶坊村　捐銀一十八兩六錢　　　南十里鋪捐銀六十兩

大清同治九年歲次庚午七月吉日立

5．同治九年《重建春秋樓紳商布施碑記》（一）

重建春秋樓紳商布施碑記

藥材行 捐銀二百五十六兩　　　　劉錫三
萃昇亨 捐銀一百七十兩　　　　　京監元□元□
玉成店　　　　　　　　　　　　　致合永
充益當　　　　　　　　　　　　　永盛合 各捐銀一百兩
永隆當　　　　　　　　　　　　　五品張宗浚 捐銀七十兩
通泰當 各捐銀一百二十兩　　　　永盛原 捐銀六十四兩

柏木行 捐銀六十一兩　　　　　　玉器行 捐銀五十一兩
晋昇永　　　　　　　　　　　　　任誠意
復泰貞　　　　　　　　　　　　　公盛中
充蔚公　　　　　　　　　　　　　鹽同知牛會辰
永興通　　　　　　　　　　　　　茂盛公
公益信 各捐銀六十兩　　　　　　任永興

永興西	通和昌
中憲大夫王家賓	三合豐 各捐銀五十兩
晋益合	信德昌 捐銀四十四兩
敬勝昌	曹東鑣
興順牲	元盛合
義合成	錢局永盛原
萬盛鈴	義盛德
文興和	晋昇魁
順盛裕 各捐銀四十兩	義聚合
泰順隆	訓道貢生 岳封 荊雍
三錫鴻	天佑昌 各捐銀三十兩
繼程魁	樊有規
臨心正 各捐銀二十八兩	永盛豐
鴻慶源	天成玉
兩益公 各捐銀二十六兩	復順東
福元茂	和順慶
惠福隆	祥盛玉
三和元	全發興
天德茶行	成熙泰 各捐銀二十四兩
公興茶行	天元厚 捐銀二十二兩
天順茶行	長發裕 聚源合 捐銀二十二兩
通裕茶行	充泰蔚
和順茶行	董文煥
同知師 孟	永新和
夏縣線 行	董 緯
興盛粟店	董 琴

【附録】

金井廟粟行	董學易
張允恭	恒順元
生春茂	永順復
董鳳儀	三益正

恒順致	姚長盛
張慶麟	信義公
復盛掃帚行	義順西
萬通店	兩益永
陳永順	王天祥
康順德	陳學海

曲沃當　行	公盛祥
聞喜山貨行	隆興西 捐銀一十七兩
布理問咸啓壽	聚成合
布理問張振海 各捐銀二十兩	新興合
通順合	三和魁
新慶吉	天益永

德順成	□昌粉局
天成永	常盛粉局
三成合	永順貞
長春永	德順和
誠意仁	德盛合
敬勝豐	從九路先春

同德瑞 各捐銀一十六兩	天益福 各捐銀一十五兩
恒泰豐	皮貨行 捐銀一十四兩四錢
誠意統	天順興
廣盛恒	震昌瑞
永順亨	元吉貞

訓導梁士傑	昌興永
咸益和	恒豐泰
義興和	益隆昌
天泰鎰 各捐銀一十四兩	義和長
長盛泰	慶餘成
正順明	源遠恒
永慶書	隆興通
杜得茂	同興順
慶盛昌	復興公
福源興	源盛昌
恒興和	天順公
泰順裕	聚信公
三益魁	合和成
義全順	萬盛興
三同王	同盛合
益順昌	元亨正
恒順牲	日生祥
源順湧	長盛玉
義成育	永順合
福牲基	元泰祥
致和祥 各捐銀一十三兩	員外郎高謙尊
雙西德	山西候補知縣劉崇禮
廣生成	三和油店
貢生喬志和	瑞宣堂
高謙恭	公興和
衛天泰	永聚生

崇義公	誠意姬
王天玉	務本誠
新興和	王道生
長發豐	公盛合
信源昌	布經歷王恩錫
福牲泉	協成祥
奉憲大夫常聯魁	同心木廠
雙茂裕	隆信木廠
布經歷常聯鑣	萬豐貞
三義公	全成德
永順合	義合順
蔴　行	党錦榮
天德合	成章協　各捐銀一十二兩
二合皮箱局	義生恒　捐銀一十一兩
正泰合	協鎮周雲龍
慶豐福	候補協鎮王　謨
雷升堂	蔚隆和
百川通	德盛恒
蔚泰厚	義成永
元豐玖	益泰魁
天成亨	大順店
敬信義	永春新
天順東	義順合
山生木廠	協和粟店
渭南東源昇	趙村新昇粟店
新興粟店	仁義合

永昌粟店	天慶魁
永成粟店	順興玉
協泰粟店	通順協
永盛西	泰興成
忠興合	永生昌
席張新昇粟店	新昇和
資深茂	永慶玉
興盛合	恒豐益
新和勝	三泰和 各捐銀一十兩

大清同治九年七月吉日立

6. 同治九年《重建春秋樓紳商布施碑記》(二)

重建春秋樓紳商布施碑記

元亨貞	同福協	全盛林
天吉公	盧氏藥材行	義增合
復盛通	二盛玉	義泰合
隆盛金局	源興福	恒興昇
魁盛金局	甫興德	慶豐恒
天發長	魁盛隆	永成店
陳爾璉	裕盛德	源遠長
敕封四品 張志學	廣泰豐	萬慶昌
遊擊 張萬育 各捐銀壹拾兩	恒順復	廣慶成
元興泰	通盛合	義豐德
義興和	大玉凝	益盛合
長春和	義順豐	公盛裕

【附錄】

永興老	恒泰永	長華茂
王增盛	三星號	宏茂號 共捐銀八十五兩
義美公	元盛裕	恒升合
義成緞店各捐銀九兩	德盛公	恒昇和
東昇成	恒慶永	恒昇長
捷盛和	三吉祥	大興郝
大興趙	合義興	世興吳
長發祥	順德晉	陳金探
聚興玉	隆盛成	廣福隆
德盛成	萬和金局	福陞永
永興義	日昇成	新興和
聞興茂	三協公	新順合
復興生	恒茂協	豐益長
貫爕陽	萬盛和	義成生
合盛恭	福長泰	布理問楊汝棟 各捐銀八兩
郭景鵬	鴻昇正	積成和
瑞隆裕	朝邑知縣邢澍田	天賜樓
永盛正	直隸知縣儀漢章	長慶合
錦翠樓 各捐銀七兩	順興恒	長慶樓
廣德生	復興德	元利樓
德成魁	義聚長	皮繩行
元茂通	同盛德	泰興魁
長泰裕	天興合	廣泰永
協成永	三盛公	復興泰
集錦號	順意魁	三德合
積泰慶	薛秉禮	針　行
聚順玉	張四維	道生李

日昇昌	喬伯虎	魁盛隆
資深紙局	衛　厚	楊騰光
鴻順李	義誠和	公興順
介祉堂	蔡天成	福義和
候補郎中高樹善	興隆東	呂長泰
刑部主事葛宗鄴	隆盛鴻	大成協
太和銀局 各捐銀陸兩	興盛昌	長盛和
永盛謙	世興元	敏盛信
泰盛復	正興號	祥盛和
義盛長	協興義	陰先正
董　經	隆和永	聚成翕
鹽經廳葉梅芬	三順德	元善長
毛鳳德	魁泰和	中興店
永太生	陝西同知王延年	祥慶雲
恒盛義	五品秦清廉	雙盛福
同心盛 各捐銀五兩	元亨正	廣和樓
永濟堂	光裕元	宏茂合
德豐合店 各捐銀四兩五錢	魁盛老	德茂成
同德茂	順盛通	光裕成
晉興合	復興緝	興盛林
公盛貞	天福魁	周懋松
泰盛油店	永盛合	祁裕昌
新興油店	壹心誠	玉成祥
李　興	姚益臣	朱淡如
天瑞公	裕盛和	李永文
魁順福	恒順通	宋清開
福興合	積盛公	師成琳

師成璋	恒順桐	永程隆
永興陽	二合新	同心金
豐盛永	秉順和	大慶關主簿鄧仁恩
協心成	聞喜當 行	魁盛吉
廣和通	府教授趙士綉	嶂縣訓道郭迎暄
三成公	趙嘉藻	祥恒永

武慶隆	福泉海	三合公
生員耿善和	從九樊克智	福昌公
義聚合	雙盛生	文元泰
富有昇	公益祥	松茂店
布理問裴毓蘭	萬協祥	東成店
五品趙吉祥	定元香	興泰正

正興永	天德樓 各捐銀三兩五錢	劉天成
雙盛店	同成順 捐銀三兩四錢	王義興
公盛常 各捐銀四兩	通興馬	乾順魁
全興和 捐銀叁兩陸錢	群從仁	隆興生
濟泰永	聚信公	萬源合
三興盛	天泰成	新盛和 各捐銀三兩

大清同治九年七月吉日立

7. 同治九年《重建春秋樓紳商布施碑記》（三）

重建春秋樓紳商布施碑記

順德和	楊玉興	長發興
胡奎章	祥泰玉	三益公
恒順昌	天和成	趙聯第
天豐成	姚萬源	林盛和

元盛琳	三義泰	永魁義
劉良璞	中興靛行	清興和
同春儀	五福全	梁廷棟
通慶魁	祥昇魁	公盛一
協盛恒	友泰源	州同柴希武
義盛福	宏順合	州同白炳華
祥聚魁	永和書	孝廉方正王廷俊
祥泰成	朱泰順	李向辰
蘭澤潤	義和店	郭禎祥
石泉知縣郭夢鰲	四美成	天順元
刑部郎中王功枚	新順昌	義聚成
鶴鳴合	全盛裕 各捐銀三兩	豐盛香房
大生魁	正盛榮	永盛協
信誠店	豐興合	萬順合
全成正	成章永	慶豐店
同心協	復興隆	恒豐豫
順興姚	義成豐	豐盛長
中和恒	長發和	豐盛美
永豐魁	荆鐘械	恒泰昌
永興復	曹始新	翁盛和
廣和全 各捐銀二兩四錢	裴仁和	益順恒
三合成	萬盛恒	亢東興
正順號	常盛公	同昇盛
全成合	廣盛奎	仁義皮箱局
長興周	通泰成	源盛魁
永和曲	錦源公	復興誠

會仙園	慶祥木行	同心和
同善堂	潮盛新	都魁永
閻通盛	郭司純	永盛曹
興順永	党如升	錦瑞靛行
德新亨	王懷武	韓天順
文興義	世興魁	元盛德
德興斌	祥太元	長興店
李培恕	陳宗信	楊作棟
泰順成	長興永	王　蕙
古香齋	通裕永	按照磨崔德純
永益公	王玉柱	九品王　檀
祥慶恒	靈石教諭吳錫疇	張迪成
元盛魁	吉忠信堂	隆盛店
貢生張　鵬	五品藍翎吳一楷	同知晉豐升
九品張得榮	王　翼	李玉臣
千總楊鵬翔	協興長	相經邦
理問劉文照	中正德	太平捕廳陳　炅
陳其祥	恒豐和	翼城捕廳周德馨
壹心和 各捐銀二兩	魁盛協	天成花砲局
朝邑厘金局 捐錢四千文	合盛興	集成玉 各捐銀壹兩五錢
同祥興 捐銀壹兩七錢	永興香房	協興焕 捐銀壹兩四錢
義成富	祥盛公	合盛通
兩益香房	誠盛香房	德興合
萬盛源	雙盛香房	敬信成
兩益成 共捐銀五兩	東興德	忠信恒 各捐銀一兩二錢
公盛祥	增盛成	魁元張
德源永	心盛興	福成合
復興魁	益成和	全盛油布局
玉隆德	同興湧	雲興合

鼎盛齋	復生局	祥太福
振興永	河南館	正興公
義合王	孔繼鵬	正興史
太和生	信成永	豫豐慶
同成興	效古堂	萬順協
兩益成	魁元堂	趙清和
和合園	興隆白	宵裕用
郭三益	王修理	馬　楨
三義魁	潘會元	陳元鰲
泰和公	柴爾桂	邵敏德
元亨永	韓先貴	樊春禧
東來生	司馬部成	張若芝
謙裕夏布行	李德賢	吳一枝
柴上林	張維鎮	同盛站　捐銀九十兩　募化銀一百五十兩
晋全亮	茂盛齋	協盛油行募化銀五十九兩
馬起富	仁義齋	公正菸行募化銀二十兩零五錢
王　履	敬盛齋	四合館
恩永堂	劉　恕	福盛館
趙建邦	王　浩 各捐銀一兩	望宏道
李映林	永順正 捐錢四百文	萬鎰新 捐銀四兩
梁自興	曲樊窰 捐銀一兩五錢	草帽合行捐錢四千文
德盛成	公合昌 捐銀四兩	志誠信 捐銀十兩
趙福平 各捐錢一千文	曲沃捕廳金　杰 捐銀一兩	
新盛公 捐銀六錢	蔡元福 捐銀六兩	
大盛張 捐五錢	楊鵬飛 捐銀五兩	

大清同治九年七月吉日立　　　　廩生閻爾珍書丹

8. 同治九年《重建春秋樓本州紳民布施碑記》

重建春秋樓本州紳民布施碑記

王友于 捐銀五百兩	火神廟	劉邦棟
李修德 捐銀一百五十兩	姜憲庸	張生蓮
董象乾 捐銀七十兩	李順德	姜倬漢 各捐銀四十兩
侯德廣	高起江	趙相普 捐銀三十五兩
喬南金 各捐銀六十兩	薛遐齡 各捐銀五十兩	張潤林 捐銀三十四兩
馬近道	朱東智 捐銀四十五兩	楊天全
王魁中	白邦彥	閆際盛
侯效冉	楊積玉	閆際隆
呂克諧	馬仁義 各捐銀三十兩	曲春光 捐銀二十六兩
趙秉溫	李維廉 捐銀二十八兩	閆海林
邱泰華	劉子俊	李向程
費世豐	馮雲清	雷遇春
李太和	張鎮國	高集鳳
李玉田	李秉森	張必達
王邦俊 捐銀二十四兩	楊孝廉	宸春盛
李發榮	喬士秀	衛映德
趙聯宗	李　義	衛保賢
王炳年	劉見鳳	郭良佐
朱東江	雷邦賢 各捐銀一十六兩	梁元亨
王之俊	高雲漢	呂金生
劉維忠	呂多聞	高勵翀
朱宗耀	高鵬展	樂善堂
董清海 各捐銀二十兩	呂承基	劉三合堂

昝思萼	伍永財 各捐銀十五兩	官泰階
王采荷 各捐銀一十四兩	趙巨然	閻篤武
辛進楊	相均海 各捐銀十二兩	李預染
蕭廉盛	趙正冠 捐銀十三兩	興盛粟店募化銀十兩零五錢
張兆鵬	石橋廟	李起祥
冠九思	南海雲	王世興
喬世魁	柳鵝鳴	雷生霖
王德燦	侯丙軾	史樂道
王汝弼	劉毓成	王大法
朱時梅	郭開成	張治邦
侯乙鵬	王自成	蔡昌淶
衛樹榛	侯乙鴿	李慰堂
柳春發	董映魁	郭萬銀
扆恕臣	雷星泉 各捐銀八兩	李興有
范景雍	史君義	李士杰
范景春	喬從善	王興義
丁務本 各捐銀十兩	耿成花 各捐銀八兩	張治廣
梁起發	段廣元 捐銀七兩	連三元
雷起發	王甲第	王文海
張發祥	楊廷棟	任茂興
王炳吉	介長慶	王心和
張居恭	段廷賢	南從周
李起成	段廣朝	胡全興 各捐銀五兩
黃福長	陳望隆	陳晉福
張守義 各捐銀六兩	任茂盛	程式燕
段春發	許超達 捐銀二兩五錢	姜炳泰 捐銀一兩

段廣居	伍高照	張登科
王泰祥	郭復泰	宸金陵 各捐錢一千文
劉一心	李殿熊	介裕厚
楊　煒 各捐銀四兩	田介氏 各捐銀二兩	羅湘璉 各捐銀五錢
李玳璈 捐銀三兩	梁清齊 捐錢五千文	馬嗣融 捐銀四兩

帳房：馬元濟　劉克績

募化：郭迎暹　王邦俊　陳學訓　趙鄰魏　王炳文　蔡聞道　衛耀南　孫鍾歧
　　　王貽埅　董觀泰　介鎮江　范邦傑　曹東鏞　侯鴻猷　歧英照　閻振清

客商捐修廊房碑記：

公益信 捐銀一百八十兩	順天祥 捐銀五十五兩	三成公
三合豐 捐銀一百一十八兩	臨心正	鴻慶源
信德昌 捐銀一百一十兩	廣生成	瑞隆玉
德順和	元泰祥 各捐銀五十兩	誠裕魁
長華茂	同德瑞 捐銀四十八兩	天泰鎰
德盛和 各捐銀六十兩	永新和	二盛玉
誠意統 各捐銀四十兩	咸益和	通泰和
義興和	全盛林	永興楊
天吉公	德盛成 各捐銀三十兩	清興和 各捐銀一十八兩
集錦公	廣德生	聯盛和
元興泰	同福協	萬順協
廣福隆	魁盛隆 各捐銀二十四兩	豐盛永

義成公 各捐銀一十二兩
源興成
運盛公 各捐銀九兩

大清同治九年七月吉日立　　　　廩貢生侯汝霖書丹

9. 同治九年《重建春秋樓布施碑記》

重建春秋樓布施碑記

閻敬銘 捐銀四兩	趙德軾 捐銀三十六兩
鹽經歷史 國俊 捐銀四兩	王恒盛 捐銀二十兩
王 漱 捐銀六兩	通順成 捐銀十二兩
聞喜劉 炳 捐銀一百兩	閻文煥 捐銀十兩
太平劉向經 捐銀二十四兩 芮城	福生鹽店 捐銀六兩

趙鄰魏	德盛和
□馬口張天錫	公盛順
張廣福	本州厘金局
張廣禄 各捐銀五兩	義豐棧
中興裕	五福正 各捐銀四兩

新順生 捐銀三兩	土地祠 捐錢二仟
德天成 捐銀二兩四錢	牛社鎮陳春茂
長興德 捐銀一兩五錢	楊雲楨
同義和	運城官益和
復盛長 各捐銀一兩二錢	意和祥

萬盛仁	呂應圍
古城 天德合	□□□劉永貴
李清江	武鳳鳴
王長喜	李克歧
王祥泰	楊普清

李鐘萼 各捐銀一兩	芸香軒
鹽□科楊振清	天順德 各捐銀五錢

【附錄】

道工房任德容 各捐錢一仟　　義成和 捐銀二錢四分
　永祥和　　　　　　　　　　胡淡娃
　四合公　　　　　　　　　　姜戍娃

　喬有娃 各捐銀一錢
　誠盛義 捐銀一兩二錢
　漢興號 捐銀一兩五錢

恒聚昌 銀十五兩　　　　　　全盛和
祥增福 銀十二兩　　　　　　義盛東
全興璞　　　　　　　　　　泰和協
雙裕魁 各六兩　　　　　　　裕泰成
慶順德　　　　　　　　　　仁義合

順昌恒 各五兩　　　　　　　同義合
三義永　　　　　　　　　　大有慶
晉豐隆　　　　　　　　　　源順店 各三兩
三義公　　　　　　　　　　集成和
因達尊 各四兩　　　　　　　興旺玉 各二兩四錢

祥盛魁　　　　　　　　　　存義玉
天興合　　　　　　　　　　長泰和
湧泉鎮號　　　　　　　　　長善元
新興正　　　　　　　　　　東玉興 各二兩
恒舒昇　　　　　　　　　　德復茂

和豐東　　　　　　　　　　雙合誠
天順祥　　　　　　　　　　德盛玉
天慶永　　　　　　　　　　恒順泰
大有豐　　　　　　　　　　益蘭祥 各一兩二錢
祥正合　　　　　　　　　　協和正

乾元誠	德昌秀
全茂恒	義順通
永芳程	合誠永
復盛魁	恒裕德
仁和清	順誠油店
同心協	福德粟店
德成和	聚德粟店
廣義成	天慶元 各一兩
合義順	
天祥元	以上五十八家即同盛站募化

大清同治九年九月吉日立

附錄二 代州雁門關碑文[①]

雁門關關門

雁門關城樓（北側）

雁門關關帝廟

---

① 這批碑文位於雁門關上，係喬南博士於2005年抄錄，筆者於2007、2008年兩次前往復核。

雁門關碑銘

1. 乾隆三十六年《正堂□示》

正堂□示

雁門関北路緊靠山崖，往來車輛不能並行，屢起爭端，爲商民之累。本州相度形勢，于東路另開車道。凡南來車輛于東路行走，北來車輛□西路徑由。不得故違干咎□未便，特示。

乾隆三十六年三月吉日立

2. 咸豐七年[①]《歸化城布施碑》

歸化城布施碑

兵備歸綏道鐘	捐錢貳拾仟文		源成店	四鄉耆
唐老爺	捐錢拾仟文		天義源	德盛店
城守廳秦	捐錢貳仟文		世興涌	和盛店
道門印	捐錢肆仟文		□美號	天成有
西廳門印	捐錢叁仟文		和升成	亨興隆
威鎮社復興貨	施錢十五千文		益美成	□□□
榮豐社福巨成	施錢十五千文		合興永	世隆奎
氈毯社永興恒	施錢十五千文		巨興茂	翼盛店
車店行德恒店	施錢一十千文		德和成	恒盛店
聚仙社	施錢一十千文		敦厚原	會成店
天昌德	施錢八千文		信源成	廣如恒
雜營行長茂和	施錢八千文		元亨泰	天德隆
木店行	施錢七千五百文		統泉茂	天順泰
大盛魁	施錢七千文		三勝玉	奎隆店
□□行	施錢七千文		長泰店	義合成
東嶽□	施錢七千文		元盛店	永和店
義仙社	施錢八千文		匯泉店	萬裕店
南和□	恒和瑞	元慶長	全義和	復勝店
復盛公	永壽成	元興□	東昇店	廣亨店
□□吉	義和厚	大德恒	五桂堂	源恒昌
信義羊店	元利魁	□長店	北茶坊	復泰成
興隆泰	德茂和	天□永	復盛魁	李庭棟
以上各施錢六千文	集義和	協和□	長盛店	永□羊店
財神廟	長盛泰	廣信□	大德興	三盛源
十王朝	德茂昌	恒□□	□□錢五千文	廣豐□
南茶坊	元泰永	□□□		德和義

[①] 該碑碑陽未見年款，碑陰落款爲咸豐七年。

廣興糧店	户　房	聚義生	姚興龍
永積糧店	大豐泰	德義魁	統泉店
敦厚店	福盛榮	天福泰	福順□
天裕店	廣裕德	廣合成	萬亨昌
乾和糧店	萬順昌	義合和	興盛德
□興糧店	賀　禧	集義生	新同成號
聚和源	趙對山	天成興	大裕當
興隆糧店	萬育興	□成瑞	四合榮
天德□	德□榮	□□店	興盛湧
張□□	□□□	□□□	元復陞
協昌店	□□公	復成號	孟樓當
德合店	萬育合	福興玉	永順合
□泰店	公信店	信成景	以上各施錢叁千文
聚泰義	□天錫	興合盛	元武德
各施錢二千文	謙益昌	泰和當	總稅局
集瑞誠	德茂裕	三元成	童裕瑞
施錢三千五百文	廣興□	義和榮	以上各施錢四千文
関帝□	合意店	純和當	永□□
関帝廟	億春永	謙和當	世□□
和盛碾房	德盛長	泰亨利當	□長□
賈振名	二合公	天義全	各施錢三千文
廣和永	義永安	天成□店	萬盛王店
吏二科	永源長	天恒裕	復全當
禮　科	義盛和	永茂盛	任霍折
東刑房	德合隆	義合興	各施錢二千五百文
西刑房	□義店	景泰當	董□成
天興美	通順成	奎成□店	長發祥
天合泰	和盛永	元興長	義興隆
萬興和	涌泉龍	魁元店	德□□
翼成雲	永遠昌	寶　□	□□□

豐盛德	真味館	天昌□	□□元
瑞和園	恒義公	德和厚	廣順元
義興店	廣興岐	恒順羊店	芝蘭寬
福聚昌	同泰公	□興茂	源遠長
廣和泰	萬□□	三和義	□恒泰
□□□	天合公	長發公	□盛號
永亨敦	益興泉	□同永	□盛德
西義興	□□□	天泰和	□德□
□胡□	□茂店	大□□	義□新
□酒□	廣益文	□□□	豐盛魁
□□□	復盛泰	□□□	福泉店
□□成	復盛義	□□店	□順永
□□隆	元亨□	□盛源	大順店
□□公	長□□	雙盛義	大德店
義和泉	永□□	□盛玉	大德□
義□裕	□□□	聚生泰	雙盛公
通義□	□興義	義和面鋪	仁德堂
永□□	萬興盛	□□□	合義德
允□□	聚義源	□□□	□成店
綿□□	德成□	□□湧	□誠□
全盛榮	源盛□	□益誠	萬□泰
萬順德	復和義	□□興源	大德永
天成泰	四盛店	萬和成	廣和興
義和魁	義成昌	永亨成	□茂店
源盛魁	廣盛基	□成永	裕隆永
祥盛泰	□興六	三永昌	元泰□店
亨興號	義源□	天德成	協成杲
田酒鋪	慶西□	永盛店	復盛明
天義德	和盛當	福順昌	錦昌玉
復興□	雙盛當	萬盛興	意合魁

廣□□	廣和□	□□昌	茂盛□
永昌魁	興隆當	□□和	成一德
□□□	萬盛泰	□□□	永興長
□□□	宏慶源	昌盛□	德隆允
□和永	錦生□	二榮廣	錦泰和
□順園	寶□□	復興隆	天順元
□生瑞		三合德	四合店
廣□□	□□永	增盛裕	文□□
福□□	□興□	永興隆	崇盛林
□□□	福美聚	復亨湧	義恒新
天□□	義和□	天亨魁	□盛永
□□□	新合盛	亨太奎	五恒園
□茂慶	新盛□	亨盛當	燕春園
□德榮	信義永	隆和義	新永益
永順泉	全盛王	豐一元	山盛當
義泉長	義昌德	萬興隆	同興義
興盛成	德榮羊店	義興泰	以上各施錢
義和園	永亨德	萬盛源	一千五百文

碑陰：《咸豐柒年托鉢布施碑》

綏遠城

粮餉理事□常　施錢肆仟文　　　　興□□
　　□□原　　　　　　　　　　　□□□
粮餉□□□　各施錢壹仟文　　　　□營正
　　□戶　　　　　　　　　　　　□參領
　　　世興魁
　　　義盛長
　　　□□全
　　　天成德
總領：吉陞長　共施錢伍仟文
　　　義長發

永泰長
　　　世興永
福隆社　施錢伍拾仟文
　　可可以力更
太平社　施錢壹拾仟文
任玉貴　施錢□□仟文
福盛當
德聚當
永和當　共施錢拾仟文
來遠當
四□□　□□□仟伍百文
元□□　福盛源
□□□　福盛和
□□□　福順公
□盛泰　福順興
興順永　福盛□
聚泰成　復成泉
聚德泉　關世佑
　　以上各施錢貳仟文
賈□珍　施錢壹仟文

歸化城佈施碑

		□□昌	侯　福	德盛羊店
		永泰成	萬泉永	復泰興
	□□□文	復盛昌	萬順貞	天合元
	□□仟文	世元魁	久遠長	天德魁
	施錢壹仟文	長和元	寶元永	復義明
	施錢伍百文	天合義	聚源長	意生錦
		祥發隆	隆茂成	全盛基
		天福全	咸慶昭	德茂店
□□□	各施錢壹仟文	福義魁	懷德榮	長盛興

□□□			復順永	懷順榮	福盛羊店
□□□	□順奎	德盛興	和合興	福泉德	復興羊店
□俊寧	玉隆大	四合公	潤茂相	天順永	興盛昌
瑞生義	和□成	合興永	楊立本	福盛興	世興昌
聚義合	□和慶	興泰羊店	豫錦成	晉陽□	天盛
天泰永	長源泰	義和公	□承廣	光泰林	三興德
恒和泰	干和泰	東昇永	德生厚	德新源	亨泰和
復興臨	義聚成	義□成	蔚長厚	天興和	永和魁
萃錦榮	玉成□	復興義	元恒泰	德新公	廣德永
萬隆魁	義長□	□盛魁	信遠榮	順成興	天福源
萬和榮	義和公	□恒成	元興隆	天德和	德元茂
三和順	元盛長	雙從元	福生泉	順義成	慶源魁
隆和昌	田相成	聚興隆	源興店	祥泰厚	信泰祥
蕭 暢	萬鎰美	德興元	德興永	育泰長	德興永
公義炭鋪	德興永	恒豐羊店	天興泰	興盛協	天源永
德統□	德盛美	興應長	萬慶昌	德盛東	通義和
德泰長	萬福興	允中店	天興和	恒昇裕	德興茂
天興榮	萬興長	天順□	元亨□	天成義	天泰長
長泰泉	□德榮	世興□	元順永	恒順錦	義興公
廣發源	□和德	復新號	長盛功	興泰成	永德魁
□仁堂	□元泰	仁義長	元興基	和盛祥	天合錦
永生魁	慶和義	公來泰	廣□號	聚源茂	公合成
聚泰魁	□順永	充盛昌	德成永	涌聚魁	興盛榮
德順□	裕□亨	天錫豐	公合成	寶源永	天昇榮
獨慎永	復成三	永元長	豐源泰	義和敦	興順泰
聚源成	天合魁	聚成泰	□盛永	三興成	太和德
□□德	天興裕	廣盛恒	□盛隆	天義公	天□隆
□和元	聚義成	興合公	范□□	天合魁	永勝義
天裕永	天亨德	恒裕號	萬順成	晉永長	
復合昌	天益永	義恒魁	永興魁	萬興泰	

附錄

德盛永	天盛德	東隆永	廣發和	慶盛楊
天成局	萬和永	廣裕盛	德興泰	廣盛德
萬禎明	張夢齡	廣泉達	複合公	德心明
天和永	元盛永	萬順涌	復盛魁	福盛永
元興茂	合興昌	元昇永	三和成	永福泉
恒盛永	三合炭店	德合承	協和號	義和公
德盛和	西湧泉	天興元	以上各施錢壹仟文	永茂元
源順生	同義紙房	福盛和		太和堂
雙盛成	元盛興	東□□堂	合興力	德生隆
福元新	四合隆皮房	萬德□	三長當	天合成
允和成	永□長	三和公	以上各施錢叄仟文	信誠永
西同仁堂	德□□	聚錦榮		源彰永
義和永	萬盛永	大盛□	永義泉	中和成
義和隆	廣興泰	世□隆	天義長	木和成
永義元	隆勝永	天德泉	平安社	義和慶
益和泉	南義合長	賈瑁	天興瑞	謙益元
德茂泉	萬義永	復興湧	天觀基	謙德亨
聚合義	萬合永	新三合局	豐盛德	信義成
德源永	恒義號	天義正	以上各施錢一千五百文	太和永
萬盛永	福興泉	湧泉油房		本生德
雙和店	永生魚店	天福祥	大勝德	德裕恒
亨通源	復興園	恩隆永	施錢六百文	郭秉彝
義生永	益泰園	興盛億	義和成	以上各施錢伍百文
世成公	集盛泉	四合全	聚源長	
義順成	集成泉	天新泉	咸亨泰	
興隆永	濟生堂	萬億永	亨泰成	
廣和泉	慶和永	天盛炭局	萬泉鈺	
涌順隆	天德義	三和新	慶合園	
中和成	大義永	鈺山成	天玉元	
廣和成	永順和	三盛德	和林炭局	
錦成店	益和美□□	信泰永	日昇裕	

永成驟店	天心德	懷德堂	復生泉
萬興駝店	天相榮	天福源	義盛公
會錦炭店	義成恒	祥盛西	天元永
永泰泉	義源承	廣恒瑞	通順公

五臺山雷音寺春屬廣武鎮崇寧寺住持覺世敬書

3. 同治七年—光緒二年捐款碑①

▎碑額：流芳千古

皇清貤贈修職郎　定襄縣儒學正堂崞縣北□　蘇調元男　孫　傳臚　采□
敦德堂公舉介賓武庠生　　　　　　　　　　　　　　武生增□
　　　　　　　　　　　　　　　　　　　　傳鉢　監生銳□
　　　　　　　　　　　　　　　　　　　　　　　監生□玉
　　　　　　　　　　　　　　　　　　　　　　　□生文　施銀叄百兩
　　　　　　　　　　　　　　　　　　　　　　　□□□□
　　　　　　　　　　　　　　　　　　員□傳薪　□□廷□
　　　　　　　　　　　　　　　　　　　　　　　庠生炳蔚
　　　　　　　　　　　　　　　　　　　　定成　□□
　　　　　　　　　　　　　　　　　　　　　　　□□

同治七年歲次戊辰梅月中浣穀旦

▎碑陰：

▎碑額：因果不爽

　西包頭經理人等

永成公	義順原	恒順德	復義興	和□□
申世亨	廣積義店	公順合店	北如店	長□□
仁德堂	德豐店	公合長	公合店	公義□
通祥合	隆盛店	義順興	和恒店	公義□

① 該碑碑陽爲咸豐七年蘇調元等捐款，碑陰爲光緒二年西包頭、豐鎮等處捐款。

		復義店	隆盛馮	廣豐湧	豐恒店	□丕□
		元復店	和興店	公盛泉店	天合德	長興店
		廣盛西店	義順成	西盛店	永盛公	長義西
		洪昇齋	元純店	廣成泰	新義盛店	天成西
		各施銀式兩	元純泰	忠義西	長源盛	義成源
公　行	施銀二十兩	慶□昌店	新永成店	恒隆和		長源厚
歸化館	施銀四兩	福成西	廣興萬	天成□店		各施銀二兩
復盛公		廣恒泰	長義公	天義德	雙盛公	義成昌
和誠店		三和成	集義店	永錫店	公義□	永山成
復盛全		廣泰公	富盛西	公勝店	復義西	如月號
德懋興		永順生	恒興泉	復盛西店	長泰和	元復西
公義店		萬發泉	長盛泰	源盛泉	恒太永	永盛奎
統泉西店		義月同	福興榮	德豐西	富盛德	豐隆長
□□巨		王清遠	復源魁	義合隆	富盛西店	天義貞
□□□		永合興	長義德	大義長	恒裕泰	天義成
□□□		德義生	大德恒	復興永	湧成恒	源順泰
□富店		劉　增	義合永	德盛皮房	源興長	玉和厚
恒盛源		興隆遠	隆泰恒	錦和瑞	通成號	公合盛
永隆店		萬興功	同心成	大盛魁	公復西	大盛公
權興西		廣德魁	信成功	復盛西	義巨隆	永盛興
公義興		永慶德	廣泰興	復興魁	醫和堂	大勝明
天盛魁		通祥德	恒義西	天慶西	元和永	通合德
復興西		復成魁	興隆德	忠義成	慶豐權	天成興
各施銀壹兩三錢		玉源店	永順號	義盛長	東來泰	廣義隆
永盛長		興盛湧	廣積店	公慶長	復興元	興盛公
復盛錦		德和義	玉和永	德潤厚	德成永	通盛西
廣豐店		天興恒	廣裕昌	永盛泉	公義永	天合永
廣和盛		萬益順	永德成	元順和	發興昌	各施銀壹兩
復泰店		□和昌	□盛泉	億增西	公□□	

〔附　錄〕

義盛西	□久魁	源□泉	廣泉店	公□□
永和堂	□和興	大巨德	廣隆慶	永盛泉
永益成	九如泉	公同和	豐隆店	三義□
聚源店	廣泰長	西陞店	光豐德	崇泰西
復盛公	慶生長	同興永	西成元	義成西
公盛德	義盛榮	德盛永	永和奎	永源昌
元慶隆	福和西	協生奎	公和常	德豐榮
公盛魁	恒興昌	公盛源	王萬青	廣興德
乾元魁	永義店	廣榮奎	西隆永	同義堂
通興合	義和盛	源遠長	永合成	永恒店
大勝巨	三盛魁	廣豐西	永盛西	公義遠
天德恒	福盛公	富三元	義生德	恒義生
慶豐西	富盛魁	廣興魁	隆盛興	通興□
慶順□店	復成源	永盛旺	天成德	廣泉□

豐鎮府經理等

鄭元章	慶豐店	以上十家共	信恒公	永和公	施錢五千	
閆世隆	天盛店	施錢二十四千	慶長隆	益和公	施錢三千	
馬負圖	義盛店	謹豐諜	信合泰	塩 行	施錢六千	
史 文	廣源店	天錫太	德合公	客店行	施錢四千	
李靜庵	興和店	三合太	義和永	缸 行		
趙 錦	永泰店	天順魁	德合永	油 行	共施錢十二千	
王登舟	義隆店	永合泰	豐泉湧	碾 行		
永和公	源興店	日新富	以上十六家	面 行	興盛全	
興和店	公和店	錦誠泉	共施錢二十吊	長春和	天興凝	
薛兆齡	天義店	萬順張	當 行	天興元	萬和榮	
		旺慶隆	施錢捌千	三發永	全興源	

東盛店	**代岳鎮**	**張家庄**
寶山堂	共施錢六十七千	清和永 施錢三千
德巨店	共施谷米一石	三合店

以上十家共施錢十九千　　　　　　　　　　　　復和店

　廣　　武　　　　　來遠村　　　　　　　　廣隆店

共施谷米五石五斗　　共施錢十三千　　　　　廣盛德

　元營子　　　　　　米六斗　　　　　　　董崇德　各施錢一千

共施錢十三千　　　　　　　　　　　　　　　天興店

　安營子　　　　　　杨庄村　　　　　　　　德盛公

共施錢十六千　　　　共施錢式千　　　　　　永和成

　　谷米十石　　　　　施米一石　　　　　萬陞店　各施錢五百

解志潔　施錢式千文

　周庄村

源遠順　施錢一千五百

李連昇　施錢五百文

大清光緒二年歲次丙子仲冬月穀旦

4. 光緒二十四年《張家口布施碑》

張家口布施碑

　　　　　　　　南門外保長行　　　　　　大盛川

　　　　　　　　　施錢叁百卅吊　　　　　三玉川

　　　　　　　　市圈內保正行　　　　　　長裕川

　　　　　　　　　施錢貳百六拾吊　　　　三晋川

　　　　　　　　朝陽村保正行　　　　　　寶源川

　　　　　　　　　施錢壹百伍拾吊　　　　廣源川

　　　　　　　　元寶山永安社　　　　　　天聚和

　韓肇德　　　　　施錢壹拾式吊　　　　　謙益盛

　合盛成　　　　下堡麯　行　　　　　　　長盛源

經　永昌裕　　　　　施錢柒拾吊　　　　　復泰謙

　福成德　　　　下堡鉄　行　　　　　　　和翕慶

理 謙源濬	施錢貳拾吊	巨禎和
德巨生	下堡布行	興隆茂
人 養元德	施錢貳拾吊	德巨生
大增玉	下堡雜貨行	養元德
等 三合店	施錢式拾吊	大德常
三義店	下堡當　行	麗生泉
永長店	施錢拾伍吊	天順長
	大德玉	大涌玉
	施錢叁拾吊	永長店
	榆次東陽布政司理問秦	三義店
	施紋銀四兩	各施錢式拾吊
	榆次東陽安晋元	韓肇德
	施錢肆拾壹吊	施錢陸吊
	汾邑田　琥	李汝傑
	施紋銀拾兩	施紋銀式兩
	興隆玉	朱慕元
	施紋銀三兩	施紋銀式兩
慎和長	永源店	德星木店
大德瑞	合盛成	德和慶
元巨德	各施錢陸吊	趙光宗
大德美	李永年	各施錢貳吊
天合順	大成店	焦永連
裕源生	晋和生	乾魁長
大增玉	三盛和	永泉美
福成德	大盛木店	乾生長
謙源浚	興隆金	各施錢壹吊
源聚公	大德懋	
合盛德	天錦隆	**岱岳鎮**
永義美	各施錢伍吊	閆毓棠
長順成	裕和榮	施錢肆吊

世興德	大盛和	閆毓樞	〔附錄〕◎
各施錢拾伍吊	永亨德	康步月	
公合茂	義盛瑞	麻　蹟	
徐　運	元盛明	各施錢叁吊	
各施錢十二吊	德泰興	聚星店	
劉浩仁	各施錢肆吊	聚義店	
聚興順	張超元	新順店	
達順明	施紋銀二兩	各施錢式吊	
永興隆	張廷榮	錢　行	
萬源德	施紋銀壹兩	施錢貳拾吊	
各施錢壹拾吊	天長順	車馬行	
長泰新	永義公	施錢拾壹吊	
魁泰和	裕和隆	劉大人	
祥雲集	各施錢三吊	吳老爺	
各施錢捌吊	大同府任富　施供齋銀廿兩	各施銀式兩	

閆玘運	康以書	東盛店	朔州 **神頭村**
康德珍	天順店	施錢陸吊	常泰當
公議橋	関　奇	德泰店	萬興當
德榮店	各施錢伍百	義長店	各施錢叁吊
王培歧		萬鎰崇	永茂公
紀光弼	**山蔭城**	亨順成	宏盛泉
各施錢壹吊伍	廣源當	各施錢四吊	四盛店
聚義長	永恒當	恒興隆	各施錢貳吊
義盛店	各施錢叁吊伍	天義永	常泰店
復和興	天昌永	山義永	永茂源
源興長	施錢叁吊	各施錢三吊	永和成
西誠店	聚義長	德興隆	全興益
永盛魁	長盛茂	源盛德	各施錢壹吊伍
四合成	源義成	崇盛源	永茂泉
本得榮	各施錢壹吊	各施錢式吊	協成義

天興順	永和成	徐三少爺	晉源德
陳得功	玉慶成	郭　通	真益公
義聚榮	天德長	崔世和	德盛泉
亨通泰	復合泉	雙義成	楊裕泰
廣新店	各施錢伍百	雙合□	天成久
各施錢壹吊		崇盛泉	永盛興
億合成	**廣武鎮**	復和元	夏　官
李在麻鋪	恒益當	各施錢壹吊	各施錢壹吊
天德元	施錢捌吊	張應林	
聚盛和	王仲元	施紋銀壹兩	
白玉泉	楊應魁		
任申午	張廷彥		
梁文藻	各施錢弍吊		

水磨村　　信義恒
常盛店　　　　各施錢叁百
三義源　　西方願
大益源　　　　施錢弍吊
義成湧　　韓　春
　各施錢捌百　曹國安
萬聚恒　　　　各施錢壹吊
義豐源　　劉登貴
　各施錢陸百　陳懷德
廣全慶　　曹如祥
天泰成　　郎朝在
長盛隆　　薛萬□
允中號　　石萬□
慶長源　　郎　美
元盛永　　高　源
永和源　　高印和
德性成　　法　空

廣積成	各施錢伍百
萬泉湧	李　貴
新茂源	高正中
意誠源	郝來寶
天成永	賀　倉
各施錢伍百	梁開元
德興成	宋全福
廣和泉	馬清洛
德興涌	高秀峰
雙和成	張　誠
	各施錢叄百

碑陰：《戊戌傳戒碑》①

……

……

龍飛光緒二十四年歲次戊戌仲夏月佛權喜日勒石

5. 宣統元年留芳百代碑②

碑額：留芳百代

　　山右之有雁門關也，南北通衢，東西要路，迤邐數十里。沙石紛起，飛泉四出，屹屹然稱天險焉。自善全禪師不避艱苦，沿途托鉢，鑿山開路，通水道、搭浮橋、墊溝渠、修坡路，迄今六十餘年，行人頗稱便焉。戊申夏，大雨連綿，洪水爲灾，山形暴裂，地勢大傾，以致往來行旅猝焉中止。遙遙道路，欲返駕而無從；栖栖他鄉，竟絶糧之可慮。清珠師目觀此情，心傷其事。因求道州大憲轉請代州紳衿，諭令本城四鄉各給緣簿一本，募化於經商之必由是路者。而又恐緩不濟急，各暫借錢貳百吊，以期速成。嗣後募緣補項，有餘歸公。南鄉同人敬求著多倫商友，

---

① 該碑碑陰爲僧侶捐款，未及抄録。
② 該碑原無碑名，係以碑額爲名。

不數日而捐金四百。此事之成，商界之力也。因並誌之，以垂不朽云。

  廣東大挑知縣　高國佐撰文

    增生　侯麟振書丹

多倫諾爾十三甲公所施銀五十兩

合盛源施銀六兩　　大盛川施銀四兩

永瑞玉施銀五兩　　大合店施銀四兩

大德正施銀五兩　　大義店施銀四兩

三元堂施銀五兩　　錦生潤施銀四兩

復和永施銀五兩　　大美玉施銀四兩

義和店施銀四兩

本郡經理南鄉紳士：	監生李　番
	生員張鳳岡
	舉人高國佐
	武舉李虎臣
	武舉梁武魁
	武生趙遇辰
多　倫　經　理：	尹師関
	阿繼光
	安凌雲
	劉　楫
	李　蘭
	馮　茂
	李世和
	李永泰

龍飛大清宣統元年季秋月穀旦

■碑陰：

■碑額：永垂不朽

多倫：

德隆當　施銀三兩	義成謙　施銀三兩	北合記　施銀三兩
億福源　施銀三兩	慶豐泰　施銀三兩	德隆泉　施銀三兩
義合長　施銀三兩	慶德通　施銀三兩	順慶當　施銀三兩
永成王　施銀三兩	世義信　施銀三兩	聚元店　施銀三兩
福盛永　施銀三兩	天元店　施銀三兩	億新店　施銀三兩
公和店　施銀三兩	積義店　施銀三兩	敬業亨　施銀三兩
永發德　施銀三兩	謙貞店　施銀三兩	長慎允　施銀三兩
益泰昌　施銀三兩	萬興成　施銀三兩	公昇慶　施銀三兩
四合隆　施銀三兩	永慶當　施銀三兩	四昌盛　施銀二兩
廣和隆　施銀三兩	裕和新　施銀三兩	德昇高　施銀二兩
福泉店　施銀三兩	涌興店　施銀三兩	永成王　施銀二兩
益昌店　施銀三兩	億亨當　施銀三兩	裕和慶　施銀二兩
永興和　施銀三兩	德懋義　施銀三兩	德元亨　施銀二兩
同泰義　施銀三兩	謙泰當　施銀三兩	義合成　施銀二兩
億合當　施銀三兩	廣順李　施銀三兩	永泰成　施銀二兩
大慶唐　施銀三兩	大成裕　施銀三兩	玉順生　施銀二兩
廣義厚　施銀二兩	天復成　施銀二兩	恒義久　施銀二兩
萬興店　施銀二兩	德茂隆　施銀二兩	萬盛魁　施銀二兩
四盛店　施銀二兩	永茂長　施銀二兩	興隆德　施銀二兩
德盛明　施銀二兩	聚合德　施銀二兩	正興泰　施銀二兩
慶發涌　施銀二兩	聚慶盛　施銀二兩	益順當　施銀二兩
合順永　施銀二兩	永盛長　施銀二兩	瑞億興　施銀二兩
雙隆永　施銀二兩	天慶林　施銀二兩	慶德源　施銀二兩
萬和元　施銀二兩	德興厚　施銀二兩	四義盛　施銀二兩
公和義　施銀二兩	積義成　施銀二兩	永生泉　施銀二兩
德亨隆　施銀二兩	萬盛昌　施銀二兩	億和源　施銀二兩

慶和隆 施銀二兩	雙合美 施銀二兩	聚和店 施銀二兩
億大豐世 施銀二兩	裕盛永 施銀二兩	恭和店 施銀二兩
慶泉長 施銀二兩	萬興玉 施銀二兩	世誠西 施銀二兩
德生明 施銀二兩	復興振 施銀二兩	恒昇晉 施銀二兩
永和公 施銀二兩	萬義涌 施銀二兩	長玉川 施銀二兩
長盛永 施銀二兩	興隆瑞 施銀二兩	聚貞和 施銀二兩
謙益盛 施銀二兩	天盛永 施銀一兩	公和元 施銀一兩
復泰謙 施銀二兩	大義中 施銀一兩	崇義公 施銀一兩
義長德 施銀二兩	永勝園 施銀一兩	億元興 施銀一兩
大德輝 施銀二兩	合成園 施銀一兩	長盛隆 施銀一兩
積義永 施銀二兩	晉陽誠 施銀一兩	復新隆 施銀一兩
天德隆 施銀二兩	永順裕 施銀一兩	義和居 施銀一兩
裕和永 施銀二兩	永興昌 施銀一兩	興復隆 施銀一兩
裕和魁 施銀二兩	德隆店 施銀一兩	廣和義 施銀一兩
聚順發 施銀二兩	魁盛錦 施銀一兩	瑞義牲 施銀一兩
興隆館 施銀一兩	玉興盛 施銀一兩	德長魁 施銀一兩
聚和樓 施銀一兩	四合泉 施銀一兩	義盛成 施銀一兩
復興館 施銀一兩	天順盛 施銀一兩	興泰亨 施銀一兩
福茂昌 施銀一兩	隆盛木局 施銀一兩	雙順魁 施銀一兩
義成園 施銀一兩	德合店 施銀一兩	義泰長 施銀一兩
聚興增 施銀一兩	德茂長 施銀一兩	寶順德 施銀一兩
德聚魁 施銀一兩	新順昌 施銀一兩	慶豐齋 施銀一兩
永興旺 施銀一兩		
大來店 施銀一兩		
長興永 施銀一兩		
義和德 施銀一兩		
萬盛書鋪 施銀一兩		
隆興元 施銀五錢		
德泉豐 施銀五錢		

東口：

慶泉逢　施銀三兩　　　三玉川　施銀三兩　　　大德誠　施銀二兩
長盛原　施銀二兩　　　興隆茂　施銀二兩　　　天聚和　施銀二兩

一宗，多倫共募布施銀四百零九兩五錢

一宗，多倫除收布施現銀□色銀一兩六錢

一宗，多倫除薪飯紅紙錢合銀六兩四錢六分

一宗，多倫除匯費銀三十六兩五錢

一宗，除還借貸本利錢合銀一百一十七兩一錢六分

一宗，做碑共花錢合銀二十二兩

　　　　以上除記，淨餘銀二百二十五兩七錢八分，以期稟明州主斟酌動用

　　　　　　　　　　　　　石工：續理

6. 宣統二年《修雁門關道路碑記》

修雁門關道路碑記

			馬店社	元盛川
			聚儉社	三玉川
		醇厚社　施銀六十兩	存義公	謙恒泰
		聚錦社　施銀六十兩	錦生潤	義成昌
		青龍社　施銀五十兩	合盛元	謹昌玉
		□豐社　施銀一百二十兩	大德玉	同泰玉
歸	恒升昌	當　行　施銀四十兩	天德隆	魁泰和
		集錦社　施銀六十兩	義成謙	各施銀三兩
化	李　淇	福虎社　施銀三十五兩	大德通	衡義社
		集義社　施銀二十兩	大德恒	福來恒
城	徐鄉耆	儉翁社　施銀一十兩	大盛川	大順玉
		毡氈社　施銀八兩	裕源永	崇盛林
經	馬鄉耆	興隆社　施銀二十兩	各施銀六兩	永順合
		咸鎮社　施銀八兩	興隆茂	永順昌
理	王鄉耆	福隆京羊社施銀三十五兩	大昌玉	永順和
		恒升昌　施銀五兩	遇順成	晉同慶

□	□詰	復泰謙 施銀五兩	遇順長	景興裕
		大德誠 施銀五兩	巨貞義	錦豐泰
	天成興	德隆店 施銀五兩	長源泰	永盛和
		蔚隆厚 萬昌得	天聚和	天順昌
		長泰泉 中興永	大美玉	大生基
		天和昌 各施銀四兩	大德常	復合誠

瑞恒榮	天聚德	豐盛木店	德合源
德盛祥	平和洋行	福盛木店	天德源
泰和德	高林洋行	東泰店	永盛公
謙益盛	成記洋行	富成西	各施五錢
隆茂成	隆昌洋行	久聚魁	綏豐社 施銀二十兩
雙盛公	仁記洋行	金全木店	祁邑義合駝社施銀十七兩
同興蔚	瑞興成	信成木店	平定州平安社施銀五兩
德盛永	福盛德	義源長	復元成 施銀二兩
天申恒	福勝興	天盛亨	永安社 施銀三兩
大德長	同順合	遇成店	定襄上黨社施銀二兩
永盛生	德泰和	各施銀一兩	代州太平駝社施銀二十兩
天德元	德泰榮	福盛隆	萬泉縣河東駝社施銀十五兩
廣義興	德潤榮	恒裕昌	可鎮太平社施銀四十兩
德隆允	雙盛義	德義恒	察鎮公行施銀七兩
聚恒昌	雙義榮	謙益永	托克城公行施銀二十五兩
公慶榮	德潤泰	各施銀二兩五	**畢 鎮**
天元成	雙盛厚	德慶厚	慶德隆
合盛和	萬和興	萬慶誠	天合長店
義盛和	公和益	萬聚泉	謙恒豫
天聚公	義隆店	萬興玉	各施銀三兩
天長仁	天成當	永成泉	慶德泉 謙和德
天泰合	各施銀二兩	德合明	天德長 各施銀一兩五錢
德勝長	清凝和		

德和源	慶隆店		侯 韜	張吉甫
各施銀一兩	公義昌店	薩拉齊經理紳士：		吉 璜
□□義合永	各施銀五兩			
永祥魁	雙和店　施銀四兩		賈守仁	張命申
興盛元	官塩局	西包鎮經理紳士：		張 慧
恒豐元	永順當			
恒豐瑞	榮陞昌			
義和湧	德和信		李世和	郝慶鏞
各施銀五錢	福壽合		郝鳴鐘	劉雨田
萬豐昌	各施銀二兩		賈午亭	張之淦
施錢二百五十文	東泰恒	代　州經理紳士：	劉秀峰	周　愷
	恒德泉		王仲元	劉鳳崗
河口鎮經理	德和昌		楊應魁	馮　峻
白鄉耆	各施銀一兩			
劉鄉耆	惠德成		楊映淵	豐盛店
翟攀龍	施銀一兩五	豐　鎮經理紳士：	謙合店	郜紹業
德隆店	慶成隆		劉八定	宋鑑堂
三星聚	大成號			
清凝當	祥雲集		聶鳳翔	段緒金
新德成厚	各施銀三兩	隆盛莊經理紳士：	恒隆店	郜子□
各施銀三兩	萬壽堂　施銀一兩			張仕廉

■碑陰：

西包鎮	德生泰	恒盛源	義成永
復盛全	泰順恒	集義公	義興隆
義盛□店	天合永	德裕德	杜晋亮
慶生店	謙和成	同興號	和盛美
巨川匯	公和源	源順泰	謙和益
通和店	大德明	天德源	興隆□
三元合店	公和泰	廣生店	德生長
復盛公	福生店	各施一兩三錢	德厚源

復盛西	謙坤玉	王元忠	德厚義
各施三兩	廣順長	施五兩	德昇恒店
永和誠店	廣順恒	聚興長	敬裕昌
大勝西店	廣義公	元盛興	德懋頭
復聚成	長源厚	復義遠	大義魁
廣生號	大成西	新福□泰	德厚源
公和興	廣恒西店	合義隆	德厚成
義成昌	義同厚店	德閤厚	大益西
仁德堂	如月號	義盛源	張日山
天裕德	裕源永	公益源	集成泰
復聚恒	各施二兩	德源成	德興號
永和正	興隆昌	西盛公	德泰昌
復興恒	大義德	永和源	雙合盛
大義長	通祥魁	玉和永	天聚合和
懋和允	聚興亨	廣義和	復義盛
雙和德	興盛號	中孚號	德義泉
慶和誠	廣興亨	德順成	廣義恒
義長永	恒順公	店　行	豐泰店
廣義盛	德盛魁	當　行	謙益店
閤　□	各施五錢	各施六兩	源興店
義成店	德成恒	侯　□	日新富
永義遠	復興茂	吉　璜	義豐恒
德和義	各施一吊	各施銀一兩	各施八吊
義泰店	義和永店	萬盛堂	晉源涌
慶和泉	萬順永	程子元	富成長
會成西	德生玉	各施一兩	各施七吊
同心成	元合昌	春義和	義順和
慶春長	恒泰昌	施二兩	施六吊
大恒興	複合成	**豐　鎮**	廣盛店
廣生祥	復義興	當　行	公益長

福德誠	各施錢五百	施二十四吊	天合旺
晋泰魁	永錫全	缸油碾面行	福順張
通興功	德興隆	施六十三吊	豫順源
同泰恒店	各施錢三百	謙合店	信成義
恒義德店	大順興	豐盛店	各施五吊
復義厚店	施二百	各施二十吊	萬義源
義生泰	包頭鎮公社	元義長	西盛隆
源興茂	施銀十兩	施錢十五吊	天義源
元義泰	薩拉齊	元義長	□泉涌
各施一兩	雜貨行	謙益玉	豐恒泰
李尊賢	面　行	裕全店	廣興元
謙德厚	各施十一兩	西盛毛店	源溢永
		各施十吊	

益和公	榮盛公	敬德昌	復盛店
天德泉	廣順店	廣茂長	昌順和
廣和源	義源毛店	天豫茂	天德泉
新盛玉	和順店	永益茂	天復永
天慶長	謙益店	崇和長	德隆益
天德源	福合店	永和順	慶泰永
長春和	弋三晋	□元堂李	德慶泉
天源涌	各三吊	天積店	豐騰店
復義永	杜森楠	萬德昌	各施錢三千五百
義成永	施錢三吊	萬慶□	天順成
源茂店	萬興店	天德成	施三吊
天德涌	聚義興	德泰店	永順德
源泉德	大成店	德盛公	永順合
錦興源	義順店	義成昌	各施錢二吊五
各施三吊	慶德店	各施一吊	郭近都
義成德	德和店	隆盛花	萬義恒
益盛隆	復和店	□□□	德隆鬱

晋川通	福泰店	□□	茂盛興
源遠長	德聚店	□□	治泉永
中和慶	□瑞店	□□	廣聚興
天聚店	廣有德	德裕當	源成德
三義源	天新文	萬和生	聚義德
德順源	三盛公	懋盛當	萬和源
德合□	復泰永	恒隆店	天慶店
同和合	長順和	懋盛店	德豐厚
源義店	天益永	永合成	廣新常
義生成	德合永	復義店	巨盛合
德興成	復泰永	如松茂	各施錢五百
天合成	雙義長	崇裕泉	**張皋鎮**
義合美	長盛合	復聚厚	閻行施錢二百吊
各施二吊	中和裕	聚發永	**興和鎮**
源順德	世合永	裕慶店	興隆社　施小錢八十吊
德慶源	天聚成	天騰厚	豐裕社　施小錢七十吊
德興昌	寶元亨	復聚源	六成社　施小錢八十吊
復盛木店	榮茂祥	義合昌	殖隆社　施小錢五十吊
聚源長	天裕永	廣慶店	
昌順源	德裕號	德茂永	化募潔教砧
德瑞木店	德昌泉	復和長	
廣興成	清德昌	天德永	
聚順和	合義元	錦泰成	
寶豐泉	各施錢一吊	廣義和	
廣豐店	義慶店	裕盛昌	書丹：馮家□
各施一吊五	和興玉	義合成	
義合店	□盛楊	廣順源	石工：郝玉中
永義昌	裕生瑞	永和成	原　忠
義盛恒	同慶和	三盛義	
復和森	天興莊	義和合	

復興成	通泉長	永和厚
永義興	復興玉	三義昌
復和榮	義和長	合義泉

大清宣統二年季秋月穀旦

7.《太谷縣布施碑》①

太谷縣布施碑

經理人等

正堂　施錢叁拾千文		富亨店	白學典
孫仁義堂	秉誠公	大來當	捐銀五兩，錢五千文
捐銀六兩	慶豐恒	純和理	源長順
李有功	廣泉泰	麗泉號	景升號
□培元	蔚隆厚	謙德店	三桂堂
張錫卿	日新嚴	敬豐業	郭公□
杜□功	廣業堂	公昇永	各捐銀四兩
白學淵	致和成	德亨和	□錦隆
白佩仙	大成店	天益瑞	恒裕花店
杜鳳溪	永隆厚	廣興亨	廣全慶
阜豐號	義成緞店	協盛永	裕泉恒
義亨長	義成茶店	富盛成	謙和泰
郭韵清	志成信	□金德	集珍隆
劉玉元	錦泰健	義和貞	謙德裕
李敬塘	萬春和	廣慶長	三德店
來殿鰲	泰泉號	公義堂	定元店
張　鵬	泰泉寶號	百泉合	永成德
孫泰來	各施銀五兩	□□滿	復和店
白　旺	義盛店	蘭泉薈	信聚恒

---

① 該碑未見年款，從碑銘形制和位置看，與上碑當爲同一時期。

陳必元	福隆泉	慧泉觀	德昌永
日新嚴	源長順	三一堂	永慶恒
陳立齊	孫樂善堂	廣成德	永茂成
	孫亦政堂	各施銀三兩	咸元盛
	各捐銀四兩	常盛茶店	□盛承
	錦全昌	捐銀二兩	萬和盛
	□豐號		通源花店
大易魁	懿德堂	興隆雷	德生大
聚泉澮	捐銀十兩	大亨泰	福源聚
廣隆玉	乾泰公	麗春號	西謙亨順
廣泰玉	捐銀八兩	一昌烟店	意公昌
會通源	本城斗行	泉盛德	姚世休
豐隆店	捐錢五千文	萬順成	永利源
瑞來源	同心堂	廣興隆	永合成
萌泉合	捐錢四千文	三德新	源豐泰
陸泉芬	義和店	集義永	謙和藥店
環泉號	李□堂	義興號	永德藥店
景益號	慶餘堂	義盛德	源豐裕
五雲堂	涌泉昌	東謙亨	恒興永
觀善堂	德盛公	永義亨	義和永
來殿侯	謙益德	居中午	世泰申
廣慶甈	恒慶號	德和永	興復丙
慶亨裕	德慶永	公盛店	義泰長
崇順東	蔚和泰	永恒木店	日中賀
各捐銀二兩	乾恒吉	三和店	金元泰
義和公	長盛積	泰和永	充吳和
益謙誠	復原昌	義景源	源春發
慶隆花店	阜泰裕	達源德	四有藥店
泉誠貞	玉成庵	會泉遠	合泉和
會亨號	永盛廣	涌泉茂	大葉恒
德合運	源昌慶	天和義	積盛永

[附錄]

廣盛堂	元泰永	王□	復隆盛
長和信	各捐銀壹兩五錢	寶永聚	廣森茂

吉華樓	廣昇聚	廣和源	協泰油店
瑞生允	西成永	采章吳	孟先修
廣盛金	公茂德	源和順	甘泉號
恒萃盛	信逢源	文成堂	晉恒昇
會珍慶	泰茂利	乾亨樂	壹慶隆
天源茂	福恒裕	中孚德	嘉美齋
廣樂號	隆慶號	大順寧	章公軒
復盛公	泰和樂	長源齋	慎世堂
東生涌	德泉厚	同心協	成裕號
晉恒裕	和昌德	雲泉裕	會景茶店
慶逢源	公慎和	天順吉	淵泉浦
義成源	天瑞成	興裕謙	廣積恒
廣盛恒	廣三昌	錦源涌	各捐銀一兩
永成和	永慶長	德合泉	義和羊店
萬盛長	德裕隆	廣坤號	捐銀一兩二錢
中興正	永興正	德豐裕	永義木
萬源永	公盛堂	廣源聚	捐銀八錢
永成允	大裕堂	涌昇泰	德生永
長盛涌	阜成花店	玉成美	捐錢一千八百文
謙和盛	新隆泉	同泰義	乾德元
永和德	義亨長	豫生長	廣義誠
飛泉統	勤盛魁	雲興瑞	川□長
裕成粮店	隆泉大	金泉□	永成藥店
義全盛	□靈瑞	世和堂	德盛園
日昇恒	常丹號	王福堂	廣源永
廣盛粮店		鄔鐘英	同順號

義明油店	泰興藥	廣合成	東來成
天興鹼店	乾德昌	復勝園	天益慎

各捐錢一千五百文	興盛樓	合盛德	長裕乾
雙成永	寶泰成	義隆永	懋和永
協成永	阜寶店	逢原慶	瑞征通
元順木店	恒隆號	錦成遠	原泉遠
德合木店	忠信德	各捐錢一千文	聚信充
聚盛元	得隆福	鄔金英	申孚吉
德盛□	常德順	捐錢二千文	長盛德
萬來號	德和恒	萬盛號	天長德
富盛齋	信成豫	六其園	泰森榮
義崇泰	德盛永	各捐錢一千二百文	元明園
天昇德	涌發長	永福全	各捐銀五錢
成裏吉	醉樂園	捐錢一千乙百文	聯昇旭
廣和德	慶泰德	聚合永	捐錢一千五百文
萬隆慶	永通魁	捐銀七錢	廣順靛店
裕泰吉	德成肉鋪	裕泰成	捐錢一千三百文
乾德昌	天合昌	捐銀六錢	廣文堂
廣泰昌	廣元亨	王可標	西和合
鄉斗行	乾泰生	聚錦元	大成車
川來慶	永成吉	德征功	復泰昌
元泰德	意順昌	蔚豐慶	三元館
人和美	廣興昌	永茂盛	天寶靛店
聚源號	劉□海	萬隆長	泰來烟店
壽元堂	匯源長	阜坤長	捐錢八百文
寶鏡齋	後泰肉	義元恒	

■碑陰：

■碑額：永垂不朽

　　李福成
　　李　祥　經理車馬布施碑　　　　李沛萌
　　王老虎　　　　　　　　　　　　王光輝
忻陳玉富　施錢七千文　　　王　鴻　　邢永明

州郭有名 施錢六千文	王士功	銀顯廷	
張萬昇 施錢五千文	孫　泰	武世德	
米富國　　賈元成	武萬全	王開基	
翟　成　　李大年	郭萬財	楊令石	
武海貴　　張煥垣	張爾煌	王　瑞	
右上各施錢三千文	劉玉吉	汪兆霖	
陳　君　　張維城	仝　信	張萬吉	
班繼榮　　崔仁祥	張還玉	楊玉柱	
邢德茂　　王萬年	楊元德	張文雲	
張德茂　　田滋旺	焦玉喜	金紹成	
趙文亮　　張　翁	張萬海	常永興	
米濟國　　高萬寶	李仁福	孫繼成	
孔傳俊　　石治邦	杜萬寶	宋福林	
張德化　　周元龍	薛世昌	郜　坪	
郭永昌　　趙化行	孫　維	孫協仁	
趙河澄　　白　錦	趙海清	陳　顯	
李彥順　　張萬山	張耀如	盧海旺	
右上各施錢二千文	孫士俊	趙克恭	
張克仁　　馬禄瑞	張維堂	段自學	
張克信　　銀光德	李永泰	孫會成	
張紹舜　　王鶴齡	宿繼先	右上各施錢五百文
張如岱　　王永壽	右上各施錢一千文	張遠志
石官量　　石登恒	趙永年	賈德利
張文端　　郭斗量	施錢一千五百文	右上各施錢八百文
楊起雲　　王有安	趙　仁	仝坐金
郝餘光　　王進昌	趙　康	王之璽
張萬棟　　陳英貴	段仁元	右上各施錢一千文
李三旦	李□祥	張大成
李廷秀	二　□	王在全經理
李步元	盧德祥	□二旦
李成璽	石□翔	盧貴銀

劉永寧	岳　玉	楊兆如
趙　創	岳義和	黃學□
右上各施錢三千文	趙來清	呂福英
董廷□	黃士元	右上各施錢壹千文
施錢五千文	趙天元	焦　喜
王其全	趙光亮	楊岐珍
上達店	岳惟恒	張　暄
馬　海	王大興	馮萬厚
三盛永	張映林	彭中仁
張天柱	李　玉	米增華
右上各施錢二千文	崔□信	周廣財
武殿成	董　珖	黃學敏
施錢二千八百文	趙其德	李　安
胡保全	劉應誠	趙慶豐
施錢一千五百文	趙之國	楊德光
智倫仕	王維基	劉平南
施錢一千三百文	許　均	杜　貴
段　永	李作梅	張　道
施錢一千二百文	武金寶	右上各施錢五百文
續有明	楊恒泰	趙雙寶
頡　二	盧生雲	施錢九百文
周光法	銀若調	王雙福
銀若臻	岳彌堂	施錢二千文
右上各施錢八百文	班天爵	黃錫信
三義昌	常天相	施錢一千五百文
趙慶豐	劉援極	
右上各施錢七百文	師萬芳	

附：歸化城與下院慈雲寺碑

寶豐社　施錢壹百五拾五千文	馬有富　施錢壹千文
集錦社　施錢壹百壹拾千文	復盛泰　施錢壹千文
聚錦社　施錢壹百壹拾千文	盡泰篏　施錢壹千文

醇厚社　施錢壹百壹拾千文　　歸化城總稅局
福虎社　施錢陸拾千文　　張煜培　　李建亭
當　行　施錢陸拾千文　　成文治　　孫立三
青龍社　施錢陸拾壹千文　　王凌雲　　王謝安
威鎮社　施錢弍拾六千文　　成志仁　　戶總科
集義社　施錢弍拾六千文　　以上八家共施錢壹佰千文
榮豐社　施錢拾柒千文　　**于洲轉化**
仙翁社　施錢拾柒千文　　大成號　施錢二千伍百文
氈罎社　施錢拾柒千文　　劉第元　施錢二千文
馬店社　施錢拾叁千文　　李樹德　施錢二千文
聚仙社　施錢拾壹千文　　賈繼瑄　施錢二千文
衡義社　施錢拾壹千文　　郭定國　施錢二千文
益美成　施錢弍拾肆千文　　元興店　施錢一千五百文
天成永　施錢拾貳千文　　廣德店　施錢一千五百文
元興玉　施錢拾貳千文　　和盛店　施錢一千五百文
李廷棟　施錢四千文　　永泰益　施錢一千五百文
大裕當　施錢五千文　　天德店　施錢一千五百文
大裕興　施錢五千文　　元興魁　施錢一千文
賈振名　施錢貳千文　　陳秉均　施錢一千文
　　轉　化　　廣如恒　施錢二千文
三永廣　施錢壹千文　　**閆□轉化**
興益成　施錢肆千文　　廣仁號　施錢二千文
廣裕德　施錢叁千文　　廣和永　施錢二千
天德榮　施錢貳千文　　大義恒　施錢二千
興合盛　施錢貳千文　　世隆□　施錢二千文
　　廣義店轉化　　天德厚　施錢二千文
興勝鈺　施錢三千文

東昇店　　廣裕德　　李　明　施錢壹千文
敦厚義　　天恒玉　　**轉　化**
　以上各施錢貳千文　　通義和　綏遠興合盛

永順成	永興成	永源泉	庫倫義和忠
天順魁	長盛泰	元順永	義合興
隆盛德	牛温	天興瑞	李永思
以上各施錢壹千文		以上各施錢貳千文	

三和泉　　天德泰　各施錢貳拾千文
祥盛泰　　　**轉化**　德元亨
復盛泰　　泰成店　天德泰
大同祥盛泰　　張欽　戴麗青
張雁翀　　陳九洲　武卜年
趙榮貴　　張文影
貫誼　　　以上各施錢貳千文

附：興化鎮布施碑

候選布政司經歷總理興化鎮布施山西汾州府介休縣宋家汾

興泰德　施銀貳拾肆兩		□聚魁	集義和
隆星盛　施銀貳拾肆兩		大德正	晉泰德
萬順琮　施銀拾貳兩		永昇全	億隆店
湧泉美	永興長	凝遠合	順誠店
大合店	益盛德	萬盛慶	聚成元
聚成慶	義合店	興隆德	天興木局
各施銀肆兩	益昌店	源興德	萬興魁
裕和祥	萬盛永	復成興	天元店
萬興義	德祥成	和合永	天錫和
廣和武	北合記	謙益泰	合成店
協和魁	萬盛億	天泰湧	益源長
湧盛源	以上各施銀叁兩	興順成	萬隆成
復洪魁	德樹店	長盛永	人和永
復新幹	慶和永	南復興	益泰公
復興奎	巨和長	德和王	源成店
三合興	永合長	巨慶店	福昌店

義合成	興隆正	興盛源	巨益隆
廣慶隆	天益隆	興盛祥	協成王
大慶店	萬長泰		
晉亨榮	德懋義		
德源合	益亨慶		
慶豐泰	德順長		
大泉店	大來店		
萬泉店	雙合魁		
永興金	聚興店		
慶興隆	湧興店		
合凝昌	德隆當		
慶隆成	億合當		
西同盛	億興當		
長興和	萬和當		
天順成	永慶當		
恒泰德	億亨當		
匯隆源	豫泰當		
廣順李	廣泰當		
同義順			

以上七十五家各施銀貳兩

8. 《張家口布施碑》[①]

張家口布施碑

經理人等		世德全	大德玉
萬盛高	天泰公	長發成	施錢五十千文
美玉德	豐盛永	大興玉	昌泰興
永興玉	巨和永	美玉公	天和永

---

① 該碑未見年款，從碑銘位置和形制看與上碑當爲同一時期。

廣隆光	巨和義	裕成源	昌泰和
裕順昌	廣新煥	裕順昌	乾裕魁
興隆源	隆和成	興玉和	涇面行
恒順成	德和玉	百泉達	順義和
元順義	永泰厚	各施錢五十千文	萬和成
復盛成	合盛德	合盛全	世美成
悅昌永	天泰和	德生世	永興元
大德公	天泰隆	興隆光	乾元德
義合德	德隆永	祥發永	來發店
豐盛元	南恒豐	恒興成	雙源盛
永義德		乾泰和	合裕德
興盛發	興玉中	各施錢三十五千文	天成環
義合興	廣發成	大興皮店	各施錢二十千文
永隆魁	順義誠	源順奎	大德常
萬順昌	萬順昌	巨和永	生旺德
生旺德	美玉德	各施錢三十千文	三和同
百泉達	廣和興	□席保正行	本生德
大德常	李錫五	廣隆光	德謙生
長裕安	各施錢陸拾千文	恒順成	恒泰元
三和同	興隆魁	永興玉	萬純長
巨和德	萬盛隆	興隆源	細皮行
本生德	各施錢二十八千文	各施錢二十五千文	各施錢十五千文
大泉玉	天德永	元盛和	義和當
永順利	寶泉榮	義全永	裕豐當
永和廣	永興正	萬興元	合裕當
三義成	恒盛隆	復盛和	光裕當
元順義	隆興馬	萬盛成	天泰和
興玉厚	巨和承	聚盛昌	永泰厚
各施三十千文	天德元	合生輝	德和玉
美玉興	源隆昌	復盛陸	陸和成

兩□□保正行	元順興	聚泰良	廣興煥
各施二十五千文	復生昌	陸義和	雙悅和
缸房行	永泰瑞	林盛元	昌順成
施錢十八千文	太和永	元陸成	大德美
三發永	德生大	美玉恒	元陸光
隆和永	各施十二千文	陸泰裕	裕源生
恒義承	乾面行	大亨玉	大德瑞
恒順昌	施錢十三千文	寶全亨	人和泰
三合公	泰豐和	瑞和公	三發陸
玉和光	悅來德	德巨生	昌泰恒
瑞發承	裕成當	世成允	恒義長
永泰安	德馨長	裕慶當	永泰魁
天昌煥	萬盛元	復興當	合盛德
各施十五千文	長發隆	三和當	大興長
興盛魁	各施一十千文	三發當	大興隆
天利和	興盛長	吉祥當	新義源
永盛誠	施錢十二千文	長裕當	合春昌
乾泰德		德豐當	興玉魁
義和發	泰興店	全順永	天泰公
祥發承	魁隆店	各施七千文	和成店
義順德	金成店	紅烟行	永順亨
萬順合	德恒店	慶源德	豐泰恒
恒隆光	德懋店	恒泰昌	玉和德
萬盛高	合成店	福崇泰	恒泰玉
恒義增	三義德	永泰祥	聚盛成
聚承泉	四盛興	各施六千文	大德成
青鹽行	義順成	豐盛元	恒豐德
各施十千文	隆興泉	公合全	德誠玉
復盛義	巨和德	天泰德	南恒豐
大盛玉	大新德	世和玉	春和隆

昌泰良	源泰良	義和美	巨和義
純和公	福泰長	三義源	廣隆源
德豐厚	義合隆	公興玉	天裕和
生生廣	廣和永	天元德	世和成
富盛成	謙泰興	隆興魁	復和成
合興隆	豐泰泉	聚興德	大成玉
崇和泰	巨和隆	天成涌	天泰隆
中和公	各施八千文	寶泰魁	大順皮店
天錫和	永和成	興盛合	天成店
蔚和泰	隆盛魁	萬成德	日昇昌
天合誠店	萬盛昇	寶泉興	元順美
天興誠店	義合魁	裕和興	德生正
裕源店	協成泰	乾和德	永興光
泰成店	恒泰裕	豐盛永	聚順和
公興店	復榮長	新義魁	雙和美
大德豐	魁隆吉	文昌魁	德慶昌
德盛公	永盛源	允和元	慶長光
天興德	天泰店	天益通	德隆永
各施錢五千文	德泰成	義成瑞	興盛號
義合德	永和光	永裕局	世和泰
大德公	永泰店	合生長	文玉程
悅昌永	各施四千文	雙合通	慶和公
復盛成	隆發成	萬順懿	德裕和
四共施三十千文	復盛恒	天益元	德和程
德昌玉	四合永	恒美店	德新永
施錢六千文	義和成	黑磁行	德豐和
泰興店	復順元	涌來昌	廣聚生
萬成明	大盛源	隆泰德	各施二千五百文
各施五千文	蔚豐厚	三合源	鶴年堂
大德魁	福明居	晉長盛	合盛居

[附錄]

源泉長	德生瑞	日新中	永慶義
永順元	昌泰泉	各施三千文	廣興元
裕興昌	天成亨	永義德	德裕生
瑞源長	永泰成	興盛發	永盛通
瑞和永	萬隆德	義合興	天裕成
永興源	聚恒隆	德成美	大來源
興盛德	豐阜號	三義發	永和如
中興店	義盛昌	永隆魁	天錦成
西長發	興隆永	六共施二十千文	天元德
萬盛店	誠遠忠		各施二千文

■碑陰：

德明居	德和永	吳肇元	天盛店
施錢三千文	隆順永	元德榮	合興德
天賜號	興合泉	合盛榮	永茂駝店
永生堂	聚順美	王酒鋪	仁和駝店
隆泰店	三盛園	福盛興	合隆店
東來永	元來德	天成德	元亨號
永和裕	德生堂	恒益榮	魁義永
廣和永	天泰軒	永和億	裕興成
德盛忠	長盛和	興盛明	中興慶
復源成	南趙店	新泰榮	永逢原
復盛長	北趙店	悅盛和	公盛同
元盛號	復盛公	人和堂	恒新順
雙和永	永茂義	復泰公	王振福
元成永	三義永	泰昇和	王振善
永興明	長泰德	復成號	協豐泰
雙和隆	裕興成	韓紙鋪	久成泰
永成氈房	廣裕長	永源長	天合木店
興盛駝店	亨通店	天順光	正興原
長合木店	廣聚陳	源盛興	玉盛和

三合永	吉興玉	天源泰	以上各施錢一千文
德盛駐店	興盛歧	裕和源	大昌木店
全順興	智肉房	永義成	各施錢二千文
以上各施錢二千文	永興恭	新泰公	貴榮魁
白玉瑾	大順興	萬生長	永盛恒
廣興成	義順安	永泰公	德馨長
永發成	興泰成	泰昌公	各施錢一千五百文
大成德	義誠和	萬順花鋪	任米鋪
復和德	福長居	永順奎	廣和堂
大興成	謙和昌	元昌永	各施錢一千文
德順和	宏盛玉	廣興長	

附：萬全縣布施碑

太師莊　　　　德順店　　　　懷安東窰站
裕通當　　　　　施銀六兩　　李成梅
吉順店　　　　存盛公　　　　　施銀拾五兩
豐盛店　　　　大原德
　各施錢五千文　大有店
涌泉德　　　　天源永
德茂林　　　　　各施銀五兩
和合永　　　　德盛店
德盛楊　　　　新成義
　各施錢四千文　義合衡
柴溝堡　　　　義盛泉
大源德　　　　德隆玉
大德當　　　　　以上各施銀三兩
雙和居
大德當
　各施銀拾五兩

附：西包頭布施碑

		元純店	天豐成
		源□店	同興功
		興盛遠	興泰德
施老爺	拾二兩	廣裕興	元泰德
		廣盛泰	西永興
楊副爺	拾二兩	富盛西	興茂號
		復盛西	恒順德
廣源店	拾　兩	公順店	九如生
協聚店	拾　兩	檔房稅局	信義長
永和堂	拾三兩	復盛公	永盛西
義興公	拾三兩	各施銀拾兩	萬義長
廣興德	拾　兩	昇恒店	公如德
公義店	拾　兩	公如玉	萬源聚
合義店	拾　兩	如月號	永豐泉
九如店	拾　兩	復義成	豐隆長
公合店	拾　兩	德豐泰	長義公
永合成	拾　兩	各施銀六兩	元順成
復盛店	拾　兩	興泰店	復美成
元成店	拾　兩	和成店	公亨西
		廣泉興	以上各施銀四兩
		恒興昌	協生魁
		永和店	惠成西
		廣生隆	義順成
		永益成	積成永
		義源店	王錦和
		永盛店	興隆美
		永豐店	天興孫
		各施銀五兩	增盛恒
			高肉鋪
			同盛源

經理人：（施銀）

復盛長	復義魁	復恒店	萬譽成	廣源成
萬福全	興盛成	複合德	永興成	永心成
永豐成	永盛源	永興園	全盛泰	長義德
慶豐張	廣合魁	梁廷壁	復和德	三成公
萬聚成	永盛成	趙尊德	增如玉	復興魁
天益成	通祥合	周光遠	萬盛合	天德堂
天興成	源合成	義順公	意盛和	錦和瑞
協成王	玉和永	萬長久	永成泰	永盛長
奎隆盛	公合興	義聚成	三盛通	廣源長
恒盛源	天合源	興隆永	聚隆恒	德和公
天豐魁	天順德	崇義美	田□玉	慶源長
天裕成	五裕堂	謙益公	萬和恒	廣順昌
興盛永	聚錦店	元盛泰	趙義直	廣源永
通永盛	公亨永	恒盛公	永順成	義祥合
恒泰昌	永源堂	慎思永	和順誠	興盛榮
義成昌	義長泉	公勝西	郎增禄	福興旺
仁德堂	惠和成	永興堂	同興肉鋪	義盛寧
三和昌	大德恒	通成號	恒茂永	通益公
合義成	廣德衡	興旺遠	王泰長	萬興盛
兩益西	興盛德	復成榮	德盛永	永盛旺
王德盛	富盛錦	天意德	廣盛榮	源興亨
福成西	廣恒泰	元盛西鋪	和順堂	三益西
永合興	廣興號	以上各施銀二兩	森生瑞	天成魁
萬盛店	復成園	德月號	廣豐德	以上各施銀一兩
聚義魁	興盛魁	常勝魁	永和魁	
永盛遠	裕盛公	義和公	增隆昌	
廣興源	永盛公	永成西	義中魁	
天德店	崇義公	西永通	萬生泰	
以上各施銀三兩	永和盛	天泰永	廣源魁	
	廣崇德	湧合公	復盛隆	

9.《豐鎮布施碑》[①]

豐鎮布施碑

豐鎮經理人等	豐恒元	慶春店	永春張
復魁店	永和公	各施銀十兩	太和成
復恒店	各施銀十七兩	源深涌	萬盛榮
裕承店	天泰德	雙合義	復興永
恒慶德	施銀十五兩	鼎泉盛	萬和榮
廣豐泰	聚錦店	錦生泉	天興寧
天相德	長盛店	德成合	興順昌
萬興合	永長店	世興張	長順德
恒通獻	裕承店	雙和合	復興張
隆泰德	聚成店	恒慶德	天益元
興盛成	義盛店	廣豐泰	陽和成
集生成	義成店	萬和公	興盛隆
興合魁	萬義店	世隆昌	興隆永
雙合源	集成店	天順奎	長盛文
聚成永	復恒店	豐盛奎	泰來號
六合成	魁元店	德合元	世成法
義豐長	隆泰店	錦成泉	永興文
信德長	復魁店	恒順張	復順元
西盛毛店	慶泰店	萬盛鎰	大盛長
高秀山	各施銀十二兩	各施銀八兩	天興恒
大同縣貢生李廣仁	義合店	天德元	三盛永
大同縣耆賓李迎春	義泉店	德盛永	天成豫
平遥貢生劉光裕	萬盛店	興泰文	雙和永
天相德	雙永生	西盛毛店	萬盛源

---

① 該碑未見年款，從碑銘位置和形制看與上碑當爲同一時期。

各施銀六兩	施銀十兩	施銀八兩	萬盛長
義原店	天合三	萬興店	興合魁
恒通□	隆盛源	施銀六兩	中和德
德成錦	各施銀六兩	德合成	興盛義
興盛成	益和公	廣豐成	復泰來
天興成	施銀七兩	廣和德	復盛生
天興德	□興昌	萬泰德	源生涌
榮益魁	興盛和	茂盛長	榮合長
復興當	廣合成	雙盛生	永生泉
集成□	□□昌	世隆魁	和合成
集生成	信德長	萬合隆	興泰長
萬興和	雙合源	大盛源	恒盛有
萬成和	德盛居	廣元成	純復源
天益成	長春號	中和育	義和居
萬億成	三合公	順成永	長盛義
長盛成	大興店	天隆義	聚成□
信德魁	各施銀四兩	大盛魁	天益公
義和公	廣興盛	意合昌	天德永
萬盛成	天生永	興盛張	永盛玉
天盛店	昌盛永	興盛王	永興雲
各施銀五兩	興□□	永興泉	大盛公
	各施錢三千	六合成	四美全
天德公	大興發	廣盛爐	廣成永
永順生	廣德隆	集月喬	魁元成
義和盛	萬興成	德義喬	全盛成
仁義盛	義成泉	廣義店	興盛成
萬泰成	豐益恒	純義德	德和長
永旺元	萬盛米店	義盛楊	公義生
旺美店	聚成德	各施銀二兩	聚盛成
崇德堂	恒興隆	聚成永	義合榮
各施銀三兩	永全文	恒生元	義成公

【附錄】

萬盛合	天順成	永義公	永義成
隆泉德	萬盛祥	恒興公	慶義成
復興全	自盛永	復興盛	天泰公
德順林	天成號	各施銀一兩	順義昌
天興文	聚興隆	天興隆	□□裕
萬義恒	晋和□	義盛和	三盛成
純興昌	萬盛隆	天德隆	通□德
義豐長	豐泰成	義盛和	復盛興
復恒永	天和永	天義長	萬順長
元盛長	大盛爐	天義成	廣興魁
雙盛永	四合成	天德生	慶義盛
復盛王	三成皮房	廣聚昌	天盛爐
德盛昌	廣元隆	公和永	興和元
聚成昌	萬盛錦	萬德成	復義全

天順恒	通盛店	芝蘭齋	天順成
永興春	和合店	萬盛永	各施銀二兩
德盛永	永義店	三義和	廠汗腦包 錦成公
義隆公	天順車店	同泰店	施銀五兩
三合爐	復興馬店	各施銀五錢	萬順成
大德成	長盛源	大盛榮	義合公
豐盛冒	三和元	施銀四兩	各施銀四兩
永泰益	德盛成	大同縣貢生李廣仁	鄂博坪天順泉
□泰永	義盛成	施銀十兩	施銀四兩
萬豐永	謙順成	介休縣申明林	興隆永
德泰益	大順店	施銀十兩	施銀二兩
德義□	中和美	忻州□鎮遠	卓爾齊廟 德遠泰
三義公	義成德	施銀二兩	施銀二兩
錦發永	三成染房	寧 廣益昌	二道河陳 英
□盛號	同義榮	天成村復益盛	施銀一兩
仁和成	晋德明	遠 各施銀一兩	馬乃溝張 軍
興泰玉	福順染房經理人		施銀一兩

永成公	西林成	李迎春	轉化 慶李村 旭字張
德瑞永	興盛泉	劉 潤	李先忠
冒慶樓	天順泉	永善莊 長盛合	各施銀一兩
天德店	萬合成	長盛公	頭 王 銀
三盛店	德義堂	長盛當	號 王 寶
復義店	各施銀一兩	天興合	村 施銀二兩

碑陰：《豐鎮布施碑》

經理人	張皐鎮闇街鋪戶等	二道河鋪戶
西盛毛店	共施銀一百二十兩	永和庄
潞安府平安社	隆盛莊闇街鋪戶施銀八兩	
施銀五十兩	常吉和 義和店等	全盛號
忻州劉永寧	共施銀六十六兩	二酉德
蕭進魁	黑王台闇街鋪戶等	和合興
定邑郭清業	施銀七兩五錢	東二酉德
韓朝王	四美庄常吉公	長盛隆
山陰縣興隆店	施銀五兩	各施銀五兩
各施銀三兩	涌泉璞 施銀二兩	萬長店
忻州郝 寀	三瑞里永泰隆施銀三兩	和盛德
定邑張運昌	永泰居 施銀一兩	伏興店
各施銀二兩	二台子 源泉當	萬盛深
忻州郝祝熙	永興鄭 三合店	魁盛店
郝魚光	各施銀三兩	各施銀二兩
孟□合和義	帽兒山天興隆	三義店
□州府長興永	萬興成 各施銀二兩	施銀二兩五錢
□□毛文成	□□興盛亨 施銀一兩五錢	全盛章
各施銀一兩	高廟鎮闇街鋪戶等施銀一兩八錢	
定邑王賓全	廣盛明 施銀三兩	萬源涌
施銀五錢	廣裕當 施銀二兩五錢	施銀一兩五錢
興隆館	廣源和 施銀一兩五錢	全盛深
施銀三兩	太和長	施銀一兩二錢
廣興恒	大興源 各施銀一兩二錢	大庄科鋪戶

【附錄】

天興昌　　　　　永合公　施銀八錢　　　三義和
　各施銀一兩　　大東溝　興盛德　　　　　施銀三兩五錢
　　　　　　　　　　施銀一兩五錢　　　興隆店

　　　　　　　　天成功
廣泰泉　　　　　　施銀二兩
和順店　　　　　天盛亨轉化
萬和源　　　　　崞縣宋　盛
廣泰店　　　　　宋萬金
　各施銀二兩　　　各施銀二兩
永盛和　　　　　王萬林
四合興　　　　　楊應修
　各施銀二兩五錢　楊玉基
萬和楊　　　　　武清盛
永和王　　　　　　各施銀一兩五錢
　各施銀一兩三錢　楊應隆
萬興永　　　　　楊□旺
永興張　　　　　趙俊元
廣盛功　　　　　楊喜元
興盛豐　　　　　武君兆
源達長　　　　　王成林
東來涌　　　　　張　斌
萬和□　　　　　張如川
天益隆　　　　　申國佐
裕和長　　　　　段明德
　各施銀一兩　　宋發榮
義和永　　　　　王維漢
全盛美　　　　　張桂林
　各施銀四錢　　趙成功
謙和長　　　　　趙合中
　施銀一兩　　　安玉財
　　　　　　　　　各施銀一兩

附：薩拉齊布施碑

署薩拉齊民事府清	施銀五十兩	豐裕號	三益西
敕授儒林郎忻州周盛	施銀四十四兩	三承永	復興魁
城守廳張虎文	施銀十兩	義成店	雙和昌
蒙民分司張	施銀十二兩	豐慶店	興盛泰
城守司石明	施銀一兩	豐裕店	福盛魁
巡政廳周維林	施銀二兩	元興店	各施銀五兩
鄉耆積成瑞、董童	施銀十兩	元隆店	元興昌
鄉耆大來號	施銀十兩	元和店	昌興魁
		元盛店	元亨永
		税　司	永豐泉
		各施銀十兩	各施銀四兩
		天順泉	莫光坍
		施銀七兩	施錢四千文
		□□魁	復盛西
		和□□	義和永
		錦□盛	元泰昌
張　誠	張鵬程	錦和永	復盛泉
張鵬雲	周好智	元興合	合成元
周　盛	張法士	元和成	南四合
盧　熔	王文倫	謙和當	廣豐泰
董　童	趙山河	各施銀六兩	全盛西
經理人：張虎文	田鳳來	興盛榮	昌泰公
田政綱	董五美	萬興魁	世德祥
盧存德	高　壽	元盛德	恒昇昌
梁克恭	馮永慶	德茂永	三興成
李煥章	谷　釗	元和泰	源順昌
董履和	馬秀山	雙盛義	各施銀三兩
大東店	項松岩	公盛德	
刑科張九皋	于晴皋	元隆永	
田鳳來	王曉峰	萬泉涌	

[附錄]

各施銀三兩	張瑞誠	新盛茂
亢紹基	共施十千文	興旺成
施銀五兩	檔房張建功	興泰成
李高昇	承發科張峭嶸	三合局
郭永昇	各施銀一兩五錢	豐源泰
亨義店	行銓直隸汾州寧武 耿亮	永合興
義盛泉	施二千文	隆盛魁
順興泰	義聚成	萬興號
興發泉	永山成	永和堂
永茂和	永茂陵	裕盛公
恒昇店	永昇泉	劉九成
譽豐店	仁和堂	趙山河
元盛永	復秀泉	各施銀一兩
會汾號	復維新	甘守慶
合成永	義興魁	施錢乙千文
元和亨	李作舟	
雙合泉	公合昌	
興茂魁	仁德堂	
義忠園	祥盛泉	
興盛連	雙盛公	
李元宵	豐裕寧	
復盛號	豐源亨	
仁和當	廣盛魁	
各施銀二兩	天順店	

附録三　錦州碑文[①]

錦州天后宮

天后宮大殿

---

① 這批碑銘現存錦州市博物館，筆者於 2008、2010 年兩次前往考察。

廣濟寺塔

廣濟寺大殿

關帝殿

關帝殿前碑亭

東碑亭二碑

西碑亭二碑

（一）天后宮碑文

1. 乾隆二十八年安瀾郎補天碑[①]

碑額：安瀾郎補天

　　蓋聞功鑄史而僅重一時，德歌民而惟徵片壤，雖稱神而誌赫毋論，被澤者鮮。即建宮造宇，推誠崇祀，其馨香亦暫而弗廣。若　天后之功德，瀰淪宇宙，洋溢江淮，誠有無遠不屆，歷世維新者焉。而在東海之商艘，西洋之賈舶，與凡貿遷水利間者，其蒙庥為尤渥，是以會館之興在所必有。矧錦州顧五方雜處之區，亦川源所相疏，鼓枻飛檣，經營其地者多旅，惟江浙、福建兩幫頗稱盛焉。閒嘗與同人覽其山川風土，而思煙火億萬家，百貨叢生，粵尾津頭，舳艫如櫛。高橋繞前，長河環後，上達蟻屯托莫，下通涼水沙河，波光浩淼，鯨鯢出沒，蛟螭變幻，一帆直抵，安瀾不驚，怒濤震浪中皆有憑依，而履險如夷，非藉　弘慈呵護能致此哉？此會館之建，為報　后計者又焉可少？　后誕自宋，隸乎閩，出莆之湄洲林氏，相傳救父救兄，青閨淑媛，孝誠格天。自宋以來，神通歷著。普天之熙熙穰穰者視若孫曾，俗以　媽祖呼，隨聲響應，如枹應鼓，護國祐民，累朝加褒。茲逢　聖朝聲教四訖，崇德報功，屢　勅地方官致祭，春秋編祀與嶽瀆埒，盛典也。下逮蒸黎，酬報神靈，且遍寰中。今同人展誠醵金，度土造宮，高垣峻宇，綺閣重樓，雕樑接漢，畫檻披雲。鳥革翬飛，堅寔工緻，堂楹有制，門廡有規，巍峨炳煥之勢甲於一方。鳩工庀材，積費累鉅萬。雖基於雍正乙巳，實成於乾隆辛巳，歷三紀。而敬　神祝　聖之所壽千秋焉。歲癸未春，從同人瞻拜之餘，見夫廟貌聿新，規模整肅，不為之誌厥本來，而　后之功德所以庇江浙、福建之士，與江浙、福建之士圖所以報　后者，又誰知為千秋之盛事也？因考覓其興建年月及　神宮之創制、基址之深廣，銀漕册額刊之碑右，以垂久遠云爾。

乾隆貳拾捌年　月　日　　　　江浙、福建兩幫仝譔

[①] 該碑原無碑名，係以碑額為名。

2. 乾隆二十八年永久千秋碑[①]

碑額：永久千秋

陸放翁詩云：神靈祖宗，如我 聖母，祥光顯應，息波默祐。其護國也，特旨祀典，尊封 天后；其祐商也，若保赤子，不二慈親，真所謂民之父母也。咸叨垂庇之仁，能無崇奉之議？謹於雍正貳年，錦府 李公諱大受勸捐，三年擇地鼎建正殿，粧塑 聖像，大殿三間，東西配殿四間，圍砌玉崤牆、二門，共用銀壹千玖百捌拾兩。

雍正五年，擇地起盖頭門三間，用銀肆百捌拾伍兩。

乾隆陸年，圍砌隱碑、東西轅門引道，用銀貳百零肆兩。

乾隆拾年，錦縣蔡公諱長楚勸捐，重建二門三間，兩廊公約所六間，用銀陸百柒拾五兩。

乾隆拾柒年，買二門外西邊周家空地一所，用銀伍百伍拾兩。

乾隆貳拾肆年，起盖戲臺，重建頭門，用銀壹千貳百兩。

乾隆貳拾伍年，二門外因東邊榭屋損壞，天德大和尚向衆客相商，捐銀重盖，以爲兩廟壯觀；又西邊新盖九間，共成拾捌間，用銀玖百肆拾兩。

乾隆貳拾陸年，重建大殿伍間，東西配殿二間，二門伍間，東庫房二間，西庫房二間，頭門伍間，用銀貳千柒百兩。

乾隆貳拾捌年　月　日　　　　江浙、福建兩帮仝紀序

[①] 該碑原無碑名，係以碑額爲名。

3. 嘉慶六年光景常新碑[①]

碑額：光景常新

　　天地生成萬類，而神靈分職澹災，屯濟坎險，即與天地同功。海邦之賴我　天后，自有宋以來，靈蹟彰彰在人耳目。鯨波湏洞之區，凡商賈往來，帆檣如織，罔不仰托姘幪，視同安宅。夫神無所不在，即人之瞬息呼籲，亦無所不虔。然顯應日益徵，則敬凜日益切，而崇奉祈禱之地亦日益新。是固本乎人心之所同，而非作而致者矣。奉天　祚啓幽岐，物產充盈甲於天下，業久中外一家，永弛海禁。三省上腴洋溢宇內，而揚舲趨赴，百貨貿遷，則錦州兩海口實據其勝。　天后疊膺　聖天子褒封，其所以輔翊化元而福我商旅者，不於此尤赫赫哉。州故有廟，創始雍正五年，屢經增葺，迄乾隆二十六年規模粗具。嗣後歲久失修，幾於頹廢。嘉慶二年春，衆商咸集，顧瞻殿宇，雜然興歎謂：渝浹於　恩施，因循於廟貌，烏乎，可乎議作新。斂貲庀材，諏日鳩工。經始於丁巳四月，越四稔，辛酉□月竣事。神殿五楹，右籤二椽，西廂寢門各三楹，鼓吹之樹、碑碣之亭繚垣四周，一斤而新之。又立外閈三楹，東西戟門二，中霤前築爲甬道，溝其下以滲水，深廣七尺，礱石覆之。餘悉繕葺有加，翼然以整，法象莊嚴，金碧彌煥，以至雕鏤丹艧之工、儀從張設之器攻緻精詳，弗陋弗簡。計縻奉天市錢四萬八千吊正餘緡。既落成，具牲幣，駿奔走，旁皇周浹，儼乎質臨。我衆商歡欣瞻仰之忱，將於是而稍展；既我　后神聖所憑依，庶於是乎在。爰綜其厓畧，勒諸石，以詒將來繼。自令商斯土者潔誠祈報，綿延於弗替，則永叨　天后洪慈之覆，與海天而無極也。不其禕歟？是爲記。
　　福建帮共用錢貳萬肆千吊
　　江浙帮共用錢貳萬肆千吊

嘉慶六年　月　日　　　　江浙、福建兩帮衆商公立

[①] 該碑原無碑名，係以碑額爲名。

4. 嘉慶七年《天后宮公捐修費碑記》

天后宮公捐修費碑記

盖凡公舉之事，全賴典守者善爲經理，庶整頓於一時者可綿延於久遠。錦郡天后宮建自雍正五年，東、西兩海口商賈絡繹，帆檣雲集，仰 神靈之默佑固已久矣。迄今世遠年湮，失修既久，致廟貌剝落，衆商瞻仰之下，靡不欷然於心。於是公議：捐貲整葺。自乾隆六十年起至嘉慶五年止，陸續公捐銀萬餘金，邀武林朱名顯司其事，於丁巳年四月興工，至辛酉年十月告竣。遂使殿宇巍煥，法像庄嚴，與夫臺榭墻垣華麗鞏固，從此永叨 聖母之宏庥，得遂士商之虔奉矣。本幫計縻工料等費之外，尚存関錢二萬一千吊，分交泰來、萬隆、祥茂三大店存貯，每店七千吊，每年一分生息，各立存錢票執照。其票按年倒換，所有利錢必由兩幫中在錦司事之人經手，別人不得取用。每歲給廟中住持僧香火錢一千四百吊，又倩人敬惜字紙工錢一百五十吊，餘息以爲廟內歲修之資。所貯本錢二萬一千吊毫不動用，子母既生生不竭，公費遂綽綽有餘，又安得不綿延久遠哉。是爲記。

嘉慶七年八月一日　　　　江南、浙江兩幫衆商公立

5. 嘉慶九年《天后宮碑記》

天后宮碑記

盖聞錦州大地爲衆商雲集之區，而客艇往來，悉賴 神庥之永庇，所以崇奉天上聖母，擇地建宮，始自雍正三年。粧塑金身，欽隆祀典，福幫捐銀壹千玖百叁拾兩，江、浙兩幫捐銀壹百壹拾捌兩。雍正五年，頭門起盖，福幫又捐銀肆百捌拾伍兩，江、浙兩幫又捐銀肆拾伍兩。維時廟貌可觀， 神靈永托。至於乾隆叁拾九年修理一次，共費関錢五千五百三拾餘吊，福幫均攤貳千柒百餘吊，江、浙兩幫均攤貳千柒百餘吊。迨後歷有年所，不無剝落之虞。故福幫王永炳復邀武林朱名顯共商重整，各又捐修。乾隆①丁巳孟夏興工，辛酉孟冬報竣。遂使 神明群欽顯赫，

---

① 乾隆當爲嘉慶之誤，丁巳爲嘉慶二年，辛酉爲嘉慶六年。

殿宇益壯觀瞻，華而且堅，無非久遠之計矣。統核工料等費，共用閩錢肆萬捌千吊，福帮捐閩錢貳萬肆千吊，江浙兩帮捐閩錢貳萬肆千吊。本帮除修理外，尚存閩錢貳萬叁千餘吊，勻交各店，每年生息壹分，遞年開堂、聖誕普度等用。應交僧家會錢壹千肆百吊，帝君聖誕、雇工敬惜字紙用閩錢壹百伍拾吊，以及西海修井□樵等項署用閩錢叁百餘吊開除，尚有存剩。本利相生，日增日長，庶幾餘貲充積，綿□祀典於千秋云爾。

嘉慶玖年菊月吉旦　　　　福建帮衆商公立

附：天后宮鐵鐘銘文

錦州天后行宮

江浙
福建　衆商公助

姑蘇甘受天鑄造

大清嘉慶拾年歲次乙丑敬立

（二）廣濟寺碑文

道光九年《重修大廣濟寺碑記》①

碑額：大廣濟寺

重修大廣濟寺碑記

按《通志》：錦郡大廣濟寺肇建於唐，寺內寶塔高十三層，計數三十九丈。□嘉靖十一年重修大寺，宣大文撫台有碑記其事。閱數百年，風雨摧傷，殿宇頹敗。逮嘉慶十四年，離德乘巽，舉寺飛升，遺蹟、碑記蕩然無餘，迄今莫可考矣。前郡

---
① 該碑位於廣濟寺關帝殿前東、西兩個碑亭內，共四通。

太守德、郡守尉愛、候補協領扎、前縣主吳、典史俞，因祈雨至其地，見舊址盡爲蓬蒿，慨然念城中鉅鎮，風會所關，虔誠默禱，祈降甘霖，捐廉建修，首先倡率。錦郡紳士商賈人等聞風叢集，踴躍輸金。舉本城紳士賀天福好善急公，慷慨仗義，兼之素諳工程，遂董其事。因舊制建　佛殿，週圍廿四楹；關帝殿三楹，抱廈、天王殿週圍十六楹；東西廊十八間，左右大門二座，碑亭二座，週圍院牆，金粧油漆彩畫，一視舊制，倍加莊嚴。總計糜金壹萬捌仟有奇。經始於道光六年八月，蕆事於道光九年九月。工告成，勒石以紀其事。虔維周□寶氣，漢夢金人，西極慈雲，東垂法雨，　佛教遍於乾坤，而寺未建也。□□以還，東林說法，鳳翔迎供，始建　佛寺。雖神道設教，經有明文，而刑罰之所以清，萬民之所以服，我　聖朝不專恃乎此。乃費鉅萬錢糧，窮極奢麗，以壯觀瞻，似非急務。而汲汲建修，修必如是崇宏巍煥者，洵以郡城四面依山，凌川爲帶，寶塔穹窿，映照百里以外，商船萃集，九省通衢，人到郡城咸知有塔，人望寶塔咸知有寺，而頹敗傾圮，□是減色。然則神靈之式憑，衆庶之觀望，數百年之風會瞻依於是乎在矣。即謂尊佛重教，傳清淨法門，庇萬戶于康平安樂，亦何不可？況金繩能開覺路，寶筏克渡迷津，爲億兆祈福，群生歸善，尤有明訓哉。事既竣，爰述其建修攻作之始終以誌之。

賜進士出身誥授奉道大□順天府教授加三級　朱自新撰文
道光壬午科舉人候選知縣　　　　　　　　　賀　仲書丹

大清道光九年菊月立

碑陰：

碑額：帝業永昌

武生郭維成	募錢壹仟四百廿吊	興達福	施錢壹百吊
東　海	募錢五仟零卅四吊	廣發店	施錢壹百吊
西　海	募錢八百七十吊	德長永	施錢壹百五十吊
右屯衛衆商施錢壹仟吊		長興當	施錢貳百吊
成興裕	施錢二百吊	魚　市	施錢參百吊
棉花市	施錢壹百吊	聚隆店	施錢壹百吊
茶　市	施錢六百吊	永盛號	施錢捌十吊
全興號	施錢壹百八十吊	福合號	施錢捌十吊

聚增當	施錢二百吊	六合號	施錢捌十吊
德亨當	施錢二百吊	德合金	施錢捌十吊
興合店	施錢壹百五十吊	長合廣	施錢捌十吊
興順長	施錢壹百五十吊	長太隆	施錢捌十吊
玉德號	施錢三百吊	瑞盛號	施錢捌十吊
永益號	施錢三百吊	德凝號	施錢捌十吊
永通號	施錢壹百吊	廣合長	施錢六十吊
長發廣	施錢六十吊	永盛店	施錢四十五吊五百文
萬和號	施錢六十吊	永長店	施錢四十五吊五百文
北永盛	施錢五十吊	德興店	施錢四十五吊五百文
瑞祥號	施錢四十吊	鄭家店	施錢四十五吊五百文
福永號	施錢四十吊	於家店	施錢四十五吊五百文
福聚號	施錢三十吊	劉家店	施錢四十五吊五百文
興和號	施錢四十五吊	源盛店	施錢四十五吊五百文
泰和店	施錢六十吊	三盛隆	施錢四十吊
福利店	施錢三十吊	玉盛碾坊	施錢四十五吊
協盛局	施錢四十吊	利興碾坊	施錢五十吊
□成局	施錢六十吊	全盛糧鋪	施錢四十五吊
廣源長	施錢四十吊	恒聚油坊	施錢六十吊
永興油坊	施錢四十吊	恒德永	施錢拾吊
戴碾坊	施錢四十吊	長發店	施錢四十五吊□□文
糧厰	施錢三十吊	德成永太號	施錢六十七吊□□文

第二通碑

碑額：福緣善慶

管理錦州等處副都統	奇明保	施銀伍拾兩
錦　州　協　領	愛明阿	施銀壹百兩
錦　州　府　知　府	德　麐	施銀壹百兩
錦　州　府　知　府	景　煥	施錢伍拾吊

錦州正藍旗協領記名佐領	扎勒翰	施錢柒百吊
錦縣知縣	吳琪	捐銀叁百兩
錦縣典史	俞一清	捐錢叁百吊
盛京協領	烏津	施銀壹百兩
海城縣典史	石朝珍	施銀拾伍兩
義州吏目	任翰唐	施銀壹百兩
原任驍騎校	烏珍	施銀伍兩
委官	查穆哈里	施錢叁百吊
中前所佐領	保昇	募錢壹仟吊

■碑陰：

■碑額：萬古流芳

伊勒登阿施錢貳百吊	張速敬 施錢貳百吊
生員任作梅 施錢貳百吊	福隆額 施錢拾吊
富爾松阿施錢拾吊	張成發 施錢拾吊
舉人劉炳錡 施錢五十吊	錢正基 施錢六吊
恩特恒額施錢拾貳吊	柴琳 施錢叁拾吊
增生杜景和 施錢貳拾吊	陸謹菴 施錢拾吊
明水塘邊門施錢貳百吊	惲天相 施錢拾吊
貢生楊清河 施錢壹百吊	科音德 施錢貳百吊
沙鍋屯眾商施錢四百六十八吊	劉雲峰 施錢叁百吊
眾牧群 施錢捌百吊	佟文魁 施錢貳百吊
趙文和 施錢叁百吊	劉錫祿 施錢壹百吊
何永繼 施錢壹百吊	張繽 施錢貳百吊
高世謨 施錢壹百吊	雜貨市 施錢貳百吊
福成德 施錢六十吊	增太窰 施錢五十吊
福興局 施錢六十吊	天成窰 施錢五十吊
永德成 施錢三十吊	義盛合 施錢十八吊
義隆號 施錢三十三吊	天合隆 施錢十二吊

萬和祥　施錢四十吊	義盛號　施錢十二吊
福昇號　施錢六十吊	位育堂　施錢十二吊
永裕號　施錢六十吊	成興窯　施錢三十吊
李　成　施錢五拾吊	義成窯　施錢三十吊
太順福　施錢四拾吊	會成窯　施錢二十吊
福合局　施錢貳拾吊	寶成窯　施錢二十吊
恒合號　施錢壹百吊	長興油坊施錢三十吊
新台門　募錢肆百吊	閔永寧　施錢三十吊
廣德義　施錢貳百吊	保生堂　施錢三十吊
義聚當　施錢貳百吊	全盛油坊施錢四十吊
廣興永當施錢貳百吊	玉成炸局施錢十吊
東順店　施錢壹百五十吊	玖成局　施錢十吊
瑚嵩額　施錢壹百吊	泉發兆　施錢六吊

第三通碑

▍碑額：皇圖鞏固

天后宮會館施錢壹萬五仟吊	吳　瑾　施錢八百九十二吊
廣　帮　施錢三仟吊	恒　福　施銀拾兩
承德縣錢正基施錢五百九十吊	廩生蔣承銓　施錢二百吊
監生賀天福施錢三仟吊	太順興　施錢四百吊
大粮庄頭姚成章施錢九百吊	咸亨增　施錢四百吊
大粮庄頭穆增福施錢九百四十吊	仁義永　施錢四百吊
領催凌雲　施錢二百吊	廣源永　施錢四百吊
衆絨庄　施錢一仟七百五十吊	永寧全　施錢四百吊
梨樹溝邊門募錢二百零三吊	寶興爐　施錢四百吊
新舊街衆商施錢二仟一百吊	全盛號　施錢四百吊
西関木行　施錢一仟五百吊	永德全　施錢四百吊
東関酒店　施錢一仟吊	永興源　施錢四百吊
衆粮厰　施錢二百七十吊	廣合號　施錢六十吊
衆蓆行　施錢六百吊	積發號　施錢六十吊
石山站霍士讓募錢二仟零五十吊	福順號　施錢六十吊

[附錄]

永成當　施錢二百吊
廣裕當　施錢二百吊
會成當　施錢二百吊
宏豐當　施錢二百吊
義成當　施錢二百吊
豐太當　施錢二百吊
義德當　施錢二百吊
和祥號　施錢一百五十吊
瑞成號　施錢一百五十吊
恒福號　施錢一百五十吊
利昌號　施錢一百五十吊
恒發店　施錢一百五十吊
成發店　施錢一百五十吊
福誠店　施錢一百五十吊
祥順興　施錢一百吊
聚發繩鋪　施錢四十吊
大成香坊　施錢四十五吊
福聚油坊　施錢四十吊
聚合成　施錢四十五吊
福德永　施錢四十吊
萬豐紙坊　施錢四十吊
同合研坊　施錢五十吊
天增號　施錢四十吊
天會成　施錢四十吊
復盛號　施錢六十吊
興聚研坊　施錢四十五吊
和義油坊　施錢四十五吊
恒發油坊　施錢貳拾吊
三聚興　施錢四十吊
白石嘴邊門募錢叁百吊

碑陰：

碑額：永垂不朽

三合當　施錢貳百吊
同心當　施錢貳百吊
如心當　施錢貳百吊
萬合當　施錢貳百吊
義盛當　施錢貳百吊
廣源當　施錢貳百吊
無名戒僧　施錢貳百吊
張　寬　施錢壹百二十七吊
朱自信　施錢壹百吊
魯承泰　施錢壹百吊
倪　錦□　施錢壹百吊
隆泰號　施錢三十七吊五百文
劉　貴　施錢三十三吊六百文
聚增永　施錢三十吊
義昇窯　施錢二十七吊
雙合永　施錢二十四吊
和義局　施錢二十一吊
合興號　施錢拾八吊
成發號　施錢拾八吊
四成永　施錢拾五吊
天順局　施錢拾吊
恒聚號　施錢拾吊

范雲義　施錢捌拾吊	張雲德　施錢拾吊
屠自祿　施錢伍拾吊	木隆阿　施錢六十八吊
雙合□坊　施錢叁拾吊	梁殿元　施錢四十吊
南街衆商　施錢壹仟九百叁拾叁吊二百四十文	
咸聚隆　施錢九吊	福盛燒鍋施土六千零九十三車
永德全　施錢九吊	又　拉木料二百五十九車
陳玉倉　施錢陸吊	李　錦　施佛臧三付
張祿懷　施錢壹吊	殷　發　施佛臧三付
高士俊　施錢拾吊	祖　貴　施佛髻
又　　施板石三塊	
杜德位　施板石三塊	
董　起　施糜草二百五十捆	
又　　施佛土五十三車	
張　官　施糜草壹百捆	
武生李　錦　施土拾五車	
又　　施松木檁一根	
孫　榮　施佛珠四拾八付	
沈國榮　施佛珠四付	
長發銀鋪施佛臧十七付	

且夫一心趨利，在塵世□□爲小人，況□□置□清净□入之□尚恋恋於浮雲耶。然建寺必立住持，立住持必有土田，非以□□也，□□俗四時之祭享，朝夕之香火者也。不□□□□事神明不得其人，無以圖長久，是在善□□□之其盛，庶不至佛守虛名，而僧享眞樂耳。功亦□□。寺東鄰文殊菴，西鄰天后宫，因年延□遠，本寺□僧即屬兩鄰寺僧輪流值年。是以將本寺香火地一百□、園子一塊，析爲兩斷。天后宫□十畝，文殊菴二十畝，園子一塊。至嘉慶十四年□文殊菴當值漫不經心，□遭回祿，殿宇傾頹，□有完壁。其所存天王殿木料□及院内瓦石均移□□，重修文殊菴。傳曰：□不□非類似此作爲神□□□□。今旗民官長會同□郡士農工商人等，重修大寺，焕然一新。恐擇人不當，復蹈前轍。因公同商議，□□天后宫住持傳論虔誠奉祀，□邊有破房七間，係文殊菴掌管，顧便本寺辦會。作□

將所析之香火地照舊分受，庶無所虧。而傳論亦不得較量多寡。□本寺之事，無庸文殊菴□□經手。倘復爭競，是無敬佛之意而存圖利之心。是□□人□行踪，亦准免官□之責備也。故勒於石，□□爭□，永垂確証云爾。

第四通碑

碑額：萬善同歸

和成棧　施錢三仟吊	和義棧　施錢三仟吊	聚德號　施錢一百五十吊
廣德棧　施錢三仟吊	永立棧　施錢三仟吊	萬合永　施錢一百五十吊
益源棧　施錢三仟吊	復昇店　施錢一仟五百吊	永聚全　施錢一百五十吊
永來棧　施錢三仟吊	公義店　施錢一仟五百吊	萬生永　施錢一百五十吊
咸聚棧　施錢三仟吊	全順店　施錢一仟五百吊	三聚紙坊施錢一百五十吊
利發棧　施錢三仟吊	廣福店　施錢一仟五百吊	廣生號　施錢一百五十吊
會合棧　施錢三仟吊	廣成店　施錢一仟五百吊	合成號　施錢一百五十吊
興聚棧　施錢三仟吊	廣源恒記施錢一仟吊	同盛號　施錢一百五十吊
廣□店　施錢三仟吊	永成局　施錢一仟吊	義成染坊施錢一百五十吊
亨昌棧　施錢三仟吊	福德局　施錢一仟吊	輔祥號　施錢二百五十吊
祥茂店　施錢三仟吊	大利局　施錢一仟吊	廣會集　施錢二百五十吊
通順店　施錢三仟吊	福順局　施錢七百吊	源盛號　施錢二百五十吊
義發棧　施錢三仟吊	瑞合局　施錢七百吊	興合號　施錢二百五十吊
六合棧　施錢三仟吊	興盛局　施錢七百吊	同興號　施錢二百五十吊
廣福棧　施錢三仟吊	新合堂　施錢五百吊	福源號　施錢二百五十吊
廣和棧　施錢三仟吊	永信號　施錢二百五十吊	永和公　施錢一百二十吊

公議號　施錢一百二十吊	會積當　施錢三百吊
福合成　施錢一百二十吊	德崇當　施錢三百吊
信合永　施錢一百五十吊	福和當　施錢二百吊
長源茂　施錢三百吊	萬源永　施錢二百五十吊
慶合當　施錢三百吊	和順炉　施錢二百五十吊
興成當　施錢三百吊	萬來永　施錢二百五十吊
義聚當　施錢三百吊	德合永　施錢二百五十吊

長發當　施錢三百吊	廣順成　施錢一百五十吊
恒源當　施錢三百吊	增　記　施錢一百五十吊
和合當　施錢三百吊	義成興　施錢一百五十吊
裕成當　施錢三百吊	德順炉　施錢二百五十吊
寶興當　施錢三百吊	盛德廣　施錢二百五十吊
六合當　施錢三百吊	乾德亨　施錢二百五十吊
集順當　施錢三百吊	三聚號　施錢二百五十吊
恒瑞當　施錢三百吊	元利炉　施錢二百五十吊
廣合當　施錢三百吊	永來店　施錢一百五十吊

碑陰：

碑額：勒碑刻銘

　　共進佈施錢拾五萬貳仟六百五十叄吊二百廿文，內有自送佈施錢四仟五百零六吊六百文，花名列後：

　　無名僧人施錢貳仟貳百吊，眾號施錢壹仟四百四拾六吊三百文

　　一、辦買木料錢四萬九仟零六拾叄吊零五文；

　　一、銀子賠數錢壹仟九百零四吊九百廿文；

　　一、發木料車脚錢壹萬零五百二十壹吊八百六十文；

　　一、發水找木頭錢五百肆拾吊；

　　一、添買木料錢叄仟陸百零八吊三百文；

　　一、買磚瓦錢壹萬五仟零七拾七吊叄百三十文；

　　一、買乱山石錢叄仟叄百壹拾壹吊；

　　一、買石灰錢叄仟貳百壹拾吊；

　　一、買釘鉄錢壹仟六百七拾壹吊三百六十文；

　　一、買蔴刀錢四百叄拾九吊三百五十文；

　　一、買青蔴繩錢貳百九拾二吊九百二十文；

　　一、買松烟錢壹百六拾八吊零六十文；

　　一、買水膠矾錢九拾壹吊七百七十文；

　　一、買葦蓮草錢捌拾六吊；

一、買土坯錢五拾三吊壹百六十文；

一、買風鈴錢捌拾四吊；

一、後又修工費錢貳仟六百八十五吊四百四十文；

一、漆龍牌福扇錢四百五拾吊；

一、買錫供器錢壹仟捌百捌拾吊；

一、買磁香炉錢四拾捌吊；

一、銅佛光錢陸百吊；

一、做幔帳墊子錢壹百捌拾六吊；

一、買墨燭錢貳拾捌吊八百二十文；

一、買墊院土錢壹仟叁百三十七吊三百九十文；

一、做井錢貳百叁拾九吊；

一、買地缸錢叁拾壹吊；

一、匠人過節上樑合龍口錢捌百四十四吊壹百六十文；

一、泥棹工錢壹萬一仟八百六拾六吊二百三十文；

一、木棹工錢壹萬一仟九百三拾八吊一百五十文；

一、石料石工錢壹萬六仟七百零八吊二百一十文；

一、塑像工錢貳仟貳百吊；

一、畫棹工錢六仟捌百壹拾二吊；

一、開光錢叁仟三百五拾五吊零四十文。

以上卅三筆共合費錢拾伍萬零壹百五十叁吊二百廿文，除清净存錢貳仟伍百吊整，交本廟。

范雲飛

王祿仙　　　　趙起□　□□□

木工：田玉發　泥工：李永起　陳□□　石工：王祿仙

張存義　　　　劉炳發　趙起富　　　褚永智

陳繼先

塑工：李世宏 劉德珠 劉德璧　　畫工：王天文 楊朝富

住持僧：傳論　　徒：法瑞 珍瑞　　徒孫：演 澄照 寬月

大清道光九年菊月立

（三）火神廟碑文[①]

1. 光緒二十一年萬善同歸碑[②]

碑額：萬善同歸

立德堂	曹　伸	以上各施錢肆拾吊
濟德堂	施錢壹佰柒拾吊香	谷詒堂
松竹堂	紀登元	光裕堂
梁金□	施銀拾兩	務本堂
德興店	萬興益	賀廷炘
以上各施錢壹佰吊	天泰□	永興店
	□□□	□□□
永成號	廣聚永	萬錦長
利裕昌	德興泰	萬聚長
三元成	雙興合	永興合
三盛鏢局	劉志全	李蓆鋪
利發長	天聚號	瑞成發

---

① 此二碑原位於錦州市內火神廟，現存廣濟寺院內。
② 該碑原無碑名，係以碑額爲名。

利增長	興濟隆	忍耐成
源盛□	德發號	錦隆成
□□□	□□□	□□□
德源恒	廣裕泉	勝聚福
以上各施銀貳兩	廣裕厚	翠增利
萬發爐	新盛發	厚　記
全聚成	豐源泰	廣德厚
郝　銘	高秉魁	福源店
自中□	以上各施錢拾□	益發店
□□□	□□□	以上各施□□□
德興順	以上各施錢捌吊	福順合
三合祥		福記皮鋪
利發裕	德義發	福和祥
泰　記	義源隆	裕順成
合順成	福盛興	榮順廣
錦聚興	福義順	永順鏢局
福聚□	玉成□	郭汝□
□□□	□□□	□□□
永興合	慶豐號	□發隆
元玉號	德昌號	岳炸局
義順成	萬成福	無名氏
德興福	王俊才	天成永
德榮號	萬發源	復興厚
德成順	姚酒局	源成木局
福玉順	連陞堂	信興號
□□□	□□□	以上各施銀壹□

大清光緒二十一年歲次乙未桂月穀旦　　住持道：李教廣　徒侄：王水□

2. 光緒二十一年永垂不朽碑[①]

碑額：永垂不朽

德順堉	福興成	永盛長	福興隆
施銀伍兩	玉祥紙房	福聚湧	福德號
吳　鑑	源成棧	義豐號	復和義
施銀肆兩	德義永	德興厚	春生永
福聚成	福成油房	德源長	全順興
福□和	德□長	福□合	和盛永
義興糧櫃	德益興	永興店	長　記
德源興	利德長	德元號	永德號
玉峰源	發　記	德源隆	慶聚福
義合發	永德長	萬全玉	東雙成
和興誠	永利號	興發棧	永聚長
福順興	德合成	永增興	天德長
同成居	慶盛長	合　記	永　記
德壽□	吉裕長	福增□	雙發成
永聚德	福義長	福順長	慶源長
宋惠德	信和德	福盛發	福義德
永聚增	德興增	榮生廣	德聚全
榮德堂	合　記	福德湧	李翰臣
日昇齋	福益廣	潘文英	劉昌和
永成興	義興隆	德玉成	萬福源
福盛祥	慶義成	萬發福	寶盛和
五興□	無名氏	春生□	永發□

[①] 該碑原無碑名，係以碑額爲名。

[附錄]

德盛興	天成湧	恒峰永	永慶發
福增祥	和興順	聚成號	益興□
三順成	德發號	福　記	
義發全	三盛長	以上各施銀壹兩	
天義號	永瑞發	有名氏	
和興正	恒興永	施錢六吊	
福增德	海泉湧		
育德□	長生□		
協成號	廣聚和		
德盛長	人和順		

大清光緒二十一年歲次乙未桂月穀旦　　住持：李教廣　　徒侄：張永庭敬□

後　　記

　　從 1991 年第一次收集會館碑刻資料，至今已有二十多年了。

　　20 世紀 90 年代，科研經費十分拮據，筆者最初的調查多是藉助各種機會順便進行的。記得 1991 年 6 月中國經濟史學會在鄭州召開大會，我有機會去做會務，利用會前、會後各一天時間就近赴開封、洛陽兩處抄錄了三個會館的碑文。不過，這批資料該如何使用？對我來説却有相當的難度，直到十多年後才寫出《清代中葉的洛陽商業》和《明清時期的開封商業》①兩篇論文。時隔 20 年，當我爲編輯這本《選輯》於 2012 年再次前往開封山陝甘會館進行復核之時，十分遺憾地看到會館碑文有不少已風化嚴重，很難辨識了。

　　第二次的"就便調查"是 1994 年。是年暑假，中國社科院組織工作人員在泰安休假，住宿地點就在泰山脚下紅門的山西會館，時爲國家文物局泰安培訓中心。發現會館院内保存有數通碑銘，對我來説實在是一個意外的驚喜，抄錄碑文也就成爲我休假的重要内容之一。此次休假期間我還去了趟聊城，抄錄了聊城山陝會館諸多碑銘中的一部分。那天，我一早出發趕第一班汽車，直到晚上九點多才返回泰安住地，還遇上下雨。這是我調查經歷中最爲辛苦，但也是收穫最大的一天，所抄錄的幾通碑文很快用在山東研究中，成爲我利用商人會館碑刻資料的最初嘗試。

　　筆者對商人會館較系統的調查是在 90 年代後期申請到國家社科基金課題之後，我把大部分經費都用來跑調查了。其中，1999 年 10 月的三周時間跑了周口、賒旗、北舞渡、禹縣、朱仙鎮等幾個地方。鄭州大學的王興亞教授對筆者的此次調查給與很大幫助，除聯繫他在各地的學生、親友幫忙之外，還親自陪我去了周口、北舞渡兩處。此次調查所抄錄的碑文構成我最近十年河南研究的基本素材。此後數年，只要搞到一點經費，我每年都會去做些調查，除華北各省着力較多外，還涉及江蘇、

---

① 許檀：《清代中葉的洛陽商業》，載《天津師範大學學報》2003 年第 4 期；《明清時期的開封商業》，載《中國史研究》，2006 年第 1 期。

安徽、江西、湖北、湖南等省，約計幾十個縣、市。

　　最近十年，科研條件大爲改觀。不僅科研經費逐漸充裕，更由於數碼相機的普及和功能的不斷提昇，使碑刻資料的收集可采用拍攝方式，而不必像當年那樣實地抄錄，從而大大提高了調查效率。

　　多年來，筆者的調查工作曾得到很多老師、朋友，以及各地博物館、文物局領導的熱心幫助。我對朱仙鎮的第二次調查是河南省供銷合作總社的孫立坤主任大力協助和精心安排的；鶴壁市的劉炳强書記則爲荆子關考察提供了諸多幫助，並在百忙之中抽時間親自陪同；而在山西的大部分考察都得益於山西大學劉建生教授的安排。還有廈門大學魯西奇教授、武漢大學石瑩教授、聊城博物館張竞放館長、周口博物館楊子山館長、沁陽市文物局田中華局長、錦州市博物館張仲華主任等，都曾給予熱情幫助和指導，在此深致謝忱。

　　在本書付梓之際，還應特別感謝的是天津古籍出版社的劉文君社長，如果不是她的不斷督促，《選輯》的編輯大概早已被我放棄了。侯林莉編輯爲本書的出版付出大量辛勤勞動，在此一併致謝。

　　2000 年我回到母校南開大學任教，開始引導學生參與會館碑刻的收集整理。先後參與此項工作的有：博士生喬南、朱軍獻、高福美、吳志遠、秦世龍、徐楓、朱琳、劉俊，碩士生劉宗凡、張林峰，而劉小朦和李瑩則在本科階段就對碑刻資料的收集利用產生了興趣。吳志遠、徐楓兩位博士分別參與了《選輯》的復核、校對過程，對本書的編輯完成出力尤多；林紅狀和楊建廷博士則協助對照片進行了技術處理。

　　還需説明的是，資料整理非我所長，特別是碑文的核對難度較大。雖然收入《選輯》的每一通碑文從錄入到最後定稿至少核對過五六次，有的甚至達十多次，但錯誤之處仍難以避免，敬請各位讀者指正。

許　檀

2013 年 6 月於南開園